Walter Kempowski

SOMNIA

Tagebuch 1991

FSC
Mix
Produktgruppe aus vorbildlich
bewirtschafteten Wäldern und
anderen kontrollierten Herkünften
Zert.-Nr. SGS-COC-1940
www.fsc.org
© 1996 Forest Stewardship Council

Verlagsgruppe Random House FSC-DEU-0100
Das für dieses Buch verwendete FSC-zertifizierte Papier *EOS*
liefert Salzer, St. Pölten.

Für Wolfgang Dörfler

Januar 1991

Nartum Di 1. Januar 1991, Neujahr, Sonne,
kein knirschender Schnee

*Nationalfeiertag der Republik Kuba**

Flüchtlinge aus Moçambique landen in Finnland! Wann tauchen wohl die ersten Finnen in Moçambique auf? – Moçambique: der Schauplatz von Massenmorden an Indern, war das 1962? Damals jagten sie die Inder raus, wenn sie sie nicht gar totschlugen. Alles schon vergessen? Es gibt Fotos davon, wie die Inder, die sich wohl sehr breitgemacht hatten in dem Land, mit flatternden Burnussen vor dem schwarzen, säbelschwingenden Mob fliehen. Wenn sie die tüchtigen Inder dagelassen hätten, hätten die Moçambiquer jetzt wahrscheinlich nicht Asyl suchen müssen in Finnland.
Die ganze Weltgeschichte dreht sich um den Satz: Wenn meine Tante Räder hätte ...
Wie die Eskimos sich wohl über die ersten europäischen Schiffbrüchigen gewundert haben! Im 19. Jahrhundert. Mit Zylinder und Uhrkette? Jetzt sind es womöglich die Eskimos, die mit Zylinderhut herumlaufen, und die weißen Pipelineforscher wie die alten Eskimos, die sich übrigens selbst ganz anders nennen. – Hübsche Schnitzereien fertigen sie an, doch meistens sollen sie betrunken sein. Aber ich will nichts gesagt haben. Ob's da auch ein Goethe-Institut gibt?

---

* Eine Zusammenstellung der Feier- und Gedenktage der DDR findet sich im Internet unter www.andreasferl.de/ostalgie/gedenktage_der_ddr.htm

Das Mozartjahr wird eingeläutet. Wie beim Pferderennen, da läuten sie doch auch? Oder ist es die letzte Runde, die mit einer Glocke angezeigt wird? Für unsereinen wird jedenfalls hinterher geläutet, mit einer hellen Totenglocke.

Es gibt wohl keinen größeren Gegensatz als Moçambique und Mozart. Mit Entwicklungshilfe wird in Moçambique bereits ein philharmonisches Orchester entstanden sein. Elfenbein für Taktstöcke haben sie selbst.

Moçambique: hab' nachgesehen, schwärzere Menschen gibt's nicht auf der Welt. Mit Tellern in der Lippe und Messingringen um den Hals. Was machen sie mit den Flöhen, die darunter-geraten? Wenn ein Finne mit seiner bunten Zipfelmütze so ein Kind des Urwalds heiratet, das muß lustig sein. Da kommen sie beim Tanzen sicher durcheinander.

Die Finnen schliffen sich Dolche, mit denen sie nächtens Russen die Gurgel durchschnitten. Sie reden finnisch-ugrisch. Gibt es Ugrier? Ungarn sind damit gemeint. Ob die einander verstehen? Wohl nur beim Saufen. – Früher waren die Finnen mal sehr deutschfreundlich. Mannerheim trug sogar das Ritterkreuz.

Der Winterkrieg gegen die Russen. Daß die Russen ihn verloren, hat Hitler ermutigt, 1941 gegen die Sowjets loszuschlagen. Diese altertümlichen Tanks. Aber die Russen haben auch gelernt aus der blamablen Niederlage. Später haben die Finnen uns dann «verraten», wofür wir ihnen die Dörfer niedergebrannt haben.

Gestern nachmittag kam Hochhuth, ein Hamburger Buchhändler, der bei der Wieser-Affäre trotzig seine Schaufenster voll Kempowskis gestellt hatte. Er wollte mir jetzt ein häßliches Gemälde mit einer Weintraube drauf verkaufen, irgendwie ein Samariter-Akt zugunsten eines Jungfilmers namens Karol Schneeweiß, den er mitbrachte, blond wie sein Name. Wir aßen Fondue und redeten bis weit nach Mitternacht über seine Filmversion der «Hundstage». Sahen auch seinen Film (Rohschnitt) über Burkhard Driest, mit dem ich zweierlei gemeinsam habe: Erstens, er hat gesessen, und zweitens, er ist aus Göttingen. Die Frauen stehen auf ihn, wegen seiner Akne, von welcher ich keine Spuren aufweise. Soll ich «leider» sagen?

Heute früh ließ ich's ruhig angehen. Schrieb etwas und nachmittags langer Spaziergang mit Hildegard, dann wieder geschrieben und Klavier. Die Schumannsche «Träumerei» soll man jetzt rasend schnell spielen, mit einem Affenzahn. Ich spielte sie weder langsam noch schnell, ich spielte sie gar nicht. «Glückes genug» neulich im Radio, so schnell, daß ich's nicht erkannte. Ich dachte: Was spielen die denn da? Und dabei hat meine Mutter es früher doch jeden Tag vom Stapel gelassen und immer mit so viel Gefühl.

Gegen Abend kam Tanja. Gespräch über bessere «Vermarktung» meiner Bücher. Will sie's in die Hand nehmen? Dann zwei Seminarteilnehmer, vorzeitig. Sie beteiligten sich an dem Gespräch über Vermarktung, obwohl Diplomingenieur und Volksschullehrerin.

Müde, abgespannt.

Ach, wieviel Leute wollten mich schon vermarkten!

Das vorige Jahr begann mit der «Stern»-Affäre, die mich zwar sehr mitnahm, die letzten Endes aber gut ausging. Wer hat ein Interesse daran, mich in die Pfanne zu hauen? Eine Frau aus ROSTOCK soll es gewesen sein! Und ich kenne sie! Ging ein und aus bei uns. «Es ist mir so rausgerutscht», sagte sie. So was kann in anderen Fällen viel schlimmere Folgen haben.

Danach dann gleich mein erster Besuch in Rostock mit Robert und Lesung in der dortigen Kunsthalle. Die gehässige Gastgeberin sei nicht vergessen.

Dann hatte ich die Koliken, die zu einem Umbau meines oberen Zimmers führten, und nun geht es mir besser. Die giftverseuchten Wandplatten wurden rausgeschmissen. Das ganze Jahr '90 dann kaum noch Leibschneiden.

Dann wurde mit Duyns der Bautzen-Film gedreht und von den Kölner Damen der Film über Rostock.

Sommertage in Graal. Menschenleerer Strand, kleine schwappende Wellen. Erinnerungen an den Sommer 1937, als ich dort mit meiner Mutter allein drei Wochen verbrachte. (Robert: «Das muß für dich sehr schön gewesen sein.») Sie sollte sich von einer Operation erholen. Erinnerungen an ein «kleines Helles», das sie sich bestellte. Und einem Herrn am Nachbartisch küßte ich im verwirrten Zustand seine Glatze. Daß er kinderlos war, konnte ich nicht ahnen. Weimar zweimal, Greiz und Vortragstour im Allgäu mit Denk. «Sirius» und das beschissene Rostock-Buch zur TV-Sendung. Nochmals Rostock (Universität, Doberan-Lesung im Haus von dem Kollegen Ehm Welk). Ich saß an seinem Schreibtisch. In seinen Schränken viel Unveröffentlichtes. Nach der Lesung wurde ich von zwei ehemaligen Internierten angesprochen, die meinten, weil ich in Bautzen gesessen habe, sei ich einer der Ihren. Ehm Welk jedenfalls war Mitglied der KPD. Der hatte sich, weil er dachte, daß er schlau sei, vor dem Krieg ein Stück Land in der Uckermark gekauft. Hat ihm nichts genützt! Er wurde ratzeputz enteignet. Aber sein schönes Haus jetzt? Wenn auch die Kleinbahn alle Viertelstunde vorbeirasselt. Eine ganz hübsche Existenz.

Aufträge für «Hörzu» und Hagen. Gegenströmungen ausgehalten. Viel Widerwärtiges in diesem Zusammenhang.

Neuordnung der Archive, Scheidung in Grün und Blau und Gelb.

2007: *Hat sich als sehr praktisch erwiesen. Gelb = Fotoarchiv, Grün = meine Manuskripte und Blau = die Einsendungen, das «Fremdarchiv». Ohne diese Einteilung hätte ich schon sehr bald die Übersicht verloren. Sie wurde auch vom Archiv der Akademie in Berlin übernommen.*

Feste Anstellung von Simone.
Beginn mit «Alkor» und Vorantreiben des «Echolot».
Finanzielle Befreiung durch Verlag.
Antrag auf Pensionierung (um ein Haar vergessen!).

Seminarbetrieb wurde reduziert. Die Grenze des Lächerlichen war überschritten. Aber schöne Erinnerungen in meinem Herzen. Und den Haß meiner Kollegen auf mich geladen. Sie fahren jedes Jahr zweimal nach Italien, und ich wohne in einem 15-Zimmer-Haus. Das macht sie rasend. Sie hätten gern beides. Raddatz: «Kempowski hat ja 'ne Villa!»

TV: Ein stürzender Skispringer, er habe eine schwere Gehirnerschütterung «davongetragen», sagte der Sprecher, und einen Unterarmbruch. Es müßte Verletzungsweltrekorde geben. Es gibt ja Leute, die wie nach einer Räderfolterung ins Krankenhaus eingeliefert werden. Diese Skiabfilmerei dauert jedes Jahr Monate. Tag für Tag Abfahrtsläufe. Daß sich das Leute überhaupt angucken? Berge um die Wette raufkraxeln, das gehört nicht zu den Winterdisziplinen, aber es müßte doch dazugehören? Fußball besteht doch auch nicht nur aus Elfmeterschießen. Wer am schnellsten oben ist, und dann meinetwegen runterrasen. Wie das so ist, hochkraxeln und runterrasen. Das Stürzen ist die einzige Abwechslung für die Zuschauer. Merkwürdig, daß es keinen Schanzensprung für Frauen gibt, sonst drängen sie sich doch überall rein. Boxen tun sie doch schon? Skisprung führt wohl zu Unterleibsverletzungen, da senkt sich die Gebärmutter irgendwie. Bei der Schießerei machen sie schon mit, ohne daß feministische Friedensvereine bisher Einspruch erhoben haben. «Biathlon» heißt das. – Wenn sie gewonnen haben, waschen sie den Trainer mit Schnee ab. Die Gewehre sind Spezialinstrumente, mit denen kann man gar nicht vorbeischießen. Anti-Kriegsplakate im Zuschauerhaufen wurden nicht gesehen.

Nartum   Mi 2. Januar 1991, Vollmond hinter
                             nachtdunkler Wolkenwand

> Nun ist der Winter gar so hart,
> bringt mir groß Leid und Kummer.
> Gar sehnlich ich schon lang erwart
> den schön und edlen Summer ...
> (Jobst von Brant, 1606)

Heute beginnt das 34. Seminar. Diesmal in kleiner Besetzung.
Guntram Vesper, Paul Kersten und Gabriel Laub. Die Rostocker Schüler, die ich eingeladen habe, sind bereits eingetrof-
fen und gucken sich alles an.

Ulla Hahn las dieselben Gedichte wie schon vor/seit sechs Jahren mit akkurat derselben Betonung. Sie brachte einen Herrn
mit, der sich mir nicht vorstellte. Dann kriegte ich mit, daß es
sich um den Hans-Henny-Jahnn-Biographen handelt, Freeman, dessen Buch ich grade lese, was er mir zuerst nicht glaubte. Ist ja auch unwahrscheinlich, so ein Zufall. Ungläubig, wie
ich gegen mich selbst bin, raste ich in die Bibliothek und hielt

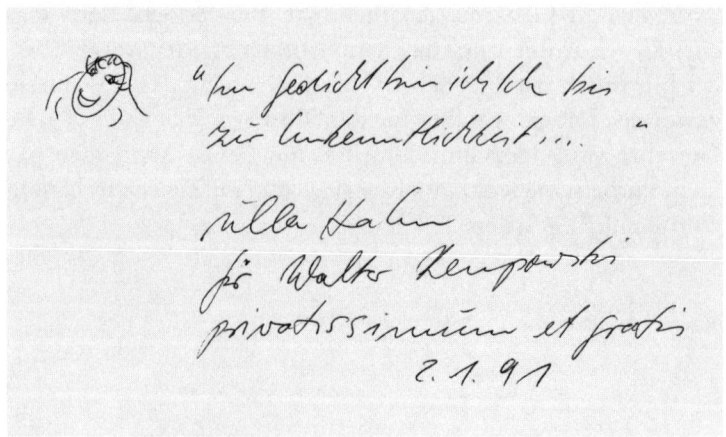

Albumeintrag Ulla Hahn

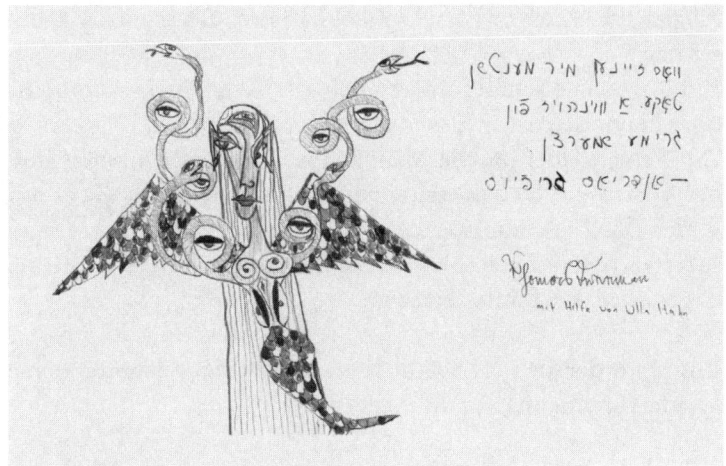

Albumeintrag Thomas Freeman

ihm das Buch unter die Nase. Er zeichnete ein buntes Arrangement in mein Poesiealbum, wurde leider unterbrochen von Ulla Hahn, die zum Aufbruch mahnte.

Nartum   Do 3. Januar 1991, klar, dann Regen

1876: Wilhelm Pieck geboren, 1. Präsident der DDR

Seminar: Eine Frau fragte mich: «Was sind das für Schafe?» – Sie wollte auch wissen – solche Leute gibt's jedes Mal –, ob ich die Bücher alle gelesen hätte, die in der Bibliothek stehen? Ich sagte: «Manche zweimal.»
Morgens ich, mit meiner Prosaformel, seit 1980 bewährt, das leiert man so raus, das macht denen Spaß, und die Interpretation des Anfangs von «Tadellöser & Wolff». Nachmittags die Kurse, von denen wir Dierks ausfallen lassen mußten, weil sich nur zwei Teilnehmer für ihn gemeldet hatten. Peinlich! Aber ist mir auch schon passiert. Am Abend kam Vesper, sehr schön.

Angenehm. Auch er las sehr Altbekanntes. Ob er nichts anderes hat?

Ein Rostocker Schüler fragte mich, ob Kempowski mein richtiger Name sei?

Der Sohn wieder da, die Mädchen waren ziemlich hinter ihm her. – Erzählt von den staubigen Straßen Thailands, die er mit seiner BMW befahren. Auch traurige Erlebnisse mit eingesperrten Affen. Diese Menschen! Extra enge Käfige, damit sie das Mitleid der Käufer erregen.

Ein Herr, der sich als Schulleiter vorstellte, bereicherte meine Wiedervereinigungssammlung:

> Ich hab' oft am Ufer gestanden und der Fähre nachgeguckt, wenn sie nach Gedser fuhr … Und dann bin ich nach dem Mauerfall hinübergefahren: Als ich 500 Meter weg vom Ufer war, das hat mich sehr bewegt: Jetzt stehst du selbst auf der Fähre! Daß man fahren durfte … Das war ein großes Erlebnis.

Heute ist die Fährverbindung eingestellt wegen mangelnden Zuspruchs.

Nartum   Fr 4. Januar 1991,
                                     klar, nicht kalt

Seminar: Meine Laune verdarb mir heute eine Rostocker Schülerin, die mich unbedingt nach der «Stern»-Affäre befragen wollte. Kann sie sich doch denken, daß mir das nicht angenehm ist. Mangel an Erziehung. Gerade bei Mädchen mag man solche Grobheiten am wenigsten.

Mit Vesper herzlich. Ich zeichnete ihm sein «BLOCK»-Exemplar voll. Das schien ihm nicht recht zu sein.

Nachmittags wieder schwere Niederlage, weil niemand kapierte, was ich mit «Eidetik» meine, und auch nicht kapieren wollte.

Tanja brachte hübsche Werbefilme mit. Werbung: auch eine Art Kunst. Müßte man sammeln. Fehlgeleitete Künstler. Ich meine nicht nur die lustigen Einfälle.

Eine Frau aus Remscheid sagte, die Schüler aus Rostock sähen alle so russisch aus. Irgendwie härter als die Westdeutschen. – Was die Rostocker wohl von uns sagen, wie *wir* aussehen. Wie Vanillepuddings?

Lit.: Herder, Italienreise, langweilig. «Verona ist groß.»
Seine Frau über Kindererziehung:

> Die Kinder sind alle wohl; ich hoffe und wünsche, daß sie an Seele und Körper gewachsen sein mögen, wenn Du sie wiedersiehst. Ich tue nicht viel dabei; ich fürchte mich immer, daß ich etwas Schlimmes tue, und da mögen denn die Bäumchen so wachsen.
> (Karoline Herder an ihren Mann in Rom, 25.11.1788)

Ach ja, Italien! So gerne möchte ich mal da hin. Aber die dortigen Goethe-Menschen sitzen wie Fleischerhunde vor ihren Instituten: «Kempowski kommt uns hier nicht rein.»
Villa Massimo? Pustekuchen! Und wer war nicht alles schon da!

Nartum   Sa 5. Januar 1991, windig

1959: Gründung der Militärakademie «Ernst Thälmann» der NVA

Seminar: Es wurde viel über Dürrenmatt geredet, den ich nicht ausstehen kann. Flattern bei dem nicht weiße Vögel in der Veranda herum? Aber lieber als Frisch ist er mir allemal. Haben sie nicht beide einen Sprachfehler? Oder ist das Schweizer Eigenart?
Gestern hätte ich zu Raddatz kommen sollen, brachte es nicht übers Herz. «Konnte einfach nicht.»

15

Vesper sagt, zu oft dürfe er das jetzt nicht mehr machen, nach Frohburg fahren und dort lesen, Raddatz habe in Leipzig einen einzigen Zuhörer gehabt. Hotel, Reise, alles selbst bezahlt. Ist mir auch schon passiert.

Eben komme ich drauf, daß ich für «Sirius» auch noch KFs Tagebücher hätte verwenden können. Schade!

Heute früh Schneeweiß über seine Arbeit. Seine Erzählungen von Afrika. Erlebnisse mit «Negern». Einer habe ihm seine Kamera wegnehmen wollen, da habe er nur leise und drohend gesagt: Ich bin *Deutscher* ... Der dann vor Angst ausgerückt. – Ob das stimmt?

Er hat einen Meisterjodler aus Hamburg nach Afrika verfrachtet, die Neger haben sich totgelacht, als der da loslegte. Dieses herzliche Lachen, von dem man sagt, daß man es ausschüttet. – Lustiger Film.

Nachmittags frei. Langes Interview mit Hamer von der «Norddeutschen Zeitung» aus Rostock.

Abends ließ uns dann Gabriel Laub im Stich, ist wohl beleidigt wegen «Sirius». So las ich dann selbst aus den «Hundstagen», was mir Spaß machte.

Am Abend gab's dann noch Ärger. Die Rostocker Schüler kündigten an, daß sie statt übermorgen schon morgen früh fahren. Obwohl ich doch alles bezahle. «So hatten wir nicht gewettet.» Enttäuschung. Wurde wütend. So ist es, wenn man Menschen was Gutes tun will. Wie sagt mein Bruder: «Tue nichts Gutes, so widerfährt dir nichts Böses.»

Ich arbeitete dann noch etwas in meinem Zimmer, war ganz verbockt.

Die rothaarige Klavierspielerin Eltje: «Morgen sind wir schon fast eine ganze Woche zusammen.» Da muß man sehr vorsichtig sein. Die Mädchen bilden sich immer alles mögliche ein. Die Männer natürlich auch. – Ich hab' was übrig für Rothaarige. Je roter, desto besser. Wie sich das wohl zwischen schwarz und blond hindurchgemendelt hat? Irgendwie in Schlangenlinien. Darf man so was heute überhaupt noch sagen? «Der Sowieso ist rothaarig»? Oder fällt das unter p. c.? Mit einer Pianistin verheiratet zu sein, ist gewiß auch nicht so einfach. Aber eine Sängerin ist schwerer auszuhalten. Renate als Kind, als sie mich mal üben hörte: «Hat Vater denn viele Hände?»

TV: Im Abfahrtslauf der Skiläufer siegt ein Mensch mit zwei Hundertstelsekunden Vorsprung, das wird uns bekanntgegeben in den Abendnachrichten. Das ist so ähnlich wie bei den Schwimmern, da macht die Dicke der Kacheln schon 1/100 sec. aus.

2007: *Jetzt gibt es bald keinen Schnee mehr, sogenannte Schneekanonen schaffen Abhilfe. Wenn's irgendwo mal schneit, geben sie Sondermeldungen durch. In diesem Fall ist Schadenfreude wohl unangebracht. – Dieses «Zünftige», was bei jeder Sportart herumhängt, kotzt mich an.*

Nartum   So 6. Januar 1991

Die Albaner lassen endlich ihre politischen Gefangenen frei. Darunter sind Leute, die 20 Jahre gesessen haben. Priester. Richtig in der Zelle. Alles im Zeichen des Sozialismus. Absolutistische Systeme neigen zu so was. In Jammersminde, Dänemark, diese Frau, die jahrzehntelang auf ihrer eignen Scheiße hocken mußte. Aber sie überlebte.
Die sieben Chinesen, die mich hier besuchten, 1985? Drei von ihnen hatten über 20 Jahre gesessen, einer bloß fünf, der hatte gewiß Minderwertigkeitsgefühle. – Die Dolmetscherin war wenig hilfreich, denn sie war halb taub.
Was die wohl sagen, wenn sie einen Rothaarigen sehen? In

Indien gibt's viele, dort ist das irgendeine Krankheit. Chinesen darf man ruhig anglotzen, die haben nichts dagegen.

Nartum   Mo 7. Januar 1991

«Der aufgeklärte Big-Band-Klang der 70er und 80er Jahre», sagt Michael Naura im NDR. Sehr große Ähnlichkeit mit Militärmusik. Dies Zackige. Adorno hat darüber Zutreffendes geäußert. («Bach gegen seine Liebhaber verteidigt.») Ich kann es nicht mehr hören, Stan Kenton vielleicht ausgenommen. – Das Dauerhafte der alten Melodien («Cherokee», «Night and Day», «My funny Valentine», «Georgia»). Ohne sie ist unsere Kultur nicht mehr vorstellbar. Mit «Techno» können sie mir nicht imponieren.

Das schreckliche Schicksal von Cole Porter, der uns so schöne Melodien geschenkt hat. Truman Capote schildert einen Besuch bei dem durch einen Reitunfall völlig gelähmten genialen Komponisten.

Aber das militärische Gehabe des gleichzeitigen Aufstehens der Trompeten bei den Show-Kapellen zum Beispiel: nein. Saxophone alle nach links, Posaunen alle nach rechts. – Aber Vorsicht! Solche Anweisungen gibt's für Symphonieorchester auch. Der An- und Aufstrich der Geigenbögen ist genau reglementiert. Nur der Dirigent mit seinen mehr oder minder eleganten Wedeleien da vorne kann machen, was er will.

Oldenburg: Jena-Plan.
Habe ich mal gemacht, ein Stadtspiel, alle Unterrichtsinhalte in dem Spiel bündeln, das dauerte Wochen. Ich habe die Protokolle aufbewahrt. Kinder waren begeistert, aber ob viel mehr dabei herausgekommen ist als eine schöne Erinnerung? Ich bin vor Arbeit fast wahnsinnig geworden, und die Eltern wurden schon mißtrauisch.
«De späl'n ja bloß», sagte ein Bauer.

18

Wieder eine schwere Niederlage. Rechnung vom Anwalt über
16 000 Mark!
Habe schon mal 22 000 bezahlt.
Hinzu kommt das unnötige Hausgutachten: 15 000 Mark =
53 000 DM in den Sand gesetzt! Alles umsonst.
Nun, wir werden sehen, ob wenigstens aus der Hannover-
Sache etwas wird, die müßten doch hüpfen vor Glück, daß sie
mein Archiv kriegen, aber sie rühren sich eigentlich nicht.
Seminar war etwas dünn. Wenig Teilnehmer, von denen auch
noch mehrere vorzeitig gingen. Ich war sehr nervös. Ausge-
laugt. Die Schüler stumpf. Zwei Nervensägen im Publikum.
Ost-West-Begegnungen problemlos.
Genug. Irgendwie läuft die Sache aus.

Irak: Der Wüstensturm im Nahen Osten braut sich zusammen. Das häßliche Wort «Krieg» hat Bush gebraucht, plötzlich
«stand es im Raum» – man sieht GIs durch den Sandsturm stap-
fen. Aziz, der Irak-Außenminister, lacht unziemlich, wenn er
gefragt wird, ob er keine Sorgen hat? Ob er sich im Klaren darüber ist, was da auf ihn zukommt?
Den Litauern scheint es an den Kragen zu gehen. Schaurig. Ich
denke, daß die Einheit jetzt nicht mehr zu haben wäre. Das
dumme Wort «zu spät» bleibt uns erspart.
Man möchte den Balten von ganzem Herzen wünschen, daß sie
sich von der SU lösen, aber die Russen können den Kanal nicht
voll kriegen. Ich meine, ihr Land ist doch eigentlich groß genug?
Die Balten wollen übrigens nicht «Balten» genannt werden,
gleich ins p.c.-Notizbuch schreiben.
Da gibt's unterschiedliche Freundschaften: Die Esten machen
mit den Schweden gemeinsame Sache und die Litauer mit den
Polen. Die Letten schweigen einstweilen still, da hat's wohl
ziemlich viele SS-Leute gegeben. Verstehen kann man sie alle
nicht. Dagegen ist finno-ugrisch noch ein Waisenknabe.

Ich versuchte, einiges Plankton zu zapfen. Eine Frau:

Weit vor der Wende war ich im Westen. Als arme Bettlerin. Ohne Mittel im Goldenen Westen, 15 Mark umtauschen. – Mein Erschrecken, daß Leute, die aus unserem Freundeskreis rübergegangen waren, sich in ihrer Einstellung völlig geändert hatten. Das war '87, und ein Cousin hat gesagt: «Also, jetzt kann ich dich von der Steuer absetzen, weil du aus der DDR kommst.»
Moral von der Geschicht': Umstände formen den Menschen. – «Radieschen? Das ist doch nichts Besonderes, die gibt es doch das ganze Jahr.» – «Aber nicht bei uns.» – «Das meiste, was es gibt, braucht man nicht, weißt du.»

Nartum   Mi 9. Januar 1991, klar

9. 1. 91 (= komisches Datum)

Ein Techniker der Zeitschrift «Hörzu» rief an, an welcher Stelle sie bei uns die Satellitenschüssel anbringen sollen, die ich für die geplanten Fernsehkritiken brauchen werde. Von Hamburg aus wollen sie das wissen! Ich sage, einen Nazi-Ausdruck benutzend: «Soll ich Ihnen mein Haus *fernmündlich* beschreiben?»
Endlose Redereien über die Brüssel-Tour, zu der mich die EG eingeladen hat. Eigentlich wollte ich nur Hildegard die zwei Tage dabeihaben, nun wird eine Riesensache daraus.
Im Radio eine blöde Lesung, eine Frau, die glaubt, den inneren Monolog entdeckt zu haben. – Eben merke ich, daß es ein Text von Joyce ist, den sie vorträgt, tatsächlich, aber schlecht gelesen.
In Rostock benennen sie nun die Straßen wieder um, oder zurück um. Es ist nicht zu fassen. Ich erinnere mich noch, wie aus der Friedrich-Franz-Straße die August-Bebel-Straße wurde. – Sogar die SED habe zugestimmt. (In Rostock schändliche 23%!) Manchen kostete das viel Geld für neues Briefpapier, denn einige Straßen – «Adolf-Hitler-Platz» – mußten sich dreimal umbenennen lassen.

2007: *In Berlin werden Straßennamen jetzt instrumentalisiert. Die «Springerstraße» nach Rudi Dutschke umzubenennen, das ist doch gegen die Natur. Auch haben manche Bezirke Feministisches festgelegt. Da dürfen Frauen- und Männernamen nur paritätisch vergeben werden. Und jetzt haben sie Schwierigkeiten, genügend Frauennamen zu finden.*

Der 1945 von den Amerikanern in Quedlinburg gestohlene mittelalterliche Domschatz wird zurückkehren. Das sind so Geschichten. Was da wohl noch so alles auftaucht. Peinlich den Ost-Leuten gegenüber. Daß die Russen stahlen, war selbstverständlich. Aber die Amerikaner? Die Franzosen allerdings sowieso, das wunderte einen nicht. Das ist bei denen Tradition. Napoleon hat ja sogar die Quadriga vom Brandenburger Tor abmontiert. Deutsche Beamte haben damals den Franzosen dabei geholfen, die schönsten Sachen zu finden. Was für ein Volk. Sonderbare Geschichten von amerikanischen Farmern, die Gewissensbisse kriegen, 1945 als Soldat was mitgehen ließen und dann Gewissensbisse, und plötzlich kommt in Nürnberg irgendwo ein Paket an, ein intarsienverziertes Schachspiel aus dem 17. Jahrhundert.

2007: *Ich wollte ein Buch unter dem Titel «Plündern» herausbringen, das sollte wohl zur Chronik gehören. Einzelne ehemalige Soldaten befragt, ob sie was mitgehen ließen. – Da kam nicht viel zusammen. Ich seh' noch die deutschen Frauen in französischen Pelzmänteln rumlaufen. Jaja. Geplündert haben sie alle. Es gab auch Todesurteile. – Mein Vater brachte mal französische Butterkekse mit. War das auch plündern? – Die endlose Reihe lateinischer Bezeichnungen für diesen barbarischen Akt.*

Osnabrück, Jury-Sitzung für den Remarque-Preis.
Wie lange eine Goebbels-Manipulation nachwirkt! Ich war der
festen Überzeugung – vielleicht wollte ich es sein –, daß Remarque eigentlich «Kramer» geheißen und seinen Namen der
besseren Wirkung halber ins Französisch-Hugenottische trans-
poniert habe. Das eben war von Goebbels in die Welt gesetzt
worden, um den Verfasser des pazifistischen Romans «Im Westen nichts Neues» lächerlich zu machen.
(Immerhin: Er hat sich ein «que» statt des «k» genehmigt. Weshalb ich mir kein Ypsilon an den Namen genäht habe, ist
mir unverständlich. Das hätte den Absatz meiner Bücher
vervielfacht. Ein Ypsilon ist unbezahlbar. Aber dann hätte
ich als ein Russe gegolten, und mit dem i bin ich sozusagen
Pole.)
Goebbels hat sich mehrere solcher Verschiebungen geleistet,
manche ganz ohne Folgen, so wenn er behauptete, im Kino
müßten Angreifer von links nach rechts laufen und Verteidiger
von rechts nach links (oder umgekehrt? Wie war das noch? Und
was bezweckte er damit?). – Eine bekannte Dame in Rostock,
die «Vick» hieß, nannte sich «Wieck». Der einzige Stasi-Spit-
zel, der einen Bericht über mich geschrieben hat, war auch Trä-
ger dieses unangenehmen Namens. Siehe Grimms Wörterbuch
Band 3.

Allerhand Literatur über das Wohlleben des von den Linken
gehätschelten Autors Remarque. Aber warum soll er nicht? –
Er floh rechtzeitig ins Ausland, kaufte sich die Villa Böcklins.
Nach dem Krieg hatte er sein Pulver verschossen.
Seine Schwester wurde übrigens von den Nazis hingerichtet.

2005: *Inzwischen hat sich Osnabrück seines berühmten Sohnes erheblich erinnert. Sogar ein Steigenberger-Hotel heißt
jetzt «Remarque-Hotel», und das Foyer ist mit häßlichen, wie
von Laien gemalten Porträts des Autors vollgehängt. Man*

kennt die Fotos, von denen sie abgemalt wurden. Aber auf
den Fotos erkennt man ihn nicht.

In der Jury war ich völlig isoliert. Ich hatte Raddatz vorgeschlagen, und das war natürlich absolut verkehrt. Es war grotesk, wie sich die Jurymitglieder auch räumlich von mir distanzierten. Als ich mit ihnen zum Bahnhof ging, ließen sie mich vorauslaufen. Man müßte diese Leute einfach mal fragen: «Sagen Sie mal, was liegt eigentlich gegen mich vor? Gibt's Akten?»

Beim Frühstück im Hotel konnte ich mein Wiedervereinigungsplankton vermehren. Eine Dame erzählte mir:

> Ein Erlebnis von Entgrenzung und Ekstase. Ich hab meinen Chef fast entführt. Was später eine längere Beziehung wurde, fing dort an in der geballten Menge. Wir drängten uns aneinander unter Unterstützung von ganz vielen anderen Leibern. Bevor das passierte, war ich auf der Kundgebung von Kohl, und danach bin ich auf einer Fete gewesen, und da hab' ich getanzt wie ein Derwisch, und ich hatte ein Gefühl von Vitalität, als ob auch ich wie eine Mauer gefallen war.

Nartum   Fr 11. Januar 1991

Tag der Schüler und Studenten in der Sozialistischen
Republik Vietnam

Neujahrsempfang des «Hamburger Abendblattes» im Atlantik-Hotel. Ein unbeschreibliches Gedränge. Ich kannte buchstäblich niemanden, und mich kannte auch keiner. Es heißt, daß jedes Jahr ein wildes Gerangel um die Einladungskarten einsetzt, jeder möchte dabeisein. Warum bloß? Bei solchen Gelegenheiten krachen Fußböden durch.

23

Morgens sehr schön, blauer Himmel, warm, oder besser: nicht kalt.

Im TV die traurigen Nachrichten, daß in dem sich jetzt anbahnenden Konflikt wahrscheinlich 30 000 amerikanische Soldaten ihr Leben lassen werden, dazu wer weiß wie viele Iraker, darunter Frauen und Kinder. Und das alles wegen des verrückten Saddam Hussein, der plötzlich größenwahnsinnig geworden ist.

1939 fragten die Franzosen sich: «Mourir pour Dantzig?» Der alte Streit, ob Menschen Geschichte machen oder umgekehrt, ist nun wohl entschieden. Ein Verrückter, ein Amok-Mann, hat sich hier als politischer Analphabet betätigt. Und die Deutschen? Schon rennen sie auf den Straßen herum und schreien: «Kein Blut für Öl!» Als ob es hier um Öl ginge. Es ist schrecklich, einem fanatischen Volk anzugehören, fanatisch und verlogen. Verkitscht. Und doch eigentlich so liebenswert.

Und dann Litauen, das Panzerkanonenrohr, das die armen Leute dort unter der Nase kitzelt. In Moskau stehen die Idioten immer noch am Lenin-Denkmal an, und auf der anderen Seite demonstrieren Russen für die Litauer, mit hochgehaltenem Abgeordnetenausweis, damit man sie nicht verprügelt.

In Talk-Show-Runden wird das alles ausführlich bekakelt. Domröse hat's auf den Punkt gebracht, die dick gewordene Kelly kreischte in die Gegend, Ulla Hahn lächelte weise. Und einer sagte es: «Ein Herz für Litauen sollten wir haben.»

Mal sehen, ob morgen einer für Litauen demonstriert.

Der Sportreporter Uli Voigt, bevor er über Eishockey reportierte, hat's gesagt: Bevor er anfängt, möchte er doch auf Litauen und Nahost hinweisen. Ehrenwert.

Arafat im Vorzimmer Husseins, wie ein Geier, der auch was abhaben möchte. Der häßliche Arafat, unrasiert wie immer.

Lit.: Kunze hat ein Buch – «Deckname Lyrik» – veröffentlicht über seine Stasi-Bespitzelung. Vor lauter Pünktchen nicht lesbar.

Er hat das zitierte Amtsdeutsch der Staatssicherheitsbeamten verbessert, weil er deren schlechtes Deutsch den Lesern nicht zumuten will, schreibt er.
Wenn schon enthüllen, dann aber bitte auch Namen nennen.

Nartum   Mo 14. Januar 1991, Sonne

Oldenburg: Über die Aufsichtspflicht und über Lob und Tadel. In meinem pädagogischen Lexikon befinden sich 20 Seiten über Strafen und nur eine Seite über das Lob. Groteske Gerichtsurteile las ich aus dem Schulverwaltungsblatt vor. Der Lehrer ist praktisch überall und immer «dran». Ich übernahm in der Quabben-Schule sämtliche Außenaufsichten für alle Lehrer, um das Gequatsche im Lehrerzimmer nicht mit anhören zu müssen. Außerdem wollte ich mich der feindseligen Stimmung, die von einer intriganten Lehrerin ausging, nicht aussetzen. Draußen die frische Luft, und immer Kinder um mich rum. Am Fenster manchmal der Rektor, was ich da eigentlich mache: läuft da immer hin und her? Meine Vorschläge, den Hof etwas abenteuerlicher zu gestalten, wurden nicht diskutiert.

2005: *Es hakten sich immer und meist dieselben Kinder bei mir ein, wenn ich da meine Runden drehte. Besonders ein Mädchen, 11 Jahre alt, das gar keinen Unterricht bei mir hatte. Voriges Jahr erschien sie hier, und ich fragte sie, warum sie sich immer bei mir eingehakt hätte? «Sie hatten so einen schönen weichen Pullover an», sagte sie.*

Die eine Lehrerin behauptete, sie schläft nie. Nie schläft sie, da konnte man sagen, was man wollte. Nie schlafen, das geht doch überhaupt nicht. – Die Kollegen redeten über mich, wenn ich auf dem Hof kreiste.

«Bild-Zeitung»: Wann geht's los?
Ich zu «Bild»: In dieser Woche noch!
«Welt»: Was ich zum Baltikum meine?
Ich zur «Welt»: Aufruf der Schriftsteller an Gorbatschow. Ihn fragen, ob er mit seinen Maßnahmen gegen das Baltikum alles aufs Spiel setzen will? Nobelpreis, Ruf, Demokratisierung? Und die Letten, Esten und Litauer wurden unter Stalin nach Sibirien transportiert und kamen nie wieder?

Gestern kam ein Ehepaar. Ich ging spazieren im Garten und sah sie draußen herumstreichen. Es waren «Sirius»-Leser. Ich zeigte ihnen das Haus, und sie repetierten ihr «Sirius»-Wissen.

Heute machte ich mir Kaffee. Da sagt Frau Meyer: «Das können Sie? Dann sind Sie ja gar nicht so verwöhnt!»

Das Radio ist voll von Meldungen über Nahost und Litauen. Letzteres geht mir näher. Hat sich jetzt etwas beruhigt. Gorbi hat von nichts gewußt, sagt er. Truppen haben sich zurückgezogen.
Die amerikanischen Soldaten tragen jetzt Helme, die den alten deutschen ähnlich sehen. Warum nicht gleich so?
Renate war da, erzählte von der französischen Buchhandlung in Berlin, in der sie beschäftigt ist. Einer ihrer Freunde besuchte uns und führte einen sauren Film aus seiner Produktion vor. Längere Geldgespräche mit Bank. Wir wollen doch lieber festes Sparen, als diese halsbrecherischen Kurssachen zu machen. Einen Teil halten wir zurück, um für Rostock oder für ein Appartement in Berlin was zur Hand zu haben. Wir erwägen auch, unseren Landbesitz zu arrondieren. Hier wird was angeboten in der Nähe, vier Morgen. Da sollte man zugreifen.

Ich hörte zum Tee César Franck, Klavier und Violine.

Lit.: Kunze, wirklich unerträglich. – Daß der Denunziant Böhme noch frei herumläuft, ist allerdings nicht zu verstehen.

Einladung nach Wismar, von der «Tele-Illustrierten», die mich allmählich als Hausautor verwendet, leider ohne entsprechendes Honorar. Ich soll dort für den Denkmalschutz sprechen, angesichts der St.-Jürgen-Ruine. Macht mir Spaß, freu' ich mich darauf. Nichts lieber als das!

Klaus Stiller. Ich hatte ihm geschrieben, ob er mit mir nicht eine Lesung im SFB machen kann, aus «Sirius». Er belehrte mich, daß ich das schon getan hätte. – Er äußerte sich ziemlich abfällig über die Ostleute. Die kämen und forderten nur. Ein Trabi = 34 Westautos, soviel Qualm. Traurig, aber vermutlich wahr.

Noch zum Seminar: Ein Feinmechaniker kam in «ewigen Schuhen», riesigen Skistiefeln. Eines der Rostocker Mädchen machte Knicks beim Guten-Tag-Sagen. Der Ostberliner meinte, er komme sich hier vor wie im Paradies. Daß die Hunde zwischen uns herumgelaufen sind, hat ihm besonders gefallen.
Daß zwei der Rostocker Schüler vor der Zeit abreisten, hat mich beleidigt. Kriegen alles umsonst und verschwinden einfach, ohne sich zu verabschieden.

Ein Huhn vorne nackt im Stall gefunden. Hildegard meint, Simones Hund Hacky habe das verbrochen. Simone bestreitet das. Hildegard sagt, die Schlapphut-Else (um sie handelt es sich) habe ihr das erzählen wollen. Sie steht mit ihren Hühnern auf du und du.

Viel Post auf «Sirius». Täglich mehrere Briefe.

Ich dachte heute, man müßte Mutterboden kaufen und auf unser Land streuen. Aber bei der Gelegenheit handelt man sich dann Franzosenkraut und Quecken ein. – «Franzosenkraut»? Ist das politically correct?

Der Kölner Antiquar beschwerte sich, ich hätte ihm nur ein kleines Ms. für sein Poesiealbum geschickt, das doch 800,– wert sei. Nun, ich hatte ihm das Ms. meiner Rostocker Rede geschickt, Januar '90, fünf Blätter handschriftlich. – Ein Blatt Rühmkorf wurde bei Stargard für 320,– versteigert. – Ich hab' ihm das erklärt. Nichts geht verloren. Alles kommt wieder.

Oldenburg: Ein Student hatte heute sein Referat auf Band genommen, mit Musik, und spielte das ab. Mal was anderes. Meine Wirtsleute, die Ali-Baba-Türken in Oldenburg, sind verbittert über Hussein. Es wär' doch alles so schön gewesen? Der Mann sei verrückt. – Sie erzählten mir, daß ihre Verwandten weit vom Schuß leben.

Zur Wiedervereinigung bei Ali Baba ein Student:

> Ich hatte das seltsame Gefühl, Zeuge eines geschichtlichen Ereignisses gewesen zu sein, wie Kennedys Ermordung. Ein historischer Augenblick. Meine Schwester an der Grenze hat mehr mitgekriegt. Am Anfang war sie begeistert, und das hat sich dann gelegt.

Nartum Di 15. Januar 1991, Sonne, kühl

1919: Karl Liebknecht und Rosa Luxemburg ermordet

Sehr (zu) langer Besuch von der «Neuen Berliner Illustrirten». Von 11 bis 16 Uhr! Ich wurde u. a. gefragt, was ich gegen die PDS habe. Von Bautzen wollten sie nichts wissen, das tat nichts zur Sache.

Nachmittags geschrieben. Dann sehr lange TV geguckt, die Entwicklung des Golf-Konflikts. Irgendwie hat man das Gefühl, daß die Amis da dummes Zeug machen. 79% seien dagegen (in Germany). Ich bin auch dagegen, aber ich stimme zu.

Brief von Raddatz. Er schreibt immer mit dünnem Filzstift auf gelblichem Papier und extra fahrig. Ich soll wohl denken, er hat viel zu tun. Es gibt immer Menschen, die haben viel zu tun. Gott segne sie.

Gore Vidal, auf die Frage: «Welche geschichtliche Gestalt verachten Sie am meisten?», antwortet: Jesus Christus (FAZ-Magazin). Am liebsten möchte er das Universum sein. – Das ist nicht originell, das ist albern.

Nartum   Mi 16. Januar 1991

TV: Merkwürdige Mitteilungen: daß die amerikanischen Soldaten Stiefel für den Urwaldkrieg trügen, mit Löchern, damit das Wasser, was eingedrungen ist, ablaufen kann. Und in diese Löcher rieselt nun der Sand. Typische Militärbeschaffungssachen: So wie die MPs der deutschen Soldaten wegen des langen Magazins nicht auf den Grabenrand aufgesetzt werden konnten.
War es nicht Neckermann, der gegen Ende des Krieges den deutschen Soldaten endlich brauchbare Oberbekleidung schneiderte?

Heute früh Dr. Dittrich von der Bibliothek in Hannover. Er nahm allerhand mit und brachte Material.
Das Gespräch zog sich hin, ich saß ein bißchen auf Kohlen, denn ich erwartete den Techniker von Hamelberg, der mir den neuen Drucker erklären und vorführen wollte. Er kam zunächst nicht, ich machte einen Spaziergang und schlief im Sessel ein.
Dann kam der Mann und scheiterte irgendwie an seiner eigenen Klugheit.
Ich hatte also einen sehr konfusen Tag, von «Klausur» keine Rede.

Für «Hörzu» die neue Lieferung fertiggemacht. Sie kommt den Herrschaften «zu hoch» vor, wollen's gern primitiver haben.

In Oldenburg und im TV wieder kitschige Schweigeminuten und Demonstrationen wegen dem Wüstenkrieg.

Aufnahmen aus der Hagia Sophia. Möchte ich mir wohl gerne mal ansehen. Im Mittelalter ist sie irgendwann mal zusammengebrochen. Ein Buch über Kuppeln. Sie ist in diesem Falle hauchdünn, zusammengehalten wird sie durch enorme Stützpfeiler von außen. Deshalb gibt es innen einen riesigen freien Raum, der leider mit arabischen Schriftzeichen vollgehängt ist. – Ich habe noch keinen Türken in einer deutschen Kirche gesehen. Man müßte mal fragen, was sie sich bei dem Gekreuzigten vorstellen.

Nartum   Do 17. Januar 1991

Die «Mutter aller Schlachten» habe begonnen.
Hussein will den Amerikanern «eine Lektion erteilen», wie in der Schule der Lehrer nach altem Modus?
Es wird gesagt, die geflüchteten Kuwaitis säßen hier im Westen in teuren Restaurants und fräßen. Im Kampfanzug.
Vogel: «Maßloses Entsetzen.»
TV: «Ich danke Ihnen nach Stockholm.»
«Wüstensturm». Sprecherin: «Wüstenfeld.»
Die Sprecherinnen haben so einen sauren Ernst in der Stimme. So was kriegt ein Mann gar nicht hin. So was Vorwurfsvolles, als ob wir schuld sind. Fehlte noch, daß sie uns mit dem Finger drohten.
Schöne Eigenschaft der Geduld, die noch nicht gewürdigt worden sei, hat eine Dichterin bei den Irakern konstatiert.

30

Bremen, Zahnarzt. Er erzählte, daß die Lehrer in Bremen ihre Schüler zu den Anti-USA-Demonstrationen getrieben hätten, die Grundschüler in Reih und Glied antreten lassen und durch die Straßen geführt. Auch Kindergärten! Ob das der Schulrat genehmigt hat? Bremen ...

Plakate an Schulen. Sie wollen uns Bescheid sagen, aber wir wissen doch schon alles.

An der Deutschen Bank die Fenster eingeworfen. So was bringt uns ja auch nicht weiter. Argumentatives Scheibeneinwerfen. Daß das überhaupt geht, ist das nicht Panzerglas?

Nartum   Fr 18. Januar 1991

1956: Gründung der NVA

7 Uhr

Der Presserummel der Medien entsprach dem Trommelbombardement der alliierten Flugzeuge und Raketen. Frevelhaft die Scherze mit den Gasmasken in Israel, ein Kabarett hat sich mit Sketchen darüber lustig gemacht. – Heute früh wurde ein alter, stoppelbärtiger Israeli beschrieben, der ins Leere geguckt habe. Er sei dem Nazi-Giftgas entronnen und werde nun womöglich doch noch von deutschem Giftgas getötet. Nun, das Giftgas haben nicht Deutsche geliefert, sondern Verbrecher. Die Raketen, mit denen es verschossen wird, stammen von den Russen, die sie von Staats wegen geliefert haben. Die irakischen Panzer und Flugzeuge stammen aus Frankreich. – Ob das auch immer alles bezahlt wird?

Gestern ein Besuch beim Schreibmaschinen-Onkel, der mir eine neue Olivetti-Maschine anschnacken wollte. Er fand sich selbst nicht mit dem Ding zurecht. Die Weiterentwicklung meines braven Olivetti-Gerätes ist derartig kompliziert, daß man Wochen brauche, um es zu beherrschen, sagt er. Andere

Firmen *vereinfachen* ihre Produkte, die Italiener machen das Gegenteil. Das Verrückteste ist, daß man den Drucker vor der Nase hat, den Bildschirm jedoch *seitlich*. Da kann man sich ja ausrechnen, wann man einen Bandscheibenschaden kriegt! Im Laden wollte man mir Disketten für 140,– die Packung andrehen! Der ganze Laden ist absolut überstylt, bis hin zur Teekanne des Personals. Alles in Grau, allerlei Bühnen für Käufer, die beraten werden sollen. Aber keine Käufer sind da. Einzelne alte und uralte Schreibmaschinen unter Glas auf grauen Holzsäulen. Ich denke, diese Firma wird Pleite machen. Wenn sie Pleite macht, wo soll ich dann meine Geräte warten lassen?

2001: *Hat sie bis heute nicht.*
2005: *Immer noch nicht.*
2007: *Blüht und gedeiht.*

Der Chef saß vor einem Telefon, und er hatte noch ein anderes in der Hand, ein drahtloses, auf dem er von seiner offenbar hysterischen Frau angerufen wurde, ob er die Kinder nicht abholt aus dem Kindergarten? – Er demonstrierte mir, wie er es hinkriegt, daß er die Ruhe bewahrt, wenn ihn seine Frau anruft. An der Außenwand des nagelneuen Gebäudes allerlei Kuben und Pyramiden in poliertem Granit, die aus dem Mauerwerk brechen. Das ist Kunst. Was das wohl gekostet hat! Tragisch! Wahrscheinlich ist der Architekt, der das Gebäude errichtet hat, äußerst beredt.

Die Friedensleute haben in Berlin Schaufenster eingeworfen. Wie nennt man das? «Kontraproduktiv»?
Sie haben nicht nur Angst. Dies kumpelhafte Rummarschieren ist auch ein Ausdruck von schlechtem Gewissen.

Mitternacht.
Die kretinhaften Gebärden jubelnder Friedensmarschierer. Alle sind für den Irak, für den Diktator also. Und wie sie knei-

fen, wenn es ernst wird: Husch! verschwinden sie hinter der nächsten Hausecke.

Und immer dieses Grinsen bei ernsten Anlässen.

Dies sind die historischen Tage, da geht's um die Wurst. Die Araber sind mir unheimlich, die Amerikaner kann ich besser verstehen, das sind schließlich unsere Leute. Im übrigen gibt's doch einen Aggressor, der in Kinderkliniken den Stecker aus der Brutmaschine gezogen hat.

Die Israelis hocken unterdessen im Keller und lauschen, ob sie die ersten Gasraketen hören. Galinski bittet sich Respekt und Mitgefühl für die Juden aus.

«Hörzu» erschien, mit meinem etwas kümmerlichen Beitrag. Ich habe die zweite Sendung auf den Weg gebracht. Das gibt später mal ein interessantes Buch: Das Jahr 1991. Eventuell auch Gerüst für ein vollständiges Jahrbuch.

Aus Litauen Schlimmes. Denen geht es jetzt an den Kragen. Die französische Ausgabe von «Aus großer Zeit» ist erschienen. Sieht gut aus. «Les temps héroïques».

Wollen die ganze Chronik bringen.

2001: *Taten sie nicht. Nach dem ersten Band war Schluß. Den «Böckelmann» haben sie rausgebracht: «Notre Prof», und bei Encre erschien 1980 das KZ-Buch: «Allemands le saviez-vous? (Des témoins d'hier parlent enfin)».*

Ein sehr schönes, nie gehörtes Concerto grosso von Händel, eine Violinsonate von Haydn, Hornkonzert von Mozart (schrecklicher Ohrwurm).

«Echolot»: Bittel kam, wir sprachen die ganze Latte durch, auch Simone, die ihm zeigte, wie weit wir sind.

Anfrage der FAZ: Die Deutschen und die Angst. Erledigte ich telefonisch. – Per Post ein altes Fotoalbum – ach Gott! – und eine Mappe mit Liebigs Fleischextrakt-Etiketten, ein Album und ein Tagebuch.

Bricht der Krieg aus gegen Saddam. Raketen auf Israel. Große Sorge aller Leute, ob die Israelis eingreifen. Saddam nennt den Krieg «die Mutter aller Schlachten». Er sitzt am Tisch mit seinen Getreuen wie Jesus und die Jünger auf Leonardos «Abendmahl». Wie ruhig er ist, sie sollen sehen, er hat alles im Griff. Die Bluse schön gebügelt. Massen von Soldaten stehen einander gegenüber. Sogar der Senegal schickt 500 Mann gegen den Irak. Surreale Bilder von grünen Explosionen auf braunem Hintergrund. Immer dieselben. Wir haben Soldaten nach Kurdistan geschickt.

Nartum Sa 19. Januar 1991

Das deutsche Verteidigungsministerium hat bekanntgegeben, die deutschen Soldaten in der Türkei fühlten sich angesichts der alliierten Erfolge nun «entspannter». Die haben also vorher Angst gehabt.

40 Karnevalsvereine haben ihre diesjährigen Festivitäten wegen des Krieges abgesagt. Auch idiotisch. Was haben die Karnevalsumzüge mit den Arabern zu tun?

In der SU Wirtschaftsminister zurückgetreten.

Demonstrationen hier bei uns, aber keinesfalls für den Konflikt in Litauen.

Paule hat sich wieder ein Huhn gegriffen, die Federn stoben. Ich bemerkte es oben und schrie um Hilfe.

«Daß Saddam 12 Resolutionen der Vereinten Nationen in den Wind geschlagen hat, ist (für die Deutschen) Anlaß, nach einer 13. oder 14. zu rufen», sagt ein K. A. in der FAZ. Fabelhaft, Wort für Wort zu unterschreiben.

Die Deutschen sind in gewisser Weise infantil, ja debil.

Wo bleiben die Proteste des PEN gegen Saddam? Man muß

schon dankbar sein, daß der Verein nicht gegen die Amerikaner protestiert. Die Raketen auf Israel setzen manchen hier in Verlegenheit.

18 Uhr: Umsturz in Lettland, die Kommunisten wollen wieder an die Macht.
In den Golf-Nachrichten wimmelt es von Zahlen. Soundsoviel Raketen, Tote, Flugzeuge.
Ägypten und Syrien scheinen einen Israel-Gegenschlag tolerieren zu wollen.
Viermal soviel Bomben wie bei der Invasion im Juni 1944 haben die Amerikaner bisher auf den Irak abgeworfen. Kann ich nicht glauben. Außerdem ist Bombe nicht gleich Bombe. Solche Rechnungen wurden damals im Vietnamkrieg auch aufgemacht. Es gibt ja große und kleine, und es gibt Riesendinger.
Lese gerade im Kursbuch von 1968 über die Anti-Schah-Demo. Wenn die Linke nur einen Bruchteil dieser Entrüstung aufgebracht hätte gegen Saddam Hussein, dann wäre es vielleicht gar nicht zum Golfkrieg gekommen.
Bittel: Ein Mann habe in München auf sein eigenes Auto eingeschlagen mit einem Hammer: «Warum tun Sie das?» – «Wegen des Krieges am Golf.»
Angehöriger eines verwirrten Volkes zu sein. Aber vielleicht ist die gesamte Menschheit ja wahnsinnig geworden. Ich hab' auch schon 'n ganz schönen Zacken.

Früher war's der Balkan, jetzt ist es der Golf. Aber den Balkan haben wir noch zusätzlich am Hals.
«Wer hätte das gedacht!»
Die Sache wird für unsere Anti-Amerikaner dadurch kompliziert, daß Saddam geradezu selbstmörderisch auch Israel angreift. Er muß doch wissen, daß mit den Leuten nicht zu spaßen ist. Einen Zweifrontenkrieg «vom Zaun zu brechen», nur so aus Gesinnung? – Gasmasken werden an die Israelis ausgegeben. Kinder. – Das sind Aktivitäten, um die Israelis davon abzuhalten, Gegenschläge zu starten. – Ein ziemliches Durcheinander.

Das Hätschelkind der Linken, der Palästinenserführer, biedert sich an bei Saddam.
Am Ende werden sicherlich die Deutschen an allem schuld sein.

Nartum So 20. Januar 1991, Regen

Jede Stunde Nachrichten hören.
Wüste Tage. Ich schrieb sozusagen seelenruhig immer weiter.

Riga: Lettlands Innenministerium gestürmt. 100 sowjetische Soldaten. Tote, Verletzte. Die Russen wissen natürlich von nichts.
Irak/Raketen.

Landtagswahl in Hessen: Die Roten sind wieder dran.
Abends sehr interessanter «Talk im Turm». Seit langem die interessanteste Sendung dieser Art. Unglaublich, wie rabulistisch die Araber ihre Sache verteidigen. Gegen diese Leute kommt man nur an, wenn man sich trainieren läßt. Am besten Geldhahn zudrehen.
Ist das Lügen im Koran erlaubt?

Nartum Mo 21. Januar 1991

1924: Wladimir Iljitsch Lenin gestorben

Wüster Tag. Morgens Rotenburg. Auslegeware ,«naturverbunden» für mein Schlafzimmer ausgewählt, sonst kriege ich womöglich wieder Leibschneiden. Nachmittags nur wenig tun können. – Gegen Abend nach Oldenburg, Pseudo-Idioten-Streik, wie die Studenten eben so sind. Sie wollten mich nicht reinlassen in die Universität. Warum? Ich ging einfach an der Barrikade vorbei. Hinterher wollten sie mich nicht wieder rauslassen. Ich öffnete ein Fenster und sprang hinaus. Soweit kommt das noch, daß sie einen alten Knastrologen einsperren! Transparent an einem Balkon: «Kein Blut für Öl!»

Trotz des Streiks kamen 20 Studenten und diskutierten mit mir. Ich sagte, daß die Streikerei doch sinnlos ist, Kindergärten zum Demonstrieren zu führen, das sei widerwärtig. Das erinnere mich an die Nazi-Zeit, wo wir auch mit Wimpel im Gleichschritt marschieren mußten.

Ich sprach über Sachunterricht, meine Demonstration: der Bleistift, weshalb er sechseckig ist, und wie lang wohl ein Strich ist, den man mit einem Bleistift ziehen kann usw. Wetten wurden abgeschlossen, aber keiner hat's ausprobiert. Dabei hätte man das statistisch ganz schnell rausgekriegt. – Schließlich die Erkenntnis, daß man anhand der Meditation über einen Bleistift unserer Kultur beikommen kann. Der in der Pädagogik so oft beschriene «Bildende Wert». Dasselbe läßt sich auch mit einem Glas Wasser demonstrieren.

Copei, der große Pädagoge, «Der fruchtbare Moment im Bildungsprozeß», die Sache mit der Kondensmilchbüchse, weshalb man *zwei* Löcher benötigt, um an die Milch zu kommen. So eine Art Paradebeispiel, wie die Vogelkästen von Kerschensteiner. Die Chinesen kamen damals von weit her angereist, wie er das macht, diesen modernen Unterricht. Und sie wollten eine Schule besichtigen, wo sein Unterricht praktiziert wird: Es gab keine. – Na, Vogelkästen brauchten sie in China später ja auch nicht mehr. Mao hat, unter dem Beifall unserer Linken, alle Vögel totschlagen lassen. Unnütze Fresser. Inzwischen gibt's wahrscheinlich wieder welche. Die Natur denkt sich das Ihre.

Nun im Bett, die VI. von Tschaikowski: Jahre des Lebens. – Keine Regung mehr. Alles tot.

Morgens Streitereien wegen Brüssel. Einen viel zu frühen Flug haben sie mir verordnet, ich hätte um halb 6 aufstehen müssen!

1904: Arkadi Gaidar («Timur und sein Trupp») geboren

Geburtstag Großvater Collasius (1863).

Fernsehnächte in Dunkelgrün und Braun, sprühende Feuerwerke. Alle Nachrichten doppelt und dreifach, und immer dieselben Bilder. Wer was Genaueres wissen will, muß CNN einschalten. Unsere Leute kommen auf gar nix. Saddam setzt Ölquellen in Brand. Da können sich die Heizölsparer in Deutschland nur wundern. Heute wurde der dritte Raketenangriff auf Israel gemeldet. Große Verdutztheit. – Fotos von gefangenen Amerikanern. Einer arg zugerichtet. – Ein anderer wurde aus der Wüste gerettet. – Schreiende Jüdinnen. Das Haareraufen und Kleiderzerreißen kommt dort unten wohl nicht mehr vor. Behäbige 3Sat-Runde in Moskau, die Lettland-Sache. Ein grinsender Großrusse dabei. Es wurde deutlich, daß Gorbatschow die russische Frage nicht lösen kann, wahrscheinlich kann es niemand. Unter Stalin habe es Kaviar gegeben, unter Breschnew drei verschiedene Wurstsorten, und nun gar nichts mehr. Ein grandioser Film, zusammengestellt aus Stummfilmstreifen, über die frühe SU und die Armenier.

Simone fing heute wieder mit dem «Echolot» an. Früher hat sie mal gedacht, ich hätte gewiß nicht genug zu tun für sie. Sie sagt «Aus-schwitz».

Oldenburg: 20 Studenten kamen. Ute hat erzählt, daß in Australien schreiende Menschen in Kirchen sich hysterisch gebärden. Gorbatschow: Je öfter man ihn sieht, desto weniger achtet man auf sein Muttermal. Wenn man die russischen Panzer sieht, die sie jetzt in Rostock verladen, dann kommt einem nachträglich das Grauen über diese Riesen-Verwalzungs-Maschinen.

Saddam mit seiner Stalinschen Ruhe. Eine psychopathische Ruhe: Sie sollen ihn nur machen lassen, er hat alles im Griff. Bewegungen herabgemindert. Wie unter Drogen.

Ich denke gerade an Locarno. Warum? Wieso? Wie lange ist das schon wieder her! Das hübsche italienische Serviermädchen, «Torte», das verstand sie nicht, daß wir ein Stück Torte haben wollten, obwohl es das Wort auch im Italienischen gibt und ich es ihr aufzeichnete, das Stück Kuchen.

Augenschmerzen hatte ich wegen des hellen Lichts.

Hunde auf dem Dach einer Villa und Papagei.

Eine andere Art von Frühlingsempfindung. In den Steinspalten winzige Farne und Eidechsen.

Zürich, Eisenbahnmuseum.

Locarno: Das war mein «Süden». Zu mehr hat es nicht gereicht. Aber gut, daß wir uns damals aufgerafft haben. In diesen düsteren Tagen gleiten die Bilder von damals an uns vorüber. Warum gerade Locarno?

Nartum   Mi 23. Januar 1991

Sigrid Hunke in «Die Welt»: «Meint der Heilige Krieg tatsächlich den Kampf mit Feuer und Schwert?» – Was denn sonst, mein Kind?

Nartum   Do 24. Januar 1991

TV: Patriot-Raketen = neue Stars im doppelten Sinn.

Eiskunstlauf. Da muß ich mich doch sehr wundern, daß diese jungen Menschen trotz hormonisiertem Schweinefleisch und vergiftetem Gemüse noch so gut beieinander sind. So eine Frau, wenn man die hochhebt oder sogar hochschmeißt, wobei sie sich dreht und Kußhändchen wirft – die wiegt doch bestimmt über einen Zentner! Diese Leute dürfen sich später nicht wundern, wenn sie einen Bandscheibenvorfall haben oder im Rollstuhl ins Stadion gefahren werden, um zuzusehen, wie sich ihre jungen Kollegen das Leben ruinieren.

Anderes großes Thema: überall Dioxin in den Häusern. In jedem Türdrücker, in jeder Tapete. Hatten wir ja auch, ausgerechnet die Wand neben meinem Bett!

Brüssel Fr 25. Januar 1991

Zwei Tage in Brüssel wegen einer EG-Sache mit Hildegard und Renate. Die Leute wollen von mir Zuspruch, ausgerechnet von mir! Schwierige Landung wegen Nebels. Kriegte die Panik.
Wir liefen in den Straßen umher, Hotel Métropole, ich freute mich über das schöne Fin-de-siècle-Hotel, leider bumsten die Zimmernachbarn gegen die Türen links und rechts. Ich weiß nicht, was sie da anstellten, wahrscheinlich Geschlechtsringkämpfe jeder Sorte.
Renate und Hildegard fuhren nach Gent weiter wegen eines Trickfilmkursus. Hildegard freute sich, endlich den Genter van-Eyck-Altar zu sehen.
Auf Flohmarkt kaufte ich vier Fotoalben und DDR-Fotos. Reste eines Buntglasfensters (fleur de lis).

2006: *Wir setzten es in die Turmtür ein.*

Im Hotel stahl man Renates Nachthemd. Der Manager: Da kann er auch nichts machen.

Rückflug wie Geographiestunde über die Zuidersee. Hildegard und ich waren die einzigen Passagiere im Flugzeug. Ob sie uns die Flugvorschriften erläutern soll? fragte die Stewardess, oder ob wir darauf verzichten?

Nun wieder im deutschen Tränen-Dilemma. Nach einer Woche Krieg ist die Zeit der Zusammenfassungen gekommen, man reflektiert über die Art der Berichterstattung, weil's nichts zu berichten gibt, außer immer dasselbe. Jetzt fällt es ihnen erst ein, daß dies schrecklich sei. Wohltuend der Herr Stürmer, der uns heute alles sorgfältig auseinanderpulte, und ein ehemals linker Soziologe, der nun für den Krieg ist.
Wenn ich eine Alternative wüßte! Die Iraker lassen Millionen Tonnen Öl ab in den Persischen Golf: Was für eine Idee. Ironie der Geschichte: Die Kuwaitis selbst haben den Irak (gegen Persien) aufgerüstet. Wer Wind sät, wird Sturm ernten.

Januar: Ich sah mir ein paar niederländische Winterbilder an, Kinder, die Schlitten fahren. – Sie sagen, es soll bald wieder so kalt werden, die Gletscher strecken ihre Zungen raus. Andere behaupten, es wird sehr warm werden, Winter ade. – Auf den Übersichtskarten ist Nartum immer fortgelassen, um uns rum geschieht's.

2007: *Erwärmung der Erde ist jetzt Thema Nr. 1. Jahreszahlen werden genannt: 2020, 2050 … Früher hatten wir weiße Weihnachten. Das ist uns auch schon aufgefallen, daß es die nicht mehr gibt. Aber der Wettermensch im Fernsehen sagt, die Temperaturzyklen verlaufen nach ganz anderen Gesetzen. Bei den entsprechenden Konferenzen nicken die Talk-Show-Gäste uns ernst zu: Jaja: So weit habt ihr es gebracht mit euren heizbaren Garagen. Sich selbst nehmen sie aus.*

Es wird immer bedrohlicher. Nun hat Saddam H. «unkonven-
tionelle» Mittel angedroht, nein: angekündigt.
Schwappende Ölsee im Golf, flügelschlagende, halbtote Kor-
morane sind zu sehen. Was nun wohl die Muttis in Frankreich
denken, die vom Exxon-Öl verklebte Enten und Gänse Stück
für Stück mit Handwaschmittel säuberten?
Grinsender Kriegsrat, hysterische Massen in Bonn, deren Sprecher sich nun doch drehen und wenden.
In der SU das nahende Chaos. Es ist, als ob sich Europa als Kar-
tenhaus erweist. Wir sollten zu Haus bleiben und die Luft an-
halten. Uns einfach still verhalten.

Im TV wird die sowjetische Weltraumstation gezeigt. So noch
nie gesehen, das ist ja ein Riesending. Vielleicht wird die eines
Tages an die Amis verkauft? Wie sie sich darin aneinander
vorbeischlängeln. Hängen Drähte von der Decke. Und natürlich will jeder wissen, wie sie es mit dem Austreten machen.
Und jedesmal wird das alberne Experiment mit dem schwe-
benden Bleistift gezeigt. Aber was sie da wirklich forschen,
möchte man eigentlich auch gerne wissen.

In Hamburg den Bautzen-Kamerad Herbert Michel getroffen,
der seine Rückübersiedlung von Kanada nach Deutschland
vorbereitet. Er war damals – 1968 – nach drüben gegangen aus
Angst vor der Linken. – Im Zeichen Saddam Husseins sollte er
vielleicht doch lieber drüben bleiben? – Michel war in Bautzen
ein Gefängnisgewinnler, ein Haftgewinnler. Saß den ganzen
Tag und lernte, Englisch natürlich sowieso, aber sogar Arabisch.
Ich habe damals nur etwas Französisch gemacht.
In der Nacht rätselhafter Telefonanruf von einem Menschen weither. «Salem aleikum», das habe ich immerhin verstanden.

Gysi warnt vor Besatzermentalität der Westdeutschen in Thüringen und Sachsen. Auf die Idee, sich für das viele Geld zu bedanken, das wir da dauernd rüberschicken, kommt er nicht.

FAZ-Fragebogen: Sten Nadolny möchte am liebsten ein Feldhase oder ein Mörder sein. Seine Lieblingsblume ist der Löwenzahn. Der hat's mit Albrecht Dürer.

Oldenburg   Mo 28. Januar 1991

Stumpfsinn herrscht vor.
Auf der Herfahrt nach Oldenburg allerlei Hiobsbotschaften: Öl fließt in den Sand, Milliarden Liter, und wir sparen jeden Tropfen, der irgend eingespart werden kann.
Irakische Piloten sind mit 50 Flugzeugen in den Iran geflüchtet, «notgelandet». – Der oberste Moslem-Mullah hat Saddam H. verurteilt.
Der Verdacht wächst, daß die Amis die Sache nicht «im Griff» haben.
Trotz allem: Ich kann mir nicht vorstellen, wie man diesen Mörder anders hätte stoppen können. Nächstes Jahr hätte er Atomwaffen gehabt, wird gesagt. Gestern hat er angekündigt, er werde Israel vernichten. Na, das hätte er lieber nicht sagen sollen.

Morgen muß ich nach Wismar und nach Rostock. Wie leicht sich das jetzt hinschreibt.
Hildegard fragt, ob der Bundeskanzler nicht schuld sei, daß deutsche Firmen an Saddams Aufrüstung beteiligt ...
Herrgott, wer alles aufrüstet. Das tun sie doch alle. Eine anachronistische Kanone wird gezeigt mit 100 Meter langem Rohr. Wer die dem Saddam wohl angedreht hat.

Oldenburg: eine Studentin, schwarzhaarig, mit schwarzem Pullover, darauf in Silber: 100% BLACK.
Wenig Schönheit, meistens Mulsch-Typen. So sahen früher die «Dienstmädchen» aus.

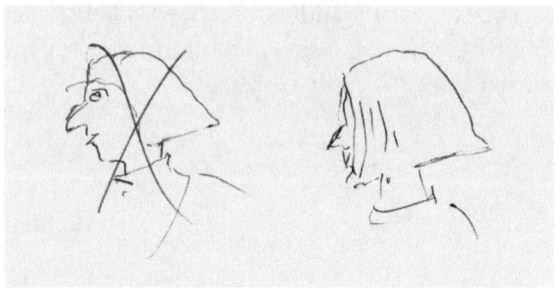

Skizze von Walter Kempowski

Kurzsichtige. Wer mit dem Referat dran ist, zieht sich bessere Klamotten an (keinesfalls immer!).
Ein freundlicher Blick trifft mich selten.
Ein dunkles Mädchen mit Bubihaarschnitt, riesige Armbanduhr. Zwei oder drei von den achtzig mögen mich, sagt sie. Manche kämen nur, weil ich Witze mache.

TV: Gestern Tschaikowski-Wettbewerb in Moskau: Viel Mühe auf Tinneff gerichtet haben die Studenten. Die besten Noten kriegen die schwierigen Stücke, wo's ordentlich rauf- und runtergeht, so Gniedelzeug, Paganini. Und die Preisrichter lauschen nicht auf Schönheit, sondern auf Fehler. Führen eine Strichliste. Um Kunst geht es dabei nicht. Die Wertung hat ein bißchen Ähnlichkeit mit der beim Eiskunstlauf. Ein Axel-Rittberger, nicht ganz sauber ausgeführt – da gibt's trotz sonstiger Akrobatik gleich 'ne Sechs. – Wenn man die stumpfen Leute hier in der Hochschule vergleicht mit diesen russischen Kunsteleven, muß ich ehrlich sagen: Ich glaube nicht, daß aus unserer Schar ein großer Pädagoge sich herausschält. Aber man kann ja nie wissen. Ich war in Göttingen ja auch ein indifferenter

Typ. Legte mich im Merkelpark auf den Rasen und glotzte die Wolken an.

Von daher auch schade, daß nur noch wenige Männer Pädagogik studieren, bei mir sind es vier! Und Pädagoginnen sind notorisch unfreundlich. Lieben sie überhaupt Kinder? In einer Statistik wird das bezweifelt.

Sie gehen vor einem die Treppe hoch und knallen einem die Tür vor den Latz. – So etwas sollte in der Schule geübt werden: Benimm. Eine Stunde pro Woche «praktische Lebenskunde» (schlug schon Hafner in Bautzen vor).

Hafner – ein ewiges Rätsel. Seine Ausstrahlung war enorm.

Märtin
Gosselck
Hafner

Sie waren ausgesandt, mich durch Berührung zu fördern. Das waren die großen Pädagogen, die mein Leben gerettet haben.

Eine lustige Studentin: Während ich doziere, redet sie ungeniert mit ihrer Nachbarin, ich guck' sie an und schüttele ganz wenig den Kopf. Sie verbirgt sich, guckt mit einem Auge durch das Haar des Vordermanns, ich nicke, sie kriegt roten Kopf, lacht. Segelt das auch unter pädagogischer Zuwendung? Vielleicht haben sie doch Sinn für Humor, die Pädagogikstudentinnen.

Hildegard erzählte furchtbares Erlebnis, in Brüssel, Amselmännchen, das an ein totes Amselweibchen mit Zwirnsfaden gebunden war; klatschte vor ihr auf den Gehsteig, die Leute gingen weiter. Renate befreite das Tier.

TV: Wegen des Golfkriegs wird nun Vietnam repetiert, damit der Zuschauer mal klarsieht. Korea kommt wohl auch bald dran. Afghanistan lassen wir mal weg. Das verwirrt nur.

Oldenburg: Alte Pädagogikbücher, daß man auch von Kretsch-
mann/Haase was lernen kann. Nicht immer alles neu machen wollen. Das Handauflegen, das Übers-Haar-Streichen. –
Kretschmann/Haase: auch schon mit Zetteln gearbeitet.

Der türkische Kellner im Ali Baba erklärte mir heute, wie's da
unten aussieht. 3 Mio. Flüchtlinge, die auf der Straße schlafen;
seine Familie sei Gott sei Dank 2000 Kilometer von der Front
entfernt. Er beklagte sich über die studentischen Stupiditäten in
Oldenburg. Er hatte an mir einen verständnisvollen Zuhörer,
derweil meine Suppe kalt wurde.

Hauptthema aller Medien im Augenblick die *deutschen* Rü-
stungslieferungen. Die Presse ist da aber genauso schuldig geworden wie die Regierung, denn sie hätte als öffentliches
Kontrollorgan rechtzeitiger und lauter bellen müssen. Oder
haben sie denn geschlafen? Sonst hören sie doch die Flöhe husten?
Es werden Listen herausgegeben mit Namen der Firmen, die
Waffen geliefert haben. Natürlich nur deutsche.
Die Israelis haben bekanntgegeben, sie werden Saddam H. er-
morden, wenn er mit Gas kommt.
Der aufgelöste Genscher. – Kohl mit seinem stereotypen Grinsen läßt sich nicht mehr sehen. Eben hat er die Wiedervereinigung so schön hingekriegt, und nun das.
Ich kann gegen S. H. keinen Haß empfinden. Ich sehe ihn wie
eine menschliche Warze, die weggebrannt werden muß.

Hildegard geht von Zimmer zu Zimmer: «Dieses Haus ist
wie eine Umarmung», sagt sie. Wir umarmen uns selbst, wie
die Droschkenkutscher früher, im Winter, wenn ihnen kalt
war.

Wenn's nicht gerade die drei Buchstaben wären G–A–S …
Jetzt kommt heraus, daß die Amerikaner die Raketenab-
schußvorrichtungen der Iraker bezahlt haben, 2 Mia. Dollar.

Aber auf den Listen werden nur deutsche Lieferanten aufgeführt.

100 irakische Flugzeuge sind im Iran gelandet. Saddam flüchtet sich in den Schutz seines ehemaligen Todfeindes. Ein mysteriöser Krieg. Weshalb kämpfen die nicht? Niemand erklärt uns das.

BRD zahlt 8 Mia. an Amerika, als Zuschuß für den Krieg. Deutsches Blut soll nicht fließen.

Der Bundespräsident hat amerikanische Soldatenfrauen in Wiesbaden besucht, deren Männer «im Felde» stehen.

«Mutter der Schlachten» heißt ein irakischer Radiosender.

Nartum Di 29. Januar 1991

Zum Golfkrieg:

ZDF-Reporter fragt, ob Israels Bevölkerung es aushält, jeden Tag Alarm?

Der 2. Weltkrieg: Du meine Güte! Dresden, Hamburg, Köln ... alles vergessen? Damals hatten wir sogar stündlich Alarm.

Israelische Muttis, hübsch, mit Kindern auf dem Arm. Israelische Soldatinnen. Das sind so Sachen.

Um 22 Uhr heißt es, daß schon Gefechte da unten stattgefunden haben. Eine Panzerschlacht.

Es ist schon interessant, was sich der schlau-böse Saddam H. alles noch ausdenkt. So was hatten wir noch nicht.

Der Krieg habe ja noch gar nicht angefangen, sagt der Saddam lächelnd im Interview (3 Sat, 22.30 Uhr). So was macht Eindruck. Als ob er irgendwelche Fallgruben vorbereitet hat.

Dieser Tag ist in gewisser Weise ein Höhepunkt der bisherigen Entwicklung.

Saddams Drohung, Erwartung der Regierungserklärung morgen, wahnsinnig interessante Gespräche. Stürmer, der Professor.

Die öffentliche Meinung scheint sich nun endlich knarrend

gegen S. H. zu wenden. Wird ja auch Zeit. Bisher waren USA der Buhmann.

Wenn es nicht zum Krieg gekommen wäre, wäre das Völkerrecht ein Hohn (Stürmer), Krieg sei unausweichlich gewesen. China, Frankreich und die SU waren es, die Irak groß gemacht haben.

Talk-Show:
Die Seebacher-Brandt fragt zu Recht, warum der Bundeskanzler nichts sagt.
Regierung sei nicht auf der Höhe gewesen.
Eberhard Jäckel.
Regierung mußte sich neu bilden (Jäckel) in der Zeit der Entscheidung. Wieso unsere?
Ich kann den Ausdruck «auf die Straße gehen» nicht ertragen.
Elitz: «Wo ist Europa?» – Wo soll's schon sein? Jeder kocht sein eignes Süppchen.
Herbert: Regierung muß sich vorsichtig verhalten, wegen der «Wende» und der 350 000 sowjetischen Soldaten, die noch immer auf deutschem Boden stationiert sind. Wer denkt schon über Konflikte vorher nach? Es sei viel gefeiert worden in einer Zeit, in der man über nahende Konflikte hätte nachdenken sollen.
Kinder werden immer erst dann aus dem Brunnen geholt, wenn sie reingefallen sind.
Stürmer: «Niemand ist gezwungen, den Krieg schön zu finden.»
Seebacher-Brandt: «Zunehmend nationale Töne bei den Franzosen und Briten.»
Elitz: «In der ersten entscheidenden Bewährungsprobe haben wir festzustellen: Europa existiert nicht.»
Irgendeiner sagte heute, daß im Krieg, in jeder Schlacht 40% der Soldaten wegen Angst ausfallen.

Im II. WK gab's das nicht, Angst. Bei den Amis ja, da kam gleich der Seelsorger (am D-Day). Ein Buch schreiben über durchgedrehte Stuka-Flieger. Im I. WK, die «Schüttler». Nach 1918 verschwanden sie sofort? Otto Dix hat einen dieser bedauernswerten Menschen gemalt.

Warnemünde, Rostock, Wismar
Kurze Tour nach Warnemünde, Rostock und Wismar.
Warnemünde: Im Spielzeuggeschäft zwei NVA-Soldaten für 20 Pfennig gekauft.
Ein Mann: «Warum sind denn hier so wenig Läden?»
Verkäuferin: «Die Häuser sind privat, da kann man nichts machen ...» (Die kann man nicht zwingen ...)
Mann: «Die Verarschung geht weiter.»
Miesmachen auf Deubel komm raus, koste es, was es wolle.
Der Pastor, er hat viel zu tun, sagt er, Militärseelsorge, Schulen, Administratives: «Man muß den Leuten Zeit lassen. Die möchten es sofort so haben wie drüben. Keine Geduld.»
Die Fernsehleute wunderten sich, «daß ich das so gut kann», vor der Kamera agieren.
Der DFF sei unglaublich objektiv in der Golf-Berichterstattung (weil er gegen Golf-Einsatz ist).

Die St.-Georgenkirche in Wismar, da geht's mächtig ran, sogenannte Sicherungsmaßnahmen. Ich nahm einen Ziegel mit.
In «ländlichen Kaufhäusern» kaufte ich ein bißchen DDR-Larifari. Draußen standen Rotarmisten. Ich winkte ihnen zu. Sie dachten, ich wollte Geschäfte mit ihnen machen, kamen angelaufen, näherten sich ... Weit gefehlt – ich hatte die Völkerfreundschaft gemeint und setzte mich schnellstens ab.
Die Anonymität eines Hotelzimmers.
«Diejenigen Moslems protestieren am meisten, die am weitesten weg sind» (3 Sat).
4000 Kurden mit Gas getötet, schon vergessen?
Harry Tisch, wie ein abgeschminkter Clown.
TV: Interview mit einem VP-Oberst, der am Brandenburger Tor Dienst tat. Demokratie habe ihn befreit.

Es ist eine Unsitte, Standfotos mit Geräuschen zu unterlegen.
Wirkung ist auf Täuschung angelegt.
Sendungen ohne Musikunterlage gibt's fast gar nicht mehr.
«Tekno» nennen sie das. Man soll nicht auf dumme Gedanken
kommen.

In Wismar kurzes Statement über den Wiederaufbau der Geor-
genkirche. Wenn man die Trümmerei sieht, möchte man zweifeln daran, ob es je gelingt, sie wiederaufzurichten, diesen
Zyklopen. Ein Giebel ist heruntergefallen und hat im Neben-
haus ein Kind getötet. – Plattdeutsche Bürger: Watt sall de olle
Kasten? Mit dieser Einstellung haben die Kommunisten auch
die Marienkirche in Wismar gesprengt! Dieses Kleinod.

2007: *Jetzt ist dort ein Parkplatz.*

Dieses Denken hätte auch beinahe dazu geführt, daß man das
Holstentor in Lübeck in die Luft gejagt hätte.

Ein DDR-Bürger erzählt mir von seinen Wendeerfahrungen:

Am 9. November kam ich aus Afrika, Fischfang. Fischkombi-
nat. Wir mußten sowieso nach Hause, kommen in Berlin-Schöne-
feld an, Paß und so weiter, da sagten die: «Ihr könnt gleich rübergehn.» – Was, rübergehn? – «Na, nach West-Berlin, die Mauer ist
gefallen.» – Ich hab' mich dann an und für sich geärgert später –
anstatt da mitzufeiern, bin ich erst nach Hause gefahren.

Warnemünde   Mi 30. Januar 1991

Auf der schönen Vorkriegspromenade ging ich hin und her,
kalter Wind.
Eben hielt mich einer an, ob ich schon mal wieder in Kum-
merow gewesen sei? Nein, aber an Ehm Welks Schreibtisch
habe ich gesessen.

Zone andersrum. «Trabi-Effekt». An der Ostsee, positivistisch. Alles falsch machen, aber es geht aufwärts.
Riesengroße nagelneue Tankstelle mitten in der Einöde. Regale voll Chips, aber niemand tankt. Der Besitzer mit seiner Tochter rennt ratlos herum. Dem haben sie das Dings aufgeschnackt.
Angesichts des Meeres.

Im «Spiegel» ein Artikel über die Botschaftsgebäude in aller Welt, die die BRD von der DDR geerbt hat. Da reibt man sich denn doch die Hände! Herrliche Grundstücke seien das.
In der DDR-Botschaft in Athen fand man eine vollständige Waffenkammer mit Handfeuerwaffen und Panzerfäusten sowie ein Einbruchsbesteck.
1918 hatten die Russen sich kistenweise Waffen und Munition ins Botschaftsgebäude schicken lassen, um sie den Kommunisten auszuteilen. Die Bahnbeamten haben dann mal eine Kiste so'n bißchen fallen lassen, und da kullerten auch schon die Handgranaten raus. So was wie «Ehrenwort» oder «Eid» achteten sie nicht, die Russen. In Schwerin haben sie mir auch ihr Ehrenwort gegeben, wenn ich dies oder das zugebe.

In Rostock im Antiquariat kaufte ich einiges. Ich ließ mir eine Quittung ausstellen. «Interessantes Datum», sagte ich. – «Wieso?» fragte die Buchhändlerin. – Sie verbinden mit dem 30. Januar nichts. Die phraseale Überfütterung mit Politik («Tag der Genossenschaftsbauern und der Arbeiter der sozialistischen Land- und Forstwirtschaft») hat auch die erinnerungswürdigen Daten gelöscht.
Meine Interviews zum 50. Jahrestag 1983, auch mal wieder vorholen. Der Hitleradjutant zeigte mir damals gleich alle seine Orden, und Marianne Hoppe erzählte von Hitlers Schlafzimmer. Auch ein Befragungsbuch wert, der 30. Januar, Material ist genug da. Es lagert bei mir im Archiv.

Ein Wiedervereinigungsplankton:

Wir sind jetzt zwiespältig. Daß sich schon jetzt so viele Widerstände aufgebaut haben gegen die Wiedervereinigung, das macht uns traurig und betroffen. Die Geschäftsleute fürchten um ihre Pfründe, und den westdeutschen Kaufleuten hängt die Zunge aus'm Hals.

Nartum   Do 31. Januar 1991

Gestern bei der Regierungserklärung klatschte die Opposition nicht ein einziges Mal, auch wenn's ganz vernünftig war, was Kohl da sagte. Als ob die alle nach links gekämmt sind. – Am schlimmsten muß es für einen Politiker sein, ausgelacht zu werden.

Im Radio kam ein Bericht über die Ausbildung unserer Terroristen (Irak, RAF und IRA) durch Stasi-Leute! Mit chemischen Kampfstoffen und biologischen. Diese Leute seien bis heute nicht eingesetzt worden und bildeten eine große Gefahr.

T: Ich habe für eine Schulveranstaltung ein Studententrio engagiert, das einen Sprechgesang aufführt. Als es ans Bezahlen geht, gibt es lange Gesichter. Was, bloß 310 Mark? – Sie hatten mit 3100 gerechnet.
So blamiert man sich sogar im Traum.

Gestern abend rief der Buchbinder an, aus Rostock, er hat nun alle meine Bücher da, einen «Chronik»-Satz für das Rostocker Rathaus, wie soll er sie einbinden? – Ich hätte das hier in Hannover umsonst haben können. Will den Mann nur beschäftigen und ihm was zu verdienen geben.
Blau natürlich. Die «Chronik» soll im Rathaus stehen, im Zimmer des Bürgermeisters. Da gehört sie hin. Vielleicht guckt mal einer rein?

Der Fotograf gestern, von der «Berliner Illustrirten», ein DDR-Mann, sagte, er habe die ganzen Jahre regulär verschlafen. Er wache jetzt erst auf.

Ich sprach zwar nur wenige Leute drüben, aber die Trauer und Gedrücktheit war unverkennbar. Sie (wir) müssen nun die Zeche der 40 Jahre Mißwirtschaft bezahlen.

Modrow ergriff zur Regierungserklärung das Wort. Verkrampft stand er da. Nach ihm der «Bündnis-90»-Mensch sagte zu Recht: «Herr Modrow, Sie sollten sich lieber mit der Aufarbeitung Ihrer Vergangenheit beschäftigen, als hier herumzukritisieren.»

24 Uhr. – Letzte Nachrichten. Eine Kolonne mit 1000 gepanzerten Fahrzeugen nähert sich der saudi-arabischen Grenze. In der Wüste! Sie müssen sich ziemlich sicher fühlen. Eine Panzerkolonne muß man doch sofort genau orten können!

«WamS» rief an, ob ich hinter den Amerikanern stehe?

Ich sage: «Ja, hinter den Beschlüssen der UN, und ich finde es gut, daß sie durchgeführt werden.»

Bisher hätten sich nur Shownasen zustimmend geäußert, sagte er.

Wir hatten Heinz Hostnig zu Besuch, Pastors, Dörflers und Schneeweiß. Aßen Fondue im Turm, es war sehr gemütlich. Allein hätte ich Heinz nicht ertragen. Er hat die Redereitis. Bestimmt hätte er den ganzen Abend von Guatemala erzählt. Über Saddam kein Wort.

Interessant sind seine Berichte über den Krieg, er war Panzerfahrer, erzählte vom Pulvergestank in den Dingern und daß sie auf engen Straßen einfach über die Verwundeten hinweggefahren sind. Auch interessant über die kommunistische Unterwanderung des NDR. Aber das hat er alles schon zehnmal erzählt, leider, und ich kann ihm auch nicht helfen. Das Beethoven-Hörspiel hat er damals gegen erhebliche Widerstände durchgesetzt. «Moin Vaddr läbt» wollte er nicht machen.

2007: *Die beiden Hörspiele – von 1982 – gibt es immer noch zu kaufen. Dafür mal 20 Mark auf den Tisch zu legen, so weit reicht die Liebe meiner Anhänger nicht. Selbst sogenannte «Kenner», die mir in ihren Briefen versichern, daß ich doch der Beste bin, kaufen sie nicht.*

Februar 1991

Es wächst die Angst. Der bedrohliche Aufmarsch der Iraker und das Zusammenziehen der amerikanischen Verbände. Ihre Flugzeuge haben sie weggeschickt, die Iraker. Irre, ausgerechnet zu den Persern, mit denen sie einen achtjährigen Krieg geführt haben.
Eine Stadt wurde zurückerobert, von der wir gar nicht wußten, daß sie verlorengegangen war.
Der Aufmarsch der Irakis «mache keinen Sinn», heißt es.
«Kriminelle Energie» des Despoten, das Wort fiel heute.
Die Friedensdemonstrationen hier bei uns nehmen ab. Die Helden sind müde geworden. Man kann ja auch nicht wochenlang demonstrieren, außerdem sehen sie es wohl irgendwie ein, daß gegen Saddam Hussein kein Kraut gewachsen ist. Die Fotos der vergifteten Landbevölkerung werden von Zeit zu Zeit eingeblendet. Tote Kinder liegen im Rinnstein.
«Gutes Killing», heißt es in einer Panzerausbildungsabteilung.
«Sind Sie ein Schweinehund?» fragt ein amerikanischer Journalist einen Großwaffenhändler. Der lacht.
Den letzten Gaskrieg haben die Italiener geführt, in Abessinien. Da regt sich keiner mehr drüber auf. Da liegt der sogenannte «Schwamm drüber».

TV: «Aspekte», Bericht über Leningrad. Ausschnitt aus einem pathetischen Eisenstein-Lenin-Film («Oktober»). Die Russen dächten noch heute, das seien Original-Wochenschauaufnahmen.
Nun geht's bald auch Lenin an den Kragen. Die Stalin-Denkmäler liegen schon flach, mit Schneidbrennern schlachten sie die.

Im Radio ein russischer Offizier, der die deutschen Hilfssendungen verhöhnt. (Er leitet jetzt ein Altersheim.) Unser Zeugs brauchten sie nicht.
In Leningrad schreien sie: «Freiheit!» – Tja, Gott, Freiheit?
Konzelmann: «Wenn wir ganz ehrlich sind, waren wir doch damals froh, als Irak von den USA gegen Iran aufgerüstet wurde.»
Die Kanonen von damals drehen sie jetzt einfach um.

Nach Tisch – ich hatte nicht schlafen können – kam ein sehr unangenehmes Ehepaar. Führten sich widerwärtig auf.

Karol Schneeweiß ist im Hubschrauber über die DDR geflogen, im Norden sei ja noch alles einigermaßen in Ordnung, aber in Sachsen …
Das sei noch gar nichts! sagte Hostnig. Er solle sich mal in der SU umsehen. Tausende von Erntemaschinen, in einem Tal, und alle kaputt.

Nartum   Sa 2. Februar 1991

Ein wahrer Schreckenstraum!
Ich habe den Zug verpaßt, der um 7 Uhr fahren sollte, und versuche nun, mit dem Fahrrad loszukommen. Ehe ich ein Rad habe und eine Karte, ist eine weitere Stunde zerronnen. Und dann sehe ich auf der Karte, daß der Ort, in dem ich um 10 Uhr hätte lesen sollen, in Württemberg liegt. Ich hätte ihn also auch mit dem Zug nicht pünktlich erreicht.

23 Uhr – Eben gehe ich ins Bett und denke: Hoffentlich träumst du den Traum nicht weiter.
In Wirklichkeit habe ich noch nie einen Zug verpaßt. Wenn's mir schon mal passiert wäre, hätte ich mich jetzt in meinem Traum wohl nicht so sehr erschreckt.

Im TV nur noch Saddam Hussein und nichts anderes. Die Ruhe, die er zur Schau stellt, kommt mir krankhaft vor, künstlich, vermutlich nimmt er Tabletten. Er grinst seine Leute an, und die grinsen zurück. Und alle sitzen frisch gebügelt um den Tisch herum: Wir machen das schon, wir warten nur noch ein Weilchen.

Angst, ob die Amerikaner nicht doch alles falsch gemacht haben? Irgendein verborgenes Watergate, das binnen kurz oder lang zum Vorschein kommt? Wir haben nun schon allerhand erlebt. Die jede Realität überwuchernde Propaganda. Wer die Siegesmeldungen der ersten Tage vergleicht mit dem, was jetzt so durch die Ritzen dringt?

Die Friedensfreunde sind inzwischen verstummt. Das hängt wohl mit Israel zusammen.

Ein Rätsel, wieso die Amerikaner den jetzigen Truppenaufmarsch der Iraker nicht vom Satelliten aus entdeckt haben. 17 Kilometer lange Kolonne von Panzerfahrzeugen in der Wüste? So was sieht man doch mit dem bloßen Auge? Staubwolken?

Der neue Wagen ist gestern gekommen, ein Passat-Kombi. Deshalb Kombi, damit wir die Selterswasserkisten bequemer transportieren können.

Nartum   So 3. Februar 1991, sehr kalt

Ich habe mir mein altes Hörspiel «Umgang mit Größen» (Tonbandkassette) angehört: War erstaunt, wie frisch die Texte wirken.

Eine Delegation des Bundestages ist nach Israel geflogen, Tante Süssmuth vorneweg. Sie wollen um gut Wetter bitten, vielleicht wegen des Giftgases, das die Iraker auf Israel abschießen wollen?
Vor einigen Tagen zeigten sie geflüchtete Kuwaitis in Luxushotels. Sogenannte Clans lümmeln sich da herum.
«Auch wenn es sich um Luxushotels handelt – die Kinder ertragen das schwer...», wird gesagt. – Mein Gott. Da denke ich doch an die Flüchtlinge 1945. – Über die darf man nicht reden, die sollen aus dem Mitleidsfaß keinen Schlag bekommen. Flüchtlinge «sind selber schuld», also nicht erwähnen.

Oldenburg: Prof. Peters kam, er macht mit einem Freund Kempowski-Gesellschaftsspiele, sie geben sich gegenseitig Rätsel auf, wo in welchem Buch die einzelnen Redensarten stehen: «Klare Sache, und damit hopp»? Diesmal wollte er mich um Rat fragen, ob er die Sprüche richtig rausgesucht hat.

Bin dabei, «Umgang» umzuarbeiten.
Den Hanser-Briefwechsel – soweit davon die Rede sein kann – eingearbeitet. Es ist bewegend zu sehen, wie ich den Text damals angeboten habe. Sauerbier ist gar kein Ausdruck. – Ich hatte mich im übrigen schon ab Juli '69 darauf eingestellt, daß ich Rowohlt verlassen muß.

2007: *Wend Kässens vom NDR war so freundlich, «Umgang mit Größen» kürzlich zu senden. Und siehe da, sie waren frisch wie am ersten Tag.*

Oldenburg: Manfred Dierks ist vor mir dran im selben Raum. Bisher bin ich ihm hier noch nie begegnet. Heute stürzte er heraus, als ich die Treppe hinaufstieg. Will er mir nicht begegnen? Warum? – Hat man sich was getan?

Es ist irre zu sehen, wie die Medienmaschinen durchdrehen, weil sie nicht gespeist werden. Man sieht immerfort dieselben Bilder. Auf die Information hin, daß wieder eine Rakete auf Tel Aviv niedergegangen ist, wird ein grüner nächtlicher Himmel gezeigt, mit wandernden Lichtpunkten. Damit kann doch kein Mensch etwas anfangen.

40 000 Einsätze hätten die Alliierten bereits geflogen. Kein Versuch, die Schwierigkeiten zu erklären, die sogenannte Logistik, was alles dazu gehört. Jede Brücke nehmen sie aufs Korn und jede Fabrik.

Die Landkarten sind gelb eingefärbt (Wüste!). Nur bei 3 Sat sind sie grün (Fahne des Propheten).

Es wird erwähnt, daß die B-52-Bomber 4000 Kilometer entfernt aufsteigen, auf einer Insel. Wem die wohl gehört?

Sprachunklarheiten: Alliierte oder Koalition? Verbündete?

Es fehlen auch genaue historische Angaben, Grafiken, auf denen die Entwicklung dargestellt wird, um Ursachen und Auswirkungen zu verdeutlichen. Statt dessen beißen sie sich in Shows an Schaukämpfen fest, die der Profilierung der Teilnehmer dienen; nicht der Information, sondern leckeren Formulierungen.

X: «Ich war vorige Woche in Washington ...»
Y: «Toll!»

Warum werden die Tatsachen nicht sauber herausgearbeitet und wie auf dem Schachbrett gegeneinandergesetzt? Statt dessen fuchteln die Leute im Nebel herum.

Irgend jemand sagt plötzlich: Die Deutschen haben die schärfsten Gesetze gegen die Ausfuhr von Kriegsgerät. Bumms, alles ist verdutzt.

Im Zeitalter der Computer müßte es doch möglich sein, quasi auf Knopfdruck Tatsachen mit anderen Realitäten zu vergleichen. Wir werden mit Meinungen abgespeist und mit Meinungen eingedeckt.

Sehr selten wird erwähnt, wieviel Einwohner der Irak z. B. hat. Zahlen.

Dispute können einsetzen, wenn es darum geht, Schlüsse zu ziehen aus Tatsachen.

«Guter Kenner streitet nicht», heißt es bei Laotse. Brüllen müßte er.

Erörterungen stünden uns gut an.

Auch wird kaum mal jemandem genügend Zeit gegeben, seine Gedanken in Ruhe darzulegen. Sprechen tun die Leute alle mit der ständigen Angst im Nacken, daß man sie unterbricht. Ahnung hat niemand.

Eine aufgeregte Frau rief mich an, sie wolle in Bremervörde eine Demonstration gegen den Krieg veranstalten, ob ich auf der Abschlußkundgebung sprechen will?

Schießen sie denn da schon um die Ecken?

In unseren aufgeklärten Zeiten halten sie es für möglich, daß die Wünsche eines ganzen Volkes auf einen Schlag in Erfüllung gehen, auch wenn sie alle in verschiedene Richtung durcheinanderschwirren. Das nenne ich «Glauben».

Ein «Konzert gegen den Krieg» wird in der Hochschule plakatiert. Konzert für Maschinengewehr und Orchester. Antikrieg kann leicht in Krieg ausarten. Muß ja eigentlich, logisch wär's. Die Gandhi-Latschen sind ausverkauft, wurde mir heute erzählt.

23 Uhr. – Jeder Hubschrauber macht einem angst. Als ob sie was suchen. Was hier übers Haus rüberfliegt, ist meistens vom ADAC.

Der Mordslärm von der Autobahn. Die sägen sich in die Erde hinein.

Anbiederung der Süssmuth. Wir wissen das alles doch längst. Man müßte sie mal ausflöhen, da träte allerhand zutage. In den Nachrichten gestern: Es seien nicht 1 ¹/₂ Mia. Liter Öl in den Golf geflossen, sondern nur 500 Mio.

Enzensbergers Aufsatz über Saddam = Hitler im «Spiegel» wird von Augstein als brillant bezeichnet. Enzensberger sagt, die Deutschen hätten immer angenommen, bei Hitler handele es sich um ein absolut singuläres Ereignis. Ja? Haben sie das? Ist es das? Werden sie die Meinung ändern? Was ist mit Pol Pot? Sitzen die bei Kaffee und Kuchen zusammen? Mao wird darüber ganz vergessen. Und Idi Amin, der seine Untertanen den Krokodilen vorwarf.

Heute vom Verlag erfahren, daß «Sirius» erst wieder am 15.2. lieferbar ist. Früher hätte mich eine solche Nachricht rasend gemacht. Keine einzige Zeitungsanzeige. Keinerlei Reklame.

Erklärung, was es für verschiedene Minen gibt. Wir werden genauestens informiert:

- normale
- Holzminen
- solche, die nur auf schwere Panzer reagieren, ihnen nicht viel anhaben können, aber Laufketten zerstören, und die Insassen stoßen sich den Kopf
- Springminen, die 2 Meter hoch springen und erst dann detonieren, mit Verzögerungszünder

Man kann sich gar nicht genug über den Erfindungsreichtum der Menschheit wundern.

Gegenmaßnahmen der Amerikaner.

Reise nach Amerika abgesagt, Wellershoff vorgeschlagen, Vesper oder Harig.

«Dog Days» kam, Leseexemplar, mit nettem Brief von Keele.

> Alexander Sovtschick stood at the gate. He continued to watch even after his wife Marianne had driven her VW Golf down the lane between rows of poplars and, chased by the village dogs, had disappeared in a cloud of dust.
>
> (Der erste Absatz aus «Dog Days»)

Es kam ein Angebot aus Ost-Berlin, eine Frau Sandberg will mir Agitprop-Bilder besorgen, junge Pioniere usw. Ich würde mir das ganze Haus vollhängen. Handwerklich müssen sie jedoch «stimmen», aber das tun die Osterzeugnisse meistens. Aber die Preise! die Preise!

Bilder aus der Hitlerzeit kriegt man überhaupt nicht.

Man müßte sie einander gegenüber hängen.

Unruhe im Haus, Keller wird aufgeräumt. Ich wurde gefragt, ob wir die Nachtgeschirre noch brauchen.

Drei Hunde plus Simones Hacky im Haus. Wunderbarer Spaß, zu sehen, wie Hacky mit unserer Dame flirtet.

Die Grässe-Bilder kamen. Sie sind leider ziemlich scheußlich. Sind auch physiognomisch nicht korrekt. Ein teurer Schlag ins Wasser.

Buchweizen-Plinsen mit allerhand Ketchup.

Im TV sprechen sie zum ersten Mal vom 3. Weltkrieg: Araber/Islam gegen den Norden. Ich sehe das nicht, weil die Leute sich gegenseitig behindern.

Im Radio NDR 4 der Sprecher sagt: «Fifty-two-Bomber …»

Irak hat erst heute die sogenannten diplomatischen Beziehungen abgebrochen mit USA und anderen. Haben vielleicht gedacht, es geht noch mal gut.

Vier Scherenschnitte meines edlen Profils kamen aus Weimar, sehr komisch! Absolut verrückt.

Ein früherer Generalmajor (SPD) hat die deutschen Männer dazu aufgerufen, den Wehrdienst zu verweigern. Allein in diesem Monat seien ihm 22 000 gefolgt. Man fragt sich, was hat dieser Major in seiner Dienstzeit gemacht? Hat er die Männer herbeigelockt?
Im «Spiegel» Horrormeldungen über SU. Die Zustände dort müssen ja unerträglich sein. Wie ein normales Leben dort überhaupt möglich ist. Die sogenannten Grundnahrungsmittel gäbe es allerdings.

Nartum   Do 7. Februar 1991, kalt

Es hat was Irres an sich, daß man von morgens um 5 Uhr bis Mitternacht stündlich auf allen Sendern darüber informiert wird, daß 50 Bundeswehrsoldaten in die Türkei verlegt werden. Sonst gab's nichts Neues. In London explodierte eine Granate hinter Downing Street 10.
Jordaniens kleiner König scheint umschwenken zu wollen. Dann wehe den Israelis!

TV: «Planet der Affen» mit Charlton Heston. – Gut gemacht, intelligent, konsequent. Schluß verblüffend.

Sie zählen die Kriegstage. Früher hatten die deutschen Soldaten zum Zählen der Dienstzeit Zollstöcke, von denen sie die Zentimeter absäbelten. Im Gefängnis macht man Striche an die Wand. Dort zählt das Fünfersystem: ꟼꟼꟼ.
Ratlos, zunehmend ängstlich, daß die Amis irgendwas falsch gemacht haben. Werden sie schon, damit kann man rechnen.

Tag der jungen antifaschistischen Helden

Kälte ohne Schnee. Da bleibt man am besten im Bett.
Ich lese ein Buch über den Rückzug Napoleons aus Rußland.
Herrlich gearbeitet, den ganzen Tag.
Kein Telefon.
Gestern fragte ein Theologiestudent, ob er mir beim Schreiben
mal über die Schulter gucken könne. Da würde mir wohl die
Spucke wegbleiben.

Hamelberg war da und brachte den Thermodrucker in Ordnung. Die rasende automatische Druckmaschine mit den aus-
wechselbaren Typenscheiben wandert ins Museum.

TV: Golf. Die Amis heben Gruben aus für Kriegsgefangene.
Die Gefangenen sollen sich nur hineinstellen. Die denken dann
vielleicht, sie sollen lebendig begraben werden? Assoziationen
zu alten Filmaufnahmen von Judenerschießungen im Osten.
Die Iraker verlagern ihre militärischen Einrichtungen neuerdings in Wohngebiete. Zynisch. Aber was soll man von diesen
Leuten erwarten.
Es heißt, daß 80 000 Iraker bereits desertiert wären (was ich
nicht glauben kann).
Saddam hat wieder eine Scud-Rakete genehmigt. Die Abschuß-
einrichtung wurde allerdings von den Amis sofort danach zerstört. (Da hat wohl mal der Satellit funktioniert.)
Deutsche Panzerabwehrleute konnten nicht starten, Flugzeug
kaputt. Eine Maschine der NVA nahm sie auf.

TV: Rudi Carrell mit seinen Liebespaaren. Einen jungen Mann
fragte er, ob er mit der Frisur auch rückwärts gehen kann? – Ein
anderer gab an, er sammelt spanische Möbel. «Also Apfelsinen-
kisten?» – Fällt so was nicht unter «Verunglimpfung»?

Seit Tagen reden sie davon, also, nun ist es bald soweit, nun greifen die Amerikaner bald an. Es ist fast so, als könnten sie sich nicht entscheiden. Heute wurde eine kleine Trick-Karte gezeigt, mit beweglichen Panzern – schwupp! – fuhren sie über die Wüstenkarte – schwupp! – kam ein Hubschrauber. Fall 1, Fall 2, Fall 3. Die Nazis arbeiteten in der Wochenschau mit beweglichen Pfeilen. Aber nur, solange es vorwärts ging. Später erfanden sie den Ausdruck «Absetzbewegungen».

Alle sind gespannt, wie die Amerikaner es anstellen werden, die Nuß zu knacken. Saddams eiserne Garden sollen ja noch intakt sein. Man sieht riesige Flugzeugträger, Transporthubschrauber, mit Kriegsgerät behängte GIs. Und auf der anderen Seite Infanterieeinheiten der Iraker, durch die Wüste paradierend, schneidig. Wie die sich wohl vorkommen? Aber vielleicht helfen ihnen ja vaterländische Gedanken, wie den deutschen Soldaten 1939 auf der Berliner Siegesallee.

Nartum   Sa 9. Februar 1991

Tag der Werktätigen des Post- und Fernmeldewesens

Karasek in RTL, er ist gegen die Betroffenheitsorgie, die hier bei uns um sich greift, und ich auch. Es hätte, sagt er, wahrhaftig Grund genug gegeben in den letzten Jahren, bei anderen Konflikten betroffen zu sein.

Heute nachmittag kam ein Mann und gab mir einen Brief von sich. Haute gleich ab. Er habe sonst meine Bücher immer so gern gelesen, aber «Sirius»? Nee. Ich empfand diesen Akt als infam, der Mann hätte mir das doch auch sagen können? Und ohne Absender. Er habe den Brief eigentlich nur einstecken wollen. Das Buch hat er aber behalten. Was hat ihn geärgert? Zumindest hätte er Guten Tag sagen können. Die merkwürdige Menschheit.

«Leiden an Deutschland», ja, so kann man es nennen.

Im Augenblick reden sie seit Tagen in jeder Nachrichtensendung (ich höre sie stündlich) von dem bevorstehenden, *nahe* bevorstehenden Landangriff der Amerikaner. Ich habe den Eindruck, sie wollen die Fernsehzuschauer damit vollsabbeln, weil sie nichts anderes zu bieten haben. Die Amis halten natürlich dicht.

Die arabische Expansion im Mittelalter. Die Plünderung der heiligen Stätten in Rom, lange vor den Kreuzzügen.

Saddams Sündenregister, wahrscheinlich eine halbe Million Menschen umgebracht, ganze Landstriche sollen entvölkert sein. – Ich kann den Kerl mit seinem auf Falte gebügelten Khakihemd nicht mehr sehen. Diese zur Schau gestellte psychopathische Ruhe. Und seine Kumpels sitzen immer noch wie beim heiligen Abendmahl neben ihm, ebenfalls mit auf Falte gebügeltem Khakihemd, und lauschen seinen Weisheiten.

Ich bekam heute aus Eschwege einen unglaublichen Schlesienbericht von 1945. Die verbliebenen Deutschen mußten unter Schlägen den jüdischen Friedhof mit den Händen umgraben.

Habe den Eindruck, daß die Weltgeschichte 1989 einen Ruck gemacht hat, alles ändert sich. Der ganze Osten stürzt in den Abgrund. Die Ossis haben noch nicht kapiert, daß sie fürs erste gerettet sind.

Die Beruhigung, die von der schweren Rüstung ausgeht, Zutrauen, daß uns nichts passieren kann.

Sie ärgern sich, daß man ihnen die Meckerfahne aus dem Mund genommen hat.

Hildegard sieht heute «Heldenplatz» von Bernhard, nun schon seit vier Stunden.

Ich sehe eine Show, in der Kandidatenehepaare bei richtigen Antworten (die Fragen werden von glitzernden Pappherzen abgelesen) hydraulisch auf einem Wolkensitz in die Höhe gehoben werden. Bei falschen Antworten von oben in einen

Kissenberg geworfen. Das Siegerpaar gewann eine Reise nach China! Um Gottes willen! Das stelle man sich vor. China! Wo die Leute überall hinqualstern und Hunde essen. Da sind die Sieger gleichzeitig Verlierer.

Im anderen Programm die Abfahrtsläufe der Damen, um sage und schreibe Hundertstel Sekunden geht es. Daß keiner über so was lacht? Skilaufen und Schwimmen um die Wette. Curling – das ist auch so eine merkwürdige Sache. Bei dieser Sportart geht es um Millimeter. Etwas Langweiligeres kann man sich gar nicht vorstellen. Sport – was das überhaupt soll? Allenfalls Kutschenfahren, das gefällt selbst den Pferden, wenn sie so zu viert, sechst oder gar acht eine winzige Kutsche ziehen.

In wieder einem anderen Programm halsbrecherische Skikunststücke. Die Leute schlagen Kobolz. Anschließend geben sie im Krankenhaus Interviews, und die Ärzte sagen, das kriegen sie schon wieder hin. Was sagt die sogenannte Volkswirtschaft dazu? Die hält's Maul.

In Litauen wird gewählt. Ich wünsche den Leutchen dort von Herzen alles Gute, obwohl sie, wie man hört, auf die Deutschen nicht gut zu sprechen sind. Alte Geschichten ziehen sich manchmal sehr lang hin. Montag beginnen im Baltikum ausgedehnte sowjetische Manöver. Solange Gorbatschow sich weigert, die drei Ländchen «in die Freiheit» zu entlassen …

Von Flugzeugverlusten im Golfgebiet hört man nichts mehr.

23.30 Uhr. – Nun hat es doch noch ein wenig geschneit. Eine hauchdünne Schneedecke liegt auf dem steinharten Boden, wie das so ist bei uns.

Ein sowjetischer Pilot, der mit einer sowjetischen Maschine deutsche Raketenwerfer in den Golf fliegen soll, weigert sich, er fliegt nicht in Krisenregionen.

So 10. Februar 1991, eine dümmliche
Schneedecke/windstill

1898: Bertolt Brecht geboren

Litauen 91% für Selbständigkeit. Mich wundert, daß über-
haupt welche dagegen sind. Das sind wohl Leute, die von den
Russen bevorteilt wurden. Oder naturalisierte Russen. Oder
Parteileute.

Meine Schwester Ulla war auf ihre Weise auch ein Biograph. Sie
hat fotografiert! Auf diese Idee wäre ich nicht gekommen, war
damals auch noch zu jung für so was. Sie hatte eine Agfa-Box,
die man bekam, wenn man vier Markstücke mit dem Prägezei-
chen AGFA vorweisen konnte. Leider ließ sie die Negative alle
in Rostock, als sie nach Dänemark ging. Die sind alle futsch.

Das Leid der Katzen. Sie werden nachts ausgesperrt und kommen morgens an meine Fenster. Krallen sich daran fest und
miauen. Sie wissen genau, von wannen ihnen Hülfe kommt.

Immer sagen die Großkritiker: Andersch, ja, seine «Kirschen
der Freiheit», das war ein epochales, großartiges Buch! – Ich
bin anderer Ansicht. Ein Büchlein mit blödem Titel. Mager-
kost. Und jeder, der es jetzt liest, wird mir beipflichten. Sie
haben es damals gelesen, und sie lieben die Zeit, in der sie es
gelesen haben, die Jugendzeit. Andersch ist überhaupt so ein
Kapitel, läßt sich mit Pfeife fotografieren! – Sein Verdienst: Er
hat Arno Schmidt gefördert.
Er hat übrigens nie einen Literaturpreis bekommen und ist kein
Mitglied einer Akademie. Das sind so deutsche Wunder.
Schnee: Lesebuchdeutsch: «Der Schnee hatte den Zaunpfählen
weiße Mützen aufgesetzt.»
Eine Laune der Natur.
Brandenburger Konzert Nr. 6, letzter Satz. Von den Tafel-
klavieren wollen sie nicht lassen, unsere Puristen. Unerträglich.

In 3Sat der Sohn Rosenthals, der über seinen «Dalli-Dalli»-Vater berichten soll. Ein Knäblein, ganz unbedarft. Ich dachte an KF, ob sie den wohl später auch mal befragen? Ich erinnerte mich auch an meinen eigenen Auftritt bei Rosenthal, mit Lieffen zusammen. Wir sollten die in Holz nachgebildeten Schreibmaschinentypen um die Wette in richtiger Reihenfolge aufstellen. Dalli-Dalli! Lieffen fing mit den Zahlen an, sehr schlau, und so gewannen wir. Am nächsten Tag überreichte mir die Elternsprecherin in der Schule einen Blumenstrauß!
Rosenthal: seine großen, schreckhaft geöffneten Augen. In einer Schrebergartenlaube hat er sich vor den Nazis verbergen müssen, unterm Sofa hat er gelegen. Was sind dagegen unsere Wehwehchen?

Nächste Woche die Filmleute wegen «Aus großer Zeit», dann geht's mit M/B* weiter.

Zur Wahl in Litauen, Gorbatschow sagt, das interessiert ihn nicht. Ein paar frierende Ordner auf dem Markt. Wenn das man gutgeht!
Bericht über die Täuschungsmanöver Saddams: Aufblasbare Panzer, mit kleinem Ölofen als Motorimitation. Vortäuschen bereits bombardierter Startbahnen.
Seine Großraketen scheinen nun bald «alle» zu sein. Was er dann wohl noch an Überraschungen zu bieten hat, der Vater der Schlachten?
Gegen unsere Friedensdemonstranten stehen im Nahen Osten Hunderttausende von Demonstranten, die für den Krieg sind. Saddam spricht nun schon vom Endsieg.

2007: *Aus einem Erdloch zogen sie ihn, und unter die Schlinge um den bloßen Hals legten sie ein schwarzes Tuch.*

---

* Der Roman «Mark und Bein» erschien 1992.

Tag der Zivilverteidigung

Alte T 5 2-Panzer wurden gestern als «Arbeitspferde» der irakischen Armee bezeichnet.
Der Miesmuschelesser Grass hat sich zu Wort gemeldet. Es sei
doch ungeheuerlich, daß die Deutschen nun zum zweiten Mal
mit Gas … Ja, es geschieht viel Ungeheuerliches in der Welt.
Was – wer – wie – wo gesagt hat, müßte man auch mal auflisten.

Die Moderatorin von «Bremen aktuell» wies heute früh darauf
hin, daß nun auch die SU zu einer Friedensvermittlung ansetze.
In Washington werde der Zeitpunkt der Landoffensive festgelegt. Alles andere bis jetzt sei nur das Vorspiel. Was die wohl für
große Landkarten haben. Und bestimmt haben sie auch kleine
Spielzeugpanzer, mit denen sie darauf herumfahren, und die
sind nicht aufblasbar.
«Albanien galt jahrelang als der finsterste Hort des Stalinismus,
was immer das auch bedeuten mag», sagt eine Kommentatorin in Bremen. Nun, für eine Kommentatorin ein bißchen un-
terbelichtet oder bekloppt. Wir wissen schon, was wir uns darunter vorzustellen haben: Gefängnisse, in denen Menschen
20 Jahre lang saßen.
Die russischen Juden fielen jetzt wie Heuschreckenschwärme
in Israel ein, sagt ein Professor, und das verstünden die Araber
nicht. *Das* wiederum kann *ich* verstehen. Ich würde auch nicht
in Rußland bleiben.

Wegen der Verfilmung von «Aus großer Zeit» kamen am Nachmittag drei Herren aus Berlin zum Groß-Dichter nach Klein-
Nartum. Ich habe am Vormittag noch das neue Drehbuch angesehen. Die Anlage des Films, auf die «große Zeit» hin, ist
geschickt arrangiert.
Ich meine, der Film müßte s/w gedreht werden, zunächst ohne
Geräusch, Ton. Das Lied «Wie sie so sanft ruh'n» als Leitmotiv.

Technisches erfragen, ob Stummfilme nachgemacht werden können.
Kann man Filme künstlich ruinieren? Regen?
Entweder Lackbildfilm oder «alt». – Fechner wollte die «Zeit» als Stummfilm verfilmen, aber dann ließ er ab von mir. Er hatte von Kempowski die Nase voll. Er machte dann lieber «Winterspelt» von Andersch.

Saddam Hussein: Endkriegproklamation. Hilferuf an die Moslems aller Länder. Die werden ihm was husten. Die Mutter aller Schlachten wird sich wohl auf sich selbst besinnen müssen.

Nartum   Di 12. Februar 1991, Schnee

1947: «Junge Welt» erscheint zum erstenmal.

Gestern war Schluß in Oldenburg. Ich sprach über den Schönschreibunterricht. Das Anachronistische dieses Themas war zum Schreien komisch. Von Kalligraphie nie was gehört. Über den Nahen Osten sprechen, aber wenn man ihnen deren Schriften zeigt, lachen sie sich tot: Was das soll?

2007: *Ob diese Kinder den Film «Der Name der Rose» gesehen haben?*

Peters kam zum Trinken und schwärmte von der Chronik. Er ist inzwischen «natürlich» in Rostock gewesen und hat sich alles angesehen. Ästhetik sei für die Bürger nur quantitativ erlebbar, die Marienkirche bezeichnete er als einen «Dubass».

2007: *Nie wieder was von ihm gehört.*

Hier sind inzwischen drei aufgeregte Herren aus der DDR erschienen, sie wollen mit mir das Drehbuch von «Zeit» beraten.

Unter ihnen der bekannte Regisseur Warneke und Hauser, der Drehbuchschreiber. Auch ein guter Mann. Sie kamen schon gestern, ich mußte ja nach Oldenburg, und Hildegard hatte es schwer mit ihnen. Die Wehmut schwappte über. Sie haben unvorsichtigerweise in Klein-Machnow Häuser auf gepachtetem Grund gebaut, und den Grund wollen irgendwelche West-Leute nun wiederhaben: «Das Haus brauchen wir nicht, das können Sie ruhig abreißen.» – Geballte Wut. Man wird zurechtkommen müssen mit ihnen. Die drei Herren sind von einer untergründigen Aggressivität gegen uns, und wir haben ihnen doch gar nichts getan.

Wie gut, daß ich im Knast gesessen habe. Das ist mein Prä. Dagegen kommen sie nicht an.

Abends. – Die Zusammenarbeit mit Hauser, Warneke und Nehring klappt ganz gut, kollegial, nicht brachial, wie bei oder mit Fechner damals. Aber: Abwarten, es ist ja noch gar nicht losgegangen.

TV: Saddam H. wurde gezeigt mit Verband um den kleinen Finger!

Kronzucker sprach über Saddams Bunker, «die Unterwelt, in die nach der Meinung gewisser Leute S. H. auch gehört». – Wohin denn sonst?

«Gewisse Leute», wen meint er damit?

Assoziation zu Ceauçescus letzten Tagen. Der hatte 40 Paläste. Es ist wunderlich zu hören, daß «die irakische Luftabwehr schweigt». Prügel beziehen. Abgesehen vom Anlaß – widerlich.

Ein blondes Mädchen mit Schäferhund sucht nach Überlebenden. Der Schäferhund hat Judenstern auf dem Rücken.

Alter Afrikafilm: widerwärtige Aufnahme eines stöhnenden Nashorns, dem man das Horn abgesägt hat. Ekelhaft. Die lachenden Schwarzen, der triumphierende weiße Jäger.

Zwei Warneke-Filme gesehen. «Die Einfärbung in der Wolle».
Beide Filme waren gut, aber fremd.
Ich kam drüberzu, wie sie im Turm Hildegard einheizten, wie
böse die Westdeutschen sind und wie herrlich die DDR war.
Als ich eintrat, verstummten sie sofort. Wenn sie weiterge-
macht hätten, hätte ich sie rausgeschmissen.

DDR schmort, die Zahl der Arbeitslosen steigt. Bald gibt es
in Deutschland mehr Arbeitslose als zu Zeiten der Weltwirt-
schaftskrise.
Island hat Litauen anerkannt. Immerhinque, möchte man da
sagen.
Warschauer Pakt wird aufgelöst! Wo sie wohl mit all den Panzern bleiben?

Nartum   Mi 13. Februar 1991

1945: Angloamerikanischer Luftangriff
auf Dresden

Hausers Drehbuch: Er läßt die Hälfte weg und fängt mit Silbis
Hochzeit an. Ganz geschickt, aber weglassen, das hätte ich auch
gekonnt.

Nartum   Do 14. Februar 1991, Schnee

Drehbucharbeit «Zeit» beendet. Es ging ziemlich flott, einiges, mir Liebes, konnte gerettet werden. Leider wurden in
Zwischengesprächen immer wieder DDR-Gehässigkeiten deutlich. Ich verzichtete darauf, ihnen was von Bautzen zu erzählen.
Im TV (N3) wurde gezeigt, wie in Bagdad verschmorte Men-

schen aus Bunker herausgetragen wurden. Gelbe Knochen spießten heraus.

Gestern waren wir (die Herren Nehring, Warneke und ich) in Bremen, bei Klostermeier, dem Intendanten von Radio Bremen, und seiner gattinnenhaften Frau. Momper nannte mich «Kempi», sagte mir allerhand Artigkeiten.

Albumeintrag Walter Momper

Der genesene Hädrich «zutunlich». Er nimmt immer seinen Hund mit, und wenn's nach Luxemburg zum Großherzog geht (zu dem er irgendwelche Verbindungen hat). – Der Trainer Rehhagel war zu besichtigen. – Gummibrot und ungenießbarer Fisch (roh!). Vom Körnerbrot taten mir die ganze Nacht die Zähne weh. Aber nett alles in allem. Und wann wird man schon mal eingeladen.

Nehring total angepaßt, sammelte eiskalt das, was er für Verbindungen hält. Warneke stand schüchtern/verbittert in der Ecke. Ich mußte ihn hin- und herschleppen. Er wirkt wie ein Schrat, ist aber umgänglich und klug.

An Sensibilität mangelte es heute abend, als ich den Filmleuten zum Abschluß «Die Toten» von Huston als meinen Lieblingsfilm vorstellte. «Tschechow», war der einzige Kommentar.

Hildegard nahm an der Arbeit teil, Simone verzichtete auf die Chance. Sie hat mit den laufenden «Echolot»-Arbeiten zu tun, entlastet mich spürbar. Alles klappt gut, keine Beanstandungen.

Während der Arbeit beobachtete ich Hacky und unsere Hunde, wie sie vorm Haus im Schnee tobten. Ich habe noch nie im Schnee rumgetobt.

Ein einzelner Reiher landete 100 Meter vor ihnen, ohne daß sie ihn sahen.

Immer noch «Sirius»-Post.

Morgen beginne ich mit M/B. Notizen bereitgelegt.

«Sirius» seit Weihnachten nicht mehr lieferbar. Erst am 15. 2. wieder. Skandal.

Vor dem Rathaus in Bremen sahen wir gegen Mitternacht eine sogenannte «Mahnwache». Vier oder fünf junge Leute mit Hund um ein Feuer aus Brettern. Der Geruch des brennenden Holzes mitten in Bremen auf dem Rathausplatz hatte etwas Mittelalterliches.

Die Linke ist der Ansicht, durch Kriege seien noch nie Probleme gelöst worden. – Und der 2. Weltkrieg? Ich erinnere mich, daß uns die Alliierten befreit haben. – Daß auch neue Probleme entstehen, ist eine Binsenweisheit. Die entstehen auch ohne Kriege, denn die Bösewichter oder/und Menschheitsbeglücker sterben nicht aus.

Auf der Klostermeier-Party wurde ausgerechnet dem verschüchterten Herrn Warneke ein Glas Wein auf die Hose geschüttet, und beim Aufbruch fegte er mit seinem Mantel einen Aschenbecher mit Stecknadeln vom Garderobentisch.

Eine Mecklenburgerin sagte zur Wiedervereinigung:

Ich meine, was Besseres konnte uns gar nicht passieren. Trotzdem es ein Wunder ist. – Obwohl ich gehofft habe – geglaubt habe
ich nie daran. Man sagt immer: Was der Russe hat, gibt er nie wieder her.

Nartum   Fr 15. Februar 1991, Schnee

1958: Gründung des CIMEA – Internationales Komitee
der Kinder- und Jugendbewegung beim Weltbund der
Demokratischen Jugend (WBDJ)

Schluß des Semesters.
Warneke und Hauser erzählten allerhand aus der DDR-
Geschichte. Aber so richtig will sich keine Übertragung ih-
rer Erfahrungen einstellen. Einerseits die Verhohnepiepelung
Ulbrichts und Genossen – sie erzählen Witze –, andererseits ein
Festhalten an den alten Zuständen, die sie dann aber trotzdem
auch kritisieren.
Diesen Gegensatz Ost – West wird Deutschland noch 100 Jahre
spüren. So wie in den USA, die Nord- und Südstaaten, auch immer noch. Die kluge Politik von Lincolns Nachfolger, der nach
dem Bürgerkrieg ein allgemeines Schwammdrüber praktizierte.
Larmoyanz, Überbetonung abseitiger Erfahrung, das erschwert
ihnen da drüben den Neuanfang. Eine lange Geschichte von
einem Seidenhemd. Und: die Hetzreden gegen den Westen,
die wohl gegen mich gerichtet sind, weil wir's hier so schön haben. Ich kontere dann immer mit Bautzen. Aber das sind wohl
Auskotzungen gewesen, die ihnen schon lange auf dem Magen
lagen.

TV: Film vom ruinierten Kuwait.
Herausgerissene Klimaanlage. Die Iraker transportieren offenbar aus den Häusern sogar die Möbel ab. Wie die Russen '45.

76

Die nahmen ja auch die Türdrücker mit. Sogar das, was niet- und nagelfest war.

Hauser erzählte von einer DDR-Film-Jury, die sich über einen bestimmten komischen Film totgelacht habe, aber dieser Film sei nicht einmal in die Endwertung gekommen.

Lustigerweise sprach er in anderem Zusammenhang ganz ernst- haft von der «Hautevolee von Bützow». Bützow!

Ich bekam heute eine sehr erfreuliche Honorarabrechnung.

Die Katzen wollten nicht draußen sein. Sie kamen an mein Fen- ster, ich ließ sie ein, und sofort ging die Bunte aufs Klo, das hät- te sie ja auch draußen erledigen können. Es ist ein rechtes Kreuz mit den Tieren.

Der Irak-Krimi beschert uns eine Überraschung nach der anderen. Heute Saddam Husseins überschlaues Angebot zur Räumung Kuwaits (konditionales A.) und die kuriose Nach- richt: er sei verletzt. Am kleinen Finger, das haben wir ja ge- sehen.

Scholl-Latour zitiert bereits Shakespeare!

Biermann gab sich recht leidend, er barmte in die Kamera, Gott helfe mir, er müsse leider für den Krieg sein, dafür wurde er von Lea Rosh geküßt, was sie noch nie getan habe, wie sie sag- te. Eine nicht geküßt habende Frau. Anschließend eselte sie den deppischen Präsidenten des BDI aus. Und es gelang ihr auch! Daß diese Leute sich nicht besser vorbereiten!

Nartum   Sa 16. Februar 1991, Schnee

Tag der Mitarbeiter des Handels

T: Bin bei den Chinesen notgelandet. Anscheinend wollen sie mich gut behandeln, sie sind ja gar nicht so, soll das bedeuten.

Schöner Wintertag.

Die deutsche Wiedervereinigung wird besonders im Wetterbericht sinnfällig: «Sachsen-Anhalt: Schneeglätte ...» Oder: «Temperatur Greifswald minus 3 Grad.»

Wie das Wort «Wiedervereinigung» damals die Linke erregte. Es müsse «Neuvereinigung» heißen, wurden wir belehrt.

Die alten und die neuen Bundesländer. Alt im Sinne von «oll», darunter wären dann, meinem Sprachverständnis nach, die sogenannten «neuen» zu verstehen.

Große Debatte jetzt, ob Saddam Hussein wie Hitler sei.

Warneke erzählte, daß vor seinem Haus in Klein-Machnow ein schwarzer Mercedes vorgefahren sei. Und aus dem Autofenster heraus habe einer das Haus fotografiert. Er wär' hinter der Gardine stehengeblieben.

Nicht einmal der Ansatz eines Unrechts- oder Rechtsbewußtseins – wie man's nimmt – ist vorhanden. Bei Nacht und Nebel flüchteten die Leute damals, und alles ließen sie zurück. Daß sie nun ziemlich brutal sind beim Wiedereinkassieren ihres alten Besitzes, ist eine andere Frage. Das spiegelt vielleicht die Roheit wider, mit der die Menschen damals verjagt wurden.

Mancher ist eben «im Düsenjäger durch die Kinderstube geflitzt», wie man es ausdrückt. Und Herzensbildung ist nicht jedermanns Sache.

Hildegard zu den Hunden heute früh: «Moine Süßis! Moine Knackel-Dackels!»

Gestern großes Trara mit den Disketten. Eine zu voll geknallte gab ihren Geist auf. Anstatt vernünftiger Texte erschienen tatsächlich grinsende Gesichter. – Aus Amerika, der «Knacker» oder wie diese Leute heißen, der da alle Computer mit einem Weihnachtsbaum infizierte. Dauernd erschien: «Happy Christmas!» Wenn sie diese Leute fassen, kriegen sie 14 Tage Gefängnis oder so. – In meinem Fall, gestern, allerhand vergebliche

Rettungsversuche. «I looked forward!», schaffte also auf konventionelle Weise Ordnung.

«Komm mal schön bei Vater und Frauchen! Ja, brav, ja, lieb! Ganzer lieber Schnucker! Bravchen!»

Biermann gestern: Komm, süßes Gas!, deklamierten die Palästinenser. Woher der seine Informationen hat? Weshalb servieren uns die Journalisten so was nicht? Das ist nicht seriös.
Lea Rosh, ganz in Rot, als Mater dolorosa.

«Ooch, mein Guttel. Nun seid mal schön lieb und leise.»

Wer Tagebuch schreibt, verdoppelt sein Leben.
Der Schnee: Heute sitzen wir in einer Groh-Postkarte.
Das Hausmann-Tagebuch. Eine sehr aufgeregte Ich-Sache.
TV: Nichts Besonderes. Skispringen. Der kritische Punkt spielt dabei eine Rolle. Wenn sie den verpassen, dann gute Nacht.
Ich schrieb die ersten vier Kapitel von M/B ins Reine, gefällt mir jetzt.
Am Abend die «Hörzu»-Splitter. Das gäbe ein hübsches Buch. Habe jetzt schon 90 «Splitter».

Der Journalist Johannes Willms möchte laut FAZ-Fragebogen am liebsten ein Fürstbischof im Barock gewesen sein. Seine Lieblingsfarbe ist Mohnrot. - So was vergeht.

Zum Mauerfall ein Mann:

Ich war in Frankfurt bei meiner Schwester, spätabends, da haben wir gepackt, weil wir am nächsten Tag nach Tel Aviv fliegen wollten. Und während wir da packen, lief der Fernseher, und ich seh' auf einmal, daß die da auf der Mauer standen, und ich lauf' in die Küche und hab' gerufen: Kommt her! Kommt her! Die Mauer ist weg! Meine Schwester war völlig starr, und meine Freunde haben geweint. – Weil ich vorher sehr oft drüben war, hat mich das sehr bewegt. Wenn wir es nicht geplant gehabt hätten, dann wären wir nach Berlin geflogen statt nach Tel Aviv. Und die Leute dann da: O Gott! Und ich hab' versucht, das zu dämpfen: So gefährlich sind wir wirklich nicht mehr.

Nartum   Mo 18. Februar 1991, Schnee liegt noch

Die Medienwelt liegt mit gespitzten Ohren auf der Lauer, wann's denn nun (endlich!) losgeht mit dem Invasionsspektakel, der französische Dingsbums hat gesagt: Schon morgen, der amerikanische XY: Nein, das kann noch dauern.

Die Krankenhäuser Mitteleuropas halten an Betten frei, was freizumachen geht, und die Filme und Disketten der Journalisten sind schon eingelegt, umgedrehten Flinten gleich.

Das Wehgeschrei der Friedensfreunde hat etwas nachgelassen, auch ihnen ist vermutlich klar, daß ein lebendiger S. H. bei nächster Gelegenheit biologische Pillen auch in deutsche Talsperren werfen wird, um die Weltherrschaft der moslemischen Händeredner voranzutreiben und zu installieren. Auf seinen natürlichen Tod können wir nicht warten, und die Oldenburger Skurrilen können sich und ihre Kinder nicht ausschließen von der Infektion mit Cholera oder Gelbsucht. «Wenn wir alle erst mal Frieden machen, dann wird sich S. H. dem anschließen müssen», sagen sie (Dierks). Der Iran-Krieg ist vergessen. Der dauerte sieben Jahre, und Hunderttausende sind gefallen.

Inzwischen streiken deutsche Krankenschwestern: Sie wollen im X-Fall keine Verwundeten versorgen, und Altglasbehälter werden weggeräumt, sie könnten zu städtischen Superbomben werden.

In den Frankfurter Flughafen kann man, das ist jetzt herausgekommen, ohne kontrolliert zu werden hineinspazieren, durch den Frachtzugang.

In der «Transatlantik» hat man eine Liste von «Kriegstreibern» veröffentlicht, da stehe ich oben an (neben Biermann und Helmut Zacharias), obwohl ich mich nirgends geäußert habe.

Wie gierig Hauser nach den «Hundstagen» griff.

Gestern Räumaktion: die zahllosen Disketten von Schrott befreit. Herrgott, was sich da wieder angesammelt hat! Etliche dieser Dinger melden aus heiterem Himmel, daß sie defekt sind. Auch ein bißchen fürs «Echolot» getan. Auch da war mit den Disketten einiges *wrong*. Man darf sie nicht so vollknallen. Der Feldpostbrief eines deutschen Offiziers aus Rußland: Was seine liebe kleine Frau für Geschichtsstudien treiben soll während seiner Abwesenheit, schreibt er ihr aus dem Graben. – Dubletten unter den Einsendern gibt es eigentlich nicht, jedes Zeugnis ist anders.

Die Polen, die ich händeringend angefleht hatte, mir Material zu schicken, schon vor Jahren, lassen nichts von sich hören. Unzuverlässige Kantonisten! Versprechen alles und halten nichts, selbst wenn ich ihnen Geld dafür biete.

In der FAZ: Die Deutschen guckten auf die Stiefelspitzen, heißt es da.

Vielleicht ist unsere Haltung ein wenig zu vergleichen mit der der tapferen Franzosen 1939/40?

Erbitterte Karte eines Mannes aus Schmalkalden, der eine Videokassette mit Aufnahmen von seiner Tochter haben will, die im Juli hier bei uns war (Jugendseminar): Er will es der Presse übergeben, wenn ich ihm die Kassette nicht schicke: «Oder herrscht denn bei Ihnen ein solches Tohuwabohu?»

Abends: In der ZEIT, die stramm gegen die Maßnahmen der Alliierten ist (o Gott, und wie emphatisch!), werden Listen veröffentlicht, mit Namen von Kriegsbefürwortern! – *Wir* könnten auch Listen veröffentlichen, und zwar anderer Art!

Es sieht so aus, als ob die Russen als Psychiater fungieren, die Iraker scheinen einem 4-Punkte-Plan zuzustimmen, der dann alles noch schlimmer macht, weil S. H. in vier Jahren wieder von vorn anfängt.

Morgens an M/B, 5. Kapitel.

Nachmittags am «Echolot», eine schlimme Stalingradsache (Tjaden), die ich in Oldenburg besorgte. Ich rief den Bruder des

Stalingrad-Soldaten an, nein, sie haben nie wieder etwas von ihm gehört.
Am Nachmittag kamen vier Rostocker Kinder für eine Woche und Angela M.

Nartum   Di 19. Februar 1991, noch Schnee

«Laufe! Laufe, Butsch! Nu' spielt mal schön, bis wir fertig sind mit dem Essen!»
Dies ist an die Hunde gerichtet, Gott sei Dank nicht an mich.

«Not lehrt beten», sagt man. Seit ich kapiert habe, daß ich mit Glück überhäuft werde, habe ich zunehmend das Bedürfnis, Dank abzustatten. Kein Aberglaube ist dabei. Glück sollte beten lehren.

Heute Grass mit neuer Brille und 5-Tage-Bart. Schimpft auf Enzensbergers These von den gleichen Wurzeln, die Hitler und S. H. gemeinsam hätten. So etwas zu vergleichen sei verbrecherisch, sagt er. Die hatten früher wohl mal Streit miteinander?

Campenhausen schrieb netten Brief wegen «Sirius», kann die Kritik in der FAZ nicht begreifen.
5. Kapitel von M/B vertieft, es wimmelt von Ostpreußen in Hamburg.
«Echolot» an Simone übergeben. Sie wird die Texte «reinigen» und «ordnen», ich mache dann die Collage. Tippe augenblicklich an Tjadens Wehklage über seinen Sohn.

Rätselraten wegen der Friedensverhandlungen, -angebote, -versuche. Die Russen vermitteln. Bush argwöhnt zu Recht, S. H. wolle nur eine Atempause haben und die Invasion hinauszögern, bis endlich 40° Hitze auf die Panzer knallen.

In 3sat eine Sendung über Krieg. Die Deutschen hätten die eigenen Greueltaten vergessen, verdrängt. Es werden Dörfer gezeigt, russische, mit Leichen Erschossener. – Verdrängt?

Nartum   Mi 20. Februar 1991

Schlapp, den ganzen Tag. Esse keinen Zucker mehr, habe trotzdem schockartige Zustände. Arzt sagt: «Diabetes haben Sie nicht.»

An M/B weiter.

6. Kapitel: Abschied von der Kultur. Chopin-Abend
7. Kapitel: Ostsee. Kriegsgerät auf dem Grunde
8. Kapitel: Danzig. Das herzkranke Mädchen
9. Kapitel: Marienburg (= Rastenburg!)
10. Kapitel: Rosenau, d. h. das Grab der Mutter. Kirche, Goldregen
11. Kapitel: Treckwege, russische Grenze, polnische KZ
12. Kapitel: Gutsimpressionen Lehndorff
13. Kapitel: Rastenburg
14. Kapitel: Nehrung, Vaters Grab
15. Kapitel: Stutthof
16. Kapitel: Danzig
17. Kapitel: Hamburg, Frau weg

Das Buch wird nicht mehr als 150 Seiten umfassen.
TV: Lange Sendung über Litauen, tolle Aufnahmen, traurig, weil kein Staat der Welt außer Island den Mut hat, die baltischen Staaten anzuerkennen.

Alle warten auf die Antwort S. H.s auf das amerikanische Angebot, und der zögert theaterwirksam. Vielleicht weiß er wirklich nicht, was er machen soll. Wir wissen es doch auch nicht.

Immer noch sitzen seine Getreuen um den Tisch herum, in ihrer weltlichen Eucharistie. Fehlt nur der Becher, der in ihrer Runde kreist. Aber sie trinken ja keinen Alkohol.

Nartum   Do 21. Februar 1991, Nebel/Sonne

Vögel zwitschern.
Heute früh raste ich zum Zahnarzt, der mich zur Begrüßung gutmütig mit seinem dicken Bauch stieß. Dann rieb er das Zahnfleisch mit dem Finger und stach Betäubungsspritzen hinein, bis ich fast gelähmt war. Die blonde Sprechstundenassistentin saß mir zur Seite, und ich berührte ihren Schenkel mit meinem Ellenbogen, was mich angenehm ablenkte.
Sodann wurde gebohrt und geschliffen, und ich gab mich der süßen Ruhe hin, wurde ab und zu daraus geweckt, da der Arzt mir einen Spiegel in die Hand drückte, damit ich sein blutiges Werk begutachten könnte. Zum Schluß mußte ich in einen rosa, nach Pfefferminz schmeckenden Matsch beißen, der rasch erkaltete und quietschend mir wieder von den Zähnen entfernt wurde.
Nächste Woche kriege ich eine Porzellankrone, leider keine Goldkrone, die ich bevorzugt hätte. An denen rutschen nämlich, wie Dr. Linde mir früher schon mal gesagt hat, die Bakterien ab, was, «bis zu einem gewissen Grade, allerdings auch am Porzellan der Fall ist». – «Sie kriegen schon noch mal eine Goldplombe», sagte er.

Hier wartet alles auf die Botschaft S. H.s. Nun wird es wohl zum Landkampf kommen. Wir kriegten in den Medien schon Landkarten mit strategischen Pfeilen zu sehen. Ich würde mich freuen, wenn der Unruhestifter und Bösewicht zermalmt wird, leider müssen viele Menschen, statt seiner, zunächst sterben. Mit den Fingerknöcheln zerquetschen muß man diese Typen.

35 alliierte Flugzeuge seien bisher abgeschossen, hat er behauptet.

Heute in Bremen an einem Kino statt der Ankündigung des Films über dem Eingang in Großschrift: «Wir verabscheuen den Krieg.» Das ist ja ganz was Neues. 1981 hat da nichts gestanden.

Den Ober-Grünen Ströbele hat es erwischt, er hat in Israel irgendwas Saudummes gesagt. In Deutschland ließ man seit Jahren seine Dummheiten als originell oder geistvoll oder eigensinnig durchgehen. Sieht an sich ganz sympathisch aus, mit seinen buschigen Augenbrauen. Aus Norddeutschland scheint er zu stammen, das spricht erst mal für ihn. – Herrlich, daß wir die Frau Ditfurth nicht mehr sehen müssen.

Am Abend kamen hier die Rostocker an, ihre Kinder abzuholen, meine nervösen Stimmungstentakel vibrierten! Sie hatten einen Riesenhund mitgebracht, zu unseren drei Gerechten, und ihre beiden «Plagen».

Was mich in dieser Zeit sehr gestört hat, ist das Gelärme und Gebarme der Kinder: «Onkel Walter, dürfen wir mit der Kugelbahn spielen? Gibst du uns ein Bonbon?»

Nartum   Fr 22. Februar 1991

1840: August Bebel geboren

Saddam H. hat den sowjetischen Plan angenommen. Da hätten die Amerikaner also nun den Schwarzen Peter in der Hand.

«Wir wollten die Einheit ja gar nicht...», sagen die Eltern, die ihre Kinder jetzt abholen wollten, aber noch bleiben.
«Unsere liebe kleine DDR ...»
Der Kamin zieht sie magisch an. Die Frau denkt, sie ist eine Künstlerin, hat eine Mappe mit pseudoabstrakten Bildern un-

term Arm, die sie in Bremen in Galerien vorlegen will. – Ich riet ihr, lieber Bilder von Rostock zu malen, da wäre ich ihr erster Kunde.

Ich tippte morgens «Echolot»-Texte; nach langem Mittagsschlaf schrieb ich dann am 6. Kapitel von M/B: Joe bereitet sich auf die Reise nach Danzig vor und besucht Chopin-Abend. Außerdem skizzierte ich die Rede für die Medientage. Schostakowitsch, Streichquartett Nr. 4.

Der Politiker Rainer Ortleb möchte am liebsten Pfarrer sein. Sein Lieblingsvogel ist der Wellensittich. (FAZ-Fragebogen)

Nartum   Sa 23. Februar 1991

*1918: Gründung der Roten Armee –
Tag der Sowjetarmee*

T: Ich veranstalte eine Party in meiner Wohnung. Auch die Mädchen von dem Pädagogischen Seminar dürfen kommen. Anstatt sich unter die Gäste zu mischen, bilden sie einen Schweigekreis, womit sie das fröhliche Gewimmel blockieren. Ich zeige meinen Ärger nicht, sondern frage sie: «Kann jemand zaubern von euch?» – Da löst sich die Sache auf, und eine zieht Tücher aus dem Ärmel.
Später zaubere ich selbst, in der zerstörten Marienkirche. Irgendwie funktioniert die Sache aber nicht.

Gestern mittag
Hildegard zu Sascha: «Wo willst du hin?»
Sascha: «Vati Walti wecken.»
Hildegard: «Sag mal, spinnst du?»
Die Rostocker kamen gestern zum Abendbrot (Fondue). Sie erzählten von ihren Bemühungen, bei der Firma «Licht an!»

einen Vertretervertrag zu kriegen. Die Firma stellt Leuchtreklamen her. – Man habe ihnen dort Kaffee angeboten. 5000 Mark müßten sie für das Alleinverkaufsrecht zahlen.

Hundekollisionen zwischen unserer Meute und dem Collie der Rostocker. Ein bildschönes, sandfarbenes, etwas ängstliches Tier.

Robert angerufen. Ich sage: «Da kommen noch ganz schöne Kosten auf uns zu.» (Wegen des Hauses in Rostock, das uns Mitte März in einem offiziellen Akt wieder zugesprochen werden soll.)

Robert: «Ja, ich hab' schon ein Konto eröffnet in Rostock, bei der Deutschen Bank, 1000 Mark hab' ich schon drauf, das werde ich nach und nach anfetten.»

Am Abend kam Pastor Stier mit zwei entsetzlichen Ehepaaren zum Essen. Und ich mußte vorher noch zum Zahnarzt rasen, weil mir die provisorische Kappe auf dem Backenzahn abgegangen war.

Immerhin noch am 6. Kapitel gearbeitet: die Chopin-Sache. Und Geschwister-Scholl-Texte für «Echolot» eingegeben.

Nartum   So 24. Februar 1991, schön, Sonne

T (heute mittag): Zwei große schwarze Vögel, so ähnlich wie der Preußenadler, im dunkelblauen Himmel, kämpfen? Der eine hat einen silbernen Strick wie ein Cape um die Schultern. Das Ganze hat etwas Symbolisches.

Ich war heute früh in Bremen, auf dem Antikmarkt. Ich kaufte dort ein leeres altes Fotoalbum (100,–) für Pappbilder und ein kleines von 1956, 30 Mark, sowie ein Gedenkgeschenk für entlassene DDR-Grenzer, eine Jubeltischdecke.

Ich sah einen Stahlhelm für Fallschirmjäger aus dem WK II für 1300,–!

Auf der Fahrt hörte ich in den Nachrichten von der finalen Offensive der Alliierten. Die Iraker haben die Ölquellen angezündet. Die ganze Sache ist recht widerlich. Ganz gut, daß man keine ins einzelne gehenden Nachrichten zu hören kriegt. Manches liefert uns CNN. An der Entscheidung, jetzt anzugreifen, läßt sich der Unterschied zwischen Klugheit und Weisheit leicht erklären.

Isaac Stern spielte gerade ein Violinkonzert in Tel Aviv, als es Alarm gab. Das Publikum setzte Gasmasken auf, und die Musiker verschwanden hinter der Bühne. Nur Stern nicht, er spielte – zwar kein Adagio von Mozart, wie die Ansagerin behauptete, aber eine Partita von Bach. Bißchen kitschig, aber verständlich, daß er's tat. Zum seriösen Schlager ist das jetzt schon geworden. Bei bestimmten Gelegenheiten kommt nur eine Partita von Bach in Frage.

Die Berichterstatter wirkten heiter und ausgelassen. Sie erzählten von der Offensive, was sie gar nicht wußten – daß alles gut geht, sagten sie. Siege *heben*, auch wenn man gar nicht beteiligt ist. Endlich ist mal was los …!
Auf einmal heißt es, S. H. hat seine Eiserne Legion längst zurückgezogen, sie liegt jetzt bei Basra im südlichen Irak. Wieso hat das keiner bemerkt? 150 000 Mann? Die lassen sich doch nicht über Nacht verschieben? – Und die Kesselschlacht, die die US-Army veranstalten wollte, wäre damit verloren, von Sieg kann keine Rede sein.
Die feuernden Großschlachtschiffe. Ich kann nicht anders, ich muß das als grandios bezeichnen. (Zu denken, daß die «Bismarck» noch im Einsatz wäre?) Nachdem die Rohre ihre 100 kg losgeschickt haben, senken sie sich. Das Schießpulver ist in seidene Säcke verpackt.
Die großen Schiffe, mit den Decksaufbauten, Türmchen also und Kuppeln jeder Größe, dienen alle dem einen Ziel: die Geschosse loszuschicken, die ja aber in ihrer Brisanz einer Fliegerbombe «nicht das Wasser reichen können».

In Moskau haben Zehntausende vor der amerikanischen Botschaft demonstriert, nicht contra wie in Berlin. Und der Rote Platz (wenn ich richtig gesehen habe) war schwarz von Menschen, die gegen Gorbatschow, pro Jelzin sich versammelt hatten.

Warum muß man eigentlich Gefangene fesseln, wenn drei Mann mit Maschinenpistole um sie herumstehen?

Viele Iraker haben ihre Bunker in Brand gesetzt, um zu zeigen, daß sie kapitulieren wollen. Das «Hands up!» muß auch ziemlich anstrengend sein.

Die antideutschen Stimmen sind nicht mehr so laut zu hören. Das hat sich beruhigt. Allmählich hat sich herumgesprochen, daß auch die anderen...

Ein deutscher Spürpanzer habe Senfgas erschnuppert.

Der Gleichmut, mit der die B52 ihre Bomben herabsenken. Wie ein umgekehrtes Feuerwerk.

Grandios infernalisches Bild, die Rauchfahnen der in Brand gesetzten Ölquellen. Was für eine Idee.

Auf dem Flohmarkt heute ein DDR-Mann, alt, der sich einen WK-II-Offiziersdolch ansah, einen sogenannten «Brieföffner». «Wir haben damals, nach dem Krieg, als die Russen kamen, nämlich alles weggeschmissen», sagte seine Frau. Das vergißt man leicht: Sie haben dieselbe Vergangenheit wie wir, die da drüben.

Wahrscheinlich will er sich das Dings in seiner Gummibaum-Wohnung über die Sitzecke hängen.

Die evangelische DDR-Kirche ist nun doch bereit, sich mit der EKD zu vereinigen. Sie wollen mal nicht so sein... Es sei alles zu schnell gegangen, jammern sie.

Gott sei Dank, daß ich mit der Amtskirche nichts mehr zu tun habe. Zwei der Pastoren, mit denen ich voriges Jahr sprach, sollen mit der Stasi zusammengearbeitet haben. Pastoren! Ob die katholischen Priester auch?

Die Queen hat ihren Soldaten gedankt. Damit sollte sie lieber noch etwas warten. Die «Mutter aller Schlachten» ist noch nicht geschlagen.

Gespräch mit Hildegard über das Haus in Rostock, das wir nun ja wohl tatsächlich wieder zugesprochen bekommen. Ich hätte das Geld, es wieder aufzubauen, aber wie soll man das gegenseitig verrechnen? Und was sollen wir damit? – Von der Bodenmansarde aus hat man einen Blick direkt auf die Marienkirche. Robert macht unten eine Kneipe auf, und ich gucke mir abends die Marienkirche an. Das wird ein Leben!

«Garbatschow» sagen die Nachrichtensprecher neuerdings. Wer «Gorbatschow» sagt, ist irgendwie von gestern. Von «Chrutschschow» gab's auch mehrere Versionen. Aber er blieb sich gleich.

Nartum   Mo 25. Februar 1991, Nebel

Ich durfte heute fürs TV ein Statement abgeben, was ich vom Golfkrieg halte, wollten sie wissen. Zu meinem Erstaunen war Wallraff derselben Meinung wie ich, desgleichen Kunert. Grass stotterte ziemlich herum. Ob das irgendwo registriert wird? «Sie haben damals gesagt ...» Daß ich in der Staatskartei falsch abgelegt wurde, ist offenbar.

Brief von Peters, der «seine» Stelle im «Sirius» gefunden hat und doch wohl etwas pikiert ist. Der Brief ist ziemlich wirr.
Ich arbeitete heute früh an den «Hörzu»-Texten, danach am «Echolot», was im Augenblick etwas schwierig ist, da ich mich mit Willi Graf beschäftige und dabei immer die Fußnoten mit einbauen muß.
Am Mittag machte ich Fotos fürs «Echolot», und nach dem Schlaf arbeitete ich am M/B, Kapitel 6, das nun sehr proper aus-

sieht. Morgen muß ich noch einmal ran, und dann kommt die Ostsee an die Reihe. Danach Danzig.

Wie bei der Vergrößerung einer Stecknadelspitze Scharten und Risse sichtbar werden, so öffnet sich der Text bei längerer Beschäftigung. An sich banal, so etwas hier aufzuschreiben. Es wäre banal, wenn ich diese Beobachtung nicht immer dann machte, wenn ich überhaupt einen Tiefgang für ausgeschlossen halte. Wenn ich glaube, daß schon alles «ausgedacht» ist. – Heute über Masuren etwas gelesen, und ich wunderte mich, daß im Lexikon so wenig darüber steht.

Lexika sind gleichgeschaltet. Unter «Osnabrück» wird man nicht lesen: dann und dann durch alliierte Bomber zerstört ..., und unter «Bautzen» nichts von der Existenz des «Gelben Elends». In sogenannten Kulturfilmen über Schlösser und Kirchen wird niemals die Mühe des Wiederaufbaus erwähnt. Warum eigentlich nicht? So was interessiert einen doch. Auch der Name des britischen Offiziers, der die Trümmer der Kölner Dombrücke sprengen ließ und dabei – obwohl's auch anders gegangen wäre – der sowieso schon arg beschädigten Kirche schwere Schäden beibrachte.

Am Nachmittag brachten die Fernsehtechniker die Satellitenschale an, ein futuristisch anmutendes Gerät. Folglich saß ich bis jetzt (23 Uhr) vor der Glotze und war mitten in der Welt:

Eine Schnulze mit Juhnke aus den 50ern, mit Schafheitlin und dem ganz jungen Karl Lieffen. Eine Klamotte: «Ich weiß nicht, wieso ich mir hier so wohl fühle», sagt eine Tusse oben auf dem Berg sitzend, unter sich einen See und Alpenpanorama.

Ein Film über den Reagan-Attentäter. Der glaubte, Reagan habe Nasenkrebs und daß er ihn deshalb habe erlösen wollen.

Ein japanischer Film über Todesstrahlen aus dem Weltall, die aber nicht zu sehen waren.

Ein Western, in dem ein alter Cowboy auf lustige Weise einem kleinen Jungen zu seinem Erbe verhilft.

Eine Talk-Show, in der der «Stern»-Titelbildmacher gefragt wurde, warum so viele nackte Frauen? – Er sei ganz naiv, hat er gesagt. Naiv sei er da rangegangen.

Noch ein Juhnke-Film, neueren Datums, ohne Schmiß.

Ein Film über DDR-Pendler, die jeden Tag von Gera nach Fürth zur Arbeit fahren, «wie im Frühkapitalismus», sagte der Moderator.

Ein Film über einen gewalttätigen Brauereibesitzer, der alle Kneipen in der Gegend kaputtmacht. Desirée Nosbusch in einer Nebenrolle, mit Riesenbrille auf der Nase. Fade, nicht einmal hübsch. Ein Film ohne Schluß, bleibt offen, die Sache. Adorf sehr gut, wie immer.

Ein alter «Tatort»-Film, über den ich ein paarmal nur huschte.

Zwei Boxkämpfe. Ein «Federgewicht», unglaubliche Kopfhauerei. Die Fighter wankten schließlich nur noch. Der Sympathischere gewann. – Dann «Halbschwer», wie mit Hämmern schlugen sie aufeinander ein.

Dann noch ein Boxkampf. Zwei Mexikaner. Einer in einer viel zu großen weißen Hose und roten Schnürschuhen. Er machte so eigenartige Bewegungen. Ich dachte zuerst, es wäre ein Spaßkampf, irgendwie grotesk.

Wann geschieht es, und wie passiert es, daß man seine Sympathie einem der beiden Kontrahenten zukommen läßt? Auch beim Fußball zu beobachten, wenn man nicht zum Beispiel gerade HSV-Fan ist. Die Sympathie wendet sich, aus unerklärlichen Gründen, plötzlich einer Mannschaft zu.

Die Alliierten wundern sich, daß sie so schnell vorwärtskommen. Ein Panzergeneral a. D. meinte, die Iraker seien ohne

Luftwaffe einarmig und ohne Aufklärung zusätzlich blind. Ein anderer meinte, S. H. strebe das Märtyrertum an, um in den Himmel zu kommen.

Angenehme Bilder von Vorwärtsstürmenden, sanft sich wiegenden Panzern im Wüstensand. Erinnerungen an «Tiger» vor Kursk. – Ein irakischer Gefangener küßt seine Gegner. Einer Gruppe Gefangener werfen Soldaten Eßbeutel zu (was in einer Talk-Show moniert wird, das seien doch keine Hunde), es sind Ägypter, die das tun. – In der Ferne eine Kolonne Gefangener. 20 000 sollen es sein.

Die Rauchfahnen der brennenden Ölquellen, vom Wind alle in dieselbe Richtung gebogen.

Eine aufgeregte Reporterin vor einem zerstörten Haus, in dem zehn Amerikaner von einer Scud-Rakete getötet worden sind. Herumlaufende amerikanische Soldaten wehklagen.

Und in Chicago sitzen Mütter und weinen.

In Birmingham werden sechs Häftlinge entlassen, die offenbar sehr gefährlich sind.

Eine Bombendrohung legt in London Verkehr lahm.

Ein Film über Kinder, die Rock- und Schlagerstars nachmachen. Sehr schlecht gefilmt, man kann die Kleinen gar nicht richtig sehen. Wie sie die wohl getriezt haben, die «Eiskunstlaufmütter».

Steuererhöhungen, dargestellt an einer grafischen Skala auf der Abbildung von Tausendmarkscheinen.

Schießende Frauen, eine Sportsache.

Emanzen melden sich im Off nicht zu Wort. – Die herausschnellenden Patronenhülsen aus den Sportgewehren. Ob sie die hinterher wieder aufsammeln? Allerhand Hilfsmittel, vorm Auge und über der Nase. Bei den Bogenschützen ist das noch extremer. Die haben auch besondere Brillen. Wenn sie ihre Patronen abgeschossen haben, dann packen sie zusammen und laufen dem Ziel entgegen. Die erste kriegt einen Kelch aus

Blech. Nie wird sie damit an König Artus' Tafel sitzen. Und der Altmaterialhändler kann nichts damit anfangen.

Und etliches.
Wie soll man das «auf die Reihe kriegen»? Der Techniker sagte, in der nächsten Woche werde noch ein weiterer Satellit ins All geschossen, dann kämen noch 16 Programme zu den jetzt zu empfangenden 15 dazu. Japp!
Im übrigen hatte ich den ganzen Tag eine Art Zuckerschock.
Die Nachricht des Tages: Der Warschauer Pakt wird am 1. April aufgelöst. Unbegreiflich, daß man das so nebenbei erfährt. Der ordenbeklebte russische General Jasow unterzeichnete die Sache. Die Russen lehnen eine Veröffentlichung der Geheimdokumente ab. Nun sind sie ohne Luftwarnungsnetz.
Das von Humorlosigkeit entstellte Gesicht Winfried Scharlaus, als er mit dem Panzergeneral sprach.

2007: *Inzwischen ist er gestorben. Jahrzehntelang hat man ihn immer von vorn gesehen, nie von der Seite, und immer die gleiche Diktion und immer das gleiche Grinsen. Aber interessant war's.*

Nartum Di 26. Februar 1991

1869: Nadeshda Krupskaja geboren, Lebens- und Kampfgefährtin Lenins

Das Dynamische des Kriegsendes.
Die Kriegs-Schwungräder drehen sich noch eine Weile weiter, von der eigenen Geschwindigkeit angetrieben.

1939: Nadeshda Krupskaja gestorben

Beim Zahnarzt, er setzte mir eine neue Krone ein. Er war gut gelaunt, weil er eben einem jungen Mann den bloßliegenden Kiefer nach einer Extraktion zugenäht hatte, wie er mir erzählte. Die Nadel sei neuerdings mit dem Faden verschweißt, jubelte er, eine Neuerung, von der sie, als junge Zahnärzte, damals nicht einmal zu träumen gewagt hätten.

2000 irakische Panzer vernichtet, wird gesagt, von den Menschen, die in den Panzern verbrannten, reden sie nicht.
79 Amerikaner sind gefallen, das sei sagenhaft wenig.
Die Bilder der irakischen Kriegsgefangenen. Sonst wenig Konkretes. Saddam versucht alles Mögliche, seine Garden und damit sich zu retten.
Der bullige General Schwarzkopf macht Witze. Seine Strategie sei so brillant wie der Sichelschnitt, wird gesagt. Sie sind irgendwie untenrum gekommen. Mit Täuschungen und allem Drum und Dran.
Bleibt auch zu bestaunen, daß Russen und Chinesen stillgehalten haben. Die haben sich das in Ruhe angeguckt.
Kommen nun noch die interessanten Berichte der amerikanischen Kriegsgefangenen?

«Echolot»: Gestern habe ich damit angefangen, von der schulmeisterlichen Aneinanderreihung wegzukommen und statt dessen die Texte vorsichtig auseinanderzunehmen und neu zu collagieren (hörspielartig). Es wird Tage geben mit nur einem einzigen Text und andere, die besonders lang sind. Auch Zwischentexte möglich, zwischen den Tagen. Die Fotos müssen der Collage entsprechen.

Film von Scholl-Latour über die moslemischen Völkerschaften in der SU. Wie alles, was er macht, sehr kundig und interessant.

Im Grunde sind es nur wenige Menschen in der Welt, die Ahnung haben. Und das (die) nutzt man nicht.

Nartum   Do 28. Februar 1991, windig

Es heult und singt in meinem Zimmer, die Gardine vor dem geschlossenen Fenster bauscht sich.
Am Golf «schweigen die Waffen».
Vom Flugzeug aus Filme von den ausgebrannten Fahrzeugen der Iraker. Keine Menschen.

Nachmittags in Hannover, Literatur-Kommission. Man könnte es sich auch einfach machen: die ganzen Einsendungen wegschmeißen. Aus. Es ist *nichts* dabei, und trotzdem werden Preise verteilt. – Ein Taxifahrer darunter, der mal was anderes machen möchte, als immer nur Taxifahren. 5000 Mark braucht er.

März 1991

Fr 1. März 1991, kalt

Tag der Nationalen Volksarmee (NVA)

Die Sowjets (oder soll ich «Russen» sagen?) fangen wieder an
zu betrügen. Sie haben Tausende von Panzern, die eigentlich
vernichtet werden müssen, hinter den Ural geschafft, das ist
jetzt herausgekommen. – Allerdings ist es sonderbar, daß die
Satelliten das nicht viel früher rausgekriegt haben.
Die DDR hatte ja auch mehr Divisionen NVA-Soldaten als ab-
gemacht. Ihre Offensivpläne hat man erbeutet. Sie wollten
gleich bis zum Atlantik durchstürmen. Einer der Pfeile weist
auch auf Bremen.

Eine Frau Sch. kam, wegen einer TV-Aufnahme in Rostock. Sie
erzählte Unglaubliches von den überlebenden SED-Bonzen,
wie man ihr begegnet sei usw.

Nartum   Sa 2. März 1991

1919: Gründung der Kommunistischen Internationale
1931: Michail Sergejewitsch Gorbatschow geboren

Volkshochschule aus Nordenham hier. Ziemlich stumpfe Sache.
Ich betätigte mich als Alleinunterhalter.

Mal sehen, ob es mir gelingt, den heutigen Sonntag durch intensives Erinnern zu verdoppeln.

Ich wachte früh auf, stellte die B-Dur-Messe von Bach sofort wieder ab und erfuhr in den Nachrichten, daß die Iraker sich gegenseitig beschießen. Ich schlief wieder ein und sammelte mich gegen 9 Uhr zusammen, zu sehr harmonischem Frühstücksei. Gesprächsthema das gestrige Essen mit Familie Dierks im Bremer Parkhotel. Seezunge, äußerst wunderbar. Fürstlicher Rahmen, ansprechende Bedienung. Dierks sprach in drei Anläufen von seiner Jenssen-Mann-Satire, von der er schon bei unserem letzten Treffen ausführlich geredet und neulich am Telefon. Du meine Güte! Sehr unterhaltend ist es nicht, den Inhalt einer Satire referiert zu kriegen. Wenn ich wegen jeder Idee, die ich habe, so ein Theater machen wollte! Ich versuchte, von meinen Scholl-Stalingrad-Sensationen zu sprechen, vom «Echolot» also, und tat dies eigentlich nur, um zu sehen, wie lange sie mich reden lassen würden, ohne mich zu unterbrechen.

Im übrigen freute sich Manfred zunächst darüber, daß ich ihn bei der Literaturkommission in Amt und Würden gebracht habe, verstummte jedoch, als er das erfuhr, was ich ihm schon hundertmal erklärt habe: daß die Literaturkommission nicht identisch ist mit der Niedersächsischen Literaturpreiskommission, worauf er sich offenbar gespitzt hatte. (Einfluß!)

Darüber sprachen wir heute früh also, und dann arbeitete ich am «Echolot», immer noch am 1. Januar, der nun fertig ist.

Hildegard las ihn mir heute abend vor, und ich war ganz zufrieden. Das wird auf die Leser so wirken, als ob *ich* überhaupt nichts daran getan hätte.

Dazwischen zwei Telefonate, die Hildegard von mir abwendete, eine Fotografin, die mir ihr (doch optisches!) Vorhaben, mit dem sie sich jetzt beschäftigt, beschreiben wollte, und Robert, dem, wie er sagt, der kalte Schweiß ausgebrochen sei, als er gehört habe, daß ich die Rückgabe des Hauses nicht mit Pau-

ken und Trompeten haben möchte (um keinen Neid zu erregen). Seine neurotischen Anfälle will ich nun nicht mehr aushalten.
Diese Anrufe brauchte ich also nicht auszuhalten, dafür wurde mir mitgeteilt, daß unser Schaf ein Lamm geworfen habe, und Frau Düwel meldete sich mit acht Corgis zu Besuch an. Der dann stattfand, es war ein freundlich-ulkiges Gewimmel und machte Spaß, bis sie unsere armen Hühner scheuchten und den Hahn fast totbissen. Ich verzog mich ins Haus.
Endloser Mittagsschlaf in absoluter Erschöpfung, danach allein Kaffee, weil Hildegard noch mit den Corgis unterwegs war. Im «Spiegel» war zu lesen, daß Seife schädlich ist, auch wenn es sich um unschädliche Seife handelt. – Ich wollte vor einiger Zeit ein Stück Palmolive kaufen. Da sagt der Drogist: «Die gab's vorm Krieg!»
Danach dann wieder am «Echolot» und das 6. Kapitel von M/B ausgebessert. Beides nehme ich mit nach Münster morgen.
Im TV Boxkämpfe und die Beendigung des Boxkampfes der Nationen, also Schwarzkopf vorm Mikrofon, daß die «Airäkis» alles unterzeichnen.
Ulla Hahn, daß sie sich freut, endlich wieder andere Nachrichten zu lesen und zu hören, von Thomas Gottschalk zum Beispiel, als immerzu vom Golf. – Bei Böhme im «Talk im Turm» schrien drei Araber auf einen alten Amerikaner ein. Gottlob war Scholl-Latour zur Stelle, der sprang ihm, auf seine spezielle Weise grinsend, bei. Da war Ruhe im Karton.

2. und 3. Teil von Walsers Krimi. Habe eine Weile hineingeschaut, es ist schon was Besseres, aber öde eben doch. Das liegt am Milieu.

FAZ: «Die Deutschen stehen einigermaßen begossen da; ihre ablaßheischende Nachtwächterrolle bei dem Irak-Konflikt wird die Welt so bald nicht vergessen.»
Die brennenden Ölquellen am Horizont sprechen ihre eigene Sprache. Ein Grüner meinte: Wahrscheinlich werde wegen des Qualms der Monsun in Indien ausbleiben.

Der Nobelpreis-Engel entblättert sich. Gorbatschows Jasow hat die Panzer, die eigentlich verschrottet werden sollen, hinter den Ural geschafft.

Jasow und Schwarzkopf, so unähnlich sie einander sind, sind zwei von ihrem Beruf gleichermaßen geprägte Männer.

Jetzt wird überall erzählt und geschrieben, wie schlau Schwarzkopf die «Airäkis» getäuscht hat. Wie beim Indianerspiel. So tun, als ob man von links kommt, und dann von der andern Seite.

Borken   Mo 4. März 1991

Lesereise im Kölner Raum.

60 Wildgänse Richtung Osten.

Uwe Wesel, ein Jurist, schreibt in der ZEIT über seine Gastprofessur in Ost-Berlin. Eine Studentin habe ihn gefragt, ob sie eine halbe Stunde eher gehen könne. Erst da sei es ihm aufgefallen, daß hier ja nicht das fröhliche Kommen und Gehen wie an der Freien Universität herrsche, sondern Pünktlichkeit und Disziplin. Er habe mit den Studenten darüber gesprochen.

«... und langsam wurde es besser», diesen deutschen Satz hat er sich nicht verkniffen.

Sie werden's schon hinkriegen!

Münster, Hotel Dorin   Di 5. März 1991

1871: Rosa Luxemburg geboren

«Westfälische Nachrichten»: «Wachablösung im Damentennis».

Gestern war ich in Borken, zu einer Lesung. Ich dachte, ich sei schon einmal dagewesen, aber aus dem Publikum konnte sich niemand an mich erinnern. Ich las in der Bibliothek, etwa

100 Hörer, meist Damen, aber auch Herren mit Brille. Zehn
«Sirius» verkauft und etliches andere.

Im Bericht von Dagmar Pfeiffer über Hohenschönhausen
(RTL) kein Wort über das NWD-Gefängnis.
Zwei Jünglinge schrieben mir (aus Münster), sie haben ein
Sach- und Personenregister für «Sirius» angefertigt. Ich werde
sie heute abend hier im Hotel treffen.

TV: Die Möglichkeit, 16 Programme empfangen zu können,
bringt dem Fernsehzuschauer seine Kreativität zurück. Er kann
sich eine Collage der Wirklichkeit zusammenstellen, die nur von
ihm gemacht wird, also ein Original. Allerdings verschwindet es
sofort, es wird nicht festgehalten. Es ist also nichts zu beweisen.

Münster   Mi 6. März 1991

1937: Valentina W. Tereschkowa, erste Kosmonautin der Welt,
in Maslennikowo geboren

Langer Traum über das Zurückfluten der deutschen Armeen.
Ein Bessarabiendeutscher sagt, er sei innen ganz kaputt, weil er
immer gezwungen worden sei, so hochprozentigen Alkohol zu
trinken. – Ein Schienenlastwagen, dessen Anhänger umfällt und
hinterhergeschleift wird – sich dann sonderbarerweise wieder
aufrichtet. – Im Lazarett suchen die Russen nach Soldaten, die
sie mitnehmen können. Fotos von einzelnen Situationen. Ein
Bus (auf Ketten), in dem Frauen sitzen, Nachrichtenhelfe-
rinnen, von Männern zum Schutz flankiert. – Ein großer Lastwagen, kastenartig, als ob er Eis transportiert, oben ein Soldat
mit MG zum Fliegerschutz. Ich denke: Der schiebt ja eine ganz
ruhige Kugel.

Lesung in Stadtlohn.

1946: Gründung der FDJ
Weltgesundheitstag

Ich denke an die beschwichtigende Geste Willy Brandts, als der
Bundeskanzler November '89 in Berlin von den Chaoten aus-
gepfiffen wurde.
Nun, nachdem der Golfkrieg beendet ist, lehnt sich alle Welt
zurück wie nach einer Ejakulation. Daß sich der Rauch der
Schlacht verzogen hätte, kann man ja nicht gerade sagen. Was
für eine Idee, sämtliche Ölquellen in Brand zu setzen.
In den Zeitungen steht, daß sich die US-Soldaten darüber freu-
en, daß sie in der Heimat mit Marschmusik empfangen werden
und nicht mit Pfiffen, wie nach Vietnam.

TV: Der britische Premier Major, mit seiner überlangen Ober-
lippe: Er besucht die Truppen, springt alert aus dem Hubschrauber. Er trägt einen wundervollen Pullover in Beige, dazu
eine passende Hose. Es wäre ein anderer Krieg gewesen und ein
anderer Sieg, wenn Maggie Thatcher aus dem Hubschrauber
gesprungen wäre, mit Handtasche.

«Ich will nicht sterben!» steht hier in Münster an einer Haus-
wand. Davon ist ja auch gar nicht die Rede! Kein Gedanke!
Jedenfalls nicht auf der Stelle.
Saurer Kitsch müßte unter Strafe gestellt werden.
Mit *singendem* Spiel würden die Soldaten diesmal empfangen, stand in der FAZ. Der Autor meint vermutlich «mit klin-
gendem Spiel». An solchen Kleinigkeiten wird klar, daß wir ein
Überwissen haben, und es ist offensichtlich, daß wir bald ab-
danken, denn eine junge Generation hat den Fall übernommen.
Über Hühner-KZ schimpfen sie. Kuhställe sind auch nicht viel
besser.

*1947: Gründung des Demokratischen Frauenbundes
Deutschlands (DFD)
Internationaler Frauentag*

Vor 43 Jahren!

T: Heiße Tränen über meinen Vater vergossen, der, wie es heißt,
noch lange in Westdeutschland gelebt hat, ohne daß ich davon
wußte. – Er ist also noch immer nicht ins Nirwana entschwunden. Er will noch was von uns.

Gestern in Gescher, eine unangenehme Sache. Während des Lesens («Sirius») hatte ich ständig das Gefühl, die Zuhörer dächten gegen mich an. Ich fragte sie hinterher. Nein – also, das sei
nicht der Fall gewesen. Ein Herr allerdings sei sofort wegge-
gangen, als er das Mikrofon auf dem Tisch stehen sah. Ein An-
throposoph: Also, wenn Kempowski nicht einmal imstande ist,
den Raum mit seiner eigenen Stimme zu füllen ... Er trug übrigens eine Brille.
Im TV lange Diskussion mit Bazon Brock, Rau u. a. über
DDR-Künstler, großes Geschrei. Alle pflichteten einem staats-
treuen Polit-Maler zu, der als ehrenwert sitzen blieb, während
Brock aufstand und unter Protest den Raum verließ. Selten bei
Talk-Shows, weil sie meistens durch das Mikrofon gefesselt
sind. – Vor Jahren stand Barbara Rütting mal auf und wollte
rausgehen, kam wieder, stand unschlüssig herum. Ich weiß nicht
mehr, worum es ging. – Die Rütting – das ist sowieso ein Kapitel. Kochbücher hat sie verfaßt. Keine schlechten, sagt Hildegard.
Karin Struck wollte auch mal rauslaufen, aber sie hing ebenfalls
am Mikrofon. Hob den Rock und tütterte es aus der Strumpf-
hose und warf es auf den Tisch. Es ging um Abtreibungsver-
hütung. Der Moderator hinterher: Was man sich alles bieten lassen muß! – Na, das Hinschmeißen eines Mikrofons ist gegen-

über der Zersägung eines Fötus im Mutterleib nun wirklich eine Lappalie.

Ein Herr mit Zungenkrebs aus Coesfeld meldete sich gestern. Er gehörte zu den vier Soldaten, die mit dem Turmdiener Bombowski und Tochter zusammen die Rostocker Marienkirche gerettet haben. Eimer für Eimer 200 Stufen hochgeschleppt!

Ich kaufte eine kleine Porzellanfigur, Nachkrieg wohl, DDR, aber alte Form, für 200,–, einen kleinen Knaben, clownartig kostümiert.

Hildegard rief heute an, der Mutter geht es sehr schlecht, erkennt nichts mehr.

«Wer bin ich?» hat Hildegard gefragt.

«Die Frau mit der blauen Bluse.»

Sie hat ihrer Mutter lange die Haare gekämmt.

«Gefällt dir das?» – «Ja, sehr.»

Beim Aufschreiben von Tagesereignissen bewegt man sich im Slalom zwischen den eigentlichen Themen-Gasometern dahin. Man liest ein paar Splitter auf, anstatt die Großthemen anzugehen. Die sind dann besser «von unten her» für die Romane anzubohren.

Der Tag sammelt die Lebenskristalle an, ohne daß man es wahrnimmt. Man pickt sie erst auf, wenn sie sich gehärtet haben. Das kann Jahre dauern, bis sie reif sind.

TV-Rückschau der letzten zehn Jahre: Aus der Bilderflut der Jahre bleiben nur wenige Eindrücke haften. Der Abscheu auslösende Streifen von der Erschießung des Vietcong durch einen Polizeioffizier, in Kurz- und in Langform. Das Außerfunktionsetzen des Gehirns durch den Kopfschuß. Der Mensch fällt in sich zusammen. In der Langfassung des Streifens sah man, daß sich der Körper noch bewegte im Tod. – Was damals nicht gesagt wurde, daß acht nahe Angehörige des Polizeioffiziers kurz zuvor «bestialisch» von ebendiesem Vietcong ermordet worden waren. – Das Sporthemd des Delinquenten (kariert). Der Offizier habe sich sehr gewundert über die Empörung, die er mit dem Schuß ausgelöst hat.

TV-Rückschau: Reklamen bleiben am längsten haften: die Asbach-Uralt-Sache. «Wenn einem also Gutes widerfährt ...» So möchte man aussehen, wie der Mann, so möchte man sprechen und Weinbrand trinken wollen. Und solche Gedichte möchte man machen können.
TV-Rückschau: Sendungen, die ich mit den Kindern zusammen angesehen habe: «Immer, wenn er Pillen nahm» z. B. Neulich gab es sie wieder zu sehen, und ich konnte überhaupt nicht begreifen, wieso ich mich damals darüber amüsiert habe. Vielleicht, weil ich selbst so ein Schmächtling war? Eine Identifizierung also.
Emma Peel. Erinnerungen an die «Schirm, Charme und Melone»-Zeiten werden mir vielleicht noch auf dem Sterbebett kommen.

2007: *Nein – die Erinnerungen daran sind entschwunden, weil Emma Peel ausgewechselt wurde und weil es farbige Remakes gab.*

TV: Freiklettern in «Eurosport». Eine der schönsten, weil menschlichsten Sportarten. Wir sind doch alle Freikletterer.
«Der ideale Bewegungsstil ist ein sturzfreier», sagt der Kommentator. Um wieviel anregender als das stumpfsinnige Skilaufen. Ein-, zweimal, nun gut, aber da hinfahren und 14 Tage lang immer denselben Berg runterfahren? – Rosi Mittermaier. Oder dieser komische Onkel, der dann später Kinoschauspieler wurde, Toni Sailer, und zu singen anfing. Er hatte eine interessante Nase. Mädchen mögen gern Männer mit interessanten Nasen.

Ein älterer Herr aus Mecklenburg zur Wiedervereinigung:

Am Tage seh' ich es, aber bei Nacht kann ich es nicht glauben.

Nartum   «Samstag» 9. März 1991

1934: Juri Gagarin, erster Kosmonaut der Welt, geboren

Wegen «Sonnabend» und «tschüs» hassen uns die Süddeut-
schen. Gegen «gell» habe ich nichts. Von Haß kann keine Rede
sein. Bei «lecker» scheiden sich die Geister.

Die westfälische Woche beendet, die Erinnerung daran ver-
blaßt rasch.
Albanien: Verrostete Schiffe, vollgepackt mit menschlichen
Pökelheringen, 16 000 sind in Italien an Land gegangen, keine
Klos, Regen usw. Müßte man später mal befragen, die Leute,
wie sie es angestellt haben, am Leben zu bleiben.
Jugoslawien: 100 000 Gegner des Kommunismus auf der Stra-
ße, Prügeleien.
Das sind aufgeregte Zeiten. Nach den Vereinigungsmonaten, die
wie ein utopischer Film abliefen, die Golf-Säbelei, und nun ta-
stet der Weltgeist in die Runde, wo er weiter tätig werden kann.
Schöner Brief von Raddatz.

«Echolot»: 2. Januar 1943 bearbeitet. Da überwiegt das Schön-
geistige, Hausenstein ist da unentbehrlich.

FAZ: Manfred Stolpes Lieblingsbeschäftigung sei Skatspielen,
hat er angegeben.

Nartum   So 10. März 1991

Nachmittags deprimierendes Grundgefühl, eine Art Lebensekel (wegen der dauernden Störungen).
Dann entdeckt, daß man die Lesetour der nächsten Woche ziemlich irrsinnig zusammengestellt hat. Nun, wir werden auch das
überstehen.

Neulich in Vreden: eine Stadt, in der es keine Gehsteige gibt, alle «Verkehrsteilnehmer» seien gleichberechtigt, deshalb keine Bürgersteige oder «Trottoirs», wie man früher sagte. Das ist vielleicht ein Horror! Schleichen die Autos sich tuckernd von hinten an. Und wenn die dann hupen! Da ist Buster Keaton nicht weit weg. Aber hupen dürfen sie wohl nicht, sonst müßte man in dieser gleichberechtigten Stadt den Fußgängern Ballonhupen zuteilen, wie die Clowns sie hatten. Gott im Himmel, was für ein Lärm. Aber gegen das Schönheitsbedürfnis von Stadtverordneten ist man machtlos.

«Echolot»: 2. Januar fertig. – Fotos abfotografiert.

Kleve   Mo 11. März 1991

1894: Otto Grotewohl geboren

In Kleve waren junge Leute, die von der katholischen Kirche gefördert werden. Obwohl ich lange angekündigt war und, wie sich herausstellte, doch wohl der Hauptreferent der 14tägigen Veranstaltung war, hatte niemand meine Bücher gelesen. Sie wären derartig mit Böll überfüttert worden in der Schule, sagte eine Studentin, daß sie nun vom Krieg die Nase voll hätten. Auch hier ist mal wieder das Schlechte der Feind des Guten. Der Symbolcharakter von Literatur wurde nicht verstanden. Trotzdem hat's mir Spaß gemacht, die Sonne schien – einziges Manko: Eine halblahme Ente kroch über meinen Spazierweg.
Einige schöne Eidetiken.
Zwei Bilder gekauft, eine «Lotsenfahrt auf stürmischer See» und einen «Industrievorort».

Wasserburg Rindern, Kleve

*1925: Fritz Weineck, der «Kleine Trompeter»,
in Halle ermordet*

«Echolot»: Simone war gestern in Bonn und knüpfte Kontakte
mit den Adenauer-Leuten*. Einen einzigen Brief hat sie mitgebracht.
Am Abend eine erste Lesung aus «Echolot», der 1. Januar 1943,
Studenten mit verteilten Rollen. Etwas zu lang, wurde aber gut
aufgenommen. Langes Gespräch hinterher, in kleinstem Kreis.
Von all den Leuten, die doch wußten, daß ich kommen würde,
hatte niemand etwas von mir gelesen.

2007: *Habe aus diesem Institut heraus noch viele Wohltaten
empfangen.*

Den «Vaterplatz» einnehmen, an der Schmalseite des Tisches.

Paderborn

1883: Karl Marx gestorben

T: Die alte Geschichte: Ich stehe im Abitur und lasse alles laufen, da ich «es ja schon habe». Da sagt mir einer: Dein Abitur
ist ja längst verfallen!
Dann soll ich über Frankreich unterrichten und fange mit Polen
an. Völlig unmöglich! Aber ich werde ja bald pensioniert.

Das Leben im Zeitraffer. Ein Zeit-Mikroskop erfinden. Tage
unter einer «Zeit-Lupe» betrachten, wie man Streptokokken

---

* Stiftung Bundeskanzler-Adenauer-Haus

zählt, die Schichten des Bildes abheben, wie beim Sezieren eines Toten. Statt zu verharren, eilen sie dahin.

Nartum Fr 15. März 1991

Jetzt hat's die Süssmuth erwischt. Das Korrektiv der Presse hat wieder mal funktioniert. Irgendeine Dienstwagenangelegenheit, das ist die Mentalität von Volksschullehrern, die im Lehrerzimmer Kugelschreiber klauen. Es sei nur deshalb zur Affäre gekommen, steht in der Zeitung, weil sie in anderen Fällen die moralische Hürde so hoch angesetzt hat. Sie ist ja wohl auch ein kleines Dummchen, das wurde mal wieder offenbar in ihrem Verteidigungsgestotter. Trotzdem tut sie mir leid, aus der Solidarität der Medienverfolgten heraus.

Wieder zu Haus. Das schöne Seestück aufgehängt.

Lea Rosh versteht nicht, daß jetzt jeder Wessi sein Haus drüben unbedingt wiederhaben will. So lange sei es doch auch ohne das gegangen.
Die Russen haben Honecker illegal außer Landes gebracht. Wenn's um die Wurscht geht, zeigen sie Ganovensolidarität.
Ein Unfall auf der B 61. Ein sechsachsiger Sattelschlepper war mit dem Anhänger in den Straßengraben geraten. Ein schwerer Laster suchte ihn herauszuziehen. Wir drehten um und machten einen Umweg.
Auf der Autobahn zwei Auffahrunfälle, nahezu identisch, kurz hintereinander. Das sind tödliche Schubsereien. Selbst auf der AVUS-Bahn hatten das die Jahrmarktsbetreiber nicht gern.

Ex-General Schmückle gibt im FAZ-Wie sterben?-Fragebogen an, daß er am liebsten durch ein Erschießungskommando für eine dauerhaft gute Sache sterben möchte. – Der Mann hat ja eine ausufernde Phantasie!

Alte Filmstreifen im Fernsehen: Manche stehen am Pfahl, manche verweigern die Kapuze, und an die Soldaten werden Platzpatronen ausgegeben, außer drei scharfen, von denen niemand weiß, wer sie zugeteilt bekam.

Nartum   Sa 16. März 1991

23 Uhr: Im Radio: Violinsonate von Brahms, ach, was er uns Schönes erzählt, und man kann es immer wieder hören.

Morgens mit Hildegard in Zeven Filme gekauft, dann nachmittags alle unsere Preziosen aufgenommen und auf Karteikarten beschrieben, Erwerb, Preis usw. Später werden wir die Fotos dazukleben. Mit der Halle allein hatten wir zu tun bis eben. Hat Spaß gemacht. Ich numeriere die Karten, und dann können die Kinder später auslosen, wer die ungeraden und wer die geraden Objekte erbt.

2007: *Die Kartei befindet sich in Berlin. Müßte mal vervollständigt werden.*

Der Tag begann übrigens mit Tränen, ihre unglückliche Natur machte Hildegard zu schaffen. Wir konnten «gut Wetter» herbeireden. Das neue Bild hängt jetzt in der Halle, ich bereue den Kauf keine einzige Sekunde lang, d. h. also, daß es nicht so ganz das Rechte ist. Der Lotse mit der roten Kappe: Das bin ich.

«Echolot»: Nochmals den 1. 1. 1943 bearbeitet, gekürzt.
Jetzt hat es wirklich seinen «Schick», wie Mutter gesagt hätte.
Wir leiten das «Echolot» ein mit einem Feuerwerk. (Neapel!)

Im TV: S. Hussein, merklich weniger selbstsicher, verspricht dem Volke mehr Demokratie. Leider läßt man uns seine Stimme nicht hören.

In unserer Rostocker Haus-Angelegenheit gibt's offenbar Aufschub. Die Treuhand hat sich eingeschaltet.

In Görlitz gehören 70% der Häuser Wessis.

Ein Bautzen-Komitee hat sich gegründet (Benno von Heynitz). Man hat mich nicht gebeten. Eigentlich merkwürdig. Offenbar eine SPD-Sache. Und die Genossen sortieren ja streng aus, die Guten ins Töpfchen. Ich habe in meinen Gefängnisbüchern zu wenig Bitteres gebracht, das Saure fehlt, und für Feineres haben die Genossen keinen Sinn. Sie machen sich auf jedem Gebiet was vor.

Zahngeschichten, links unten.

Nartum   So 17. März 1991

Nahm die «Liste» der schuldig gewordenen DDR-Schriftsteller und sah mir ihre Gesichter in dem Bildband «Dichter im Frieden» an. Sich Menschen ansehen wollen, die am Pranger stehen. Namen: Aber sie stehen ja gar nicht am Pranger, weil sie noch unter ihresgleichen leben, und außerdem wird erzählt, daß sie längst über die Landesverbände hineingekommen sind in den Schriftstellerverband, aus dem ich sofort austrat, als damals der gesamte Verein in die Gewerkschaft Druck und Papier übergeführt wurde, wann war es? Böll hielt eine Rede, die später als «ergreifend» bezeichnet wurde.

2007: *Inzwischen wird es als besonderes Verdienst angesehen, wenn sich Autoren drüben für die SED Lobeshymnen abbängen.*

«Das macht mich ameisenwirr» (Hildegard).

Ein junger Händler mit sechs goldenen Ringen an den Händen.

Die ganze Nacht von Bautzen geträumt, so kommt es mir wenigstens vor. Ein Aufstand wurde vorbereitet, ich entzog mich der Sache. Stand lange am Tor, das, grün bewachsen, offenstand.

Gestern rief Raddatz an, ich sprach lange freundlich mit ihm. Er sagte, Grass habe gerade mit einem neuen Roman angefangen.
Ich auch, was er mit einem «so, so» zur Kenntnis nahm.

Hildegard und ich registrierten die Antiquitäten ihres Zimmers und des Büchergangs. Alles wird fotografiert, Preis hinten drauf.

Morgenandacht in Bremen:

> Zu Hause – das ist eine ganze Menge.
> Meine Gedanken eilten für Momente um zig Jahre zurück …
> Etwas weiter sah ich einen weißen Schopf…
> Hier in meiner Stadt bin ich warm und vertraut.
> Ich sitze gelassen in meiner Gegenwart und schaue gelassen nach vorn und nach hinten.
> In der Straße sehe ich keine Gesichter, die mir eine Geschichte signalisieren.
> (Aus der Morgenandacht, es sprach Gisela Arndt-Quentin, Bremen.)

SU (Referendum), Albanien, Jugoslawien. Saddam Hussein schießt jetzt seine eigenen Leute zusammen.
«Er gilt als Drahtzieher» (Nachrichten).
Gebietsweise Nebel.
Gestern abend schöner Film von Walser, mit Bruno Ganz und Marianne Hoppe. «Tassilo».

1937: Egon Krenz geboren

Gestern las ich in Hamburg, in der Akademie, probeweise aus
M/B. Es war übervoll, etliche mußten nach Hause geschickt
werden. Hinterher erhielt ich Ovationen! – Mehrere Leute
kamen mit Plastiktaschen, in denen sie tatsächlich alle meine
Bücher hatten. – Der französische Verkäufer von Steinway bedankte sich für die Nennung in «Sirius».
Vorher mit Robert im Alten Rathaus gegessen. Über das Haus
gesprochen. Die Treuhand habe quergeschossen, nun aber sei
alles klar. Wer den Wiederaufbau bezahlen soll, weiß er auch
nicht. «Das kriegen wir schon.» Immerhin war er so realistisch
zu sagen: «Dann verkaufen wir eben.»
Vorher auch in verschiedenen Antiquariaten, ich suchte für das
«Echolot» Karten von Rußland, die leider, selbst bei Götze,
nicht vorhanden waren. Sie bestellen in der SU, und die antworten nicht einmal.
Ein Zuhörer legte mir ein Buch vor, das von Betyna* stammt
(signiert von mir). Er habe es im Dammtor-Antiquariat gefunden. Dort stünden noch mehr Bücher, die ich Betyna gewidmet
habe. Warum hat er sie weggegeben?

Jugoslawien «fällt auseinander». Offensichtlich haben sich nun
auch die serbischen Antikommunisten gemeldet. In SU streiken ein Viertel der Bergarbeiter.
Mutter J. geht's schlecht, sie redet irre, liegt im Bett, sieht einen
kahlköpfigen Mann, der ihr zuwinkt.
Im TV guter englischer Krimi (N3).
Was die Wiedervereinigung bedeutet, spürt man bei den Verkehrsnachrichten.

---

* Rolf Betyna, Fotograf (mit W. K.: «Wer will unter die Soldaten?»)

Nartum Mi 20. März 1991

Ich bin es, der das Leiden der Katzen aushalten muß.
Sie werden abends ausgesperrt, und wo auch immer ich mich
zeige, springen sie ans Fenster und sehen mich vorwurfsvoll
und flehend an.
KF hat nun den «Sirius» begonnen. Er sagt, er kommt schwer
rein, aber wenn er «drin» ist, lacht er sich tot, oder er muß weinen. Das hätte er ja alles nicht geahnt.
M/B = 8. Kapitel begonnen.

Nartum Do 21. März 1991

Internationaler Tag für die Beseitigung
der Rassendiskriminierung

Mit Schwefelsäure geht Saddam gegen seine Untertanen vor.

Nartum So 24. März 1991

Ein Herr Schmilgun war hier wegen einer Radiosendung. Er
fragte mich, ob ich ein ungeduldiger Mensch sei. Möchte wissen, was den das angeht.
In Rostock gestern eine Talk-Sache, die auch ganz gut lief, bis
einer der Moderatoren mich in meinen Bautzen-Bericht hinein
fragte (mit herausforderndem Blick), ob wir nicht ein Haus
hätten in Rostock und ob wir es zurückhaben wollten. Als ob
das ein Verbrechen wär'. War wütend!
In Rostock habe ich eine Rostocker Flaschensammlung gekauft. Der Mann wohnt in dem bedrohlichen Neubauviertel
Lütten Klein. Frau korpulent, in Kittelschürze.
Gottlob war Hildegard mit.

Ich ging allein kreuz und quer durch die Straßen vorm Kröpe-
liner Tor. Die Heiliggeistkirche. Alte Geschichten. Die Mittel-
schülerinnen. An den Häusern noch verwaschene Inschriften
von vor dem Krieg. Alles in saumäßigem Zustand. Die unge-
pflegten Vorgärten haben nichts zu tun mit dem Verfall der
DDR.
Wer Sinn für Groteskes hat, muß jetzt TV-Talk-Shows ansehen. Ich habe nicht die Kraft, mir diesen Ost-West-Quatsch
anzutun. Hörte im «Talk im Turm» eine Schauspielerin
von drüben, sie behauptet, wir machten jetzt Krieg gegen
sie! Ein Bündnis-90-Mensch fordert einen Sternmarsch nach
Bonn.
Also, wir leben als Verrückte unter Verrückten.
Ruhige Stunden mit Hildegard in Rostock. Sie zählte die Stock-
werke unseres Hauses in der Strandstraße. «Mann-o-Mann!»
Ich stieg die Treppen hoch, in der Ruine. Im dritten Stock:
schöner Blick auf Marienkirche.

Ängste!
«Echolot»
München-Rede
«M/B»
Oldenburg
Zerrissen vor Zeitmangel.

Arno-Schmidt-Lesung in Bremen. Mir fiel in der Nacht ein,
daß ich auch dafür eine Einführung sprechen sollte. All solche
Sachen.
Verliere die Übersicht allmählich.
Angst!

Arno Schmidt ist einer meiner Lieblingsautoren. Das hat verschiedene Gründe. Der wichtigste: Er stellt Krieg und Nachkriegszeit
ungewohnt unsentimental undeutsch dar. Seine Faktenbesessen-
heit und seine Schnappschußtechnik haben mich zunächst nur interessiert, dann begeistert und schließlich süchtig gemacht. Hinzu
kommt, daß ich als Norddeutscher mich in seiner literarischen

Landschaft wohl fühle, die durch ihn ihrer Bekanntheit fremd wird und daher wieder ganz neu.

Vielleicht hängt die Anhänglichkeit damit zusammen, daß ich mich ihm, dem naiven Besserwisser und Schimpfer, immer etwas überlegen fühle, ihn aber gleichzeitig wegen seiner Belesenheit bewundere. Er läßt mich gleichberechtigt an seiner Arbeit teilnehmen, und das schmeichelt mir.

Die deutsche Literatur hat in Arno Schmidt eine wertvolle, wunderlich fremdartige Potenz vorzuweisen, weshalb ihn denn auch die deutschen Leser nicht annehmen, ein Schicksal, das er mit Christian Morgenstern und Robert Walser teilt.

In der Hoffnung, daß sich dies nicht ändert, sondern daß er ein von Studienräten weitgehend verschonter Geheimtip bleibt, möchte ich hier quasi «beiseite» den Anfang von «Brand's Haide» lesen.

Eine Frau in der Kantine:

Als ich zum erstenmal nach Mecklenburg fuhr, war ich erstaunt, daß die Leute dort relativ gut hochdeutsch sprechen. Ich hatte gedacht, die sprechen drüben alle mehr oder weniger sächsisch.

TV: Schlimme Bilder von Schleppnetzen in Korallenriffen, die alles Leben töten. Strangulierte Seehunde. Ekelhaft. So was zeigen sie uns im Fernsehen mit Vorliebe. *Wir* können das doch nicht ändern, *uns* brauchen sie nicht aufzuklären.

Peter Schreier gibt auf die Frage, was er sein möchte, an: manchmal eine Frau (FAZ).

«Ich hatte selbst oft grillenhafte Stunden,
doch solchen Trieb hab ich noch nie empfunden.»
(Goethe)

Der Tag begann katastrophal. Die Handwerker kamen, und ich mußte Möbel schleppen. Im Laufe des Vormittags fing ich mich, und am Nachmittag konnte ich noch gut arbeiten.
M/B: Tippte das 8. Kapitel, das nun noch angereichert werden muß mit den Notizen von damals.
Auch mit dem «Echolot» geht es voran, der 7. Januar konnte abgeschlossen werden.

In Leipzig demonstrieren sie wieder, diesmal aber gegen den Westen, aufgehetzt von den Gewerkschaften. Widerlich, weil das Verhältnis von West und Ost vergiftend.
Saddam Hussein tötete nun schon Tausende, ohne daß sich das bundesrepublikanische Weltgewissen regt. Es heißt, er habe Milliarden ins Ausland geschafft. Das scheint eine Spezialität von Despoten aller Schattierungen zu sein.

Allerhand Einsendungen, ein schönes Tagebuch mit Fotos und Kinderzeichnungen. Leider fehlt das Jahr 1943 darin. Damals wurde wenig fotografiert. Es gab keine Filme mehr.
Wir gehen jetzt die Quellenangaben in meiner «Echolot»-Literatur durch, wollen mal sehen, ob wir noch was finden.
Das Mutterschaf hat mich wiedererkannt, es leckte mir die Hand und knabberte etwas an meinem Finger. Sein Lamm ist noch etwas dümming. Es springt in die Luft, jagt die Elster weg.
Lustige Erlebnisse auch mit den Hunden.
Die fremde Katze blieb erstmals sitzen, als ich ins Bad kam. Dann jagte sie zum offenen Fenster, sprang in die Badewanne und schmiß alle Zahnputzgläser um: «Gerettet!» wird sie gedacht haben.

*1897: Fritz Weineck, der «Kleine Trompeter», geboren
Jahrestag der Pionierorganisation Guineas*

Thierse hat die Bundesregierung gegen den Vorwurf in Schutz
genommen, sie sei an der Misere in den östlichen Bundesländern *allein* schuld. Trotz allen Versagens dürfe man nicht vergessen, daß es eine 40jährige Vorgeschichte gebe. – Das heißt
die Dinge auf den Kopf stellen!
Mieser Tagesanfang. Matt im Kopf, vermutlich Blutleere. Ich
fuhr nach Zeven, um trotzdem noch etwas aus dem Tag zu
machen. Fotoarbeiten, drei Apfelbäume gekauft.

2001: *Alle an Krebs eingegangen.*

Auch der frühe Nachmittag war schlecht, weil blöder Brief von
Robert wegen Haus Strandstraße, unklar, deprimierend.
In der Post ansonsten sehr angenehme «Sirius»-Kritiken.
Am Nachmittag konnte ich dann doch noch arbeiten und
schaffte mein Pensum, M/B, das 8. Kapitel, jetzt sehr schön,
Notizen eingearbeitet. Am Abend dann noch für «Echolot»
den 7. Januar in Reinschrift. Also im ganzen voll befriedigend.
Was man alles an einem einzigen Tag schaffen kann ...

TV: daß die Stasi die RAF-Leute unterstützt und sogar ausgebildet hat.
In Zeven traf ich auf der Straße einen Herrn Gericke (den
Schulrat, wie ich bei Tisch erfuhr!), der mir mitteilte, er habe
die Verfügung auf dem Tisch, daß ich per 1. August in den Ruhe-
stand zu versetzen sei. Ah! Das unglaubliche Glück, das ich mit
meiner Delegierung nach Oldenburg hatte! Nicht zu fassen!
10 Jahre meines Lebens gerettet. Schuldienst hätte ich nicht
ausgehalten, da hätte ich mich bereits 1980 pensionieren lassen müssen. Vergessen wir nicht Manfred Dierks. Der hat das
arrangiert.

3 Uhr Radio: «Ich will den Kreuzstab gerne tragen», wundervoll.

Schlaflosigkeit. Die Sache mit dem Haus bewegt mich. Die vertrackten, immer auf der gleichen Linie liegenden Schicksalsschläge. Die Blamage, dem «Erbe» gegenüber zu versagen.

Deshalb riskiere ich auch keinerlei Va-banque-Sachen, womöglich Dollars zu kaufen und auf Hausse zu spekulieren, wie Niki es – mit Erfolg! – getan hat.

«Entschuldigen Sie bitte, daß ich Ihnen über den Tisch hinweg die Hand reiche, ich weiß natürlich, daß sich das nicht gehört.»

Sie hatten sich eine Benimm-dich-Dame geholt.

Der Mann mit der großen Nase, aus Anklam, lief in der «Maske» auf und ab und stöhnte: «Ich habe versagt, ich habe versagt!»

Nartum   Mi 27. März 1991

Welttheatertag

Handwerker, neuer Fußbodenbelag bei Hildegard, in der Oma-Stube und in der Bibliothek.

«Ab und zu mal Klavier spielen?» sagt einer der Teppichleger zu mir.

Heute früh Musiksendung live in Bremen mit dem angenehmen Herforder Schmilgun, danach noch ein Gespräch über Bremen Hansawelle.

Nach Tisch lange geschlafen.

M/B: Der Nachmittag brachte das 9. Kapitel!

Abends im TV der «gleißnerische» Fechner (wie Knaus sagt).

Schmilgun sagte, er als zweiter Geiger dürfe nichts erzählen von seinen anderen (z. B. Rundfunk-)Aktivitäten. Das rufe sofort Neid hervor.

3 Uhr in der Nacht. Plötzlich Angst wegen des in Trümmern liegenden Hauses, Verantwortung, wenn darin nun einer zu Tode kommt!
Sie haben es absichtlich verfallen lassen, um es billig einsacken zu können.

Nartum   Do 28. März 1991, kalt

> *1868: Maxim Gorki geboren*
> *1927: Harry Tisch geboren*

S. H. ballert jetzt seine eigenen Leute zusammen, die Amis haben ihm genug Waffen dafür gelassen. Hier ist kein Demonstrant zu sehen, auch in den Zeitungen und TV-Sendungen ist niemand zu vernehmen, den das stört.

Wir hatten hier vor Jahren mal mit Spritzen den Holzwurm bekämpft. Kathrina hat geglaubt, wir fixen, als sie die Spritzen liegen sah.

Der schöne Erfolg von gestern wirkte noch nach und versetzte mich in fröhliche Stimmung.
Ich arbeitete am «Echolot». Bis zum 9. Januar bin ich vorgedrungen. Entdeckte neulich ein Buch über die Pressekonferenzen von Goebbels. Jede Entdeckung füllt eine Lücke, weil jeder Mensch anderes zu berichten weiß. Nur die Stalingrad-Briefe der Mütter sind alle gleich...
Die Handwerker wurden fertig, wir räumten z. T. wieder ein. Morgen den Rest.
Ich rief die Fust an, dachte, sie wäre beleidigt wegen des Bildes im «Sirius». Sie hat ihn gar nicht gelesen!
Renate kommt morgen, sie hat in Berlin ein Zimmer gefunden. KF wohnt nun schon seit Monaten bei einem Freund.

Unser Rostocker Haus entschwebt. So haben wir Geldmittel frei zum Kauf eines Appartements dort. «Hätten».

Stoibers liebster Romanheld ist Robinson. Er möchte gern Manager beim FC Bayern München sein (FAZ).

Nartum   Karfreitag 29. März 1991

Morgens matt, schlich im Zimmer umher, räumte etwas auf, aber dieses Zaubermittel half nicht.
Bach: «O Ewigkeit, du Donnerwort...»

«Echolot»: Nach Tiefschlaf dann doch etwas in Gang gekommen, ich schloß den 9. Januar ab. Die famose Vorarbeit von Simone machte es möglich.
Renate kam und erfrischte uns durch ihre Koboldereien.

TV: Fechners Alterswerk «Wolfskinder». Leider verspricht der Titel mehr oder anderes, als man erwartet, was mißstimmend wirkt. Die Kinder haben zwar viel durchgemacht, aber es sind keine Wolfskinder gewesen. Seine «Klara Heydebreck» und das «Klassenfoto» bleiben unerreicht. – Verschiedenes ist in dem Film gänzlich unklar, das ärgert. Immerhin, ich blieb dran, ich schaltete nicht um.
Verdarb mir den Magen an falschen Frikadellen.

TV: Eine gegenseitige Anschreierei über die Asylfrage, grotesk! Der CSU-Mann war am informiertesten. Aber wer in der CSU ist, hat im Fernsehen schlechte Karten. Am besten kommen die ehemaligen SED-Leute weg. (Die sind auch besser geschult, können diskutieren.)

Renate war da, ihr Hund etwas nervös, aber schon ruhiger
geworden. Sie wollte ihm einen gelben Ball wegnehmen aus
Spaß, er brachte ihn mir. Sehr witziges Tier. Wie uns das Zu-
sammenleben mit den Tieren bereichert! Die Corgis, jeden Tag
hat man mit ihnen Spaß. Renate meint: «Robby ist ja heute
derartig gerannt, der hat bestimmt ein weißes Haar dazuge-
kriegt.»
Wohnung soweit wieder hergerichtet, es fehlen noch die Bilder,
die werden nach Ostern angenagelt.
Heute haben die Funkuhren ihren großen Tag. Sie stellen sich
in der Nacht selbst neu ein (Sommerzeit). – Was Kepler wohl
gesagt hätte, wenn ihm das vorgeführt worden wäre?

«Echolot»: Am Vormittag intensiv am 10. Januar gearbeitet,
war problematisch, da sehr viel Material. Am Abend brachte
ich in den Anhang probeweise OKW-Bericht und Exlers Ar-
beit (Pressemeldungen) ein. Problematisch, dadurch wird das
Sammlerische zu sehr betont.
Renate hat «Sirius» noch nicht gelesen. Sonderbar.
Hildegard meint, wenn die Tochter da ist, gucke ich sie gar
nicht mehr an. Sie beschwert sich, daß sie gar keine Post kriegt.
«Echolot»: Quellen herausgeschrieben, während die Frauen
Eier anmalten.

«Hörzu»-Kolumne scheint gestorben zu sein. Haben mir nichts
gesagt.
Plötzlich denke ich: Die Ölkrise war vor 20 Jahren! Und was
habe ich mir damals für Sorgen gemacht, habe gedacht, ich
müßte jeden Tag mit dem Bus zur Schule fahren!
Ein Herr hat heute zum «Sirius» geschrieben, daß ich 1983
dann und dann 20000 Tage lebte, stimme nicht, das habe er
nachgerechnet. Vielleicht sei die Batterie meines Rechners schon
ein bißchen schlapp gewesen?

Habe heute, Mitternacht, darauf gewartet, daß unsere Funkuhr sich umstellt, tut sie nicht. Die haben sich eine Zeit herausgesucht, in der man garantiert schläft. Man soll das nicht mitkriegen, daß sie ihren eigenen Willen hat.

Eine Buchhändlerin / Ost im TV:

Rückwärts möchten wir's nicht, aber es ist schließlich alles ein bißchen kompliziert.

April 1991

Nartum   Ostermontag 1. April 1991, Regen

1949: Inbetriebnahme des Jugendobjekts
«Max braucht Wasser» in Unterwellenborn

Oma Bartels wurde gestern 85 Jahre alt, ich ging mit Hildegard hin. Es saßen gute und böse Nachbarn bei ihr. Auch Platt wurde gesprochen, dieses wunderschöne klare niedersächsische Platt. Zu mir nicht, mit dem Lehrer wird hochdeutsch gesprochen, dat hört sick so. Eine ewige Schande, daß diese Sprache so unterdrückt wird. Bei den Grimms werden die plattdeutschen Märchen auch immer überschlagen. – Erinnerungen aufgefrischt. Ihr Mann schon lange tot, er konnte gut erzählen, aber von dem kam man immer nicht weg. Auf der Dorfstraße stand man, und dann gab's lange Geschichten. Er hatte es mit Tieren. Ob alles stimmte? – Die Technik, einen Gesprächspartner zu halten. Jemanden am Jackenknopf des Gespräches festhalten, ihn mit dem Gesprächsfaden fesseln. Von einem Dachs hat er mal was erzählt, der sich unter einem Waldweg eine Höhle gegraben hatte, und er da mit seinem Wagen festgefahren. Weshalb hat man's nicht mitgeschrieben, dann wär' man ihn los gewesen und man hätte trotzdem etwas gewonnen. Diese Art Geschichten reichten ins 19. Jahrhundert. Schäme dich! von wegen Chronist ...
Es gibt in jedem Dorf große Erzähler, um die hat sich nie einer gekümmert. Manche Lehrer gaben die Hausaufgabe: «Frag deine Oma mal, wie schlimm die Nazis waren ...», so in diesem Stil. Wenn die dann bei der Frauenschaft waren, wird's schwierig. Und der Mann ein sogenannter Zellenleiter?
So wie «drüben» der Ausdruck «zugeführt werden» statt «ver-

haften». – Was man alles mit Sprache machen kann. Harmlos kommen sie daher, die Wörter: «Endlösung» ...

Nachmittags war Hildegard in Rotenburg bei ihrer nun schon ganz abwesenden Mutter. Man hat sie von einer erlösenden Grippe durch Medikamente ins Leben zurückgeholt. Hildegard meint, ihre geistige Verwirrung komme daher, daß sie zu wenig trinkt.

Unsere Atomuhren haben sich tatsächlich selbst vorgestellt in der Nacht. Ich werde noch mehr von diesen Dingern kaufen. In jedem Zimmer eine.
«Voll von Wundern war mir die Welt ...», und täglich kommen neue dazu. Anderes sinkt in die Tiefe ab, und kein Schleppnetz holt es wieder herauf.

2007: *Jetzt kosten diese Uhren 25 Euro. Als sie aufkamen, mußte man 5000,– hinblättern. So ist das jetzt auch mit den Mäusekinos, den Navigationshilfen in den Autos. Das erste Ding, was ich sah (und das nicht richtig funktionierte zum Ärger des «Halters») – weiß nicht, das hat bestimmt auch 1000 Mark gekostet, und jetzt kriegt man sie für 300 Euro. Sogar unser Haus ist auf den Dingern verzeichnet. Was sagt da der Datenschutz? Der besteht wohl nur noch aus dem «Beauftragten». Im Grunde kann der sich aufhängen. Und wie die sich mit dem Telefonbuch hatten! Alles schon vergessen?*

Ich las am Nachmittag «Unordnung und frühes Leid» in der von Karl Walser illustrierten Originalausgabe und genoß die Raffinesse, mit der dieses kleine Stück erzählt ist. Ich verstehe übrigens nicht, daß Thomas Manns Kinder das Buch übelgenommen haben. Es ist doch sehr liebevoll geschrieben. Auch ein Stück Zeitgeschichte. Inflationszeit.
Ich möchte so gern, daß eines meiner Bücher illustriert wird, einen Kompagnon haben – Versuche in dieser Richtung waren

entmutigend. «Margot»-Holzschnitte von Eirich ausgenommen. Aufwertung eines Buches durch Buchschmuck. Es gibt einen Versuch von mir, ein «Aus großer Zeit»-Buch herzustellen mit anonymen Fotos. Fotos dem Roman zu unterlegen.
Wie die Oldenburger Studenten guckten, als ich ihnen von mittelalterlichen Handschriften erzählte!

2007: *Das Experiment liegt jetzt in Berlin.*

Bücher geordnet, immer eine angenehme Beschäftigung. Man repetiert die Bestände und die Inhalte. Danach ging ich spazieren und tat am «Echolot» einiges. Kümmerte mich um den «Anhang» der ersten Tage. Die Presseverlautbarungen aus dem Goebbels-Büro sind sehr hilfreich. Da sie noch nicht publiziert sind, wird deren leicht gekürzte Aufnahme die Fachleute vielleicht interessieren. Ihr unterhaltender Wert ist groß. Die Wehrmachtsberichte nehme ich stark gekürzt auf. «Aus dem Wehrmachtsbericht», wird es heißen. Ich glaube allerdings, daß allein die Einzelschicksale die ganze Sache tragen. Irgendwelche chronikalen Stützen in Form von «Zeitleisten» etc. brauchen wir nicht. Auf so was kommen Schulmeister. Die meisten Großereignisse werden aus den privaten Aufzeichnungen deutlich. Die Kunze und Mrongovius – es wird ein Geschichten-Dschungel, in den man sich hineinwühlen soll, wie mit einem Boot soll man sich ins Schilf hineinrascheln. Vermutlich wird man später sagen: «Nun ja, da sieht man's mal wieder: Er ist ein Sammler.» Man wird den Anteil der kompositorischen Ideen nicht sehen. Je «einfacher», schlichter das Endergebnis aussehen wird – desto eher wird man es unterschätzen.

KF rief an, Hildegard sprach mit ihm. Er ist der einsame Wolf, in der Tat, als den er sich selbst bezeichnet. Eltern machen grundsätzlich alles falsch. Nicht alles – sie machen gerade so viel falsch, daß es den Kindern später möglich ist, sich positiv gegen sie abzuheben. Ein liberaler Vater macht es seinem Sohn besonders schwer. Besser wäre es gewesen, ich hätte mich ab und zu *vergessen*, dann hätte er jetzt nicht solche Profilierungsschwierigkeiten. – Was er auch macht, immer wird es ihm von Vaters Seite zuschallen: Ick bün all dor!

Er ist jetzt beim «Sirius», und ich muß mich zusammennehmen, daß ich ihn nicht dauernd frage: «Erzähl mal, was sagst du dazu? Wo bist du gerade?» Gestern hatte er es mit den Düsenjägern, die sich in der Luft aalen. – Von anderer Seite ist mir das (in den «Hundstagen») schon mal angekreidet worden: «Aalen» lasse sich nur als Vergleich mit Dingen aus dem Wasser verwenden!

Ich bin traurig, wenn ich an den lieben KF denke. Als Schüler schon, 1943, mußte ich lange weinen, als ich den Film «Friedemann Bach» sah. Genau das ist seine Schwierigkeit. Vielleicht habe ich damals schon diese Erschütterung gehabt im Vorahnen seiner Probleme. Wolfgang Moll, der damals neben mir herging, sagte: «Kempi, Kempi ...» Die Tränen waren nicht zu stillen. – Ich nahm den Film vorgestern mit dem Recorder auf, da stellte sich die Erschütterung sofort wieder ein. Ich sah mich mit meinem Freund die Friedrich-Franz-Straße entlanggehen, die dann drei Jahre später in August-Bebel-Straße umbenannt wurde.

Machen Tiereltern auch alles falsch? Sie machen nicht viel Federlesens, heißt es.

TV: Walser-Film, letzte Nummer der Tassilo-Serie. Sehr schön gemacht, die großen Schauspieler und ein gutes Drehbuch.

2007: *Keine Erinnerung mehr daran.*

Ich werde den Leuten vom WDR nächste Woche drei Serienprojekte vorschlagen:

1. Laubenpieper: Das Leben und Treiben in einer Schrebergartenkolonie
2. Die lustige Acht. Ein Kammerorchester mit einem alten Bus

auf Reisen, was da so alles passiert. Könnte man endlos in die Länge ziehen.

3. Das Gasthaus zum Roten Lappen. Eine mittelalterliche Sache, einsam, Mord und Totschlag, Musik, Dreck, Aberglaube ...

Dem letzteren Vorschlag gehört meine Sympathie. Er wird in hohem Maße von Musik leben, so wie der Barock-Krimi von dem Engländer da, wie heißt er noch?
Heute wird «Münchhausen» gegeben, 1943, ich sehe den Film zum ersten Mal. Damals waren Jugendliche nicht zugelassen. Marianne Simson spielt mit, von der später dann gesagt wurde, sie sei eine Nazi-Denunziantin gewesen und hätte nach dem Krieg in Italien einen Puff aufgemacht. Wie Ilse Werner war sie ein Prototyp des «jungen Mädchens» der dreißiger, vierziger Jahre. Auch Rotraut Richter.

Hildegard findet das Seestück nun auch ganz hübsch. Aber für das Geld würde man sicher «an jeder Ecke» andere schöne Bilder finden, meint sie. Weiß nicht, was sie damit sagen will. Immerhin, sie hat sich ausgesöhnt.

«Seltsam!» sagt Hildegard. «Die Schafe gehen nicht in unseren 500-Marks-Stall, sondern bleiben im Regen stehen.» In die grün-weiß gestrichene Laube (3500,–) würden sie vielleicht gehen und sich dort hinsetzen und Karten spielen.

Vormittag in Bremen, Huchting, Antikmarkt. Ich kaufte ein paar Fotoalben für insgesamt 50,–, Hildegard einen kleinen Ring. Zu zweit läuft man nicht gut durch das «Ameisengewirr» (Hildegard). «Guck mal hier», «Guck mal da» – das stört die Andacht.

«Hessen A4, *Eisenach* in Richtung Kirchbach Stau», sagt das Radio. *Eisenach!* Daran kann ich mich noch immer nicht gewöhnen, daß die Wartburg jetzt ohne weiteres zu erreichen wäre. Was oder wer hindert mich daran, sofort nach Eisenach zu fahren? Aber die Wartburg ist dann wahrscheinlich gerade geschlossen.

Am Nachmittag dann allein im Haus. Ich trank meinen Kaffee und sah die Fotoalben an (eine Straßenaufnahme darin) und bearbeitete den 11. Januar 1943 des «Echolot», eine schwierige Sache, weil keine eindeutige Tendenz.

Am Abend dann den langweiligen «Münchhausen»-Film. Das anachronistische Element darin stört sehr.

Nartum   Di 2. April 1991

6.30 Uhr. – Ich wachte davon auf, daß mich Wieser angriff, daß er sagte, ich sei kein ernst zu nehmender Schriftsteller, eine Null usw.

7 Uhr: Eben kommt die Nachricht, daß sie Rohwedder ermordet haben. Merkwürdig, daß bisher kein Mordanschlag auf alte SED-Größen verübt wurde. Immerhin, es hat ein paar Selbstmorde gegeben. Rohwedder war 58 Jahre alt. Nun hat die Presse wieder was: «betroffen», «unbegreiflich», «zutiefst erschrocken», das sind so die Wörter, die zum Kanon gehören. Ich würde sagen: «Schweinerei.»

Das war heute ein rechter Idiotentag.

«Echolot»: Der 12. Januar war sehr schwierig zu ordnen, auch zeitaufwendig, weil zu lang. Allerlei mißriet mir, wie das dann so ist. Zwischendurch noch zu einer inquisitorischen TV-Aufnahme in Bremen, Leute, mit denen man es sich nicht verderben möchte. Ich wurde über Rostock verhört: «Was bedeutet Ihnen Rostock?», so in diesem Stil.

Dann weitergearbeitet, bis 9 Uhr. Dazwischen Hungeranfälle größten Kalibers, stoffwechselig und sowieso, da seit Tagen nur immer Kartoffelbrei.

Am Abend idiotisches Fernsehen, der gutgelaunte Lafontaine

wurde von einer gutgelaunten Interviewerin zum Lachen gebracht, zwischendurch kochte er Spaghetti. Ach, wie lachte er von ganzem Herzen! – Daneben ein Spielfilm über Vincent van Gogh und Gauguin. Die Darsteller liehen sich die Bedeutung dieser Künstler, sie wurden vom Regisseur zu wüstem Tun angefeuert. Dazwischen Nachrichten über den armen Rohwedder, der Polizeischutz immer abgelehnt hat. Ringfahndung und all diese doch nicht greifenden Maßnahmen. Und die Angst der dummen Gewerkschafter, daß dies vielleicht mit ihren wirklich erzdummen Montagsmärschen zu tun haben könnte. Sie wollen sie einstweilen einstellen. Wie merkwürdig, daß in Kriminalfilmen alle Fälle aufgeklärt werden, und mögen sie noch so kompliziert liegen. Daß man den Täter «kriegt», das ist so zum Gesetz geworden wie in Liebesfilmen das Happy-End. – Wenn nicht die schöne «Dingsda»-Sendung gewesen wäre, in denen Kinder den Erwachsenen Begriffe zum Raten aufgeben. Leider werden die Kinder von Sendung zu Sendung affiger. Die Erwachsenen hingegen, soweit es sich um Frauen handelt, tapern in dieser Sendung wie Zombies daher (die Tschechowa!). Caterina Valente ging noch. Auch so eine komische Tante. Aber singen kann sie gut. Die Männer sind immer noch einigermaßen auszuhalten.

Hund: «Wau! Wau! Wau!»
Hildegard: «Watt?»

Hildegards sehnlichster Wunsch: So oft, wie man am Tag ißt, müßte man auch seinen Geist füttern. Nicht nur drei- bis viermal Sprüche lesen, Aphorismen oder sogenannte «Weisheiten des Ostens».
Einen Kalender für die verschiedenen Mahlzeiten, schlägt sie vor.

Ohnmächtiges Entsetzen, sagt Frau Weirich zur Ermordung von Rohwedder.
«Entsetzen», «Trauer».

«Was ist das nur für eine Welt ...»
Der Grad des Mitleids richtet sich nach dem Aussehen des Opfers.
«Das hatten wir nicht gewollt.»

2007: *Ob es eine Rohwedderstraße gibt in unserer Republik? Oder einen Schleyerplatz? Eine Dutschkestraße gibt es in Berlin.*

Nartum   Mi 3. April 1991

Heute war Herr Schmidt von der Filmfirma Schmidt & Co. hier, er brachte Jörn Klamroth mit vom WDR. Sie wollten wieder einmal Ideen. Ich lieferte ihnen Vorschläge für Serien.

1. Der Rote Lappen
2. Triumph des Willens
3. Troll
4. Die lustige Acht
5. Laubenpieper
6. Vermißt

Dazu meine Autobahnkreuze und meinen Autorenfilm und das Kulturfilmprogramm (Kulturfilme aus den alten Archiven, Nazizeit). Sie zahlten mir für jeden Tag 2500,– und fuhren hochbeglückt von dannen.
Sehr anstrengend, aber auch Spaß machend.
Am Abend saß ich am «Echolot» und brachte Mrongovius ein. Rief ihn auch an, er hat Depressionen, sagt er. Wenn man 80 ist und all das hinter sich hat, dann ist das verständlich.

Die Herren Schmidt und Klamroth hatten den «Sirius» gelesen, vielleicht war ihr Besuch darauf zurückzuführen. Sie zitierten wechselseitig daraus.

Klamroth erzählte von unglaublichen Orgien der Gewerkschafter, über die ein Film gemacht wird: 4,6 Mio. Gehalt im Jahr hat der Otto zuletzt bekommen.

Hildegard meint, mein nervöser Zustand sei «psychisch» gewesen. Was mich ärgerte. Zustand ist Zustand, ob nun psychisch oder nicht.
Entdeckte, daß meine sämtlichen Videokassetten unbrauchbar, offenbar durch einen Magneten zerstört. Sehr ärgerlich. Rätselhaft. Dann hat es also unter den zahllosen Besuchern hier doch einen Bösewicht gegeben.

Brief von Schneeweiß, der nicht kapiert hat, daß Polyphon seinen «Hundstage»-Entwurf ablehnt.

Paule «riß» ein Fasanjunges. Ich habe sehr mit ihm geschimpft.

Immer noch Briefe zum «Sirius». Eine Frau, die aus persönlichen Gründen mit dem «Sirius»-Jahr verbunden sei.

2001: *Noch heute kommen Briefe zum «Sirius».*
2004: *Leute, die sich beschweren, daß das Buch vergriffen ist.*

Wir aßen bei Köhnken einen gebratenen Camembert.
Die Rollstuhlfahrer wären von allen Schwerbehinderten die aggressivsten, sagte die Bedienung.

> Kennt ihr das Lied von jenem Rattenfänger,
> der mit Musik
> die Herzen stahl?
> In jedem Lied
> hat er *auch* Doppelgänger
> unübersehbar ist ihre Zahl.

1943 mit Kirsten Heiberg.

Nartum Do 4. April 1991

Jahrestag der Pionierorganisation der Republik Kuba
Nationalfeiertag der Ungarischen Volksrepublik

Jetzt ist Max Frisch gestorben. Nun werden wir also wochenlang mit dessen Erzeugnissen geelendet. «In Abänderung unseres Programms.» In den Nachrichten wurde sogar sein Kinder-
stundenstück «Biedermann und die Brandstifter» als besonders
wertvoll herausgestellt, dieser Schinken!

2001: *Zehn Jahre tot. Noch einmal wird alles wiederholt,
wochenlang. Eine ganze Schülergeneration wurde mit Frisch
und Böll geelendet.*

2007: *Zu Frisch gibt's mit der Zeit Nachrichten, die ihn in
ganz anderem Licht erscheinen lassen. Sympathischer.*

Morgens «Echolot» (Mrongovius entdeckt), nachmittags zwei
Stunden geschlafen und dann vier Seiten M/B.
Abends rumgesessen.

Nartum Fr 5. April 1991

Heute war Requiem für Max Frisch. War er denn katholisch?
In der Zeitung stand, Frischs Bücher/Dramen seien meistens
sofort in den Schullesekanon aufgenommen worden. Schrecklich! Wahrscheinlich sind sie immer noch drin. Im TV Muschg,
Ranicki und sogar Helmut Schmidt mit Nachrufen. Unerträglich! «Fritsch» haben sie nicht gesagt, das hätte ihn mir wieder sympathisch werden lassen. So wie damals der arme Uwe
D'schonson.

Den ganzen Tag fürs «Echolot» Mrongovius-Texte eingegeben (Zwischentexte!). Paßt genau.

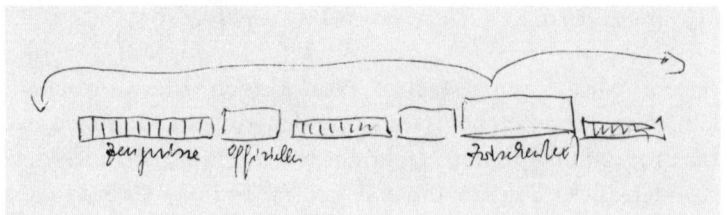

Skizze von Walter Kempowski

So wird es gemacht. Die Zwischentexte sind Rückblenden (wie alles so gekommen ist) und Vorgriffe zugleich. Sie geben Erklärungen für das Gesamtgeschehen, die von den Statements nicht geleistet werden können.

TV: Flüchtende Kurden vom Hubschrauber aus. Ein Skandal! Ein Schüler, befragt, warum er jetzt nicht demonstriert: Er weiß ja noch gar nichts Genaues.
Foto-Porst war zu besichtigen, der gleichzeitig Mitglied in der FDP und SED war. Millionär und Sozialist. Und Harry Ristock, der nun erst recht den Sozialismus einführen will.
Langer Film über Albanien. Bilder von Hodscha, der über 40 Jahre lang herrschte, und einem Pater, der 28 Jahre im Gefängnis saß.
Das vieltausendfache Gequatsche. Tun wir das unsrige dazu?
S. H. ist zu sehen, sein Grinsen ist ihm eingefroren.

Nachmittags Buchbinder Wohlfarth aus Rostock mit der für 500,– gebundenen Chronik.

Klamroth erzählte, der Lehrer seiner Tochter sei damals, beim Golfkrieg, mit seiner Familie ins Bett gegangen und habe die ganze Nacht geweint. Ob er über den russischen Afghanistankrieg auch geweint hat?

Nartum Sa 6. April 1991

Um Max Frisch ein Riesen-Tamtam. Ich zittere davor, daß Inge
Meysel stirbt. Dann geht's erst richtig los. War sie nicht BDM-
Führerin und Halbjüdin gleichzeitig? Für so was gibt es gute
Gründe.
Ich bin Max Frisch zweimal begegnet. Einmal in der Akademie,
aufgeblasen und ausländisch. Ich gab ihm Kontra, hinterher
verschwand er ohne Gruß. – Dann Jahre später in New York
beim deutschen Botschafter, nett, sanguinisch. Ivan Nagel war
dabei. Wie man Menschen mit etwas Freundlichkeit für sich gewinnen kann ...
Hübsch zeichnen konnte er.

2007: *Ein Band Reisefeuilletons kam heraus, die sich gut
lesen. Leider auch Briefe an die Mutter. Wie er im Café sitzt
usw. Ihre Handschrift: zum Fürchten. Das Buch kaufte ich
im Ramsch für 8 Euro statt 24,80.*

Nartum So 7. April 1991

Weltgesundheitstag

Gestern waren wir «zu einem Teller Suppe» bei Raddatz. Wir
fanden ihn zerniert vor, weil ihm seine lebenslängliche Einmie-
terin (die frühere Eigentümerin) das Leben zur Hölle macht. Er
will oder muß, weil er es nicht aushalten kann, das Haus verkaufen und woanders hinziehen und erlebt nun den Unterschied zwischen kaufen und verkaufen. Seine feingliedrigen
Möbel würden in Notzeiten nichts bringen, sagt er. Er habe immer alles ausgegeben, jedes Honorar «versilbert». Antiquitäten? Er habe gemeint, das sei eine gute Geldanlage.
Ich versuchte ihn zu trösten, die Wohnung als zweite Haut,
er wohne in seinem Geld, habe was davon usw., was er akzep-

tierte. Aber die Frau in dem Haus, die mache ihm eben das Leben zur Hölle.

Dann ließ er eine lange Klage los, daß er keine Clique mehr habe, alle ließen ihn allein; ich sagte, er solle nicht immer an die denken, die ihn nicht mögen, sondern an seine Freunde, Grass z. B., die er doch auch hat. Und ich bin ja auch noch da.

Allerhand Anekdoten. Johnsons Tochter habe sich ihm auf den Schoß gesetzt, da habe U. J. gesagt: «Mach dich nicht an Raddatz ran!» (7 Jahre!)

Fichtes Tagebücher würden jetzt publiziert. Da stünde allerhand Abträgliches über ihn drin, obwohl er Fichte immer gehätschelt habe. Z. B. die Länge seines Penis, auf Sylt beobachtet.

Fände Janka zum Kotzen, verlogen. Jürgen Becker habe gesagt: «Der hat sich selbst verhaftet.»

Die Suppe war übrigens sehr gut, wir aßen sie von Meißner Tellern, vorher gab es eine Pastete, die F-Jott aus dem Kopf eines von Wunderlich geformten Keramikhundes löffelte, und hinterher Eis, mit einer Sauce von Frau Mund.

Gegen 11 Uhr baute R. plötzlich ab, formulierte nicht mehr genau und kriegte DDR-Weinerlichkeit in die Augen. Da es sich um seine Jugend, seine Erinnerungen handelt, wird man ihn davon nicht heilen können.

Die ersten beiden Schecks gingen ein für das Literatur-Seminar im November!

Ich werde Raddatz dazu einladen. Pastior, Wellershoff, Hahn, Raddatz, also wenn das nichts ist!

In der Nacht F-Dur-Streichquartett von Bruckner für Orchester besetzt. Bernstein? Wundervoll war das. Oft spielen sie ausgerechnet in der Nacht voluminöse Orchesterwerke mit viel Paukenwirbel und Blech, was zum Einschlafen ja nicht gerade geeignet ist.

Raddatz hat noch nie einen Preis bekommen, sagt er, und ist in keiner Akademie. Den «Sirius» hat er jedenfalls genau gelesen, ich sah ihn, schief gelesen, auf dem Bord liegen. – Ich erzählte ihm nicht, daß ich versucht hatte, ihm den Ossietzky-Preis zu besorgen.

Im Irak sind 700 000 Flüchtlinge unterwegs, 250 000 lagern schon an der Grenze zur Türkei. Sie fürchten die Rache Saddams, dessen kleiner Finger inzwischen wieder ausgeheilt ist.

Nartum   Mo 8. April 1991, Regen

Die Nacht über hatte ich lange Träume und einen unangenehmen Ohrwurm: «Good bye! Adieu! Auf Wiedersehen!» aus «Frauen sind keine Engel». Traum: irgendwas aus Vietnam, ich irre durch eine leere Stadt. War früher schon mal mit Mutter da.

Grenze für die Polen offen, aber niemand sagt einem, ob man auch nach Polen fahren kann. Und das wäre für mich wichtig zu wissen, denn ich muß für M/B dringend nach Danzig.

Es fiel mir eine Serie ein: «Tournee». Ein alternder Künstler, Klavier, erlebt sein Leben kreuz und quer. Eine Rückblendeorgie.

Nartum   Di 9. April 1991

Schlaflos – «Hörzu» hat mich abgemeiert. Ich notiere jeden Tag Fernsehbeobachtungen, und die haben längst beschlossen, nichts mehr von mir zu bringen. Sagen mir auch nicht Bescheid, nichts. Das sind mir Umgangsformen!

2001: *Erst jetzt erfuhr ich, daß dies aus linken Gründen geschah. Springer!*

Mit dem «Echolot» bin ich inzwischen im Rohbau bis zum 17. Januar vorgedrungen. Macht Spaß, wenn man das so sagen darf: das Verschieben der Texte.
Für M/B bereite ich die Marienburg-Sache vor, habe allerhand Literatur liegen, was mir jetzt zugute kommt.

Neue Metropole der Proteste sei Leipzig, heißt es in den Nachrichten. Leipzig als Proteststadt: origineller Gedanke, das würde andere Städte entlasten.
Die Russen beginnen in Polen mit dem Truppenabzug.

T: Noch mal eingeschlafen. Ich träumte, KF sei (als Kind) gestorben. Ich sah ihn die Stufen der Kapelle hinauf-, hinunterspringen, obwohl er doch im Sarg lag. Im Kino waren nur wenig Menschen. Hildegard liest Zensurbögen während der Predigt. Da wird's lebendig, der Holzschnitzer Horsti kommt, der damals so vielen Kindern eine Freude gemacht hat.

Nartum   Mi 10. April 1991

T: Ich habe mich blödsinnigerweise in Bautzen zu einem Tennisturnier gemeldet, obwohl ich ja gar nicht spielen kann. Als Schläger habe ich einen Federballschläger. Steffi Graf macht mir Mut. Ist etwas Besonderes zwischen uns?

Gestern traf sich Exler hier mit sechs riesigen Herren aus der sogenannten Kulturszene. Er trug ein quittegelbes Jackett, und die Herren waren etwa 25 Jahre alt.
Eine alternative Dame erschien, sie will die Ausmalung der Veranda übernehmen.
In Rotenburg Treffen mit dem sehr erregten Hermann

(+ Ulrike), der sich beschwerte, daß ich ja nie Zeit hätte, wenn er mich antelefoniert.

Ich sage: «Ja, wenn du auch immer beim Essen anrufst.» – Wir wurden heftig, und dann lachten wir.

Tomatenstreit mit dem italienischen Kellner.

Der 16. Januar ist fertig («Echolot»).

Heute geht es nach München und Augsburg zu Lesungen.

Im Flugzeug nach München.

Leider riß mich der geschwätzige Kapitän aus dem Schlaf. Aus dem Lautsprecher brüllte er in die Gegend, daß wir uns über dem reizenden Städtchen Fulda befinden und bald über Dinkelsbühl usw., und wiederholte das auch noch auf englisch!

Der Flughafenmensch in Bremen erkannte mich und gab mir einen besonders guten Platz am Notausgang.

Gestern im TV Hockeyspielerinnen. Das Rasenhockey der Frauen sieht hübsch aus wegen der kurzen Röckchen und der schottischen Strümpfe. An sich ja widersinnig, immer so halb gebückt hinter dem Ball herlaufen. Wir als Kinder spielten Hockey mit dem umgedrehten Spazierstock des Vaters.

«Hörzu» hat doch überwiesen, aber sie haben seit sechs Wochen nichts veröffentlicht.

Je älter, desto mißtrauischer wird man.

Warum ich mich so über das DDR-Bonzen-Gejubel aufrege, fragte der Fernsehmoderator Uhlig in Bremen. Nun, ich finde dieses Vorwärtsgestürme in die goldene Zukunft dumm, weil reflexionslos. Als Demokrat schleppt man doch das ganze Nach-Denken mit sich herum. Ein Demokrat kann nur ein Skeptiker sein. Optimisten taugen nicht zur Demokratie.

Optimisten sind potentielle Faschisten.

Greene ist tot, Frisch. Der nächste wird wohl Jünger sein? Wie, wenn Jünger uns alle überlebte, älter und älter würde, wie die Karpfen bei Huxley? Dann kämen sie nicht umhin, ihn ins Museum zu schaffen, notfalls in ausgestopftem Zustand.

Vesper gelesen, partiell gut. Die Abschnitte über das Brotbacken, Schlachten usw. Fast lehrbuchartig. Zwischendurch dann Ratlosigkeit. Und seine psychedelischen Anwandlungen sind auch nicht gerade hinreißend. – «Einfache Berichte» nennt er seine Erinnerungen.

Eine Bremer Sparkasse fragt an, ob sie unser Grundstück in Rostock kaufen kann.

Die Stewardessen sollen durch intensives Grinsen das wiedergutmachen, was die Fluggesellschaften und Flugzeugkonstrukteure an uns sündigen.

Colani hat vorgemacht, wie man Sitze konstruieren könnte.

Der Berufsstrafgefangene Benno von Heinitz hat geschrieben, daß es keine weltanschaulichen Gründe habe, wenn sie mich bis dato vom Bautzen-Komitee ignoriert haben. Welche dann? Die Namen, die in dem Komitee auftauchen, habe ich alle schon mal in Verbindung mit der SPD gehört.

Ich mache mir jetzt abends immer ein warmes Fußbad. Aufwachen tu ich in der Nacht trotzdem. Aber ich brauche keine Pille zu nehmen.

Paeschke hat in Florida ein Haus. Ich gönne es ihm, aber er könnte uns da mal wohnen lassen.

«Echolot» blüht und gedeiht. Bin bis zum 17. Januar vorgedrungen.

Stalingrad
Weiße Rose $\Big\}$ Das sind die beiden Pole des «Echolot».

«Wir dürfen Sie bitten, die Sitzgurte geschlossen zu halten.»

Der Soziologe Alphons Silbermann schätzt bei Frauen vor allem Dummheit (FAZ).

2007: *Im Internet-Lexikon steht, daß er ein Charmeur und Grandseigneur gewesen sei, bissig, ironisch. Außerdem Offenbach-Spezialist. Von ihm stammt auch das Buch «Von der Kunst der Arschkriecherei».*

Augsburg   Fr 12. April 1991

Tag der jungen Techniker und Naturforscher
Internationaler Tag der Luft- und Raumfahrt
1961: Juri Gagarin umkreist als erster Mensch die Erde

Vorgestern hatte ich eine Lesung in Gräfelfing, wie schon vor acht Jahren war sie auch diesmal schlecht besucht, etwa 60 Leute. Hinterher mit Bittel allerhand durchgesprochen, spät ins Bett. – Im Postkartengeschäft am Münchner Hauptbahnhof allerhand für das «Echolot» ergattert. Darunter eine Farbkarikatur aus «Life», die ich nur ausgeliehen habe, weil sie 2000 Mark kosten sollte! Werde sie kopieren und zurückschicken.
Hier in Augsburg rattern die Straßenbaumaschinen, das ganze Haus zittert.
Lesung in halbbesetztem Kino. Bobby, ein halbwüchsiges Mädchen, war da, 12 Jahre alt, Zahnspange, vor Ehrgeiz fast ohnmächtig. Sie schreibt einen Roman über einen Wolf und weiß alles schon, kann alles schon. Also ist ihr nicht zu helfen. Was will sie von mir?
Augsburg ist in schrecklichem Zustand. Häßlich, brutal wieder aufgebaut. Ein enthusiastischer Mensch, Halbleib, holte mich in die Wohnung, mit Halbantiquitäten vollgestopft.
Ängste.
Ich saß lange bei einem Antiquar. Seiner Tochter schenkte ich

50 Pfennig, weil sie Zöpfe trug. Außerdem kaufte ich ein großes Porträt (Radierung) von Gerhart Hauptmann.

«Sirius» wird überall gut aufgenommen. Dadurch daß er einen Monat nicht lieferbar war, ist mir ein Schaden von 20 000 Mark entstanden. Verkaufszahl ca. 11 000.

2007: *13 000 Exemplare, Endzustand. Neuerdings rappelt er sich wieder auf.*

Von Frau Pröhl hörte ich, daß die «Hundstage» nächstes Jahr produziert werden sollten.

Herr Halbleib berichtete von üblen Mißhandlungen durch die Polen nach '45.

Einen Festvortrag soll ich halten. Die Medien *feiern*, sagen wir also etwas Positives, ehe wir zum Negativen kommen.

Ein Fotograf erzählte mir folgende Wiedervereinigungsgeschichte:

> Mit gemischten Gefühlen. Ich hatte eine Liaison mit einer Kusine in Ost-Berlin, die ist dadurch auseinandergegangen. Das hat nur funktioniert durch die Distanz, nach dem Mauerfall waren wir einander dann viel zu nah. – Als das erste Stück der Mauer fiel, so ein Stück rausgebrochen war, standen sich ein West- und ein Ostberliner Beamter gegenüber und haben sich sehr sportlich die Hand geschüttelt.

im Zug nach Göttingen   Sa 13. April 1991

«Muß es denn die ‹Hörzu› auch noch sein?» fragte mich heute ein ehemaliger Kollege, der sich noch daran erinnerte, daß ich eine Vorführstunde von ihm, in der es um zwei Herbstgedichte ging, positiv beurteilt hätte.
«Hörzu» kam heute, wieder ohne Beitrag von mir, aber gezahlt haben sie.
(Dies ist schwer herauszukriegen, da meine Umgebung absolut jede Übersicht verloren hat und dieselbe auch nicht wiederherstellen kann.)

Heute früh arbeitete ich am 18. Januar, dann schlief ich lange. Kaffee mit Hildegard, ein einzelnes Huhn schritt im Innenhof auf und ab, auf Krümel wartend.

Im TV Turnen der Mädchen. Auf Zehenspitzen kommen sie stramm hereinspaziert, ganz ungraziös. Aber den Reifen fangen sie auf, so hoch sie ihn auch werfen, die Froschschenkligen, das muß man ihnen lassen. Biegsam, daß es einem graut. Und ganz ohne Anmut. Da war es hübscher, in der Schulpause den springseilhüpfenden Schulkindern zuzusehen.

Dann in Rotenburg meine Fotoausstellung in natürlich vollbesetzter Galerie. Ich wußte gar nicht, daß ich so schöne Fotos habe. Herr Schnakenwinkel hatte alles sehr lecker zubereitet. Lehrer, die Hobbys haben, sind mir besonders sympathisch. Er hat auch alte Fotoalben ausgestellt von mir. Seine Nachbarn regten sich neurotisch auf über die Autos der Besucher, die vor den Häusern parkten.

2007: *Die Bögen mit den aufgezogenen Fotos habe ich aufbewahrt. Sie wurden später in Bremen gezeigt. Reaktionen sind nicht bekannt.*

143

Während der Ausstellung aufgeschnappt: Ein Pastor:

> Wir haben uns die Wiedervereinigung natürlich gewünscht, selbstverständlich. Mich hat beschäftigt: Gauck hat gesagt, wir wollen mal nachschauen, was wir uns bei den Friedensgebeten alles gewünscht haben, und das ist alles in Erfüllung gegangen, nur es ist eben allerhand anderes dazugekommen. Mir war die Hauptsache, daß ich an die Literatur herankam, die uns verschlossen gewesen war. Das hat mich am meisten belastet, daß man nicht lesen konnte, was man wollte. Selbst Heinrich Böll nicht. – 1980 war ich zum ersten Mal drüben. Meine Frau war schon vorher dagewesen, und als sie zurückkam, heulte sie und sagte: Wir wollen rüber! Das hätten wir als Pastoren auch gekonnt. – Stundenlang hab' ich in Buchhandlungen herumgestöbert. Was uns geschockt hat, war der Unterschied zwischen den Gebäuden. – Wiedervereinigung unter dem Aspekt: reisen, wohin man will, lesen, was man will, und denken, was man will.

Hildegard brachte mich nach Verden, von da nach Hannover, wo ich auf dem Bahnhof die Arbeiter beobachtete, die mit den verschiedensten Maschinen flott den Bahnsteig reparierten. Sausten hin und her.

Das Fortkommen.

Bahnhof Kassel   So 14. April 1991

Tag des Metallarbeiters

Vor meinem Abteil sehe ich eben eine Diakonisse, die vom Pastor (offensichtlich!) und dessen Tochter abgeholt wird. Offene, liebe Gesichter. Sie können es sein, weil sie einen axiomatischen Fixstern akzeptieren. Oh! Sonntagmorgens, das Toastbrot, und die Frau mit Dutt. Danach: «In dir ist Freude» ... Der Sohn ist in Tübingen ...

Gegenüber ein DDR-Zug, ein anderes Grün. Werde im Mai rüberfahren.

Im «ZEIT-Magazin» wird die DDR-Sporthochschule Leipzig als «Medaillenschmiede» bezeichnet. Sie sei weltberühmt. «-berüchtigt» muß es doch wohl heißen.

«Kinder mit sehr dünnen, ernsten DDR-Lippen» hat ein Autor Freddie Röckenhaus in der Sporthochschule Leipzig ausgemacht.

Als Zwischentexte: Mrongovius, der unerschöpfliche, Leningrad, Sonja Kolesnyk, der Bomberpilot Westhorpe, den ich in Provo interviewte, Reichsbahn-Sachen, die geheimen Lageberichte, die Briefe aus Litzmannstadt.

Marburg und Biedenkopf.

In Biedenkopf saß ich auf einem Stuhl, den man mir auf einen Tisch gestellt hatte, verräuchertes Lokal, Kopf neben der Hängelampe. Ich ließ mich's nicht verdrießen. – In Marburg in einem Café. Nette Leute, war schon ein paarmal hier. Auf der Universität sollen die Kommunisten das Sagen haben.

Die Soziologen wollen ein Archiv gründen.

2007: *Nie wieder was davon gehört.*

unterwegs   Mo 15. April 1991

Genscher will S. H. vor Gericht stellen lassen. Genscher?

Der Leu

Auf einem Wandkalenderblatt
ein Leu sich abgebildet hat.

Und blickt dich an, bewegt und still
den ganzen 17. April.

Wodurch er zu erinnern liebt,
daß es ihn immerhin noch gibt.

(Christian Morgenstern)

Hildegards Geburtstag.

«Weil dieses Paar weiß, was Schmetterlinge sich sagen und wie
Wolken schmecken», ein Reporter über ein Eiskunstlaufpaar.
«Ich habe das schon mal gesagt, und ich wiederhole es.» Und
wir tragen das in die Ewigkeit hinüber.

Ich mit meinem Fieber zittere mich die ganze Woche hindurch,
bin stark erkältet, müßte eigentlich die Tour abbrechen. Aber
das schöne Geld!
Gestern las ich hier in Aalen eine ganze Stunde aus «Sirius»,
und die etwa 80 Leute lachten und klatschten, aber keiner
kaufte ein Exemplar.
Vier Tb. «Tadellöser» und einmal «Herzlich willkommen»
durfte ich signieren.
Eine Frau fragte, wieso denn im «Sirius» 250 Abbildungen
seien, was das denn für Abbildungen seien?

In Rottenburg bei Tübingen traf ich den Kirchenchorkamera-
den Conrad Schmidt, der erblindet ist. Er war ja immer schon
sehr kurzsichtig. Schule macht er mit seiner Frau zusammen.
Sie sagt ihm, was an der Tafel steht, usw. Trotz seiner Blindheit

lief er aber allein herum, mit mir durch die Straße, und fand sich ohne weiteres zurecht. Stolperte nicht usw.

Heute sagte ich zu Hildegard am Telefon: «Ich habe die Nacht Schüttelfrost gehabt.»
Da sagt sie: «Das geht doch gar nicht.»
Ich zittere davor, daß sie sich einen Hut kauft.
«Aus dieser Ecke Deutschlands» stammt sie. Aalen, da war ein Vorfahr der fränkischen Linie (Schwiegermutter) Pastor. Ich besorgte aus Tübingen die Kopie eines Porträts, das dort in der Universität hängt. Die Klemm-Linie.

Seitdem sich unsere Vermögensverhältnisse so erfreulich entwickeln, sehe ich den Absatzzahlen der Bücher gelassener entgegen. Die Lesungen sind wichtig. Davon allein könnten wir leben.

2007: *Nun, da die Lesungen eingestellt werden, wird's sofort «eng».*

«Mein Freund Wunderlich», sagt Raddatz. Der sagt ihm ab und zu, daß meine Bücher gut sind.

Hier habe ich ein sehr schönes Hotelzimmer, es ist groß und absolut ruhig.
In den Hotels sieht man jetzt viele Leute aus der ehemaligen DDR. Einzelne Männer oder ganze Gruppen. Sie werden in Geschäfte eingewiesen. Möglicherweise Vertreter. Man erkennt sie ziemlich sofort. Sie werden geschult fürs Schuhsohlenablatschen. Mancher schafft es.

In Tübingen traf ich Andrea Valentin, die mir als Süddeutsche lang und breit erklärte, wie in Norddeutschland die Bauern den Boden vergiften und wie dort die Dörfer ihre Strukturen verlieren.

In den Zeitungen nostalgisches Gejammere, daß die DEFA nun die Pforten dichtmachen muß. Niemand erinnert daran, was die an Hetze und Lüge über das Land ausgegossen hat. Und das Publikum hatte sich doch schon längst von der DDR-Produktion abgewandt. Es heißt, die sahen im TV nur Westfilme. – Märchenfilme in jeder Richtung. Das konnten sie gut. – Die Warneke-Dinger waren auch nicht schlecht. Man müßte einen Sender einrichten, über den Tag für Tag bisher ungesendete Filme gezeigt werden. Auch das gehört zum Kulturpolster. Wie die nie gezeigten Gemälde in den Depots der Museen. Die Magazine der Bibliotheken. Bücher werden heutzutage nur eine Saison lang «vorgelegt», dann verschwinden sie für immer. Aber mancher Gedanke wäre es doch wert, aufgehoben zu werden!

Ein Sammler von Autobiographien ist gerade gestorben. Teure Sachen: Uhland-Erstauflagen (Briefwechsel, vier Bände). Ich kaufte notgedrungen.

Die Vorfahren von Hildegard aus Blaubeuren. Wo bleiben die Gene? Ich bin dem «Stammbaum» mal nachgegangen – Mörike kommt drin vor. Fränkische Studien – wenn Rostock, warum nicht auch Franken?

Zwei vollständige Eheinventarien existieren, in denen von «Lichtbutzscheren» die Rede ist, auch Briefe und Gedichte, alles in letzter Sekunde in Nürnberg vor den Fliegern gerettet.

In Tübingen kaufte ich einiges für das «Echolot». – Die ganze Stadt vollgeschmiert mit Parolen gegen Amerika – gegen Saddam Hussein kein Wort.

TV: im Fernsehen Gorbatschow in Tokio. Ich hoffe mit den Japanern, daß sie die Kurilen wiederkriegen. Und dabei geht es mich doch gar nichts an. Was das wohl für öde Inseln sind. Fischerei. Öl soll in der Tiefe liegen. Die Sturheit der Russen ist gut für uns. Sie bindet die Japaner an uns.

Im «Spiegel»: ein sowjetischer Historiker:

Natürlich haben wir den Japanern diese Inseln einmal weggenommen. Das ist aber doch noch kein Grund, sie ihnen zurückzugeben. Vor 400 Jahren war Rußland ein kleines Land. Heute ist es mit 22 Mio. Quadratkilometern ein großes Imperium. Das meiste Land haben wir uns erobert – bedeutet dies, daß wir es zurückgeben müssen?

Privates Fischen gilt dort als Diebstahl. Die Bewohner der Inseln dürfen noch nicht einmal ein eigenes Ruderboot besitzen.
Ein ehemaliger Journalist: «Ich bin Russe und stolz, einer Rasse anzugehören, die den Rest der Welt erzittern ließ.»

Im TV war zu sehen, wie Jelzin als privater Besucher des Europaparlaments während der Fragestunde pampig wurde. Da hat der Präsident gesagt: Er sei nicht eingeladen und spreche als privater Besucher, und wenn ihm die Fragen nicht paßten: Dort ist die Tür!

Gestern beim Essen im «Ochsen», am Nebentisch ein Schwadroneur, der drei anderen, sehr beeindruckten Herren Autoverkaufserlebnisse erzählte. Er tat das nach allen Regeln der Dramatik. Man hätte das aufnehmen sollen und analysieren. Die Kunstpausen, die Rückblenden, Einschübe usw. Und alles sprachlich ausgefeilt, also schon mehrmals dargeboten.
«Du machst dir kein Bild davon, wie angenehm es ischt, mit intelligente Leut' zu arbeiten.»
Schade, daß ich nicht mitschrieb. Nun ist es für immer verloren.

TV: Eistanz, wie Scheinfugen, ohne Sinn und Verstand anhebend zu Liebeswerben, und dann gerät die Sache in Vergessenheit und macht Doppel-Rittbergern Platz.
Es dauert eine Weile, bis man es mitkriegt, hier ist keine Akrobatik zu erwarten: Eistanz. Früher gab es Clowns, die zwi-

schendurch über die Eisflächen tobten. Je schlimmer die Zensuren, desto fröhlicher die Gesichter der Abgestraften.

«Echolot»: Im Hotel noch den 19. und 20. Januar geordnet, so komme ich doch nicht mit leeren Händen nach Haus. Den Januar möchte ich doch sehr gerne im April abgeben.

TV: die Mantel-Degen-Sache mit dem Zwillingskönig, d'Artagnan, also Dumas. Das rührt denn nun doch, wenn der Richtige den andern abserviert, und dann wird alles gut. Solche Bücher müßte man schreiben!
Es sind aber doch allerhand Unstimmigkeiten zu bemerken. Vielleicht sind sie es, die mit dem richtigen Leben zu tun haben.

«Sie spricht hochdeutsch und ist doch stark sächsisch geprägt. Sie kann kein ‹K› sagen. Wenn sie ‹Kaffee› sagt, sagt sie ‹Gaffee›.»
«Ich stell' mei Sprache stark auf die Leut' ein, je nachdem.»
«Ich hab' mei Dialekt, und den ändere i net.»

Der Taxifahrer schimpfte auf die Asylanten und überhaupt Ausländer. Kann ich verstehen. Schon in Tübingen fiel mir auf, daß das Stadtbild von Ausländern geradezu beherrscht wird. Der Büchereileiter sagte, daß nachmittags 20 bis 30 Türken in die Bibliothek kommen, Jugendliche, die Sitzecken blockieren und lärmen. Rausschmeißen darf man sie nicht. Es wäre was anderes, wenn es sich um Deutsche handelte.
Was müssen damals die Schwarzen gedacht und gesagt haben, 1884, als die Deutschen nach Kamerun kamen. U. a. damals mein Großvater!

Im «Tages-Anzeiger» steht, Demonstranten hätten in Tokio gegen Gorbatschow «Verwünschungen ausgestoßen».
Stefan Howald nennt die Auflösung der DDR eine Implosion.
In der WELT steht im Zusammenhang mit den Verfahren ge-

gen 38 Mauermörder, der 25jährige Michael Bittner sei am 24.11.86 von 31 Schuß gezieltem Feuer «durchsiebt» worden.

Herr Jung in Marl sagte, daß in Spanien sämtliche Autos aufgebrochen werden. Wer sich 30 Meter von seinem Auto entfernt, wird bestohlen.

Nun kommt heraus, daß Wehner mit Ulbricht zusammen einen Ukas für die Ermordung von über 100 Genossen unterzeichnet haben soll. Das alles ficht die SPD nicht an. Aber auf einer Münze wird sein Porträt nun wohl nicht zu sehen sein. Das hat er sich verscherzt.

Ein Gewerkschafter aus Bremen erzählte mir, sie hätten in Rostock 60 Umschulungsplätze bereitgestellt, für die Arbeit an Computern, kostenlose, es seien nur neun Leute gekommen, von denen schließlich nur drei übriggeblieben.
In der «taz» steht heute was ähnliches, demonstrieren tun sie in Leipzig. «Erstaunlich ist es jedoch, daß gleichzeitig keiner auf die Appelle reagiert, an den breit angelegten Schulungsprogrammen zur Erreichung von Qualifikationen in neuen Berufen teilzunehmen» («Rzeczpospolita»).
Dergleichen wird hier in Zeitungen niemand zu lesen kriegen.

Vor Würzburg: Wir fahren durch eine von Schlehenblüten bepuderte Landschaft. Ganze Wälle von Schlehenblüten.

Eine Krankenschwester:

Das ist für mich ein fremdes Land, drüben. Ich war im vorigen Jahr auf Rügen. Und die Post da! Das war ein ganz kleines Zimmer, wie hier in den 50er Jahren auf'm Dorf. Wenn man telefonieren wollte, mußte man auf'n Flur gehen und die Nummer durchgeben. – Eine Krankengymnastin war mal hier aus Rügen, die wollt' sich das mal angucken, die war total begeistert, von all den Klingelknöpfen hier und Radio auf jedem Zimmer.

Renate hat gesagt, daß sie sich kaum einen sonderbareren Vater vorstellen kann als mich. – Ja, ich stehe etwas seltsam in der Gegend herum.

Ich bin ein Kind. Gott sei Dank.

Erste Vorlesung: Vorarbeiten.

Eine groteske Sache: In Aalen ließ ich mir von einer hübschen Apothekenhelferin Anti-Grippe- und Hustenmittel empfehlen. Sie sprach sehr eifrig und lange über Verschleimungen usw.

Immer noch Schweinfurt.

Sehr schlechte Nacht. Hatte es auf der Brust und roch Zigarettenrauch aus dem Nebenzimmer. Gegen Lärm gibt es Ohropax. Fiebrige Gedanken. 2 Uhr endlich Ruhe. Heute früh durfte ich zwei Stunden länger im Hotel bleiben. Lag und döste.

Jetzt bei einem Italiener, ganz allein bei brüllender Musik. Gottlob ist der Text nicht zu verstehen. – Der Koch kommt von hinten und betrachtet mich.

Gestern brach ich mir hier bei einer Pizza einen halben Zahn ab. In meinem Alter zählt das doppelt.

Bundesregierung hat den Kurden 400 Mio. spendiert. Ein bißchen viel ist das, in unserer heutigen Situation. Vielleicht kaufen sie sich für das Geld Fahrkarten nach Deutschland?

Gestern langes Interview mit einem Herrn Brötlein. Was ich gegen die SPD habe. Wenn ich mich im «Sirius» gegen die CDU geäußert hätte, wäre das für niemanden Gegenstand einer Frage. Wäre es nach der SPD gegangen, gäbe es heute noch kein wiedervereinigtes Deutschland. Daß Journalisten keine Bücher lesen?

Die Lesung war hübsch. In meinem hinfälligen Zustand machte ich wohl einen bedauernswerten Eindruck. Es war ganz voll, und der Buchhändler verkaufte 16 «Sirius». Leute sehr angenehm, freundlich. Anders als in den Kleinstädten zuvor.

In der FAZ über Johnsons hinterlassenes Archiv. So wahnsinnig viel scheint da nicht zu sein. Er hat kein Tagebuch geschrieben. Die dürren «Jahrestage» haben alles aufgezehrt.
Mit der Verlagerung meines Archivs nach Hannover wird es wohl nichts mehr. Gottlob bin ich nicht darauf angewiesen. Jedesmal, wenn ich da hinkomme, bin ich schockiert, wie das da auf dem Fußboden liegt. Bisher hat es noch keine einzige Nachfrage gegeben, weder von der Universität noch von der Stadt. Kempowski existiert nicht.

2007: *In den 12 Jahren hat sich kein einziger Besucher eingestellt.*

«Echolot»: nun 20. Januar auch sortiert. Den Tag habe ich mosaikartig angeordnet, also alles durcheinander, mehr auf Gesamtwirkung bedacht: auf einen Blick. Das Material war geeignet, da Stalingrad-Sachen fehlten.

«Neotonal»: ein neues, offenbar nötiges Wort. Ob sich das auch auf Literatur übertragen läßt? Ein neotonales Buch schreiben. «Allzeit» wäre so was.

«Das Montagsritual mit gefälschtem Inhalt» (FAZ – also die Aufmärsche in Leipzig) wird jetzt eingestellt. «Die ohnedies gereizte Stimmung in beiden Teilen des Landes noch weiter anzuheizen – das ist der schlechteste Dienst, den die Gewerkschaften den Arbeitern drüben leisten können.»

«Die Türken können ja recht grausam sein. Menschlich sind sie nicht.»
KF: «Die Türken sind ganz liebe Leute.»

Unterhaltung am Nebentisch:

«Diese Staaten setzen ja sofort Militär ein. Das wäre bei uns undenkbar.»

«Das würde die Verfassung gar nicht zulassen.»

«Wenn der russische Präsident Militär einsetzen wollte gegen die Streikenden, das würden die gar nicht tun. Die würden sich weigern. Zu Stalins Zeiten wäre das noch gegangen.»

«In Südamerika, da ist ja auch was los ...»

«In Kolumbien in einem Lager – was war das – 10 000 Tonnen Kokain gefunden. Das kannste gar nicht ausrechnen, was das kostet. Das wird denn ja noch gestreckt!!»

«Kokain ist e weißes Pulver.»

«Die fixen sich absichtlich zu Tode.»

«Nee, die sind das gewöhnt.»

«Die brauchen das so dringend. Das wird reingespritzt und erledigt ...»

«Die Frau hat gesagt, 80 Betten wären belegbereit.»

«Hast du schon mal gesehen ein Altenheim, wo die Leute eingesperrt werden?»

«So was gibt's! Meine Mutter war in einem Altenheim, die konnte nicht spazierengehen.»

«Das hab' ich noch nie gehört. Das kann ich mir nicht vorstellen.»

«In Norderstedt bei Hamburg, meine Mutter, die durfte nicht spazierengehen.»

«War die geistig weggetreten?»

«Nee, nee!»

«Und da hat sich keiner beschwert?»

«Ich hab' sie rausgeholt, und da ist sie hier gestorben.»

«Anderes Thema.»

«Meine Mutter war im Unterrock spazierengegangen. Die haben sie festgebunden, die war erst 70.»

«Meine Mutter wußte nicht, wo die Toilette war, wo das Schlafzimmer ist. Die hat nur im Flur gestanden, wußte nicht, wo sie war.»

Nartum   Sa 20. April 1991

Heute sind wir 35 Jahre zusammen. Das große Glück meines
Lebens.

2006: *50 Jahre zusammen. Dezember 1956 hat sie sich mich
geschnappt. Ich selbst hätte damals nicht ans Heiraten gedacht. Für die Pastorenfamilie Janssen schwer, den Happen
zu verdauen. Ich war Flüchtling, Häftling, noch Schüler!*

Gestern abend hatte ich einen schlimmen Hustenanfall, ich
dachte, ich sterbe!

Nartum   So 21. April 1991, schön

*1946: Sozialistische Einheitspartei Deutschlands (SED)
gegründet*

Immer noch krank.
Heute war auf N3 Stephan Hermlin zu bewundern, der den
Betriebskampfgruppen gratuliert, daß sie die Mauer so schön
hingekriegt haben.
Stefan Heym hielt in der gleichen Sendung «die Öffnung der
Mauer für ein Komplott des Westens».

Nartum   Di 23. April 1991

Bundeskanzler hat sich für Berlin entschieden. Richtig! Nun
freut sich auch die SPD. Vogel grinst.

Geißler wurde von Elke Heidenreich interviewt. Auf einem
Skilift etc., schlechte und gute Eigenschaften usw. Der arme
Mann! Aber diese Leute wollen es ja.

Bundesverfassungsgericht verkündete heute, die Enteigneten bekommen nichts zurück. Wehe! Das ist ganz schlimm. Wir haben das Unrecht damals mit angesehen. Wie die Gutsbesitzer davongejagt wurden, absolut keine Junker waren das. Das waren ganz normale Unternehmer.

In Hamburg zu Lenz' Geburtstag. Ich saß neben Ingo von Münch. Er und Loki Schmidt sowie Surminski schrieben in mein Poesiealbum. Lenz nannte mich wieder «Walterchen». Nun, er ist es wohl gewöhnt, «Sigi» genannt zu werden.

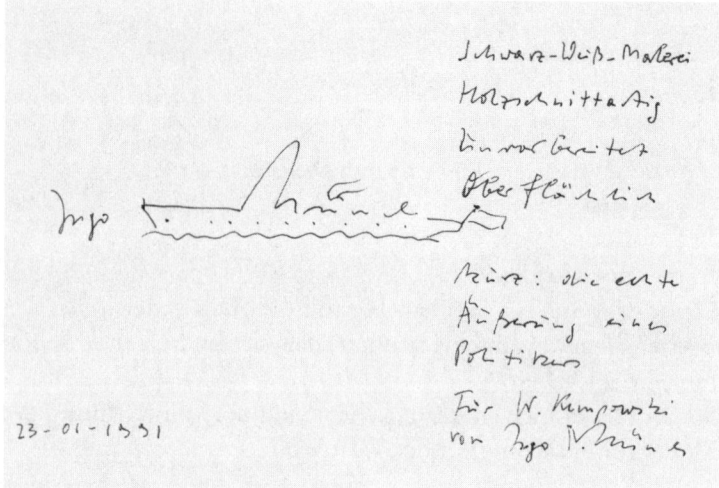

Albumeintrag Ingo von Münch

Die Ledertapeten und der leidende Rühmkorf, der sich nicht beschwerte über den «Sirius». Er erzählte von seinen eigenen Tagebüchern, 10–20 000 Seiten, die aber nur postum erscheinen könnten.
Piwitt, der «keine Einkünfte» hat, wie er sagt – dafür aber ein Loch in der Hose –, weil man ihm sein linkes Engagement übelnehme und ihn deswegen schneide. Der besoffene

Jedes Lebewesen hat ein
Recht auf dieser Erde zu
sein, auch wenn es uns
Menschen nicht immer
paßt.

Herzlichst Loki Schmidt

23.4.91

Albumeintrag Loki Schmidt

Die Störche sind noch nicht da,
darum ist das Nest leer.
Morgen ist Storchentag in Ostpreußen,
heute Senatsempfang für Siegfried Lenz im
                    Rathaus (ohne Storchennest)

                    23. April 1991

                    Arno Surminski

Albumeintrag Arno Surminski

Der Ketz
dem Katzen
des Katzen
des Katzerich
und allen andern
guten Herzen ein
langes Leben

~~Hermann Peter~~ Piwitt

Albumeintrag Hermann Peter Piwitt

Witter und Fechner. Auch Karasek war leutselig, also wunderbar alles. Wieviel angenehme Menschen gibt es auf der Welt!

Meine Grippe ist noch immer anwesend. Schlief im Auto auf der Rückfahrt.
Gestern Triumphales in Oldenburg bei den Pädagogen. Bei den Germanisten waren ganze 12 Leute erschienen, obwohl die Veranstaltung ausgewiesen war als absolut letzte meines Hochschulengagements und als Überblick über meine Lebensarbeit. Enttäuscht! Traurig!
Ich ließ die Türen hinter mir zuklappen.

1949: Gründung der Weltfriedensbewegung

T: Ich werde per Zug nach Kasachstan transportiert, es ist ein blühendes Paradiesland, farbig, mit glücklichen Menschen. Wir sollen auf Schulen verteilt werden, als Gastschüler, obwohl wir doch Gefangene sind. Man erzählt mir, daß die Nmeskis von den Schülern jeden Tag verprügelt werden. Ich überlege, ob ich mich in diesem Fall einem Lehrer anvertrauen soll oder sehr grob sofort zurückschlagen.

Gestern fuhren wir nach Päse, zwischen Burgdorf und Gifhorn. Ein Gasthaus voll lieber Leute, die von weit her gekommen waren. Hildegard begleitete mich, sie mußte auch signieren.
Einklang.
Während der Hinfahrt versuchte ich, meinen Medienvortrag zu diktieren.

Aus dem Entwurf:

Bevor ich mit dem Meckern beginne, sollte ich zunächst allerhand Positives sagen. Der Dank des Schlafgestörten muß abgestattet werden an den Rundfunk, der uns mitten hinein in das zeitübliche Aufgestampfe und In-die-Gegend-Schreien, das uns den normalen Gebrauch des Rundfunks vergällt, mit etwas Zartem, Gemäßen, einer bis in den Dialog hineingesteigerten Musik erfreut, das sind Erlebnisse.
Draußen vom Osten her das Rollen der Autobahn, im Haus ... und dann das Streichquartett von Schumann – ja, wir gehören noch zusammen ... Anzumerken, in eigener Sache, ist hier, daß dem Schlafgestörten nicht gedient ist, wenn er um 2 Uhr in der Nacht den «Feuervogel» serviert bekommt. Und eine Beobachtung: Sogenannte Wortsendungen sind für den Einsamen eigentlich das Angenehmste, es müssen ja nicht gerade Betrach-

tungen über Milbenkulturen sein. Hier sind die Romanlesungen zu preisen, Gert Westphal etwa, «Effi Briest».

Wo so viel Gutes möglich ist, da wundert es einen, daß das Mikrofon gewöhnlich von Schreihälsen und Quatschern im 2 $^1/_2$-Minutentakt okkupiert ist. Daß die Gewerkschaft der Lastwagenfahrer gegen die ununterbrochene Stampferei im Radio nichts unternimmt, wirft kein gutes Licht auf die hygienischen Ziele der Arbeitervertreter.

Fahren wir fort mit dem Positiven. Nähern wir uns in Demut dem TV. Zunächst ist festzustellen, daß mit der Anhäufung von Programmen der Fernseh-Gucker wieder zum Souverän geworden ist. War er in grauer Vorzeit auf zunächst ein einziges, dann auf zwei Programme angewiesen, wenn er seinen Sinnen mal was Gutes tun wollte, so kann er jetzt mit Hilfe des Fernbedieners eine Momentan-Collage herstellen, die in der Regel den einzelnen Programmen weit überlegen ist und darüber hinaus die kreativen Fähigkeiten trainiert ... (Beisp.).

Um weiterhin beim Positiven zu bleiben. Ich habe jene Dame, die auf einer Party, das Lachshäppchen in der Hand, auf das Fernsehen schimpfte, gezwungen, sich die Programmzeitschrift einmal genauer anzusehen. Mit Pauschalitäten ist uns nicht geholfen: Jeder Fernsehtag, der über das Land geht, beschert uns auch Stunden erstklassiger Unterhaltung und speziellster Bildung (Beisp.).

Radio: Da bleibt dann immer noch der Griff zur Kurzwelle, dies geheimnisvolle Verfallzirpen. Früher wurden da noch Zahlenkolonnen von einer Frau aufgesagt.

Lit.: Carossa-Briefe. Nur fürs «Echolot» interessant.
Wie diese Leute damals einherschritten.
Sein rumänisches Tagebuch ist immer noch lesenswert. Thomas Mann hat ihn geschätzt, obwohl er doch «innerer Emigrant» war.

T (mittags): Ich spielte Klavier vor, mit Handschuhen an, das Klavier war aus gelbem Plastik und hatte nur fünf Töne, und auf der «Tastatur» unter meinen behandschuhten Fingern lag ein zusammengedrücktes Päckchen Zigaretten. Und darauf bzw. so sollte ich spielen! Und man erwartete Großes.

«Kempowski? Liest man den überhaupt noch?» Ein Lehrer in Kiel zu einer Schülerin.

Der Verleger Helmut Kindler nennt im FAZ-Fragebogen als seinen Lieblingslyriker Brecht. – Sonntags liest er Goethe.

Nartum   So 28. April 1991

Lese Biographie Andersch. Wie umsichtig der seine Karriere geplant hat. – Ich rutsch' immer so durch. – Hab' dafür aber meine Finanzen in Ordnung und war nicht in der Kommunistischen Partei.
Hildegard ärgert sich darüber, daß er Pfeife raucht. Ist ja auch grotesk, dieser Anblick der in sich selbst versunkenen Selbstgenießer.

Nartum   Mo 29. April 1991

1948: Gründung der Demokratischen Bauernpartei Deutschlands (DBD)

TV-Gespräch mit Frau Armin in Bremen. 45 Minuten! Ich mußte so nötig. Schließlich habe ich einfach gesagt, mitten ins Gespräch hinein: «Entschuldigen Sie bitte ...»

2007: *Das habe Fernsehgeschichte gemacht. Man habe diese Stelle aufbewahrt, das hat sie mir erst neulich wieder erzählt.*

Man soll eben vor einer TV-Sendung keinen Kaffee trinken.
Mit Milch schon gar nicht.

Delmenhorst   Di 30. April 1991

*Jahrestag der Pionierorganisation der Sozialistischen
Republik Rumänien*

Lesung, angenehmes Publikum. Wie ich mit dem «andern
Platt» zurechtgekommen sei, wollte einer wissen, als Mecklenburger nun in Niedersachsen.

Mai 1991

Der Mai, der Mai
bringt mancherlei.

Internationaler Kampf- und Feiertag der Werktätigen

Tagebuch – unlustig. Mich bedrückt der Vortrag für die Medientage. Vielleicht gelingt es dem Konzern, mich davon zu befreien.
Habe noch immer die Grippe, schleichendes Fieber nun schon seit Augsburg. Fast jeden Tag eine Lesung, vorgestern eine Vorbesprechung der gestrigen TV-Sache, 3/4 Stunden, ziemlich idiotisch. In Oldenburg vorgestern zu meinen Glanz-Schluß-darbietungen (Germanistik) kamen zwölf Interessenten. Kümmerlich und niederdrückend.

Im TV jeden Tag Horrormeldungen aus Rußland. Von de Maizière die Mitteilung, daß die Tür zur Einheit nur «Tage» offengestanden hätte. – Allgemeine Verbitterung darüber, daß nun Suppe ausgelöffelt werden muß.
Schlechte Haltung der Leute drüben. Und hier Desinteresse.
Die Hauptstadt-Debatte ist mir absolut unverständlich. Natürlich muß es Berlin sein, was denn sonst? Außerdem stehen wir im Wort, das hat nämlich vorher mal irgend jemand versprochen.

Mit «Echolot» bin ich nun zum 28. Januar vorgedrungen, habe auch schon Fotos bereitgestellt. M/B muß warten.

Lieschen ist läufig. Wir hatten sie gestern mit in Delmenhorst, wo sie uns in ihrer Hitze weglief, konnten sie gerade noch erwischen.

Eine Klavierschülerin spielte vorher ein Schülerstück, was Hildegard rührend fand. Ich kann es nicht begreifen, daß man Menschen jahrelang Klavierunterricht zumutet, um sich dann irgendwann ihr Blech anzuhören. – Die Schule ein interessanter Bau, schätze von 1910.

Andersch-Biographie.

Sein Biograph bezeichnet die «Kirschen» als das beste Kriegs- und Antikriegsbuch nach 1945.

Nachdenklich macht, was auf S. 359 steht: «Ich habe nie auch nur das kleinste Stipendium erhalten, nie einen dotierten Preis gekriegt. Keine Villa Massimo, kein Bundesverbandsportemonnaie, kein Harvard, keine Wahl in den PEN-Klub oder eine Akademie gelangten je in meine Reichweite.» – Ja. In die Schweizer Bergeinöde hat er sich zurückgezogen und beklagt sich, daß niemand ihn besucht.

Hans Werner Richter erzählt, Andersch habe in den frühen Jahren in einem Kreis von Mitarbeitern und Freundinnen gesagt, er werde Thomas Mann nicht nur erreichen, sondern auch überflügeln, und das sei sein Ziel, berühmter zu werden als Thomas Mann.

Hatte er nicht eine Gesichtsrose? – Seine Romane haben alle 'ne linke Schlagseite. Daß intelligente Menschen nicht selbstkritisch sind? Man muß doch mal darüber nachdenken, was man da tut? Aber still, er hat Arno Schmidt gefördert, und das macht alles wieder gut.

Nartum   Do 2. Mai 1991

Sehr schlecht geschlafen, mußte mehrmals das Licht anmachen und mich aufsetzen und mich fragen, was das eigentlich soll.

TV ist unerträglich. Gewerkschafter hetzen die Leute drüben auf.

Straßeninterview:
«Nun, liebe Frau, wann war's denn besser, vor der Vereinigung oder jetzt?»
Frau: «Vorher! Da war alles schön gemütlich.»
Interviewer: «Dann wollen Sie also die Mauer wieder?»
Frau: «Nee!»
Also, das ist es ganz genau. Es war «gemütlicher». Dieses Volk ist wirklich sonderbar. Ich verstehe jetzt, was die Ausländer an uns nicht mögen. Da ist es kein Trost, daß wir an den Ausländern auch allerhand nicht mögen.

Lit.: «Tod in Hamburg» von Richard J. Evans. Cholera-Sache. – Vielleicht doch das Cuxhaven-Tagebuch der Hälssens herausgeben? Das Original ist verschwunden, ich hab' es damals – weil man es mir aus Mißtrauen nicht leihen wollte – auf Tonband gesprochen und dann abgetippt. Dadurch wurde es gerettet.

«Spiegel»: «Von einem der über 250 Millionen Analphabeten Chinas kann schwerlich erwartet werden, daß er den Zusammenhang zwischen dem schwarzen Rauch aus dem Schlot der benachbarten Fabrik und den Atembeschwerden seiner Kinder begreift.»
Setzt also Analphabet = Dummkopf. Verbreiteter Irrtum. Dann müßten in Europa jahrhundertelang nur Dummköpfe gelebt haben!

Abends in Lilienthal, Lesung. Gut besucht, aber nur wenig signiert. Ich erbat einen Schnaps, der mir nicht geholt wurde, obwohl Restaurant nebenan.
Ich las M/B und «Sirius». Letzterer hat enormen Erfolg. Die Leute gucken gerne Bilder an.

Nartum

T: In Frankreich. Noch geht's mir gut, ich wohne in großem Hotel, verkehre mit besonders gekleideten Würdenträgern, in Grün und Gold schreiten sie dahin. Ein schönes Mädchen winkt mir zu.

Quickborn-Lesung.

Timmendorf

T: Der Hauswirt (Rostock) will uns kündigen, sucht allerhand Argumente zusammen. Auf dem Schriftstück ist sogar was auf Japanisch geschrieben. Meine Mutter liest es uns vor. – Ich will nun mein Leben ordentlich beginnen und werde Druckereilehrling. Beschließe, auch die Handelsschule regelmäßig zu besuchen.

Gestern las ich in Quickborn. Saal war nur halb gefüllt, da ich vor zwei Jahren schon mal da war. Ein Beutelfan kam und stellte sich vor: «Ich bin der Mann mit der Plastiktasche!» Sein T/W-Exemplar war sehenswert. Ich: «Das müßte man ins Museum stellen.» Er: «Nee, das geb' ich nicht her.» Seine Schwiegermutter habe vorm Urlaub zu ihm gesagt (1977): «Das Buch müßt ihr mitnehmen. Das ist das richtige.» Er habe zuerst nicht rangewollt, aber dann doch, und seitdem …

2007: *Jetzt wollen die Italiener T/W übersetzen. Am Titel scheitern sie schon. Was ein «Schlusuhr» ist, will der Übersetzer von mir wissen.*

Seine Frau sprach über meinen Kopf hinweg zu einer anderen Frau, die, wie sie sagte, 13 Bücher von mir gelesen habe. Nein, am wenigsten habe ihr «Schöne Aussicht» gefallen, das sei so

langatmig. Die andere: «Nee, das kann ich nicht sagen, das ist doch so wunderbar gemütlich.»
So flogen die Unterhaltspfeile immer über mir hin und her.
Zu Herzen gehende Vorkommnisse.
Nachtfahrt nach Hause durch Regen. Die Hand am Radio-Suchknopf: Leider vergeblich. War früh zu Hause.

Bohling macht heute den Zaun. Eigenartig, wie sicher man sich sofort mit so einem Dings fühlt, obwohl jeder Mensch ohne weiteres drübersteigen kann. – Gartenmauern, hoch, mit Moos in den Fugen und Eidechsen, und an ausgeklügelter Stelle der Gärtnerpavillon mit seinen Harken und Hacken, ursprünglich als Kaffeepavillon gedacht. – Schulze-Naumburg, ansonsten ein unangenehmer Vertreter, hat immer wieder auf die Schönheit von Gartenmauern hingewiesen. Aber für Leute, die an dem Grundstück vorübergehen, hat so was auch viel Störendes. – Jorinde und Joringel.

Timothy Garton Ashs Traum vom Glück ist ein telefonfreier Raum (FAZ).
Gestern ein düsterer Mann mit Augenklappe. «Ich hab' hier in Quickborn den Hundefriedhof.» Vor kurzem habe er sogar eine weiße Maus beerdigt.
«Sirius» wird überall mit Zustimmung, Freude empfangen. «Ovationen». Keines meiner Bücher wurde bisher so aufgenommen.
Chaotische, mörderische, schwankende Zeiten.

Biermann hat den Büchnerpreis bekommen. Er sei ein Heine unserer Tage. Nach Holland wollte er emigrieren damals, weil er vom Regen in die Jauche gekommen sei.

2007: *Ich verstehe bis heute nicht, daß die Ausgewiesenen nicht wie Känguruhs in den Westen gehüpft sind vor lauter Freude. Manche durften sogar alle Sachen mitnehmen. Und* *trotzdem: tieftraurig, die sozialistische Heimat verlassen zu müssen. Nein, hier fehlt mir jegliches Verständnis.*

Timmendorfer Strand
Eine in Stettin geborene Dame, die in Stockholm gelebt hat und nun schon seit 20 Jahren hier ist. Sie erholt sich in den Wäldern Norwegens. Erzählte von den atomverseuchten Gebieten dort, daß die Rentiere abgeschlachtet werden müssen. Im Fluß ein Fisch hochgradig kontaminiert, ein anderer gar nicht.
Auf der Hinfahrt eine Stunde Stau vor dem Elbtunnel, weil am Freitagnachmittag nur zwei Röhren auf jeder Seite geöffnet sind. Sieht nach Schikane aus. Ich stellte mir vor, ich hätte angehalten und um die Ecke geguckt. – Ich kam infolgedessen zu spät, mußte ja auch noch essen. Während des Lesens sah ich über die Menschen hinweg auf die weiß leckende Ostsee.
Voller Saal, ca. 250 Menschen, sehr freundlicher Empfang und herrliches Mitgehen. Langer Applaus und viel signiert. Hinterher mit Tina vom Pfefferminz-Club und deren Eltern noch gesessen. In der Nacht nach Haus.

In der Post eine mehrbändige Biographie, geschenkt. WK I. Sehr gut! Autor heißt Kleiner.
Eine Frau meinte, der Anfang von «Hundstage» sei langatmig gewesen. Aber wenn sie an Eco denke, da sei das ja gar nichts. Drei Seiten Einleitung sind vielleicht wirklich für den Normalleser etwas zu lang. Was so'n richtiger Romanschreiber ist, der springt gleich mitten hinein ins volle Menschenleben. – Aber diese drei Seiten sind ja gemessen an den «Bildern» der «Großen Zeit» wenig. Sind das nicht sogar 30? Und die Leser schlucken's. – Hildegard meinte damals, deshalb werde der Roman nicht gekauft werden, und dann setzten wir 100000 ab. Ich wußte ja, daß die Chronik neun Bände umfassen würde, und so was braucht schon eine längere Einleitung, eine «Rampe», wie ich es damals nannte.

2007: *3000 Druckseiten sind es dann tatsächlich geworden. Immerhin, nicht wahr?*

Die Veranstalterin hat vorher geträumt, daß sie meinetwegen den Hofknicks geübt hat.

«Wenn eine Frau liebt…, dann liebt sie immer. Ein Mann hat zwischendurch zu tun» (Luhmann).

Nartum   So 5. Mai 1991

1818: Karl Marx geboren

Oldenburg: Hörspiel vorführen und über Verfilmungsschwierigkeiten sprechen, Umsetzung eines Romans in einen Film:

a) Fechner
b) Schauspieler
c) Drehbuch-Ekel
d) Schauplatz (Harburg)
e) Mißverständnisse
f) Was unter den Tisch fiel (Hamburg, Flüchtlingstreck, Wendhof)
g) der Erzähler

Aus dem reichlichen Fundus die Fotos der Schwester und das Tonband der Mutter.

nach Hamburg   Di 7. Mai 1991

Gestern nur noch sechs Zuhörer in Oldenburg. Ich schoß meine Raketen in einen sternenklaren Himmel ab, trug's mit Humor.

Ich erspare mir hier zu fragen, ob es in ganz Oldenburg wirklich niemanden gibt, der Zeuge sein möchte, wie ein Schriftsteller Rechenschaft über sein Lebenswerk ablegt.

Der «Tadellöser» war an der Reihe, ich hielt den Vortrag nicht ohne Rührung nach einem Konzept, das ich schon 1971 ausgearbeitet habe, das also volle 20 Jahre unter der Nummer A/36 im Archiv liegt. All meinen frühen theoretischen Überlegungen haftet etwas Laienhaftes, Ungekonntes an. Erst jetzt, vielleicht seit «Herzlich willkommen», bin ich konzentrierter, wenn es darum geht, theoretische Aussagen zu machen.

Jetzt sitzen wir in einem Stau vor HH, und in mir breitet sich Unruhe aus wegen des an sich unwichtigen Termins, den ich nun nicht halten kann. Die mühsam gezimmerte Gleichgewichtsplattform, die wie ein Sarkophag meinen chaotischen Lebensgrund verschlossen hält, wird sofort instabil. Und all das Elend von damals zwingt mich in einen Treppen hinaufstürmenden schülerhaften Eifer, der sich nicht dämpfen läßt. An sich ja kein Wunder, wenn ich mir vor Augen halte, daß es mir gelang, damals, die taumelnde Ariane doch noch abzufangen und ein ganzes System von Satelliten auszusetzen.

In HH ging ich zu Radio Klassik und wurde dort von einem netten Mann interviewt, was leider darauf hinauslief, daß ich geschlagene 1 1/2 Stunden mein Leben blumig darbot. All die alten Geschichten… Zum Schluß kam die Medientante, die ließ sich mit mir knipsen. Als ich ihr die «Hundstage»-Tonbänder anbot zur Sendung, verstand sie mich nicht. Sie machte ein Gesicht wie eine leere Kiste, aus der Holzwolle quillt.

Dann Teppiche angesehen und wunderbar im Chilehaus gegessen, allerlei Vorspeisen, ich konnte gar nicht aufhören. Danach leider noch in ein Auktionshaus, gottlob nichts gefunden.

Auf der Hinfahrt ein Stau, auf der Rückfahrt ein Auto 100 m vor uns, das ins Schleudern geriet, vermutlich Reifen geplatzt. Es kam an der Leitplanke zum Stehen, eine ausländisch-türkische Urmutter stieg vorne aus mit Kind auf dem Arm, Türkenvater hinten Kinder rausgeholt, gottlob fuhr niemand auf. Ein Laster hätte sie zermalmt.

Eine Iserlohn-Dose gesehen, 2800,–, widerstanden. So viel Geld für eine alte Blechbüchse zu bezahlen, ist Sünde. Obwohl... Herr Tamm in Hamburg soll 500 Stück haben. – Die Inschrift auf einer meiner Dosen lautet:

REITEND IAGEND UND VIEL FANGEN
WAN DAS WILD AUCH NOCH SCHNELL
IST MIER DOCH NOCH KEINS ENTGANGEN
WAS NUR VOR MIR IST ICH FÆLL.

Für Jagden jeder Art fehlt mir das Verständnis, außer bei Fliegen, die allerdings werden von mir rücksichtslos verfolgt. – In Rostock habe ich mal Elchbraten gegessen, das war 1938, schmeckte wie Rindfleisch.

Von Maydell war da, kopierte Quellen. Stammt irgendwie aus «guter Familie», und das muß er durch fragwürdiges Benehmen andeuten.
Nachmittags kam ein Prof. Rothe für eine Stunde. Angenehmes Gespräch.

Zahnschmerzen, lang entbehrt, und immer noch Grippe. Richtig krank war ich eigentlich noch nie.

2007: *Das wurde ich dann erst im Oktober 2006.*

Nartum   Mi 8. Mai 1991

Jahrestag der Befreiung vom Faschismus
Jahrestag der Pionierorganisation der Mongolischen
Volksrepublik
Weltrotkreuztag

46 Jahre Kriegsende.
Simone ist in Marbach im Archiv. Der Handschriftenmann gibt
nur zögernd Sachen heraus. Wir sollten das man lassen mit dem
«Echolot», hat er gesagt.

2007: *Er hat hier das Archiv bewertet für Berlin, und Hilde-*
gard hat ihm zum Abschied noch zwei dicke Butterstullen
gegeben. Danach erfuhren wir, daß er nicht sehr freundlich
war.

Nartum   Do 9. Mai 1991

Nationalfeiertag der ČSSR

T: Von Mutter, sehr lang. Zunächst liegt sie im Pflegeheim, alles
grau, ein Brief wird unter Wasser gefunden, Robert. Dann hat
sie Ausgang. Habe ich denn Zeit für sie? Eine neue TV-Spre-
cherin muß begrüßt werden – ich möchte mich mit ihr verabreden. Zu Hause wartet Mutter, ich denke: Sie wird bemerken,
daß wir ihre Sachen weggeschafft, ihre Bücher zu unseren gestellt haben.

Gestern am «Echolot» gearbeitet, ich bin nun durch mit dem
Januar 1945. Stalingrad ist «erledigt». Fange wieder von vorn an:
das alte Lied, der zweite Durchgang.

2007: *«Alles umsonst»: Und noch einmal der Januar '45.*

Den Medienvortrag habe ich noch immer nicht vom Hals.

Hildegard feierte eine Teppich-Orgie. Sie schafft Massen heran, ist letztlich dann aber doch vernünftig. In HH sahen wir einen riesigen Teppich für 56 000,–. Das ist nicht unser Stil.

Professor Patzig in Göttingen hat sich den «Sirius» von Arnold gepumpt!

Simone ist noch immer in Marbach. Inzwischen scheint sie sich dort durchgesetzt zu haben. Ich gab ihr ja auch ein paar Manuskriptseiten mit, als Geschenk für den Herrn dort.

Ein Professor kam aus Erfurt mit seiner Frau. Er Gehirnchirurg, sie Zahnärztin, jetzt ohne Job. – Sie meckerte über die armen Rentner, erzählte dann aber rührend, wie schlagartig besser die zahnärztliche Versorgung geworden sei. Früher auf eine Brücke ein Jahr warten müssen, heute gibt's die in 14 Tagen.

Die Kurden, Bangladesch, Armenien, Jugoslawien. Dazu die Cholera in Südamerika. Wann bricht die Pest aus? – Jugendliche Banden im Osten. Die schlagen alles kurz und klein. Bei einem der letzten großen Fußballspiele haben die Macher ein Unterhaltungsprogramm nebenher geboten. Die Fans haben ihnen was gehustet. Die merken doch, daß man ihnen ein Lätzchen umbinden will, mit Volkstanz und solchen Mätzchen.

7 Uhr
Im Radio brüllender Orgel-Mulm. Draußen zwitschern zwei Vögel. In den Nachrichten Tarifmitteilungen. IG Medien verlangen 11%!

Bin immer noch krank, Hustenreiz (besonders nachts), Bronchienpfeifen, fiebrig.

173

Koestler, «Als Zeuge der Zeit». Die Zeitgenossen schimpfen auf ihn, immer besoffen, hat sich geprügelt. Hat den Kommunismus verraten, das ist ja auch unerhört.

Musik satt. Schon seit Wochen unfähig, Musik zu hören. Die Wohllaute angesichts der Welt-Troubles.

Im TV die blödsinnigen Talk-Runden. Es geht um die DDR, deren Einwohner sich nun dauernd auf den Schlips getreten fühlen. Ich denke, es ist der klassische (gefährliche!) Fall von Minderwertigkeitsgefühl. Man müßte in einem psychiatrischen Lehrbuch nachsehen, was da zu tun ist. Kann man ein ganzes Volk therapieren? – Die Alliierten haben es nach '45 mit uns versucht, und irgendwie hat's geklappt.

Den ganzen Tag verbummelt, Hildegard war auf einer Konfirmation, kam recht erledigt wieder und war abends ganz konfus.

Nartum   Fr 10. Mai 1991, schöner Tag

Tag des freien Buches

Die verlangsamten Bewegungen des Saddam Hussein, der immer noch mit seinen Getreuen um den Tisch herumsitzt, erinnern mich an Stalin, der bewegte sich auch in Zeitlupe. Die Miene des Weisen, wie sie lächerlich wird, wenn's schiefgeht. Die «Mutter aller Schlachten» ist jedenfalls baden gegangen.

Simone kam. Ich hatte mir vorher überlegt, daß ich sie mit den Worten empfangen würde: «Du bist sichtlich reifer geworden.» Das hatte nicht viel Erfolg. – Sie hatte in Marbach ziemliche Schwierigkeiten, das scheint ja ein doller Verein zu sein. Am Telefon, vorher, alles zugesagt, und dann: Denkste. Das wird mir eine Lehre sein. Außerdem: Und mein ganzes Archiv dort unten zu deponieren – unpraktischer geht's ja überhaupt nicht. Wegen jeder Kleinigkeit sechs Stunden mit dem Zug fahren?

Die erste Ausbeute ist aber doch sehr beachtlich. Einige Hans-Grimm-Sachen, die unentbehrlich sind, brachte sie immerhin mit.

Die Mediensache habe ich immer noch nicht vom Hals.

Teppichorgie beendet. Nun liegen in der Bibliothek schöne Brücken.

43er-Fotos für das «Echolot» herausgesucht, nicht sehr reichhaltig. Erwäge spezielle Anzeigen.
Großartige Post, der gesamte Nachlaß eines Kriegsreporters. Bilder von Katyn.

TV: Film über die katholische Kirche in Albanien, wie sie unterdrückt wurde. Von unseren Grünen kein Wort dazu.
Habe wieder mit Klavierüben angefangen. Die «Inventionen». 1940 schon gespielt.
In der Post eine Kritik zu «Sirius», in der der Autor schreibt, er hätte bei Seite 120 Schluß machen wollen: Das Buch eines Schriftstellers, dem nichts mehr einfällt. Und dann habe er zufällig die Seite vierhundertsoundsoviel aufgeschlagen, und da sei er doch derartig gepackt gewesen, daß er das Buch doch …, und es sei wundervoll.
Von was für Zufällen unsereiner abhängig ist!
Und: daß mir nichts mehr einfiele! Du lieber Himmel!
Im Radio sind sie jetzt auch verrückt geworden. Qietschender Jazz anstelle erbaulicher abendländischer Musik, von der ich im Augenblick allerdings auch die Nase voll habe. «Übersättigung» ist wohl das rechte Wort. Meine Musikzellen im Gehirn sind gefüllt wie volle Bienenwaben, das leckt schon raus.

In Halle haben Sozis den Kanzler mit Eiern beworfen. So was hatten wir auch noch nicht. Er verlangt, sie sollen sich entschuldigen. Klopf-klopf! – «Herein!» – «Wir möchten uns entschuldigen.»

Was geht's mich an? Wahr ist, daß die Gewerkschaften durch ihr Trübe-Suppe-Kochen – und die SPD sowieso: 10% mehr Lohn zu fordern! in diesen Zeiten! – mir an mein Erspartes gehen. Im Augenblick sind es nur 2,6% Wertverlust.

Kohl ging auf den Eierschmeißer los wie ein Berserker. Als ob er ihn erwürgen wollte.

2007: *Stellte sich heraus, daß es ein westdeutscher SPD-Jüngling war. Er wurde ausgeschlossen, aber Bremen nahm ihn wieder auf.*

Im Augenblick wandelt sich der Charakter unseres Domizils durch Hildegards Teppichmacke in eine Karawanserei, überall liegen Brücken!

Hamburg   So 12. Mai 1991

1905: Artur Becker geboren

«Hamburg-Welle».

Nartum   Mo 13. Mai 1991

«In der Gegenwart zu leben ist ja auch nicht gerade das Schlechteste» (Moderatorin der «Presseschau» heute früh um Viertel nach sieben).

Gestern war ich der «Sonntagsgast» auf der «Hamburg-Welle», mußte also hinfahren und dort erst mal ½ Stunde warten, bis der Moderator kam, und mich dann ausfragen lassen. Im Unterschied zu sonstigen albernen Fragestunden war diese aber konstruktiv, der Mann ließ mich jeweils zehn Minuten sprechen, ohne einzugreifen. Die Musik dazwischen sei «der kleinste gemeinsame Nenner», sagte er, in Auberginen-Anzug und mit zwei verschiedenen Augen: Für das linke brauche er eine Plus-, für das rechte eine Minus-Brille.
Kaum Provokationen, die wären ihm auch schlecht bekommen.

Auf der Hinfahrt Kolonnenfahrt auf vier bzw. sechs Spuren! Von Bockel bis HH. So etwas habe ich noch nicht erlebt.
Als ich da so am Steuer saß und den Vortrag über Pfitzner hörte, fiel mir eine wichtige Änderung für das «Echolot» ein. Ich werde Fotos aus früheren oder späteren Zeiten heraussuchen und dazwischenschieben.

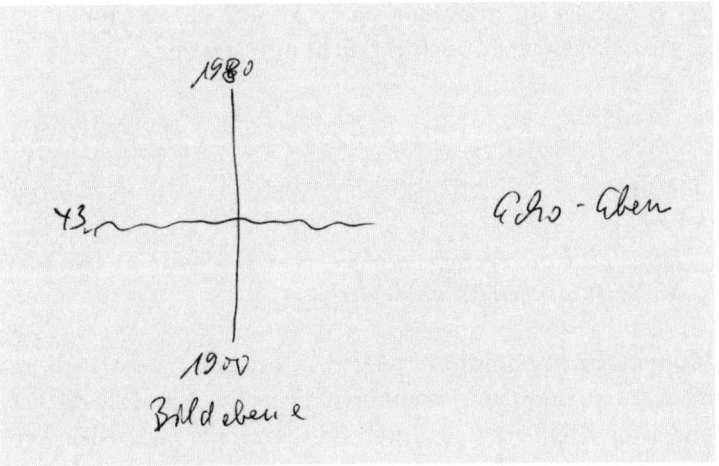

Skizze von Walter Kempowski

Wenn ich Fotos nur von '43 nehme, würde ich konsequenter-
weise bei Zentner landen, diesem III.-Reich-Zeitschriftenmann.
Ich kriege nun durch das Vor und Zurück eine größere Schärfe
in die Sache, spanne den jeweiligen kurzen, aber inhaltsreichen
Zeitausschnitt in ein Zeitkreuz. Gefahr des Feuilletonismus.

Berlin, Hotel Kempinski   Di 14. Mai 1991

1955: Abschluß des Warschauer Vertrages

Ich flog heute nach Berlin, Hotel Kempinski, recht heruntergekommen, sammelte im «Zille-Markt» Fotos zusammen
und aß mit Renate zu Abend. Dann Lesung in Reinickendorf,
etwa 150 Leute, sehr nettes Publikum. Der Veranstalter weniger, der ständig den Verlag schlechtmachte, der hätte nichts
vorbereitet, Schüsseler war auf 80 deswegen. Auch KF kam zur
Lesung. Ich bin immer ganz verblüfft, wenn ich zufällig einen
der Meinigen im Publikum entdecke. Ich denke immer: Die
Armen, das kann sie doch gar nicht interessieren!

Berlin   Mi 15. Mai 1991

Jahrestag der Pionierorganisation «Ho Chi Minh»
der Sozialistischen Republik Vietnam

Morgens mit Freimut Duve gefrühstückt, der kann auch nur
noch reden, ist unfähig zuzuhören. Dann wieder «Zille-Markt»
und langer Spaziergang durch das entrückte ehemalige Zentrum Berlins mit Dom usw.
Erinnerungen an 1945, wie ich da als Kurier umhergelaufen
bin. Die große Schale vor dem Museum und die Reichskanzlei,
damals noch bis auf ein paar Löcher intakt. Im April 1945 war

das. – Alles leer, keine Menschenseele. In der Friedrichstraße das «Metropol». Im Hauseingang hatte ich damals mit einigen Frauen gestanden und mir die Granaten angehört, wie sie einschlugen.
Dann zurück, nochmals zum «Zille-Markt», wichtige Funde gemacht. Abends Lesung in der Ost-Akademie vor 24 Zuhörern. Nur West-Leute. Kein einziger Schriftsteller. Gespräch mit Dietzel wegen «Echolot». Er will Bredel, H. Mann, Brecht, Becher u. a. besorgen.

Albumeintrag Ulrich Dietzel

2007: *Nie wieder was davon gehört.*

Ein Aufenthaltsraum mit burg-großen Sesseln und auf dem Tisch überquellende Bananenteller. Eine Frau in Silberlameejacke (Lyrik!) fragte mich, was sie bloß machen soll? Ich sagte zu ihr: «DDR-Witze sammeln», die werde sie bestimmt los.

2007: *Jahre später erschien ein solches Buch und wurde ein Bestseller. Das kommt davon, wenn man nicht auf den weisen Rat eines Wessis hört.*

Hinterher mit Gohlke per S-Bahn nach Hause, der mir die verschiedenen Stadtteile erklärte und mir von einem zweirädrigen Kahn weggeworfene Formulare reichte, die würden später noch mal sehr wertvoll.

Berlin   Do 16. Mai 1991

Mit Gohlke gefrühstückt und zu Prinz-Dunst gegangen, zwei Bilder gekauft. Den Grundstücksmakler Elliehaus auf der Straße getroffen, den ich von wer weiß woher kenne. Er wunderte sich, daß ich ihn noch erkannte, er erzählte mir von Sombarts Salon.

2007: *Inzwischen ist ein Buch über den Salon erschienen, «Journal intime».*

Dann mit Bertelsmann-Schüsseler in seinem herrlichen Mercedes davongerauscht.

Dessau
Unter unglaublichen Umständen vor 20 Leuten gelesen. Alles mies. Eine freundliche Rostockerin (Allwardt) schenkte mir Rostockiensien. Furchtbare Stadt.
Ich kaufte in einem Papiergeschäft Sozialistischer-Realismus-Bild, mit Rötel gemalt. Hasen-Studien. Weiß nicht, was ich damit soll, aber ganz schön. Unsere Wessi-Großkopfeten geben sich mit Hasen-Studien nicht ab, außer Beuys, der ihn gleich in Gold gegossen hat.

Ein Jurist zur Wiedervereinigung:

Ich bin gleich nach der Wende 50 000 km durch die DDR gefahren, das hat mich unwahrscheinlich beeindruckt. Ich hatte gar nicht die Absicht, in den Osten zu gehen, nun bin ich schon fast zwei Jahre hier. Ich sag' den Leuten hier knallhart Bescheid, das wollen die. So und so isses. Punkt. Die merken gleich: Der bleibt hier. Was die nicht leiden können, sind die Springer, die freitags wieder nach drüben fahren.

Quedlinburg – Wernigerode – Nartum

Fr 17. Mai 1991

Weltfernmeldetag

Nach Quedlinburg, dort schöne Stunden, Stadt, Schloß, Klopstock-Haus. Herrlich mildes Wetter, Kaffee getrunken, dann nach Wernigerode, wo nette Lesung mit freundlichen Menschen. Buchhändlerin, das Haus voll schönster Bilder und Antiquitäten.

In der Nacht noch nach Hause! Schüsseler ließ es sich nicht nehmen, in einem Rutsch bis Nartum zu fahren. Ich guckte einigermaßen ängstlich auf die Tachonadel.
Um Mitternacht stand ich vor der Tür.
Empfand das Haus als unglaublich luxuriös.

Ich fischte heute Wiedervereinigungsplankton:

Ich habe nie an eine Wiedervereinigung zu meinen Lebzeiten geglaubt. Wir werden ein Verhältnis erreichen wie mit Österreich, aber doch keine Wiedervereinigung!

Im Radio neulich ein Mensch, der auf «Platt» eine Orgel erklärte. Technisch angewendete, leider abgetane, eine so schöne Gebrauchssprache für unsere Landsleute.

Nartum Sa 18. Mai 1991

Internationaler Museumstag

Heute umständlich über Bremen nach Oldenburg und zurück ebenfalls, wegen gesperrter Autobahn. Zeitraubend, anstrengend. Ich hörte den Vortrag über Pfitzner (II. Teil), der politisch sein Lebtag nicht so recht wußte, wo's langgeht. Die Nazis mochten ihn jedenfalls nicht. Werde mir sein Streichquartett besorgen. Seine vom Schlaganfall beeinträchtigte Sprache. Der Wiener Reporter unterbrach ihn, er redete ihn mit «Meister» an. Das Streichquartett hat Schönberg für großes Orchester umgeschrieben.
Transpositionen sind immer interessant, leider kriegt man sie nur selten zu hören. Irgendwas gehört sich daran nicht.

Nartum So 19. Mai 1991

1938: Artur Becker von Faschisten ermordet
Jahrestag der Pionierorganisation der UdSSR,
«Wladimir Iljitsch Lenin»

KF Geburtstag.

Nun hat sich die CDU wieder ein Ding geleistet: Anstatt sofort Berlin als Hauptstadt zu inthronisieren, leitartikeln sie: «Aufgabenteilung zwischen Berlin und Bonn».

Arbeit am «Echolot», Fotos einbauen. Anregend.
Sorge, daß mir wesentliche Zeitzeugen nicht über den Weg laufen. Mit jedem Prominenten, den ich finde, schließe ich eine Lücke, deren Vorhandensein ich vorher nicht bemerkt hatte.

Schmidt und Co. vom WDR scheinen den «Laubenpieper» machen zu wollen.

Das Grässe-Bild aus Tasmanien kam, Glücksgefühle durchwellten mich, glucksten in mir auf, als ich es betrachtete. Der blaue Fisch ist mein Aquariumsfisch, aber warum hat er ihn «stinkend» tot gemalt? Till Eulenspiegel, den ich als Narr nehme, als mich, amüsiert sich darüber. Er weiß, daß das Eigentliche ganz woanders existiert: die kollernden Grotesk-Gnome sind es. St. Marien hat sich abgewandt, aber nimmt wahr.
Schade, daß Hildegard aus Gründen, die ich kapiere, gegen dieses Bild ist. Ich habe es nun in meinem Schlafzimmer und werde es dort verbergen.
Grässe saß mit mir in Bautzen, hatte eine unerklärliche Freundschaft zu mir gefaßt, die sich darin äußerte, daß er mir manchmal sonntags eine kleine Zeichnung schenkte. Jetzt sitzt er in Neuseeland. Ob er da recht froh wird?

Carla Damiano aus Idaho ist hier. Wir sprachen lange über den wesentlichen Unterschied von «Form und Inhalt». Wer das nicht kapiert hat, versteht überhaupt nichts. – Hildegard nahm das Gespräch auf. Ob's je einer anhört?

KF heute Geburtstag. Ein stiller, einsamer Freund. Weit weg ist er.

Ein 40-Seiten-Ms. von Pröbstle über «Sirius». Er schreibt ein eigenes Tagebuch an seinen Buchnotizen entlang. Abgesehen davon, daß es mir schmeichelt, Menschen anzuregen, ist so etwas sehr spannend und unterhaltend, also gewinnbringend zu lesen. Manche Übereinstimmungen sind ulkig. – Nahmmacher und Haase haben den «Sirius» mit einigen Bedenken angefangen: Tagebuch, was soll denn das? Aber nun meinen sie, das sei das Beste, was ich geschrieben hätte – ein Kompliment, das mich nicht froh macht.

In Kurdistan wurden einige Flüchtlinge von Hilfssendungen – vom Flugzeug abgeworfen – erschlagen.

Schüsseler erzählte den Ostlern lächelnd, wo er überall studiert hat, in Frankreich, England usw. Die Leute waren baß erstaunt. Ich ertappte mich dabei, daß ich Erlebnisse, die ich bei Tisch preisgeben wollte, diskret von USA wegverlegte, nach Wuppertal, um keinen Neid zu erregen, bin halt ein edler Mensch.

In der Nacht wundervolles Streichquartett von Beethoven gehört und a-Moll-Sonate von Mozart.

Langer Mittagsschlaf mit Traum, daß ich den 8./9. Juni nicht gut vorbereitet habe. Tausende sind gekommen.

Pröbstle-Brief gelesen.
Bebilderung des «Echolot» problematisch. Es dürfen nur einzelne Fotos sein, wenige. Deutsche! Und: Texte nicht illustrieren wollen.
Abends schlapp.
Altes Rechenbuch von einer Frau in Dessau. Lustige Rechenaufgaben. Laden zu Meditation ein.
Schöner Rinderbraten mit herrlicher Sauce.
Zu schlapp zum Spazierengehen, und als ich ging, auf der Straße ein schreiendes Ehepaar mit Kind, das ebenfalls schrie.

Einladung zu einer Kurden-Sache in Bremen. Ich soll denen aus meinen Büchern was vorlesen!
Habe abgesagt. Unmöglich. «Klare Sache, und damit hopp!»?
Die lachen sich ja tot. Wie die Schwarzen in Afrika über den Jodler von Schneeweiß.

Gauweiler möchte am liebsten unumstritten sein, ohne Gegner, so sagt er im FAZ-Fragebogen.

Mit Renate hatte ich mich für den Mittwoch zum Frühstück verabredet, so halb jedenfalls. Ich sage in Reinickendorf beim Abschied zu ihr: «Also bis morgen dann.» – Sie: «Wir telefonieren.» Ich: «Kommst du denn nicht?» – «Wir telefonieren!» – Das ist wohl die neue Art, ein Date abzusagen. Sie kam dann natürlich nicht und telefonierte auch nicht. Jeder lebt sein eignes Leben.

Ein Arbeiter sei «zusammengeschlagen» worden, sagt die Nachrichtensprecherin.
Ein «Urnengang» sei in Indien notwendig (NDR 1).
Herrlich, wie der Kanzler auf den SED/SPD-Eierwerfer losging. Wie ein Elefant.

Der unbedeutende Engholm eine Stunde auf N3. Ihm fehlt die Aura von Brandt und das Mystische, das Verschlagene Adenauers. Wer so vernünftig ist, wie es Engholm zu sein scheint, wird kein (guter) Kanzler. – Schriftsetzer war er von Beruf. Hat sich über allerhand Abendschulen hochgearbeitet.

2007: *Er veranstaltete später Kunstausstellungen in seinem Wohnzimmer und gab die Faustregel aus: Je abstrakter ein Bild, desto wertvoller ist es. So kommen sie – so gehen sie; mancher bleibt lange.*

a-Moll-Quartett von Schubert. Nicht vergessen: das Quartett von Pfitzner, Schönberg hat es für symphonisches Orchester umgeschrieben, «ohne eine Note hinzuzusetzen». Er ist aber nicht so weit gegangen wie dieser verrückte Amerikaner, wie hieß er? Stokowski?, der die Toccata und Fuge von Bach mit Kesselpauken arrangierte.

Sehr gut gegessen, Rindfleisch mit guter Sauce, grüne Bohnen, Gurkensalat. Wohlschmeckende Kartoffeln.

TV: Film über Potsdam. Da haben die Leute auch allerhand in die Luft gesprengt.

Für «Echolot» die ersten drei Januartage kopiert, um sie morgen – sparsamer – versuchsweise mit Bildern zu kontrastieren.

Aufgeräumt. Langer Mittagsschlaf (fast zwei Stunden).

Lit.: Ralf Georg Reuth, «Goebbels». Schlecht, weil zu viel Anführungsstriche, jedes dritte Wort. Dazu schreibt der Autor S.S. oder N.S.D.A.P., das stört auch. Auch sonderbar eckige Schrifttypen. Schreibweise ϟϟ wird im «Echolot» nicht durchzusetzen sein.
Aber hilfreiche Quellenangaben. Und im ganzen natürlich «wahnsinnig».

2007: *Klemperer aus Dresden schreibt in seinem großartigen Tagebuch konsequent ϟϟ, und der Verlag hat es auch so gedruckt. «SS» wirkt ungeziemend milde.*

Im übrigen, Vater wäre heute 93 geworden. Seit 46 Jahren tot. Merkwürdiges Verhältnis der Eltern zueinander. Kalt? Sie hätte eben doch lieber den «Menz» geheiratet. Ihre Gene schrien danach. Und sie hat es ausgesprochen, immer wieder, auch in Gegenwart meines Vaters. Klein und gedrungen war er, ich mochte ihn eigentlich nicht ansehen. Sein Gesicht, fremd. 1944 habe ich ihn zuletzt gesehen. Ein Vierteljahr später traf ihn die Bombe. – Sonderbare Einzelheiten wurden mitgeteilt über seine letzten Tage: Auf einem Benzinfaß sei er übers Haff gerudert. Vielleicht hat er von Kahlenberg aus dann unser letztes Schiff am Horizont vorüberdampfen sehen? Halt! rufen nützt in so einem Falle nichts. – Sein Tod – was hätte er nach dem Krieg machen sollen? Firma im Eimer, Schiffe untergegangen. Hätte er Finanzbeamter werden sollen? Eine solche Biographie läßt sich nicht zu Ende schreiben, das ist eine Gleichung mit zu vielen Unbekannten.

Mit Brahms' II. Klavierkonzert aufgewacht. Er rafft sich zu großen Gesten auf, die dann irgendwie verbuddeln.

Gestern träumte ich, Kohl sei zurückgetreten. Ich ging, eine Decke um mich geschlagen, durch den Kellergang des Bundestages, stieg dann in einen Aufzug, mit dem ich ins oberste Stockwerk eines Turms fuhr, die Türen öffneten sich auf beiden Seiten, und der Wind fuhr hindurch. Ich hatte Angst, hinausgezogen zu werden und hinunterzustürzen und auf der Straße zerschmettert zu werden.
Leicht zu deuten.

Der vierschrötige Łech Wałesa in Israel, der die Juden «um Verzeihung bittet». Verzeihungen sind für eine Mark und fuffzig aus jedem Automaten zu ziehen.

Wüster Haß macht sich drüben breit. Die Wessis seien «anders». Man würde drüben als Westdeutscher nie leben können. Die alten Kader hätten wieder Fuß gefaßt. Nun, das war nach 1814 in Frankreich auch so und 1945 und hat sich doch irgendwie zurechtgerüttelt. Immerhin werde ich oft gefragt, ob ich nicht wieder zurückkommen will in meine Heimatstadt. Hübsch herausgeputzt wird sie immerhin, die alte Stadt.

Nartum   Mi 22. Mai 1991

1891: Johannes R. Becher geboren

5 Uhr
T: Von Elefanten, die man quält. In einer Zeitung ist das zu lesen, gleichzeitig wird davon im Rundfunk gesprochen, und man sieht's im Film.

Habe ich mich mit dem «Echolot» übernommen? «Reduzieren» heißt die Devise.

Carla rief gestern in New York das Leo Baeck Institute an (die Telefonnummer hatte ich in wenigen Minuten über die Auskunft): Der Katalog der Bestände ist 1990 erschienen! Man kann dort ohne weiteres Kopien bestellen.

Gestern arbeitete ich, während Handwerker die Alarmanlage installierten.

TV: daß Harry Tisch freigelassen wurde. – Willi Stoph und der NVA-General Keßler verhaftet. Die proletarische Frau Stophs, auf der Straße, mit «gemeiner Stimme» schimpft sie die Reporter aus.

Die Wörter «Riege» und «Seilschaft».

Ersteres für die ehemalige «Regierung», letzteres für die Stasi. Man sah eine alte Wochenschau-Aufnahme. Alles schon so weit weg.

Keßler meldet dem Genossen Honecker irgendwas, Hand an der Mütze, und als Honecker ihm die Hand gibt, zieht er hastig den Handschuh aus, glücklich, daß er es so rasch hinkriegt. Dabei ist es unüblich, daß Militärs die Handschuhe ausziehen, weil sie ein Teil der Uniform sind. Man nimmt ja auch die Mütze im Freien nicht ab. – Willi Stoph, wie er von Honie einen Orden kriegt. Im Hintergrund die grinsende Riege, Männer, die den Orden alle schon haben. Früher waren sie Aushilfskellner, heute sind sie General. Hager war auszumachen und der kleine Hermann Axen! Figuren! Robert würde sagen: «Schießbudenfiguren.» Sie haben, wie Göring, «12 Jahre anständig gelebt», und sogar noch viel länger. In Wandlitz hatten sie ihre Villen, mit allem Drum und Dran. Wer da nun wohl einzieht? Aber sie verkehrten nicht miteinander, wollten sich wohl nicht gegenseitig ins Gesicht lügen. Die Haushälterinnen wurden befragt, Köchinnen und die Verkaufsleiterin des Inter-Shops. – Es gab auch ein Hallenbad, das hätte ich nicht benutzen mögen. Mit Hager um die Wette schwimmen? «Chefideologe» nannte er sich damals.

Hildegard legt Wert auf die Feststellung, daß sie auch an der Schönheit des Hauses beteiligt sei. Ich reimte:

Ich habe geträumt,
du hast geräumt.

In der Tat, sie hat überall den beschissenen Teil erwählet: Handwerker ranholen und beaufsichtigen, Garten, Dienstboten, Rechnungen, Steuer, sie hat sozusagen unterm Auto gelegen.

Mein Arbeiten gestern, unter dem Aufjaulen der Alarmsirene.

Nartum   Fr 24. Mai 1991

Vorgestern war Harald Knaußt da, er brachte die Negative von Bautzen mit, die ich ihm damals leichtsinnigerweise mitgab und dann tagelang gesucht habe, weil ich das vergessen hatte. Er ist ziemlich «stark» geworden, hat mit dem Blutdruck zu tun und meint, er brauche nur weniger zu essen, dann nimmt er sofort wieder ab. In Bautzen war er schlank und rank. Gedichte interpretierte er.
Gestern kam dann überraschend Niki*, und zwar gerade, als ich meine Arbeit beendet hatte. Er war gut gelaunt und genoß es sichtlich, von uns wie in alten Zeiten aufgenommen zu werden. Äußerer Anlaß war eine Herzuntersuchung in Bremen, bei der er volle vier Stunden hat warten müssen. Er hat den «Sirius» gelesen (wie er betonte). Ihn wunderte, daß ich mich so konservativ geäußert hätte, er hatte mich für «links» gehalten, und das, obwohl wir uns doch Jahrzehnte kennen. In Bautzen war *er* eher links gewesen. Aber was macht das schon groß aus, wir haben alle unsere Erfahrungen hinter uns.

* Klaus Heinrich Walther, auch ein Bautzen-Kamerad

Abendessen also im großen Kreis mit KF und Kirsten Wiencke, die mir sehr schön hilft und dieses schreibt.

Mit der Endfassung des «Echolot», dem zweiten Durchgang des Januar, besser gesagt, bin ich nun bis zum 6. Januar vorgedrungen, schaffe, wenn es gutgeht, drei Tage pro Tag. Bis zum 1. Juni – wie versprochen – werde ich aber nicht fertig werden, das läßt sich ja leicht ausrechnen. Probleme habe ich mit den Fotos, die Variationsbreite ist nicht sehr groß. Hin und wieder glückt es, eine groteske Wirkung zu erzielen, ob das die Leser merken, ist fraglich.

Je umfangreicher die Sammlung wird, desto deutlicher klaffen die Lücken. Die Stücke aus Marbach werfen natürlich die Frage auf: Wenn so viele Schriftsteller ins «Echolot» aufgenommen werden, wo bleiben dann die Musiker und Maler? Wirtschaftler habe ich so gut wie gar keine und Mariner auch nicht. Die Wirtschaftsmenschen haben naturgemäß kein Tagebuch geschrieben. Aber ich denke, daß sich diese Lücken noch im nächsten Jahr schließen lassen.

Die Natur grünt und blüht, leider wird mir der Ausblick aus dem Fenster durch ein Huhn vergällt, das aus inneren Gründen wie eine Ente zu watscheln gezwungen ist. Hildegard meint, es hat eine Geschwulst. Man gibt ihm eine Gnadenfrist, die es zum Humpeln nutzt.

Nartum   Sa 25. Mai 1991

1950: Wilhelm Pieck eröffnet die Pionierrepublik
«Ernst Thälmann» in der Berliner Wuhlheide

KF ist immer noch hier, er hat eine Panne und kann daher nicht, wie er es vorhatte, nach Hull fahren, bei Wildeshausen mußte er umkehren. Er putzt seine Schuhe, wobei ich ihm mit einem gewissen Wohlbehagen zusehe.

Gestern abend hatte er unsere Satellitenprogramme durchge-checkt, ich konnte durch das Küchenfenster beobachten, daß er sich die Catcher angesehen hat sowie «Tutti Frutti». Bei-des langweilt mich, die Catcher sind eine Art Schwergewichts-ballett, sie haben alles abgesprochen. Und die Sendung «Tutti Frutti» ist so unerotisch wie nur irgendwas. Seitdem die Lan-ge von rechts außen nicht mehr dabei ist – absolut uninter-essant.

Die Natur grünt und blüht immer noch. Hildegard war gestern auf einer Bauernhochzeit, was heute ihren totalen Zusam-menbruch verursacht hat.

Haben wir denn alles falsch gemacht? fragen die Leute aus der DDR. Antwort: Leider ja.

Gestern nachmittag kam eine mokante Frau mit Bobby, ih-rer elfjährigen Zahnspangen-Tochter, der Dichterin des Wolf-Romans, den sie mir Gott sei Dank nicht vorlas. Um sie los-zuwerden, zeigte ich das Haus, und als sie eben gehen wollten, kam eine Bremer Familie hereingeprallt, die mir schöne Fotos und Briefe brachte. Allgemeines Hingesetze, zum zweitenmal Kaffee gemacht und zugesehen, wie sie die letzten Reste von Hildegards Wunderkuchen auffraßen. Nach drei Stunden kehr-te Ruhe ein.

Für die drei Hunde ist eine Türklappe angeschafft worden; Lieschen hat's als erste kapiert, das heißt, sie springt durch das offengehaltene Loch hindurch. Die Klappe selbst öffnen kann sie noch nicht.

In der Post ein freundlicher Raddatz-Brief. In «Christ und Welt» eine Rezension des «Sirius».

Je öfter ich mir die Zähne putze, desto widerlicher der Ge-schmack im Mund. Fühle mich ungepflegt und verlottert. Aber um mich zu baden, bin ich zu faul. Wieso die Menschheit noch keine bequemeren Badewannen erfunden hat, ist mir ein Rätsel.

2007: *Inzwischen gibt es in Hotels Whirlpools und Wellness-Bereiche, wo man massiert und gepudert wird und dazu Fruchtcocktails zu trinken bekommt. Als Herr im Frack begegnet man diesen Leuten in Bademantel und Sandalen gelegentlich im Lift. Manche dampfen noch.*

Das Grässe-Gemälde erfährt hier aggressive Ablehnung: Ich habe es mit nach oben genommen und warte mit der Bezahlung darauf, daß der Dollar fällt. Gestern ist er um 2 Pfennig gefallen. Das macht immerhin 150 DM aus. Ich spekuliere also zum ersten Mal in meinem Leben auf Baisse.

Eben rief Renate an, sie hat drei Tage umsonst gedreht, weil Kamera defekt. 3000 DM Schaden. Ich mußte an das Lehrgeld denken, das ich bereits gezahlt habe: die Rechtsanwaltskosten, das Hausgutachten, die Architektenpleite. Vom Lehrgeld, das ich für andere zahlen mußte, schweigen wir (ein Monat «Sirius» nicht lieferbar!). Und denkst du noch an den Tastendruck, mit dem du das «Echolot»-Register gelöscht hast?
Die Chinesen haben in Tibet den Wald abgeholzt, auch so ein sozialistisches Heldenstück!

Nartum   So 26. Mai 1991, schön

Zwei Weberknechte sitzen auf dem Fliegenfenster und begatten sich.

Mein Vetter aus Hamburg kam ganz überraschend.
Mußte an seinen würdigen Vater denken, dem er sehr ähnlich sieht, aber er im Jeans-Anzug und mit ungekämmten Haaren.

Im TV Krenz, der sich nun schon ganz auf die Rolle des Pensionärs eingestellt hat. Loewe hat ihm tüchtig Bescheid gegeben: «Was heißt hier Ideale?» Die DDR sei vom ersten Tag ihres Bestehens an undemokratisch und verbrecherisch gewesen. Sehr wahr!
Auf so was läßt sich schwer antworten. – O Gott, die Deutschen werden schon dafür sorgen, daß alles in Vergessenheit gerät.

Tagung des VS in Travemünde. Wie jämmerlich! Kein bekanntes Gesicht, nur Kurzgeschichtenschreiber.

Aus dem Notizbuch:

Wer kann in einem Gesicht lesen?

So lange hinsehen, wie es geht, dann merken: Jetzt wird sie gleich zurückgucken. In letzter Sekunde. – Sich satt sehen! Übersättigung.

Jetzt lacht sie.
Woher die schwarzen Haare?
Statische Gesichter, kaum veränderlich. Die Schwarze ist modulationsreich, ganz weich, dann Junge, vertrauensvoll.
Ein Mensch, der Luft verdrängt. Sein Dasein.
Haß – schön.
Häßlich = vom Haß deformiert.
Die Zentrifugalkräfte der Konzentration.
Zeitsprung.
Gießkannenexpreß
(tröpfelweise).
«Schweinebuckel».
Zentrale Rio.

2007: *Jetzt gibt es eine Maschine, die Gesichter lesen kann. – Fuß-Erkennungsapparate gab es schon, als wir noch Kinder waren.*

Das salomonische Urteil. Wenn Frauen sich um einen Säug-
ling streiten. Passiert eigentlich selten, oder man erfährt's
nicht. –
Ein Mann sprach mich 1944 in Rostock an, meinte, ich sähe
seinem Sohn so ähnlich.

Lesung in Rotenburg.

Nartum   Di 28. Mai 1991

Heute hat sich Hildegard nach Rostock begeben, sie will ein
paar Tage ausspannen. Die ununterbrochenen Handwerker-
heimsuchungen seit Anfang des Jahres haben ihr wohl doch
sehr zugesetzt. Dazu das langsame Sterben ihrer Mutter – sie
ist ja fast jeden Tag nach Rotenburg gefahren. Ich habe in allem
das bessere Teil erwählt, soll ich mich dafür entschuldigen? Für
mich ist Hildegards Reise auch ein Vorteil, weil ich dann besser
arbeiten kann.

Gestern kam ein Herr Sundermann, der mir beim Dichten
über die Schulter gucken will. Ich nahm ihn und die sehr leicht
zu ertragende Kirsten Wiencke mit nach Oldenburg. Letztere
hat sich hier erstaunlich gut eingefügt, ringt mit dem Schaf,
wäscht ihre Jeans im Waschbecken und bevorzugt es – ganz wie
Simone –, auf dem Fußboden zu arbeiten. Ob das eine biogene-
tische Entwicklungsstufe ist?

Heute früh las ich in Bremen aus M/B. Mir war der Text ganz
fremd, aber er hielt. Keinerlei Verlangen, daran weiterzuschrei-
ben.
Mit Sundermann sprach ich über das «Echolot», mir wurde die
Notwendigkeit einer Gegenbewegung recht deutlich. Dies
könnte eben doch mit alten und älteren Fotos bewirkt werden:
Zu den Zwischentexten käme dann ein «Zeitsprung».

Die Natur ledert sich mal wieder ein, die Hellberg-Weide ist voller Pusteblumen, Freude aller Kinder. Ich bin das einzige Kind weit und breit, das sich darüber freut.

T: Helmut Schmidt in einem sonderbaren, himmelblauen Auto; ich versuche, mich bei ihm anzubiedern.
Schubert Streichquartett G-Dur.

Schewardnadse sagt, daß die SU in puncto Lebensstandard an 50. Stelle, sogar unterhalb der 50. Stelle steht. Und alles haben sie: Öl, Gas, Gold, Diamanten. Wo bleiben sie damit?

2007: *Die Autobiographie von Nabokov! Leider erfahren wir, daß sie getürkt worden sei. Warum sollen wir das unbedingt wissen?*

Nartum   Mi 29. Mai 1991

*1949: Bildung der Nationalen Front
des demokratischen Deutschland*

Durch zu starken Kaffee, den ich allerdings mit Genuß trank, verdarb ich mir leider den Nachmittag. Die Empfindlichkeitswellen wallten in mir rauf und runter, und wie das dann so ist, alles fiel mir hin, und ich stieß mich, und jedes kleine Malheur war von Wutausbrüchen gefolgt, die auf Außenstehende immer so abstoßend wirken. Als Schriftsteller hat man beherrscht und in sich ruhend durch die Gegend zu schreiten. Nervositätsexplosionen wirken verstörend auf die Menschheit. Bedauerlich waren meine Gereiztheiten schon deshalb, weil das herrlichste Wetter sich um unser Haus anordnete und ansonsten absolute Ruhe im Schiff herrschte.

Gestern abend hätte es beinahe noch eine Katastrophe gegeben. Ein Mann rief an, er teilte uns mit, daß er, aus Dresden kommend, sich nunmehr «MAS» (mit allen Sachen) auf der Dorfstraße in Bockel befände. Ein Knast-Kamerad also, der nicht abgewimmelt werden konnte. Es war 6 Uhr, und wir wollten sowieso gerade zum Essen fahren, Sundermann, Kirsten und ich, und dann nahmen wir ihn einfach mit, und ich kaufte mich durch ein Spargelgericht frei. Dieser Mensch, der seine Prothese zum besseren Spargelgenuß aus dem Mund herausnahm und in die Hosentasche steckte, hat nach der neunjährigen Haft nie wieder richtig Fuß fassen können, was u. a. an einer Lungenkrankheit gelegen haben mag, von der sein lockerer Husten während des Essens immer wieder Zeugnis ablegte. Der Mann hatte auch ein Zelt bei sich und hätte sich damit wohl gar in unserem Garten niedergelassen, wenn ich ihm nicht rasch entschlossen bei Köhnken ein Zimmer spendiert hätte. Nachdem er sich auch noch 100 DM an Reisekosten für seinen unerbetenen Besuch von mir zahlen ließ, schieden wir ziemlich abrupt. Nicht auszudenken, dieser Mann wäre womöglich ganz unvermittelt hier in Nartum aufgetaucht. Wir wären ja absolut geliefert gewesen. – Es ist eigentlich erstaunlich, daß so was nicht öfter passiert.

Sundermann, der sich von mir launig in «das Handwerk des Schreibens» einführen ließ. Ich interpretierte ihm ein Präludium aus dem «Wohltemperierten Klavier», um seinen Sinn für «Form» zu wecken. Es waren einige kluge Äußerungen von ihm zu hören über das «Echolot», und möglicherweise schickt er uns auch noch pfarramtliches Material für den Moloch.
Mir ist eine Lösung für die Erzielung von Zeittiefe eingefallen: Ich werde Fotos aus den 20er und 30er Jahren thematisch und zyklisch als Einlagen zwischen die Texte fügen. Die 43er Fotos hingegen werden in die Texte integriert. Die Foto-«Abteilungen» werden den Titel «Zeitsprung» erhalten.
Ein anderer Autor würde am «Echolot» zehn Jahre arbeiten, und in der Tat, jede Lücke, die ich schließe, weist auf Katakom-

bengänge hin, von deren Existenz ich keine Ahnung hatte. Unbedingt vermeiden muß ich es, Nazi-Material zu verwenden. Immer lauschen wir von 1991 aus, und was da an Hitler-Bildern, Plakaten und Propagandamaterial an uns andringt, darf höchstens vom Leser zufällig im Hintergrund wahrgenommen werden.

Kirsten Wiencke war wieder mit den beiden Schafen unterwegs. Sie lagerte auf einer Decke zwischen Löwenzahn und saftigen Gräsern. Erich, der Nachbar, hatte ausgerechnet zu dieser Zeit und Stunde ganz in ihrer Nähe, jenseits des Zaunes, Unkraut zu zupfen, was er merkwürdigerweise liegend tat. Kirsten versuchte übrigens zu lesen, was wohl nicht viel Erfolg hatte, denn die Schafe machten ihr zu schaffen. Später sah ich sie mit dem Mutterschaf am Bande gesittet die Allee hinunterschlendern. Sie hält im übrigen die Küche peinlich sauber und macht wenig von sich her.

2007: *Inzwischen verheiratet und zwei Kinder. Wie sie hinauswandern in die weite Welt!*

TV: Waghalsige Wellenreiter vor Hawaii. Steffi Graf, die wieder mal Pickel an der Wange hat, und Becker, der sage und schreibe vier Stunden und zehn Minuten brauchte, um seinen ersten Matchpoint zu erzielen, oder wie das heißt. Seine Partie wurde vom Kommentator «Tenniskrimi» genannt.
Kitschige Parteitagsauftritte der SPD mit einem Strick, an dem sich die alten Herren anklammerten und ein Kameradschaftslied sangen!, einen Vergleich mit «Seilschaften» herausfordernd. Eine bekloppte Künstlerin führte irgendwelchen Mumpitz mit ihrem Schlips vor. Engholm verschaffte sich frische Luft mit einem Taschenventilator, und die Genossen trugen ein entleertes Grinsen zur Schau.
Armes Deutschland!

Letzteres wird nun wohl zur Sau gemacht werden durch die «Burda»-Zeitung «Super». Der Verleger hat herausgekriegt, daß sich Geld damit verdienen läßt, wenn man die Ossis gegen die Wessis aufhetzt (FAZ).

Nartum   Do 30. Mai 1991

T: Endloser T., wir wollen nach Tibet fliegen, und Hildegard bummelt herum, macht Besuche und kauft Proviant ein, es sind nur noch fünf Minuten, als sie es endlich kapiert! Ein Herr bietet uns an, uns zum Flughafen zu fahren. Ich sage: «Nach meinen bisherigen Erfahrungen ist es ausgeschlossen, daß wir das Flugzeug noch kriegen.»

Am zweiten Tag hatte sich Sundermann, da wir doch so nahe beieinandersaßen, leicht parfümiert, oder war es Rasierwasser?

Engholm ist für Bonn als Hauptstadt, weil er da groß geworden sei: keine sehr staatsmännische Begründung. So mancher wird gegen Berlin sein, weil er in Bonn ein Eigenheim hat.

Kirsten war gestern abend auf einem zweiten Dorffest. Ein Junge namens Rainer habe dauernd nur mit ihr getanzt und anschließend mit ihr spazierengehen wollen. Es wär' jetzt so wunderschön im Wald.

Inzwischen läuft auch das Brünnlein auf meinem Hof. Der Trog stammt von einem Ddr. Rugen von 1867 Punkt.
124 Jahre alt.
Was mag «Ddr.» heißen? Diederich?
Ich habe den Abfluß reguliert, das abfließende Wasser ergoß sich direkt neben den Rost. Der Efeu entwickelt sich, auf dem Wasser schwimmen große Blasen, zerplatzen. Ich habe in Ermangelung von «Artefakten», die ich hier eigentlich aufstellen

wollte, die Ziegelsteine aufgereiht, die ich von drüben mitbrachte, aus Wismar die beiden Formsteine, St. Georgen, und einiges aus Rostock. Auch einen Formstein von St. Ansgari in Bremen.

Dankbarkeit und ein Gedanke an die Toten.

2007: *Dörfler erzählte, daß in Wismar die alten Ziegelsteine von St. Georgen zermahlen werden und zu neuen «alten» gegossen. – Hildegard: «Nein!» – Ob's stimmt?*

Der Pianist Kempff ist gestorben, im 96. Lebensjahr. Welche Welten gehen täglich zugrunde. Wie große Segelschiffe, die sich auf die Seite legen.
Mutter und Ulla haben ihm mal aufgelauert, in Rostock, nach einem Konzert.
«Isser das?»
«Ja, das isser.»
Dieser Mann mit seinen feinen Händen wurde 1945 noch zum Volkssturm einberufen, wo er an der Panzerfaust ausgebildet wurde! Später lebte er dann in Positano. Man sah das Haus kürzlich in einem Film, ein schöner See mit Schwänen drauf.

2007: *Jetzt hängt da eine Gedenktafel. – Ich habe auch eine CD von ihm, er spielt auf einem schönen alten Bechstein. Ich kann das Cembalo-Gezirpe nicht ertragen. Die Seele braucht schließlich auch was.*

Auch kümmerte er sich um die Jugend und guckte denen beim Spielen über die Schulter. Joachim Kaiser sagt über ihn: «Sein Spiel enthält keine Spur eines billigen oder hochherzigen Donners.»
Was so ein Mensch alles erlebt! Er hat sogar mal Kemal Atatürk beraten. Konzertreisen von München nach Allenstein. Und immer dasselbe gespielt. Und Elly Ney entgegengesetzt, von Königsberg nach München, auch immer dasselbe gespielt.

Moderne Musik mochte er nicht. – Seine Tochter Diana hat ein Buch über ihn geschrieben.
Ob es in Potsdam eine Wilhelm-Kempff-Gedächtnisstätte gibt? In Japan jedenfalls ist eine ganze Insel nach ihm benannt.

2007: *Ich hab's immerhin zu einem Stern gebracht, der nach mir benannt wurde.*

Ich habe eine Affinität zu Menschen, deren Name so ähnlich anfängt wie meiner. Aber in Chemnitz möchte ich deshalb trotzdem nicht wohnen.

2007: *Von Celibidache gelesen, in Mainz, daß er da den Nachwuchs anschreit: «Das soll dirigieren sein? Sie zucken ja nur!»*

Ich sitze hier so schön in der Sonne, das Brünnlein schnattert, zwei Hühner mir zur Seite, ihr Gefieder pflegend.
Hinten blökt das Schaf. Es möchte wahrscheinlich mit Kirsten einen Saftiges-Gras-Spaziergang machen.
Nebenan, beim Nachbarn, beobachtete ich vor ein paar Tagen, wie der Schäferhund das Schaf dort betrachtete.
Unser Lamm jagt Elstern, Tauben, Hühner weg, aber immer nur ein paar Schritte.
Für diese eine Stunde all das Theater.

Eine infektiöse Schlappheit hat mich ergriffen, die Feder meiner Spannkraft ist schlaff. Am liebsten würde ich ins Bett gehen und vor mich hin dämmern. In Portland der eine Nachmittag mit Hildegard, in der Walfisch-Bucht, das wäre jetzt das Richtige. Die Mattigkeit wechselt über zu Ekel, wenn ich doch etwas zu tun versuche. Merkwürdiger Zustand. Ich vermute, daß dieser Zustand dem Kräftesammeln dient. Trotzdem leide ich. Heute hinderte mich ein übergroßer Trecker, mit dem die Wiese gemäht wurde, daran, mich wie in Davos auf einen Liegestuhl zu legen und in die Gegend zu dämmern. Das Wetter ist prachtvoll, Hildegard hat mal wieder Glück gehabt.

1924: Gründung des Roten Frontkämpferbundes

In der Nacht habe ich noch drei Themen für den Foto-Zeit-sprung angerissen, das fast Automatische der Ideenankunft und -realisation langweilt mich. Ein wirklich großer Gedanke fehlt. Alles ist auf dem «Niveau du Barbier» angesiedelt. Man müßte, wenn alles fertig ist, die ganze Geschichte durch eine Art Reißwolf jagen, der nach ständig wechselnden Prinzipien die einzelnen Sätze austauschen würde. Das Ganze wäre dann zwar unlesbar, käme dem jedoch, was ich beabsichtige, näher.

2007: *Dieses Prinzip habe ich in «Allzeit» und «Plankton» wiederaufgenommen.*

Lafontaine auf dem SPD-Parteitag. Gott sei Dank kann der Mann nicht reden. Rhetorisch unbegabt. Er ersetzt Rhetorik durch Gestik. Hat auch kein Charisma. Wer denkt noch an Papa Heuss?

Erich Böhme beantwortet den FAZ-Fragebogen ganz originell: Kapellmeister möchte er sein oder Bahnwärter an einer still-gelegten Strecke in Südfrankreich.

Juni 1991

Jahrestag der Pionierorganisation
der Ungarischen Volksrepublik

«Wenn man das Leid aus dem Fenster schütten könnte.»
Lese Kafkas Tagebücher. Über seine Reise nach Weimar und in
den Harz zu einer Nacktkur.
«Auch alte Herrn, die nackt über Heuhaufen springen,
gefallen mir nicht.» So was wird in Schulen nicht behandelt.

Seit gestern mittag alleine hier. – Im Vorraum liegen Rostockiensien, die ein Rostocker über Mittag dort abgelegt hat,
ein rotes Feuerversicherungsschild aus Emaille, ein (gedrucktes) Agitprop-Bild und ein FdJ-Schiffchen, das ich der FdJ-Puppe oben aufsetzte. Die Angst weicht dem Triumph.
Am Abend dann absolute Stille. Trotz der vielen Menschen
(oder ihretwegen) Einsamkeitsgefühle. Auch jetzt. Da kennt
man Tausende, und niemand, den man rufen könnte.

2007: *Und niemand, der einen tröstet?*

In der ZEIT über Susanne Albrecht:

> Ganz unscheinbar und blaß sitzt sie zwischen ihren beiden sich
> väterlich gebärdenden Advokaten auf der Anklagebank, den mageren Oberkörper leicht nach vorne gebeugt, aber mit geradem
> Rücken. Susanne Albrecht sieht mädchenhaft aus mit ihrem kinnlangen Pagenschnitt, der weißen kurzärmeligen Hemdbluse, den

grünen Blazer schützend über die Schultern geworfen. Vor ihr liegt eine dicke Mappe mit Unterlagen, auf denen sie sich ab und zu Notizen macht ...

Eine Gisela Dachs hat das geschrieben.

Heute früh kamen unsere Bremer Freunde noch einmal und brachten 20 000 Dias.
Ich bummelte und machte die nächste Sendung für «Hörzu» fertig und den 15. Januar. Morgen geht das «Echolot» per Eilpost nach München. Der Versuch, auch noch das Register auszudrucken, mißlang.

Die Hühner waren sehr zudringlich, als ich Kaffee trank, eins hüpfte auf meinen Arm und pickte mir Kuchen von den Lippen. Aber streicheln lassen sie sich nicht. Nach dem Kaffee gruppieren sie sich um mich herum, Augendeckel zugeklappt. Eine einzelne Krähe kommt und sieht sich das an.

TV: «Giulia», italienischer Film, gute Unterhaltung.

Mit Hildegard telefoniert, sie will unbedingt, daß ich sie mit der Bahn besuche beziehungsweise abhole. Obwohl ich doch ein Auto gemietet habe. – Dort gehe es wie im Taubenschlag raus und rein. Und sie denkt, es sei nur bei uns so.

Ich sei übrigens der einzige Mensch gewesen, der ihm in seiner Misere Geld angeboten hat, sagte Raddatz. Das ist für ihn wichtig, obwohl er es doch bestimmt nicht braucht. Läßt er sich seine Freundschaft bezahlen? Oder: Nur wer Geld gibt, dem ist es ernst?
Prof. Brake, damals, 1957 in Göttingen, als er von meiner Verlegenheit hörte, der mir 20 Mark schenken wollte. – Es ist schon was dran. Er griff zur Brieftasche.

Die Zudringlichkeit der Hühner: Ich entdeckte später, daß ich sie des Morgens nicht gefüttert hatte. Sie waren also einfach sehr hungrig. – Für Musik sind sie nicht empfänglich. Oder doch? Sie zeigen es nicht, sie lassen es sich nicht anmerken. Man sollte ihnen mal van Goghs Sonnenblumen zeigen, was sie dann wohl sagen.

Nartum   Mo 3. Juni 1991, bedeckt

Jahrestag der finnischen Pionierorganisation (SPDL)

Die Katzen liegen beide, nachdem ich sie ins Klo gesperrt, im Fenster.
Der fremde Kater konnte mit einem kalten Wasserguß verjagt werden: «Bag!» rief er. Es traf ihn im Schlaf. Wie im Märchen der Eimer mit den kalten Heringen.
Gestern fuhren hier vor dem Fenster große Heuwagen hin und her. Da dachte ich: Ach ja, es ist ja Sonntag.
Niemand – Stille. Wer sollte auch.

Gestern, die Bremer Familie, hat wieder einige der 20 000 Dias herausgenommen und behalten. Dem Mann war das nicht recht. Sie zeigte mir vier dieser herausgenommenen, also «gestohlenen» Bilder: zwei von der Wohnung ihrer Großmutter, wie schön es darin war, und zwei von dem liederlichen Onkel, einmal mit Hure auf den Schultern und einmal mit Hure auf dem Sofa. Im Grunde waren diese vier Dias thematisch. Der Sohn, der das Erbe seiner Eltern durchgebracht hat. Erst das Grundstück verkauft («die alten Bäume fällen lassen ...»), dann die Möbel («damals wahrscheinlich für einen Pappenstiel»). Das eine der Mädchen nahm er zu sich, die holte ihren Galan nach und legte ihrem Gastgeber nahe, ins obere Stockwerk zu ziehen. («Sie hat ihn regelrecht verdrängt.»)

Ich tröstete sie mit dem dunklen Punkt in jeder Familie und erzählte von Tante Silbi.

Versuch, Spargel zu kaufen. Erst den Hof nicht gefunden.
Dann die Bauersfrau weggehen sehen, wie Bauersleute eben
gehen. Dann das Schild:

Mo   8–10
Die 15–16

usw.

Also kann ich keinen Spargel nach Rostock mitnehmen, wofür
ich wahrscheinlich hart verhört werden werde.

«Echolot I», 1.–15. Januar des zweiten Durchgangs abge-
schickt. Das habe ich erst mal vom Hals.
Aus Marbach kamen gute Sachen. Habe sofort darin gelesen.
Gott, ist das lange her, Vater und Mutter sind auch darin, in der
Diktion mancher Briefe.
Briefe von Margarete Hauptmann und Karola Bloch.

Kirsten sagte, sie räumt die Küche deshalb so gut auf, weil das
eine fremde Küche ist, die sie noch nicht kennt.
Kann sich nicht daran gewöhnen, «Lärm» zu machen, wenn sie
in meine Nähe kommt, was sie eigentlich soll, damit ich mich
nicht erschrecke. Die Menschen schleichen um mich herum,
und ich fahre dann zusammen.

Auf der Fahrt nach Oldenburg. Ein elegantes schwarzes Auto
stand dampfend quer, offenbar gerade passiert, noch kein Stau,
aber kein Mensch im Auto. Gegenfahrbahn.

Gespräch im Gasthaus mitgeschrieben. Zwei Frauen:
«Drei Zimmer, große Wohnung, großes Zimmer! Mit ihrem
Rollstuhl muß sie ja auch eine große Wohnung haben. Und
ganz oben ein winziges Zimmer, das haben sie dem Vater gegeben ... ‹Mein Vater war Senator ...› Dabei war er Dreher! –

Es war schon ein armes Würstchen, daß sie damit angeben mußte… Sie war nicht in der Lage, irgendetwas alleine zu machen. Die ist immer mit dem Taxi zur Uni gefahren. Dann haben sie ihr das Bafög gestrichen. Das ist nichts, wenn die Menschen nicht für sich selber sorgen können. Wenn ich mal mit ihr unterwegs war … *sie* hat nie was organisiert. Sie stand da, und ich mußte denn losziehen. Nichts hat sie.»
«Konnte die Frau überhaupt keinen Schritt laufen?»
«Nein, keinen Schritt.»
«Ich geh' noch mal auf Tolette.»

Die schöne Schwiegertochter des Wirts.

Drei Bundeswehrsoldaten, Feldwebel. Einer mit wüstem Gesicht. Der grüßt mich, die anderen beiden nicht. Hosen mit Taschen an den Seiten. Weiterentwickelte Zimmermannstaschen, wo die ihren Zollstock stecken hatten.
Ein Gast wird zurückgeholt, er hat seine Zigaretten nicht bezahlt. «Aber schmöken hast du nicht vergessen?» Wirt schimpft scherzend, die Sache ist nicht ernst, aber gesagt wird's doch.

Ein Vertreter (?) mir gegenüber löst ein Kreuzworträtsel. Er befeuchtet den Zeigefinger beim Umblättern der Zeitung. Blauer Schlips mit Schlipshalter.
Ich habe das letzte Kreuzworträtsel gelöst, als ich Scharlach hatte, 1939/40, es stand in der Zeitschrift «Hänsel und Grethel». Ganz leichte Fragen natürlich. – In Schwerin im Gefängnis habe ich dann magische Quadrate fabriziert. Seitdem habe ich was gegen Rätsel.

2007: *Neuerdings nährt sich das Fernsehen von Rätseln aller Art – «Wie hoch ist der Chimborazo?» –, so ein junger Mann moderiert das, ein Star, Jauch heißt er, glaube ich. Wer die Hauptstadt von Bulgarien zu nennen weiß, kriegt sofort 20 000 Euro. – Ob die Bulgaren auch wissen, wo Nartum liegt? Buselmeiers schönes Tagebuch.*

Ab nach Rostock. Mit Taxi nach Hamburg, 150,–, dann der neue InterCity. Eigentlich hatte ich schon abgesagt, weil es kalt war und regnete. Als ich heute früh aufwachte, war trotz Wetterbericht schönster Sonnenschein. Also hektisch telefoniert. Und nun sitze ich im Taxi, und der Fahrer fragt: «Wird das Wetter halten? – Zu kalt für diese Jahreszeit.»

Gestern in Oldenburg war es mal sehr nett, zur Abwechslung. Zwei Referatsgruppen hatten ihre Aufgabe ausgezeichnet vorbereitet und trugen es lachend vor.
«Solange man es zügig durchgeht, ist das kein Problem.»

An sich ist der Zeitpunkt für eine kleine Reise sehr günstig. Noch keine Ferien, ¼ «Echolot» abgeschickt. Aber ich würde lieber in den Harz fahren oder nach Potsdam.

T: Von Italien, ein Taxifahrer, der wie der Duce aussah. Ich dachte: Wenn so die alten Römer ausgesehen haben, dann ist es doch klar, daß sie die halbe Alte Welt beherrschten.

Oldenburg will mich feierlich verabschieden. Im Amtszimmer des Präsidenten, mit Händedruck. 'n bißchen schäbig. Aber still, sie haben mich zehn Jahre ertragen. Man stelle sich vor, ich hätte in dieser Zeit Tag für Tag unterrichten müssen! Nach der Vorlesung scharen sich junge Menschen um mich und wollen mit mir klönen. – Ich werde das Jungvolk vielleicht doch entbehren.

Glanzfoto-Bücher über die DDR, fromme Lügen.

In Bremen wurde mir ein Hotel gezeigt, das jetzt mit Kurden belegt. 40000 zahle der Senat pro Monat dafür. Jede Woche komme die Polizei, weil dies der Drogenmittelpunkt sei. Das heißt sich eine Laus in den Pelz setzen.

Das Schaf ist geschoren worden. Eine ganze Stunde haben sie dazu gebraucht. In Australien machen sie das in fünf Minuten.

Das Hoffen fährt auf der Autobahn mit. Es fährt in die gleiche Richtung.

Früh, wann die Hähne krähn ...
Arbeit ist das beste Mittel gegen Kummer jeder Art.

Arbeite «Schöne Aussicht» jetzt durch. Allerhand Ungereimtes. Aber die Zeit ist für die Nachwelt zu retten.

Der Grenzstreifen ist noch da. Vorm Zaun stehen die Pfähle.
Ab Schönberg fährt der Zug eingleisig.
Das Hämmern der Räder.
Ein Mann kniet im Rapsfeld und fotografiert den IC-Zug, der ja erst seit vier Tagen fährt.
In HH sah ich den ICE. Weiß wie Sahneeis. Der Beamte sagt, daß die Strecke bis Stralsund eingleisig ist. Der alte Bahndamm sei nur noch stückweise erhalten.
Schafe, die sich unter einen Busch drücken.

Mecklenburg: Von der allgemeinen Verwahrlosung abgesehen ist dies hier das Paradies.
Speisewagen. Ein Kellner mit Denkerstirn. Er spricht tschechisch oder polnisch mit der Kellnerin, die sich an einen Tisch gesetzt und die Schuhe ausgezogen hat.
Ratternd und schlotternd.

«Ich hätt' so gerne an dich geglaubt, doch meine Mutter hat es leider nicht erlaubt ...» – Ohrwurm seit drei Tagen, aus einem alten Heinz-Rühmann-Film.

Bad Kleinen, wir stehen lange auf dem Bahnhof. Ein Trupp groblippiger und -nasiger junger Reichsbahnproleten guckt

den Zug an. Besonders das Fahrgestell interessiert sie. Speisewagen.
Eine dicke Aufsichtsbeamtin mit verquollenen Augen, strähni-
ges Haar. Sie geht am Zug auf und ab.
Sie staunen hier über den IC wie wir in HH über den ICE
nicht.

Jetzt fahren wir. Eine dicke Frau in hellblauem Hauskittel zeigt
auf unseren Zug, auf den Speisewagen, lachend-staunend.
In Schweden ungeheure Mückenplage, weil sämtliche Insek-
tengifte verboten, auch Salben, weil sie psychische Störungen
hervorrufen können.
Getreidemeere, Rapsteppiche.
Aus dem Speisewagen geflohen, weil angeglotzt.
Parklandschaft.

In HH auf dem Bahnhof, neu eröffneter Delikatessenladen.
Dort ungenießbares Hackbrötchen gegessen. Robert würde
sagen: «Ein totgeborenes Kind.» Der Umbau des Bahnhofs
ist einigermaßen schonend vollzogen worden, obwohl der alte
gemütlicher (und übersichtlicher!) war. Nirgends gelbe Ab-
fahrtplakate, das Reisezentrum schwer zu finden. Aber vorm
Eingang Drogenhändler jede Menge. Ob die auch Morphium
haben?

Die Frauenkirche in Dresden natürlich wieder aufbauen. Was
aus sogenannten Mahnmalen wird, läßt sich an der Nikolaikirche in HH studieren. Auf Architekten und Denkmalschüt-
zer sollte man nicht hören. Was die schon für Blödsinn befür-
wortet haben!

Jahrestag der Pionierorganisation «Sonendan»
der KDVR

Heimfahrt nach Nartum.
Gestern machten wir eine lange Erkundungstour durch Mecklenburg und Vorpommern. Höhepunkt war die Ruine von Dargun, Schloß und Kirche. Ziegen und Schafe hopsten in der Ruine umher.
Menschenleere Baum-Dom-Straßen, kaum Autos. –
Greifswald, eine Buddelstadt, allerhand Leitungen werden verlegt, Häuser repariert. Auf dem Markt zwei verfallene Giebelhäuser wieder «hochgezogen». Der Unterschied zwischen Mecklenburg und Pommern.
In Greifswald Löschpapier-Schnitzel gegessen. Ein Mann in hellgrünem Trainingsanzug, seine Frau in Altrosa mit großer Katze auf dem Busen, mit Glassplittern gestickt. Ich sag': «Die setzen sich bestimmt an unseren Tisch.» Und so war es auch. Gemütliche Thüringer, Porzellanschmelzer.

Sporting Club
Champs Speciality
The Best Competition

stand auf seinem Trainingsanzug.

Allerhand Störrisches. – Vorgestern in Doberan und Heiligendamm, am Abend hörte ich in Rostock zum erstenmal Schuberts «Winterreise», und zwar im Barocksaal. Sonne schien herein. Ich sah aus dem Fenster zum Grauen Kloster hinüber. Direkt neben dem Barocksaal das Gefängnis, in dem meine Mutter gesessen hat.

Leider Regen.
Rapsfelder.

Nartum
Heimfahrt bei gutem Wetter. Sehr oft werde ich solche Touren
nicht mehr machen können.
Das zauberhafte Haus.

Nartum   So 9. Juni 1991

Mehrere Frauen kamen und fragten, wie wir das Haus heizen
und ob vor die Fenster mal was vorgebaut wird.
Ich signierte drei Taschenbücher.

Universität Oldenburg   Mo 10. Juni 1991,
                                                           Regen

Höre und sehe gerade einer idiotischen Referatsvorführung zu,
wir sitzen im Kreis und sollen uns schlafend stellen usw. Wir
sollen aufwachen und uns aufs Klo setzen. Ach! Bald ist es vorbei.
In der Uni-Buchhandlung kaufte ich ein Buch über Bautzen: Es
strotzt vor Unrichtigkeiten. Saures Erinnern. Meine Bücher
werden in der Universitätsbibliothek nicht geführt, obwohl ich
seit 10 Jahren dort lehre. Nicht einmal die Fibel ist vorhanden!

Sie sei müde gewesen, das habe sie ganz schön angestrengt, sagt
eines der vier Mädchen, die Sonntag «Echolot» mit vorgetragen
hat. Kinder sind es, das vergessen wir.
«Die Geschlechter müssen miteinander auskommen», sagt
gerade das braune Mädchen, als von Koexistenz die Rede
ist.

Nartum   Di 11. Juni 1991, Regen

Im Jahr 2000 wird es keine Eichen mehr geben, heißt es. Bei uns hier sprießen sie wie Unkraut.

2007: *Sie sprießen immer noch, keine einzige ist eingegangen.*

Streit um Berlin, aus allen Rohren wird geschossen. Die Schale neigt sich gen Bonn, was mich beleidigt. «Ich mach' nicht mehr mit.»

Mutter Janssen hatte heute Herzkollaps. Hildegard war gerade bei ihr. Morgen wird sie 86 Jahre alt. Hat noch ihren schnippischen Humor.

Nahm heute M/B wieder vor und schrieb drei bis vier Seiten. Morgen müßte die Marienburg an die Reihe kommen. Nicht sehr animiert.
Bei «Echolot» ist der 19. Januar im Computer leider futsch. Gottlob haben wir einen Ausdruck.

Studentin erzählte, ihr Akkordeonlehrer habe sie von hinten umgrabbelt. 14jährig. Eltern hätten das nicht geglaubt.
Die kleine Schwarze hat gestern über Ellen Kay referiert. Mit tonloser Stimme leierte sie zum Schluß deren pädagogische Visionen herunter. Ich griff ein und hielt eine feurige Rede.

Nartum   Mi 12. Juni 1991

Tag des Lehrers

T: Habe mich sehr aufgeregt, weil Hildegard mich so lange warten ließ. Sie wollte um 11 kommen und kam um 2 Uhr, und wir wollten doch essen fahren!

Allerhand menschliche Enttäuschungen mit Menschen, die mir nahestehen. Es nützt nichts, daß ich mir Mühe gebe, ich hätte von Anfang an anders sein müssen.

Am Abend fand wieder ein Hühnerdrama statt. Ich fürchte, es ist der Playboy gewesen. Hildegard meint, das hat er aus Rache getan, weil sie ihn nicht richtig beachtet hat heute mittag. – Das arme Huhn ist nicht tot, es sitzt ziemlich nackt im Stall. Vielleicht wachsen die Federn ja wieder nach? Ob Hühner übelnehmerisch sind?

Ging heute wieder an M/B heran, korrigierte allerhand und brachte Zusammenhänge in Ordnung. Morgen kann ich leider nicht weitermachen, da ich nach Osnabrück wegen der Remarque-Preis-Sitzung muß. Nächster Abschnitt wird die Marienburg sein. Die Hoffart der Ritter. Kümmerliche Ausstellung von Gladiolenbildern.

In der Post war ein sonderbarer Brief Roberts. So etwas von schrullig ist schon nicht mehr komisch.

Zwei Bilder kamen aus Berlin, Ostseeküste und Agitprop-Baustellen-Malerei. Ich dachte an U-Bahn-Bau. – «In Berlin wurde zu DDR-Zeiten kein Meter U-Bahn gebaut», sagt ein DDR-Berliner zu mir.

Raddatz meldete sich am Montag.

M/B Es fehlte ein Regenbogen.

Nartum   Do 13. Juni 1991

«Echolot»: Ich wachte heute um 5 Uhr auf und rasierte mich und begann sofort zu arbeiten, konnte noch den 22. Januar hinter mich bringen. Aber es schleicht sich Routine ein, gegen die ich mich wehren muß. Weniger Fotos! Überhaupt eine Reduzierung. Vielleicht sollte ich mich an «Sirius» orientieren: auch das Layout.

Die Foto-Zeitsprünge nicht nur aus alten Bildern bestreiten, sondern auch Beispiele aus der jüngeren Vergangenheit: Wiederaufbau usw.?
Vergebliche Versuche, mit dem Document Center (Berlin) in Verbindung zu kommen. Man müßte hinfahren.

Es hat sich herausgestellt, daß Paule und Lieschen das Huhn gejagt haben. Hildegard hat das vom Nachbarn erfahren. Während sie mit ihm sprach, hätten die Hunde zugehört und sicher auch verstanden, worum es sich dreht.

Osnabrück
Zur Verleihung des Remarque-Preises an Kopelew.
Das übliche Taxifahrer-Geblödel. «Zum Alten Rathaus», sage ich zu ihm. Das kennt er nicht. Warum steigt man nicht sofort aus? Weil er einen dann stehenläßt, und man weiß nicht, wo man ist.

In der FAZ ein H. Krüger mit dem neuen Ausdruck «Posttotalitarismus». Als ob es Totalitarismus nicht mehr gibt und nie mehr geben wird. DDR und Drittes Reich könne man nicht vergleichen, weil es dies und das nicht gegeben habe. Daß Totalitarismus latent vorhanden ist und immer auf Gelegenheit wartet, bei der er sich manifestiert? Daß er mit Tötungsmaschinen noch nicht zum Ausbruch kam, ist noch kein Gegenbeweis. – Es habe in der DDR keine KZ gegeben, meint er.

Genosse Peter Schütt in der FAZ über die Gründungsfeierlichkeiten der Äthiopischen Volksdemokratie. Anstatt sich «zu schämen», meldet er sich nun zu Wort, reiht sich in die Zeitungen ein, die eigentlich alle nur dokumentieren, daß sie versagt haben.
Jo Jastram hat das Marx-Denkmal für Addis Abeba fabriziert. Er habe der Physiognomie negroide Züge verliehen. Nennt sich «Jo», das macht ihn nicht unkenntlich. Neuerdings beschäftigt er sich statt mit Sozialismus mit mecklenburgischer Heimat-

geschichte. In der St.-Georg-Schule saß er neben mir auf der Bank. HJ-Führer war er, sparte die Flakhelferei dadurch. Jetzt arbeitet er für die Kirche. – Möchte ihn wohl gerne mal wiedersehen. Die Wandlungen, die ein solcher Mensch durchmachen muß.

«Nach dem Krieg beginnt E. M. Remarque mit der Aufarbeitung des Nationalsozialismus ...» (aus der Preisbroschüre).
Streichquartett. Ich sitze genau davor, der Bratschist hat ein Siegel an der Strickkrawatte hängen.
Die schlecht gekleideten Fotografen als Rotte im Hintergrund.

2007: *Im Internet – «Wikipedia» – lese ich zu Remarque, daß es ...*
«... ein weit verbreiteter Irrglaube ist, dass er in seinem Fortsetzungsroman ‹Im Westen nichts Neues› (1928) die Erfahrungen des Ersten Weltkrieges verarbeitete. In Wahrheit erlebte er den Krieg nur am Rande mit, wurde früh verwundet und baute den Roman hauptsächlich auf Erzählungen verwundeter Soldaten im Lazarett auf. Die Version, dass er sich den Roman buchstäblich ‹vom Leib geschrieben› hätte, wurde nur zu Werbezwecken erfunden. Er schrieb den Roman 1928 für die ‹Vossische Zeitung›, der ihn bald nach dem Erscheinen als Buchausgabe 1929 und in der Hollywood-Verfilmung durch Lewis Milestone weltweit bekannt machte.»

Später ging er nach Amerika und war zeitweilig mit der Dietrich liiert. 1958 heiratete er dann Paulette Goddard, die wiederum mal mit Charlie Chaplin verheiratet war.

Kopelew saß in der ersten Reihe, wie es einem Friedenspreisträger gebührt: Mehr Bart als weise?
Der Flötist mir gegenüber hatte russische Noten auf dem Pult. Das hat wohl nichts zu tun damit, daß K. heute den Preis kriegt.

Noitzen während der Preisrede:

Irgendwie scheine ich, obwohl mit Bedenken, in den deutschen Olymp aufgenommen worden zu sein.

Auch die Stasi gehört zur deutschen Geschichte. Es finden sich bei dieser Organisation Strukturen, die auch die Arbeit des RSHA bestimmten.

Schwarzenau nennt Ravensbrück ein Vernichtungslager.

Vielleicht sind große Gedanken, originelle Gedanken immer banal, wenn man sie gehabt hat.

Man hat es nicht gern, daß einem die Zeit lang wird. Anstatt sich darüber zu freuen.

Verdrängung? Nichts wurde verdrängt. Ganze Güterzüge voll Literatur gibt es über die «1000 Jahre». Und wenn es auch nicht alle wußten, *ahnten* doch viele. Und nach dem Krieg hatte mancher «was anderes zu tun».

Isa Vermehren
Buber-Neumann
Eugen Kogon

M/B: Wind fährt in Papierschnitzel,
Zeitungen: Schluß.
Stutthof geschlossen.

Rassenhaß und Nationalismus entstanden erst, als die Menschen zu reisen begannen.

Der handgeschnitzte Friedenssaal in Osnabrück mit Plastikstühlen vollgestellt.

Bei Tisch.

Gebeizte Lachsrose mit Crème fraîche
Forellenkaviar, kleine Reibekuchen

Legiertes Kerbelsüppchen mit Noilly-Prat
Couvertbrötchen und Butter

Spargel, Sauce Hollandaise
Kalbsmedaillon, neue Kartoffeln

Erdbeerkrapfen mit hausgemachtem
Vanilleeis, Grand-Marnier Sabayon

Kaffee, Mocca, Espresso

Zur Rechten die Bürgermeisterin, zur Linken eine mir unbekannte, etwas beschränkte Frau. Sie fragt Frau Lundholm, die
im KZ war: «Sie können wohl noch ganz bewußt Brot essen?»,
und erzählte dann, wie knapp sie es gehabt hätten nach dem
Krieg und an wieviel kleinen Dingen sie sich heutzutage erfreut: «Ein Veilchensträußlein, liebevoll gebunden ...»
Frau Hamm-Brücher verglich die Berlin-Debatte mit zwei
Kindern, die eine Rolle Garn vertüttert haben. Das wäre gar
kein Thema gewesen, das hätten sie erst dazu gemacht. Auf ihre
hausfrauliche Art ist sie, wie man sehen konnte, gar nicht so
verkehrt.

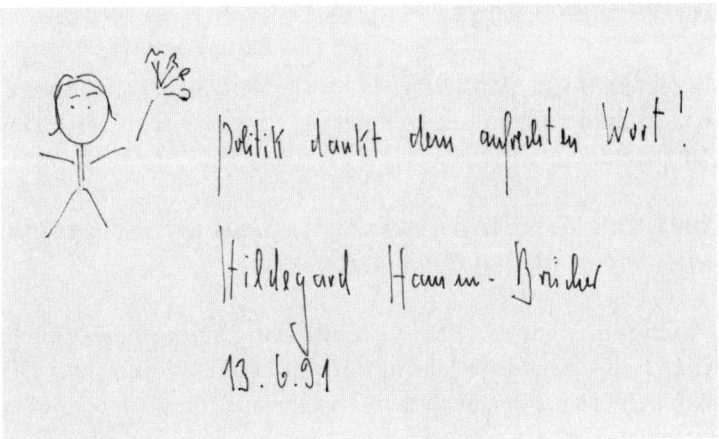

Albumeintrag Hildegard Hamm-Brücher

Alle am Tisch waren für Berlin.

Kopelew fragte mich, warum ich ihn sieze, wir wären doch Knastbrüder ... Dem hat also jemand vom «Sirius» erzählt, daß er sich damals meine Anrede als «Kamerad» verbeten hat. Ganz schlau reagiert. Er malte mir ein Selbstporträt ins Buch, nicht identisch mit dem, was ich schon hab'.

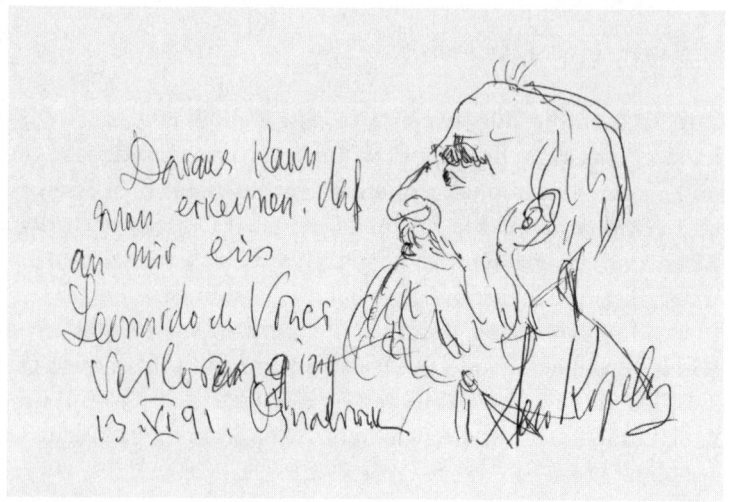

Albumeintrag Lew Kopelew

In seinem Buch «Aufbewahren für alle Zeit» hat er einige wertvolle Schilderungen verzeichnet, die für das «Echolot» unabdingbar sind.

2007: *Die Germanisten nennen ihn einen «Fliegenbeinzähler», weiß nicht, was damit gemeint ist.*

Im Zug ein Mann mit Pfeife, genußsüchtig. Ich wunderte mich: Die Dreiviertelstunde kam er mit einer Pfeifenfüllung aus. Die Beine übereinander, Walkman im Ohr und dann am Schnuller lutschen.

Taxifahrer: «Haben Sie das schlechte Wetter bestellt?»
Bevor er anfährt, drückt er auf einen Knopf: 3,– DM.
«Nartum is' Mulmshorn, nischt?»

TV: Zwei Schülerinnen, die ihre Mitschülerinnen am Bauchnabel identifizieren konnten. Obszön?

Nartum   Fr 14. Juni 1991, Regen

Gestern haben 53% der Leningrader für die Umbenennung ihrer Stadt in «Petersburg» gestimmt. Das «Sankt» haben sie natürlich weggelassen.

2007: *Um auch mal was Gutes über Böll zu sagen – seine kurzen Sachen sind ausgezeichnet: Er hat einen Aufsatz über Petersburg geschrieben, «Fjodor M. Dostojewskij und Petersburg» heißt er, den ich gerade gelesen habe. Leider habe ich eine Autorenreise nach Petersburg vor einigen Jahren, die der Schriftstellerverband veranstaltete, versäumt.*
Wie man mit Lügen die Weltgeschichte beeinflussen kann: Der Sturm auf das Winterpalais, der so nie stattgefunden hat, wird zur Wahrheit, wenn man ihn immer und immer wieder im Film zeigt.

Als Superschlaumeier habe ich mir jetzt selbst in den Hintern getreten: Ich wollte das Grässe-Honorar erst überweisen, wenn der Dollar recht niedrig steht, nun steigt er unentwegt.
Der Flaschenmann in Rostock hat angerufen, daß wir die restlichen, schon bezahlten Bierflaschen doch bitte noch abholen sollen. – Von restlichen Flaschen war damals keine Rede gewesen. Er hatte uns angeblich alle eingepackt und mitgegeben. Mir kam es damals gleich so sonderbar vor, ich war richtig enttäuscht, als ich sie auspackte: Für die paar Flaschen so viel Geld?

Beruflich ist er viel über Land gefahren, und da hat er immer nach alten Buddeln Ausschau gehalten. Und die stehen hier nun bei uns als proletarischer Schmuck.

2007: *Jetzt stehen sie in Rostock.*

Der Tag war sehr gut. Arbeitete an M/B, verbesserte manches und bereitete mich auf das Marienburg-Kapitel vor. Insgesamt haben wir nun 81 Seiten. Vielleicht bringe ich das Ganze ja doch noch in diesem Jahr hinter mich.

KF kam heute früh um 5 Uhr. Hildegard wollte spazierengehen und sah einen Mann in der Landschaft stehen, der sich den Sonnenaufgang ansieht. Es war unser Sohn. Er erzählte von England, war dort mit 10 000 anderen Motorradfahrern zu einem Treffen. Am «Sirius», den er mag, kritisierte er die Frisbee-Stelle, wo ich sage, daß er kurze Beine hat. Dabei haben wir doch alle kurze Beine. Ohne deshalb Lügner zu sein!

Nartum   Sa 15. Juni 1991, Regen

1914: Juri Wladimirowitsch Andropow geboren
1945: Gründung des FDGB

Morgens einen Tag «Echolot» (23. Januar 1943), nachmittags M/B: das Marienburg-Kapitel begonnen. Ganz gut. – Wie man die schrecklichsten Sachen nachmittags bei Kaffee und Kuchen repetiert... Beim Kaffee fand ich eine Lösung, wie ich das «Echolot», ohne das Gesicht zu verlieren, zu einem guten Ende bringen kann: Wir teilen es in drei Lieferungen

1. «Echolot»: Jan./Feb. 1943
2. Jan.–Mai 1945
3. Dez. '48/Jan. '49

Durch das Überspringen schaffe ich Spannungsbögen, durch das Weglassen Konsumierbarkeit.
Falls dann noch Zeit, könnte ein Band «20. Juli und Invasion» zwischen «Echolot» '43 und '45 geschoben werden.

Mit KF gut geredet, über seine Streiche in Gütersloh, von denen ich natürlich keine Ahnung hatte.
Er hat Hemmungen, meine Briefe aufzubewahren, weil er sich dagegen wehrt, daß er sie einmal verkaufen könnte.

Hildegard zählt ihre Hühner, da der Hühnerhabicht schon zwei geholt hat.

Nartum   So 16. Juni 1991

Tag der Genossenschaftsbauern und der Arbeiter der
sozialistischen Land- und Forstwirtschaft
Internationaler Tag der Solidarität mit dem Kampf des Volkes
von Südafrika (Soweto-Tag)
1963: Beginn des Dreitagefluges der ersten Kosmonautin
der Welt, Valentina Tereschkowa

Eine Katastrophe bahnt sich an: «Im Bundestag zeichnet sich eine klare Mehrheit für Bonn ab.» – Wenn das stimmt, werde ich Terrorist. Leute sind für Bonn, denen man das nicht zugetraut hat: Genscher! Sie verweisen auf Den Haag und Washington und denken, daß, wenn Berlin Hauptstadt wird, sofort irgendwelche Kolonnen marschieren. Erinnern wir uns an die Friedensdemonstrationen in Bonn, waren das nicht 300 000 Menschen, die da zusammengelaufen kamen und gar nicht wußten, warum?

Heute früh den 24. Januar neu eingerichtet.
M/B: Am Nachmittag das Marienburg-Kapitel fertig.

TV: Film von Vesper über Frohburg. Die Bürgermeisterin hat ihm verboten, sein Geburtshaus zu filmen. Hintergrund: Sein Vater will sein Haus wiederhaben, das sich der Schwager der Bürgermeisterin angeblich unter den Nagel ...
Solche Sachen.

Nartum   Mo 17. Juni 1991

Von Kohl geträumt, Jugendherberge, er war ungehalten.

Eier werden von Elstern geholt.

Hack schmecke nach Menschenfleisch, deshalb äßen die Leute am kalten Buffet so gerne Hack (Hildegard).

Hildegard: «Zappa? Ich weiß nicht, was das ist.»

Lüne
Vortrag im Kloster Lüne. Hatte die Uhrzeit falsch notiert und kam dort statt um 15 Uhr um 17 Uhr an. Es war nicht ganz klar, wer schuld, ich fürchte: ich. Campenhausen war sehr kulant und zog mich nicht am Ohr, sondern verlegte alles. Ich hielt den Vortrag in der Klosterkirche vorm Heiligengewühle des Altars. Zum Training sprach ich die ³/₄ Stunde frei. Der Superintendent las seine nichtssagende Abendandacht (5') hinterher ab. Das Publikum: Forstbeamte, Verwalter, Kirchendamen.
Ging mit gesenkten Augen durch die Leute, damit ich nicht gar zu dämlich angesprochen würde. Häppchen im Kreuzgang.
Campenhausen erzählte, daß er den Rostocker Universitätspräsidenten gefragt hat, ob die Universität mir nicht den Ehrendoktor verleihen will. – Das käme mir sehr gelegen. Aber es wird natürlich nichts draus.

Grohn und Frau waren da, sie seien extra meinetwegen gekommen. Sehr nett. Die Träume im «Sirius» hätte er immer ausgelassen. Er kenne keinen Schriftsteller, der so wie ich seine
eigene Meinung ausdrücke. War gerade in Puttbus, dort gehe es
jetzt auch los mit Renovieren.
Auch die Kulturministerin war da, wie so eine kleine Luft-
hansa-Mickymaus (Raddatz). Wirkt immer absolut uninformiert und durcheinander.

Albumeintrag Fritz J. Raddatz

Raddatz war am Nachmittag hier, er berichtete, daß Ka-
rasek («Ihr Freund») vom «Spiegel» weg, dafür komme
Schreiber da hin. Der wäre noch schlimmer, komme von der
FAZ.

1882: Georgi Dimitroff geboren
1936: Maxim Gorki gestorben

2 $^1/_2$ Stunden gebraucht, Lastwagen notiert, was sie befördern, um mir die Zeit zu vertreiben. Dachte mir einen Krimi aus, daß dadurch also ein Mörder entlarvt wird.

Hildegard gab mir Brote mit, sie wollte mich eigentlich begleiten in unsere Verlobungsstadt, zuckte dann aber doch zurück. Ich säße ja doch die ganze Zeit am Steuer, und dann säße sie daneben, lesen könne sie dann nicht, müsse warten, bis ich das Wort an sie richte. – Je älter, desto entstellender. Oder bin ich wirklich so?

Nun sitze ich beim Friseur und warte bei idiotischer Schlagermusik auf meinen Auftritt. Fühle mich ungepflegt und schmutzig; bin es auch.

Robert ist offenbar beleidigt. Er werde zunehmend schwieriger, Altersstarrsinn hat ihn gepackt.

«Bei dir merkt man das auch schon, daß du mürbe wirst» (Hildegard).

«Kleinen Moment, bis der Becken frei wird», sagt die Friseuse.

Renate hat ein Wohnungsprojekt in Berlin vor, zwei Zimmer will sie kaufen für 240 000! Wenn man bedenkt, daß unser vorderes Haus damals 300 000 gekostet hat! (1975)

Die Dollar-Affäre mit Grässe hat sich inzwischen geklärt, es handelt sich um Australische Dollars, und die stehen auf 1,28 statt 1,80, wie der US$. Bin mal wieder gerettet. Das Bild kann ich nirgends hinhängen, nur in mein Schlafzimmer. Alle meckern dran herum.

Morgen hole ich bei Pastor Robra 70 Ölbilder sowie einen größeren Nachlaß. Bin mal neugierig, was das für Bilder sind.

2007: *Es handelte sich um den Nachlaß Teich, der dann später im «Echolot» eine sehr wichtige Rolle spielte. Guntram Vesper half mir, die Bilder einzupacken. Der Besitzer fragte, als ich Vesper vorstellte: «Kann man dem trauen?»*

Sitze jetzt in einem Café auf dem Marktplatz, viel herumlungerndes Volk. – Erkaltete Erinnerungen.

Friseuse hat mich unglaublich zugerichtet.

19 Uhr
Junkern-Schenke, noch keiner da, wie immer bin ich der Erste.

> Allzeit fröhlich ist gefährlich.
> Allzeit traurig ist beschwerlich.
> Allzeit glücklich ist betrüglich.
> Eins um's andere ist vergnüglich.

Für oder wider Berlin:
Wir erlebten in den letzten Wochen das, was man einen Eiertanz nennt: Aus lauter Sorge, nichts kaputtzumachen, tanzte der Bundestag uns eine Verrenkungspolka vor. Der Minister mit der Nickelbrille gab sich wie ein Narr, ein frischgebackener Kanzlerkandidat (SPD) entblödete sich nicht zu sagen, er sei für Bonn, weil er dort aufgewachsen sei, andere, die wir bis dahin für seriös hielten, geben auf der Apothekerwaage mal links, mal rechts ein Gramm dazu. Uns wurde vorgerechnet, immer wieder, daß der Umzug 50 Mia. koste, damit Klein Fritzchen diese Summe mit den Kosten der Einheit hübsch rund addieren kann, wo doch jeder denkende Mensch weiß, daß diese Kosten keine Kosten, sondern Investitionen sind und überdies nicht auf einmal entstehen, sondern über einen Zeitraum von zehn

Jahren anfallen. Erfüllung der Geschichte läßt sich nicht in Mio. und Mia. ausrechnen. Wer gegen Berlin ist, verweigert uns eine geschichtliche Umkehr vor Ort.

Wenn es schon keine Steuerlüge gibt, jetzt haben wir eine Hauptstadtlüge. Man möchte Terrorist werden.

Und das Schönste: Unsere schafsdumme Nation läßt sich das bieten.

Katatonie.

Beim Frisör aufgeschnappt:

> Meine Freundin war gerade im Haus der Jungen Pioniere auf einem Fest. Das war eine Mischung zwischen Politik und Kunst, alle waren angetrunken, und da kam ein Kamerateam, die haben gesagt: «Wir gehen jetzt an die Mauer, die wird offengemacht.» Und sie hat gedacht: Die sind alle so besoffen, daß sie jetzt zu spinnen anfangen. Sie ist nicht hin, hat auch nichts mitgekriegt, ist nach Hause, ist am nächsten Morgen nach Adlershof (sie arbeitete dort) gefahren und hat festgestellt, Richtung Adlershof ist sie allein in der S-Bahn, während die S-Bahnen in Richtung Innenstadt total voll waren. Und sie stand dann vor einem verschlossenem Tor mit einem Zettel dran: WIR SIND IM WESTEN!

Hamburg   Do 20. Juni 1991

1933: Clara Zetkin gestorben

Lesung in der Akademie der Künste. Wenn man da Mitglied ist, kriegt man kein Honorar für seine Darbietung – schmerzlich. Hinterher chinesisch.

Also: Berlin wird Hauptstadt. Ich hatte schon Depressionen, in dem Stil: «Ich mach' nun nicht mehr mit!» Wollte Drohbriefe schreiben und überlegte mir, daß ich später jeden Bundestags-abgeordneten, der mich hier besuchen will, frage: «Haben Sie für Berlin oder Bonn gestimmt, seinerzeit?» Und die Bonner dann rausschmeißen.

Die sonderbare linke Stimmungsmache vorher in den Talk-Shows, da gab es überhaupt nur Bonn, und Pleitgen so siegessicher (warum nur?), und Diepgen wurde immer kleiner und kleiner.

Die Reden waren zum Teil sehr eindrucksvoll, Schäuble, wunderbar, staatsmännisch, dem hab' ich gleich ein Telegramm geschickt, in seinem Rollstuhl, das kam noch dazu. Kohl auch würdig, dabei etwas «schelmisch», und sehr klug, sich als Kanzler zum Osten zu bekennen, das nenne ich staatsmännisch. «Wie das nun im einzelnen gehandhabt werden wird, das werden wir sehen.»

Auch Vogel war eindrucksvoll, man glaubte ihm das Pathos. Brandt hielt keine große Rede, aber er durfte nicht fehlen. Ich glaube fast, daß Schäuble das Ruder herumgerissen hat.

Die Matthäus-Maier, wie so 'ne Mutti mit Handtasche unterm Arm, früher mal FDP, quatschte sogar was von Kindergärten.

Die Bonn-Leute hatten was Kleinkariertes, Krämerhaftes an sich, im Grunde keine echten Argumente. Ihr Haus, das sie sich erarbeitet haben, das hält sie von staatsmännischen Entscheidungen ab. Frau Süssmuth grinste dann auch einigermaßen debil, als sie das Ergebnis bekanntgab. Sie selbst outete sich als Bonn-Tante. Da blieb ihr auch nur Grinsen übrig. Züchtet sie nicht Schafe in Ostfriesland?

Baum hat auch ziemlich gefaselt, das ist sowieso ein unsicherer Kantonist. Hübsche Haare hat er. Pomade? – Blüm, der ohnedies gefährdet ist, hat sich lächerlich gemacht. Ich fand ihn immer so sympathisch ...

2007: *Auf der Homepage des Bundestages gibt es ein Link zum Abstimmungsergebnis, da steht's schwarz auf weiß, wer für Bonn gestimmt hat. Es waren u. a.: Dr. Blüm, Frau Limbach, Herr Pofalla, Herr Rau, Dr. Rüttgers, Herr Müntefering, Herr Verheugen, Frau Wieczorek-Zeul ...*
Es sollen immer noch sechs Ministerien und 11 000 Beamte in Bonn sein (in Berlin nur 8000!). – Gut Ding will Weile haben?

Simone kam, KF.
Eingehende Gespräche über Wohnungskauf in Berlin (Renate).
Jetzt nach der Hauptstadtentscheidung vielleicht der falsche Moment?

Nartum   Sa 22. Juni 1991

1941: Überfall Hitler-Deutschlands auf die UdSSR

Hildegard: «Wenn man Psychopath ist, muß man wenigstens unterhaltsam sein.»

Nartum   So 23. Juni 1991

Tag des Bauarbeiters

Abends
Arbeite mich durch den Kaftan-Nachlaß aus Göttingen:
«Tagebuch. Bitte vorläufig nicht öffnen!» stand auf dem Tagebuch von Hans-Henning Teich. '45 ist er noch gefallen.
Er hat Tagebuch geführt und fotografiert. Dadurch überlebt er.
In die Ewigkeit wird er nicht gerade eingehen damit.

Es gibt Frauen, die unbedingt geprügelt werden wollen, und welche, die selbst prügeln. Klaviertanten. Wenn sie den Nacken neigen.

Ein utopischer Typ raste durch die Uni-Straße, Glatze bis auf schmale Haarspur von vorn nach hinten, also: Irokese, auf Rollschuhen.
Nackte Beine, Knieschoner.

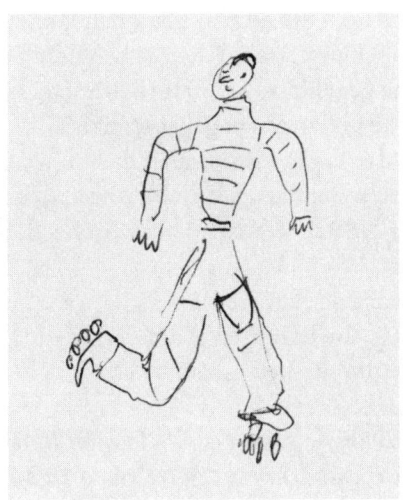

Skizze von Walter Kempowski

Über die Prügelstrafe.
Als ich bei Lehrer Neumann: Ich konnte die Stockschläge nicht zu meinem «Vergehen» in Beziehung setzen. Es hat mir nur weh getan, eine Nebenbei-Sache, ohne Langzeitwirkung. Ich war nicht beeindruckt. Zu Hause natürlich nicht erzählt. Es ging um etwas Amtliches. Zwei Kasten Rechnen hatte ich nicht gemacht. Dafür Stockschläge? Ein Sohn aus gutem Hause?

Erziehung/Dressur

Ziehen → jemandem helfen aufzukommen. D. h. dem Gesetz zum Durchbruch verhelfen, das dem Schüler innewohnt.

Abrichten

Richten → Dies ist gut im Hinblick auf das Allgemeine. Dressur ist zum Überleben nötig.

Dressur und Erziehung müssen sich ergänzen.

TV: Film über Rußland, ob 26 Mio. oder 27 Mio. Tote in SU. Stalin habe von 7 Mio. gesprochen. Zahl der sowjetischen Kriegsgefangenen unbekannt, da sich viele nach dem Krieg verdrückt hätten, Tote nie gezählt, in SU natürlich auch nicht bekannt, da es offiziell keine Gefangenen gegeben habe.
Private Filmaufnahmen enttäuschend, nur wenige Meter, dafür desto längeres Gequatsche. Habe Angst, daß 1992/93, wenn mein Stalingrad-Buch erscheint, die Sache den Leuten zum Hals raushängt.
Schleppnetz war zu sehen, in dem sich große Fische verfangen hatten. Kontrast: die Bläue des Wassers und die großen schwarzen Fische, die um ihr Leben kämpften.

2007: *Jetzt lassen sie schon lange Leinen in die Tiefsee, und was sich daran festklammert, wird oben zu Mus verarbeitet.*

Das hinterwäldlerische Grinsen der Süssmuth, als sie das Hauptstadtergebnis bekanntgab. Was wohl ihr Wahlkreis zu ihrer Entscheidung sagt. Und ihr Mann!
In Bonn weinende Menschen auf der Straße: «Ich hab' Schulden!»
Nächsten Tag Gewerkschaften: Also, Milliarden fordern wir. Unter Milliarden machen sie's nicht.
Die Inflation wird vorbereitet, in dem man von Mio. auf Mia. übergeht.

Fortsetzung TV: Gysi mit seiner PDS. Die Physiognomien. Scharfe Jung-Frauen. SED-Vergangenheit ist sexy. Man hatte ihm einen Schemel ans Pult gestellt. – Ein Funktionär aus der Provinz flüstert ihm zu: Schon wieder zwei Leute ausgetreten. Eine Frau wie eine KZ-Aufseherin. Wahrscheinlich die gleiche Prädestination?

Ein Holländer, der 8000 ha in Sachsen gekauft hat, die Bauern des Dorfs werden gefragt, weshalb sie denn das nicht selber machen, Boden kaufen. Der LPG-Vorsitzende steigt gerade aufs Moped. Er will die Reporter verklagen, daß die das filmen. «Meinen Sie, daß Sie sich in einer Position befinden, aus der heraus Sie klagen können?» – Und klagen kostet ja auch 'ne Menge Geld, dafür könnte er schon wieder ein paar Morgen Land kaufen. Die Holländer machen alles nur mit Maschinen – Leute brauchen sie nicht.

Die Pro-Bonn-Leute merkten schon, daß sie verlieren würden – ihre Rhetorik litt darunter (Verheugen, Baum). Zum Teil konfuses Gequatsche. Vielleicht braucht man für die große Rede ein idealistisches Ziel. Das war bei den Linken der Fall und bei Hitler. Und jetzt bei den Pro-Berlinern. Sie wußten sich eins mit der Geschichte.

2007: *Verheugen, der damals für Bonn votierte, ist jetzt ein großer Europa-Mann. Unter Europa macht er's nicht.*

M/B: Sie wischte sich diverse Schläferchen aus den Augenwinkeln.

Eine Plauderei über die Chronik. Der Titel:
Sisyphus
Alles umsonst
Deutsche Chronik

Nartum   Di 25. Juni 1991, Regen

Ganze Luft ist naß, 99% Wasser.
Wie gut, daß ich kein Schüler mehr bin, bald pensioniert werde
und es nicht nötig habe, mich dem Ingeborg-Bachmann-Preis
zu stellen. Die sitzen da wie vor Gericht, und die Zuhörer
schwitzen. Hinterher laufen sie auseinander, und keiner hört
mehr was von ihnen. Außer von diesem Typ, der sich die Stirn
aufschnitt. Ob er recht glücklich wird damit?

TV: Heute war Frau Schütz an der Reihe, sie geht auf einem
Sträßlein mit einem Fremdling: Wie es ihr so geht und was sie
so macht. – Als es darum ging, einen Film über Rostock zu machen, gab man ihr den Zuschlag, nicht mir. Ich wurde gar nicht
gefragt. Lange her.

TV: Stasi und kein Ende. Diesmal machte ein Mann mit Schiebermütze auf'm Sofa Geständnisse.

Hildegard fuhr nach Berlin.
Ein Fräulein Frohriep kam, um ins Archiv zu schauen.

Nartum   Mi 26. Juni 1991, Regen/schön

Schöner, ruhiger Tag, nur die Hunde machen mir Vorwürfe.
Katze hat sich erbrochen, das hat sie extra getan, weil Hildegard in Berlin ist.

Verabschiedung in Oldenburg, 14.00. 31 Jahre Pädagogik.
Schluß.

TV: Äthiopischer Soldat, der nackend aus einer Pfütze trinkt.
Sendung «Explosiv», acht Besitzer von Kampfhunden machen einen Journalisten zur Sau, der deren Abschaffung gefor-

dert hat. Daß er früher bei BILD war, fällt erschwerend ins Gewicht.

Böse Kritiken, ich wäre eitel und rechthaberisch. Ich sei banal, habe immer das Banale geschildert, nun stelle sich heraus, daß ich selber ...

20 Anmeldungen für das November-Seminar. Das deckt noch nicht die Unkosten.

Aus der Tschechoslowakei sind die letzten Russen abgezogen, in Ungarn schon vor einiger Zeit.

Im TV wird gezeigt, wie sie die letzten Minen aus der Feuerzone ausbuddeln. Es sollen zigtausende sein. Die Maschine eines privaten Erfinders, mit der man die Dinger gefahrlos detonieren lassen kann, wird nicht eingesetzt.

Einem Rechtsanwalt rückte das ZDF auf den Pelz, der früher bei der Stasi war und mit Terroristen zusammengearbeitet hat. Seine Frau erscheint an der Gartenpforte: «Verschwinden Sie hier! Aber dalli!» Dann holt sie einen Fotoapparat und fotografiert die Journalisten. Ein jüngerer Mann erscheint, auch mit Fotoapparat, unterdessen: Der Stasi-Mensch hüpft durch die Büsche wie ein Känguruh. Wenn er ein gutes Gewissen hätte, würde er den Gartenzwerg machen.

Eine spezielle Art von Proleten ist drüben ans Ruder gekommen. Wunderbar: frisches Blut!

TV: Lesung in Klagenfurt: Ein Autor namens Roland Koch, säuerliche Schweinereien, anatomische Beschreibung seines erigierenden Penis. – Die Jury lobte ihn, wie sie nur konnte. Ich verstand die Welt nicht mehr. Habe irgendwo Notizen, schreckliche Sprache, extrem unbegabt. – Auch Helga Schütz wurde gezeigt. Unerträglich. Mir ist das ein großes Rätsel. Ich meine, wenn jemand was erzählt, dann muß er doch was zu sagen wissen. Und dann hört man ihm auch gern zu. Wie in der Straßenbahn die Leute, da hört man auch gern zu, selbst wenn es einen nichts angeht.

1973 erhielt sie den Heinrich-Mann-Preis der Akademie der Künste der DDR. Ob sie sich von dem Geld wohl die Wohnung neu tapezieren ließ? – Preisgelder schmelzen dahin wie Butter in der Sonne.

2007: *Ich traf sie in Potsdam in der Orangerie bei einer Gauck-Diskussion. «Ich bin die Helga Schütz», sagte sie. – Ein Herr zeigte mir sein Bundesverdienstkreuz, das er sich am Anzugrevers festgeklemmt hatte: «Es ist das große», sagte er.*

Ich nagele im Augenblick M/B zusammen. Die Seite 100 mit Ach und Krach erreicht. Habe heute das 14. Kapitel skizziert, werde das mit den nächsten Kapiteln genauso machen und dann auffüllen. –

Die «Metamorphosen» von R. Strauss. Angesichts der Trümmer von München hat er sie geschrieben.

2007: *Nun, nach dem Wiederaufbau der Theater, müßten sie die «Metamorphosen» mal rückwärts spielen.*

«Pädagogik» hat mich eigentlich nie interessiert. Ich wollte nur mit Kindern zusammensein. Pädagogik geht überhaupt nicht. Lieb sein und die Interessen der Kinder befriedigen, das ist alles.

Merkwürdig, daß auf meinen Eselsbrücken-Aufruf nur so wenige Leser reagiert haben! Die meisten sind wohl einfach zu faul dazu. Ein Großteil der europäischen Kultur geht durch Faulheit verloren, der andere Teil durch Entstellung.

2007: *Jetzt wird ein Buch mit Eselsbrücken für 5,55 Euro im Ramsch angeboten.*

Unser Garten wächst jetzt zu. Wenn ich an die Anfänge denke!

«Echolot»: Eva Braun (es gibt ein Tagebuch).
Ribbentrop: Briefe?

Nartum   Do 27. Juni 1991

Bullock: 1937 «beherbergten» die drei Hauptkonzentrationslager nicht mehr als 10 000 Häftlinge und 4000 Wachtleute.
Woher hat er die Zahlen? In Dachau sollen die Häftlinge damals bezogene Betten gehabt haben. Woher die Interna kriegen? Vieles ist in guter Absicht entstellt.

Mein schönster Erfolg als Schriftsteller: Eine Lehrerin hatte der Klasse den «Böckelmann» vorgelesen, und am Schluß habe ein Mädchen laut aufgeschluchzt.
Sie gehen dahin in die Jahrtausende.

Neulich war eine Amateuraufnahme zu sehen: Ein deutscher Soldat treibt Juden zusammen und jagt einen kleinen Jungen immer wieder fort, der zu seiner Mutter will. Das genügt eigentlich schon.

Heute Panzer in Jugoslawien, die Autos plattwalzen und einen Lastwagen mit einer einzelnen Granate kaputtschießen. Wie anders als nachgespielter Krieg im TV. Unverständlich die Weigerung der USA, die Staaten anzuerkennen.

Der Nachrichtensprecher Friedrichs hatte seinen letzten Tag. Sein Wort «Geklaut ist geklaut» in der Wieser-Affäre sei unvergessen. Das ging ihn doch gar nichts an? Früher war er mal

Sportjournalist. Jetzt moderiert er hohe Politik. Warum auch nicht? – In der fraglichen Sendung hatte er als Symbol für meine Arbeit einen hohen Schornstein abgebildet, der in der Mitte gesprengt wird.

2007: *Hat sich herausgestellt, daß er mit Wieser gekumpelt hat. Der hat als Ghostwriter die Biographie von Friedrichs geschrieben.*

TV: Israel, wie Judenkinder unterrichtet werden. Schauerliches 19. Jahrhundert. – «Judenschule», dieses Wort darf man nicht verwenden. Obwohl es die doch gibt, Judenschulen.
Ich sehe Sendungen über Israel immer gerne an. Ein rätselhaftes Volk. Die Chassiden. Und Pelzmützen tragen sie. Die Frauen müssen ihr natürliches Haar mit Perücken bedecken, bei 30° im Schatten!
Warum war ich nie in Israel? – KF hat da mal ein halbes Jahr Telefone gespritzt in einem Kibbuz.

TV: Über Todesschützen (die keine Mörder sind, dem Gesetz nach, sondern Totschläger) an der «Friedensgrenze». Den Film hätte man nicht zeigen sollen. Krenz meinte, das Plakat an einer westdeutscher Kaserne – «... wird von der Schußwaffe Gebrauch gemacht» – sei mit den Mauerschüssen zu vergleichen. Es hat was von «freier Wildbahn» an sich, auf laufende, rennende Menschen zu schießen. «Vorhalten», so heißt das. – Diese Leute werden freigesprochen. Irrsinnsgeruch der Gesetze. Schwamm drüber?

Eruptierende Vulkane, deren Schlammfluten in vorbereitete Rillen geleitet werden, andere, bei denen das nicht geschieht. Einzelne Bäume knicken um, Wälder gehen in Flammen auf. Forscher, die sich direkt neben die 1000°-Fluten stellen. Weiß nicht, was die da forschen. Heiß ist es, das kann man ihnen auch von Nartum aus mitteilen. – Ins Wasser wälzt sich die Glut.

Ein groteskes Unwetter über dem Haus. An mehreren Stellen regnete es durch, ich rannte herum, um alles in Sicherheit zu bringen.

Die Hannoveraner: Alle Bilderhandschriften über den Krieg gebracht, und nach dem Krieg tritt die Leine über die Ufer und vernichtet die kostbaren Dokumente in der Universitätsbibliothek. – *Nach* dem Krieg noch, als wäre nicht schon genug zerstört worden.

In der Post hübsche Aquarelle von Rostock. Offenbar von Postkarten abgemalt. Egal. Rostock ist Rostock.

Gegen Abend 30 Landfrauen, die unser Haus besichtigen wollten. Ich zog mich zurück und ließ es Frau Schönherr machen, die die Damen ja auch eingeladen hatte.
Unter solchen Umständen muß ich arbeiten. Ein Wunder, daß ich überhaupt etwas zustande bringe. Ich blieb am Schreibtisch sitzen und war ebenfalls zur Besichtigung freigegeben.

Krenz beklagte sich, daß von den 25 Grenzsoldaten, die den Tod gefunden haben, niemand spreche. – Da kam dann sofort heraus, daß 20 von den eigenen Leuten umgelegt wurden und die anderen fünf ja nicht von unserem Grenzschutz, sondern von «Fluchthelfern» oder solchen Leuten. – Zum Auslachen ist die Sache zu ernst.

Nartum   Fr 28. Juni 1991

Morgens früh mit schlechtem Gewissen den «Spiegel» gelesen. Vertane Zeit, es stand nichts Besonderes drin. Wahr ist, daß ich offenbar krank bin – «Workaholic», wie man's nennt.

Neues Register gemacht für «Echolot».
Nachmittags Fotos sortiert, Alben aufgenommen.

Den ganzen Tag über regnete es, erst gegen Abend schien die Sonne. Die Hunde waren irgendwie mall. Sogar unser Playboy benahm sich widernatürlich. Ich redete ihm ins Gewissen. Solange ich mit ihm rede, die Hand auf seinen Rücken gelegt, klopft er mit dem Schwanz. Das brachte mich auf die Idee, ihn «rechnen» zu lassen. «Paule, 3 plus 2?», und wenn er fünfmal geklopft hat, die Hand vom Rücken nehmen, dann hört er sofort auf zu klopfen. Das hätte auf die Landfrauen gewiß Eindruck gemacht. Sogar Renate hat es geglaubt.

Fechner hat damals an dem Robert-Darsteller Semmelrogge dauernd herumgemeckert, an der «Ulla», also an Gabriele Michel, nie. Auch Schiestl bekam bei jeder Aufnahme sein Fett weg, er beklagte sich damals bei mir.

2007: *Ich kam neulich darauf zu sprechen, da sagte er: «Was? Nie! Unser Verhältnis war ausgezeichnet.» – Nach dem Tode noch loyal. Oder Angst vorm bösen Geist?*

Nartum   So 30. Juni 1991, schön

1893: Walter Ulbricht in Leipzig geboren
1947: Gründung der Gesellschaft für
Deutsch-Sowjetische Freundschaft (DSF)

Ich sitze im Garten, nachdem ich ein paar Runden gedreht habe. Die Hühner um mich rum.

Gestern waren fünf Herren aus Oldenburg da, mit Frauen, hochgestellte Leute meines Jahrgangs. Als sie sich ansagten, vor einem halben Jahr, machte ich zur Bedingung, daß sie etwas gelesen haben müßten von mir. Sie hatten die «Hundstage» und «Sirius» gelesen und diskutierten wacker untereinander. Der eine machte mit hopp-hopp-hopp nach (seine Frau ist Reiterin), daß meine Prosa im Galopp-Rhythmus geschrieben sei. Er ist Augenarzt und verbreitete sich über Kaufhausbrillen, die, wie er sagte, mit Gestell und Glas gleichzeitig gepreßt werden. Adenauer und Marianne Hoppe hätten deshalb keine Brille getragen, weil sie auf einem Auge kurzsichtig, auf dem anderen weitsichtig gewesen seien.

Ein anderer bemängelte, daß Sowtschick nur per Fernglas zugesehen habe, als das Mädchen Sabine im Wald angegriffen worden sei. Das sei passiv. Wie ja überhaupt das ganze Buch sehr pessimistisch anmute. – Er fragte mich, ob ich den Nazi-Film «Reitet für Deutschland» besitze.

Sie schenkten mir «Hundstage» und «Sirius», in Weimar speziell für mich eingebunden.

Ich demonstrierte den rechnenden Hund. Sie kriegten das nicht heraus. Haben promoviert und fallen auf so einen einfachen Schwindel herein! Es funktioniert übrigens immer. «Verweigert», wie Pferde vor der Hürde es tun, hat er noch nie.

2007: *Der Film «Reitet für Deutschland» war so eine kerzengerade Sache mit Willy Birgel, den heute kein Mensch mehr kennt. Damals hat er propagandistische Wirkung entfaltet, die nicht zu unterschätzen war. – Für seine letzte Rolle hat ihn Schamoni engagiert (1965). 82 ist er geworden. Was ein Leben alles so umspannt …*

«Dem Mimen flicht die Nachwelt keine Kränze», dieser früher so wahre Satz gilt nicht mehr, seit in jeder Wohnung ein Fernseher steht.

Im Fernsehen: Jugoslawien, daß die USA und EG nun doch für Sloweniens und Kroatiens Unabhängigkeit sich einsetzen, mindestens aber das Geschieße unterbinden.

«Tut mir nichts! Tut mir nichts!» ruft ein Soldat.

Lieschen wurde heute gebadet, war hinterher beleidigt.

Geschichten um den Hauskauf in Berlin. Mit dem Geld hat sich's gerade so gefügt.

Wenn's in Jugoslawien schon so einen Krach gibt, was wird dann erst in der SU geschehen!

Einladung von Kinkel zu Gespräch in Bonn. Das hat wohl mit der FDP zu tun. Da soll er lieber mit Delius reden, der ist doch viel klüger als ich.

T: Ich hab' vergessen, den Kindern das Lesen beizubringen. Gleich morgen werde ich damit beginnen.

Verstaue seit Tagen die 140 Gemälde aus dem Göttinger Nachlaß. Alle sagen, die taugen nichts. Einige finde ich doch ganz gut.
Es fanden sich allerhand Objekte des gefallenen Sohnes, die ich in einer kleinen Vitrine ausstellen werde.

Der Garten ist jetzt zum Park gewachsen. Ich halte mich sehr zurück, lasse Hildegard da freie Hand. Denke an die Anpflanzzeit. – Die Tragik der Landschaftsgärtner: nie das Erzeugnis ihrer Planung zu Gesicht zu bekommen.

Bilder aus der Schulhauszeit: Lehrer Wolff mit seiner schönen Frau. Hübsche Knie hatte sie. – Die Kinder noch klein.
Die Schufterei, aber sie war nötig, jetzt schwenke ich ein.
Die dunkle Kirchenchorzelle. Gegenlichtaufnahme. Ich fühlte mich schon damals reich.
Der Weinkrampf, als ich zum ersten Mal ein Bild von Mutter sah, nach sechs Jahren Hoheneck.

Klagenfurt! Corino, der einen Text widerwärtig fand, weil Burger und Berghoff darin Hauptrollen spielten. Wir haben seine «Stern»-Affären-Reaktion nicht vergessen. Bei einem anderen Text drohte er sogar mit dem Staatsanwalt. Daß man über

Literatur in dieser Form zu Gericht sitzt, hat's wohl noch nie in der Geschichte der Menschheit gegeben.

Frau Meyer arbeitet so gern bei uns, das ist für sie eine Art Erholung, sagt sie. Ihre Riesenkräfte. Wenn sie an einem Spiegel vorübergeht, riskiert sie immer einen raschen Blick.

Simone hat in Berlin offensichtlich Akten von Geisteskranken aufgetan.

Aus dem Poesiealbum

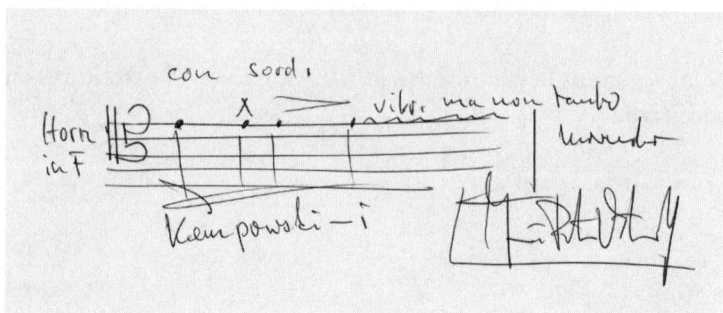

Albumeintrag Jens-Peter Ostendorf

Albumeintrag Paul Wunderlich

Albumeintrag Jürgen Flimm

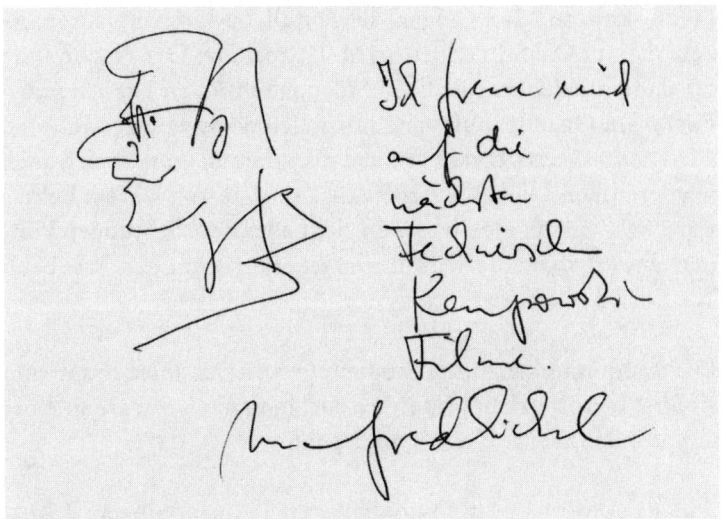

Albumeintrag Manfred Eichel

Juli 1991

Tag der Deutschen Volkspolizei (VP)

Kollege Kasslow macht sich offenbar an Renate ran, sie telefonieren öfter miteinander, schreiben usw. Hildegard meint, daß es für sie nützlich sei, sich mit älteren Herren abzugeben, die könnten einen protegieren.

2007: *Hildegard: Das könne sie unmöglich gesagt haben.*

Heute konnte ich es gegen die feindliche Umwelt durchsetzen, daß ich ein Stündchen an M/B arbeitete. Der Nachmittag litt dann wieder an ständigen Störungen und an der schwülen Hitze. Im Grunde muß man Störungen positiv bewerten. Man wird herausgerissen, das ist wahr, aber dann setzt man sich auch wieder hin und sieht die Arbeit an, als ob sie sich wie ein Puzzle nur etwas verschoben hat, man sieht alles neu. Störungen können eine erfrischende Wirkung haben. Verrückungen. Wie beim Tanz das Abklatschen.

Die kaugummikauenden Studenten: echte Kamele. Faul sind sie alle. Irgendwelches Interesse darf man nicht erwarten. Aber ein paar ganz nette Kerle sind darunter.

Auf der Autobahn die widerlichsten Beobachtungen. Leute, die sich vordrängen, an der Schlange vorüber und dann vorn rein. Ich hasse Leute, die sich nicht an die Spielregeln halten. Konventionen. Die bürgerlichen Tugenden wurden von den

68ern verhöhnt und abgeschafft. Man muß sich wundern, daß es immer noch so viele ordentliche Leute gibt.

Gottlob werde ich demnächst überhaupt nicht mehr am Verkehr teilnehmen. Ich entziehe mich der Welt.

Mi. Zahnarzt, Fr. Lesung in Langeoog. So geht das weiter, und im Oktober werde ich dann nochmals reisen dürfen.

Zerfahren, explosiv.

Diese ganze Pädagogik war ein einziger Reinfall. Die von einzelnen ausgedachten Theorien können immer nur einzelne betreffen. Und sie sind an den jeweiligen Pädagogen gebunden. Reichwein mit seiner freien Brust, Geheeb mit dem schütteren Bart. Ja, auch zu Märtin gehörte der distanzierende weiße Kittel und zu Gosselck die Weitsichtbrille (halb), mit der er sich die zu bestimmenden Pflanzen anguckte, die er doch alle kannte. – Es gibt ein paar große Linien in der Pädagogik, die beherzigenswert sind, aber deswegen brauchte man doch nicht so ein Gedöns zu machen. Pädagogen brauchen gar nicht viel zu wissen, aber sie müssen Humor haben und Kinder lieben.

> Wir werden alle darüber eins seyn, daß der Verstand junger Leute am meisten, ja einzig, dadurch gebildet werde, wenn man verständig mit ihnen umgeht, zutrauend mit ihnen spricht, u. das wissenschaftliche verständig treibet; daß ihr Herz am meisten, ja einzig, dadurch gewonnen und gelenkt werde, wenn man ihnen ein väterliches, freundschaftliches, wohlmeinendes, unverdrossen-redliches gutes Herz zeiget.
> (Johann Gottfried Herder)

Ein Student heute kritisierte die Pädagogen Kretschmann/ Haase, das wär' alles so komisch ausgedrückt …

Da soll er erst mal Pestalozzi lesen. Es gilt doch, aus den Theorien unserer Vorgänger das Brauchbare herauszulösen, zu «retten». Und da läßt sich vieles von diesen alten Herren, von deren Leben ich nichts Näheres weiß, en bloc übernehmen. Mit Zetteln arbeiteten auch sie. Zum Teil sehr wunderlich.

Der Kellner hier im «Ali Baba» sagt zu einem Gast: So eine Jacke hat er auch.
«Hier in Oldenburg gekauft?»
«Ja. Ich trag' die nur selten ...» usw.
Ganz gemütlich. Warum auch nicht. Diese Deklassierung von Kellnern ist sowieso unwürdig. Manche Leute machen das gern, Kellner anschreien. Sie spielen den großen Herrn, sind also Herrchen.

Nartum   Di 2. Juli 1991

1949: Georgi Dimitroff gestorben

42% der DDR-Volkskammerabgeordneten waren noch Mitglied der NSDAP gewesen.
Wär' mal interessant, die ehemaligen Kommunisten unter den Bundestagsabgeordneten zu zählen. Aber Vorsicht! Das kann man ja nicht vergleichen.

2007: *«Ich war natürlich auch 68er ...», das hört man jetzt öfter. Die müßten sich irgendwelche Abzeichen anschaffen.*

Haarsträubender Bericht über eine West-Schulklasse in Brunshaupten. Wurden dort von Ost-Schülern geschlagen und beschimpft. Man fragt sich: Wo waren da die Lehrer? Und: warum geschlagen? – Aber wer weiß denn, wie hochnäsig die verwöhnten West-Kinder sich benommen haben.

TV-Aufnahmen aus Slowenien und Kroatien. Wippende, ausgelatschte Panzer wurden mit Steinen beworfen. Granateinschläge, Verwundete und Tote. Schreiende Frauen, sie wollen ihre Söhne wiederhaben, Deserteure, denen die Schulterstücke abgerissen werden. Kein Mensch weiß, was daraus werden soll.

Kaum ist im Irak einigermaßen Ruhe, da geht's auf dem Balkan los. – Ich kriege die Staaten immer durcheinander.

M/B jetzt 99 Seiten, 14. Kapitel angefangen. Zwei Drittel. Mühsam.
Archivnummer 2999 aufgeräumt, hübsche Zeichnungen gefunden.

Nartum   Mi 3. Juli 1991, heiß

Der Auto-beiseite-schiebe-Krieg. Es macht den Panzerfahrern besonderen Spaß, Autos beiseite zu schieben.

Die infernalische Hoffnung: Sie möchten sich dort unten alle gegenseitig matt setzen.
Eine Frau an der Grenze: «Es gibt dort so freundliche Menschen, und es ist ein so schönes Land» (Slowenien).
Freundliche Menschen gibt es überall und schöne Länder auch.
Was muß diese Frau erfahren haben, und warum erzählt sie uns das?

Die Hühner liegen in der Sonne mit aufgestellten Federn. Vor mir liegt ein zweigeteiltes totes Vögelchen. Wenn Mäuse vor Hühnern weglaufen. Das schaffen die nicht. Schöne Hühner, niedliche Mäuse, prachtvolles Wetter und eine Leiche zu meinen Füßen.

M/B:
17. Kapitel
Danzig schlafen, Nehrung, abends nur kurz Zeit, Maria nicht zu finden. Im «Senator» essen. Dann Rückflug.
18. Kapitel
Hamburg, Wohnung leer.
Heute nachmittag schrieb ich im Garten das heikle Kapitel von

Rosenau. Damit wären die eigentlichen Schwierigkeiten ge-
meistert. Nun läuft die Sache aus. Fast möchte ich wetten, daß
wir bei S. 140 enden.

Danach unruhig im Haus auf und ab, auch die Hitze machte
mir zu schaffen. Langeweile, die ich sonst nicht kenne. Aus-
gelöst durch zu viel Arbeit.
Die Danziger Marienkirche auch in Papier nachbilden, Kö-
nigsberger Dom, Stralsund. Alle Schwestern nebeneinander-
stellen.
«Kann man die kaufen?» sagen die Leute, wenn sie mein
Modell von der Marienkirche sehen. Auf dem alten DDR-
Stadtplan haben sie die Kirchen einfach weggelassen. Als es ans
Demonstrieren ging, wußten viele Rostocker gar nicht, wo die
Marienkirche lag. Überhaupt die «Altstadt» war ihnen kein Be-
griff.

«Echolot»: Wir beginnen nun mit dem Februar. Ein Herr Real
in Koblenz hat uns Ribbentrop-Rechnungen zugesagt.
Die Nazi-Gemälde in München dürfen nicht reproduziert
werden. Ich darf sie nicht einmal sehen. Bilder vom heroi-
schen Handgranatenkampf würden die jammervollen Stalingrad-Briefe scharf konstrastieren.

TV: Drei junge irakische Lehrerinnen, die sich über Saddam
freuen, daß der jetzt wieder im Sattel sitzt. Die Bombardierun-
gen haben ihnen nichts ausgemacht, sagen sie. Die Mimik erinnerte etwas an die Haltung junger Kommunisten, wenn die
ihren eingelernten Überzeugungsquatsch ablassen.
Gott!
Irgendwann tauchen diese Kinder dann hier auf und werden von den Grünen umhegt. Die Sozis sind etwas realisti-
scher.

In Jugoslawien absolutes Durcheinander. Im japanischen Fernsehen (Satellit) ganz andere Aufnahmen. Bei uns schneiden sie

alles weg, was grausig ist. Wir werden von der Obrigkeit behütet.

Eine Oma vor ihrem ausgebrannten Haus. Es wurde von abziehenden serbischen Panzern aus Spaß in Brand geschossen.

Obwohl ich mit denen nichts zu tun habe, hasse ich mit den Slowenen die Serben. Ich bin ganz empört. – Die Serben wollen im übrigen ihren König wiederhaben.

Ich bekam heute ein frisches Bett. Zu Mittag gab es Linsen und Schokoladenpudding.

Telefon: Eine Zeitung fragt, ob ich einen Fotoroman (Sprechblasen) für sie schreiben will. Drei Seiten, 5000 DM – das ist 'ne Frage. Man enthält sich. Das wird einem nirgends angerechnet, und man selbst schlägt sich mit der Faust vor die Stirn. Das schöne Geld. Wie stand's an unserer Schule: «Reif werden und rein bleiben» …

Die hartnäckigen Schwierigkeiten, z.B. die profaschistischen Äußerungen Paveses besorgen.

2007: *Sind nirgends zu bekommen. Ja, da wurde mancher Lebenslauf korrigiert. Warum auch nicht? Wenn einer bereut, was er getan hat? Warum soll man's den Leuten auf die Nase binden, was man alles für'n Blödsinn gemacht hat. Im Grunde genommen besteht die gesamte Geschichte nur aus der Korrektur von Irrtümern.*

Pavese: «Das Handwerk des Lebens», Tagebuch 1935–1950.
Lenzen: «Cesare Pavese: Tödlichkeit in Dasein und Dichtung».

Nehring schreibt, daß er entlassen wurde. Allmählich bin ich doch erschrocken über das Ausmaß, mit dem alles, was DDR war, zusammengeklappt und weggestellt wird. Im einzelnen werden die Entscheidungen vermutlich plausibel und zu verteidigen sein, aber dies totale Abräumen läßt doch die Frage aufkommen, ob da nicht grundsätzliche Fehler gemacht werden. Fehler auch in der Beibehaltung alter «Kader», die die Wirtschaft ohne weiteres übernimmt. Wie sollte es auch anders sein. Soll man sie mit einem roten Stern durch die Straßen jagen?

Ich konnte auch heute gut arbeiten, nahm mir das «Maria»-Kapitel vor, schrieb zwei Seiten dazu. Und veränderte die Charaktere ein wenig. Verdeutlichungen.

Frau Frohriep kam, ich wies sie in das Registermachen ein.

Hildegard sagt, mein Gang sei widrig. Sie meint damit, ich ginge nicht so, wie man von Natur aus geht. Und das nach 30 Jahren glücklicher Ehe. Soll ich denn tänzeln?

Hunde-Aufregungen, ein Huhn wurde nur knapp vorm Exitus gerettet. Ich hörte Hildegard rufen: «Sag mal, bist du nicht ganz richtig?»

Das Geldwasser zieht sich zurück. Ab und zu brandet es mächtig ans Ufer, und dann zieht es sich zurück, hinterläßt ein paar vertrocknende Blasen.

Notizbucheinträge zu «Mark und Bein»:

Warum immer in der Mitte der Fahrbahn fahren:
Wenn 'n Reh kommt, $\frac{1}{2}$ Sekunde mehr Zeit zum Ausweichen, sagt Kleinert.

Foto von Kind am Autoschlüssel, es baumelt hin und her.
Überträgt sich's?
Vorsicht, Kamera.
Ihren Hinterkopf studieren.
Marienburg: Die Kinder, die uns anbettelten, wir gaben ihnen
Schokolade. Der größte sammelte alles ein und ließ den kleinen
nichts.
«Na, woll'n wir mal 'n bißchen mampfeln?»
Nach jedem Halt 5 mm weiter nach hinten gestellt den Sitz
(Vorder-).
Im Betriebschor mitsingen.
Das zieht sich hin.
Das wurde in 3/30 abgehandelt.
Winkelvoss knöpft ihn sich vor, ob er schon mal auf Sizilien
Urlaub gemacht hat?
Grabrede.

Hildegard: Wohnen sei für uns Selbstzweck.
«Wohnen ist unsere Hauptbeschäftigung!»

Wenn eine neue Kultur sich installierte, wurde die andere erst
mal zerstört, sechs Trümmerstädte übereinander. Was wohl noch
so alles im Schoße der Erde verborgen liegt? Pompeji haben sie
ja durchforscht, aber mit Herculaneum ist es schwierig: Das
Vulkangestein dort soll eisenhart sein. Manchmal fischen sie
auch was aus dem Mittelmeer, Bronzestatuen, die wie Schwäm-
me aussehen, und dann gehen sie mit Zahnarztbohrern daran,
bis alles wieder fein glatt ist. – Komisch: Unsere Museen stehen
voll Antikem, aber was die Fischer aus dem Wasser rausholen,
interessiert uns mehr.

Der Politiker Eichel nennt als seine Lieblingsblume das
Löwenmäulchen (FAZ). Das überrascht. Ich hätte eher gedacht, er würde die Schafgarbe wählen.

Nartum

1857: Clara Zetkin geboren

5.30 Uhr
Beim Aufräumen der Küche:
Hildegard: «Jede Hausfrau läßt was stehen in der Küche, das sie nicht aufräumt.»

Langeoog

Sa/So 6./7. Juli 1991, heiß

Tag des Bergmannes und des Energiearbeiters

«Wiebke» von Radio Bremen, gestern, ist nicht für die DDR. Da sei im Zug eine ganz dicke Frau gewesen, die auf einem besetzten Platz gesessen und ihn trotz mehrmaliger Aufforderung nicht geräumt habe. – Deshalb sei sie nicht für die DDR. Ein Herr erzählte nach der Lesung, er wohne bei Lübeck, und sie führen sehr häufig nach Mecklenburg, weil das doch ihr natürliches Hinterland sei. In Rostock sei ja jetzt ein unwahrscheinlicher Verkehr. Wirtschaftlich sehe es schon viel besser aus, als uns die Medien weismachten.

Die Bremer Rundfunkleute nahmen mich von Bremen aus in ihrem Auto mit. Wir erreichten die Fähre 5' vor Abfahrt. Ich versuchte, den sehr schlechten Eindruck, den ich bei ihnen vor einem Jahr gemacht hatte, wiedergutzumachen, und ich gab mich also launig und bramarbasierte da irgendwelchen Quatsch zusammen, ich «unterhielt» sie mit erprobten Storys. Damals in Norderney war aber auch alles widerlich, was nur sein konnte: diese doofe Schlagersängerin, die Autos, die am Café vorübertuckerten.
Als wir ankamen:
«Also, wir werden von einem Pferdefuhrwerk abgeholt.»

Alle Leute stiegen in den Zug, wir blieben auf dem Bahnsteig stehen.

«Wollen Sie noch mit?»

«Nein, wir werden mit einem Pferdefuhrwerk abgeholt.»

Ich saß schon im Zug, wurde durchs Fenster angeklopft:

«Wir werden durch ein Pferdefuhrwerk abgeholt!»

Na, das kam natürlich nicht. Ich winkte mir einen kleinen Jungen heran, gab ihm eine Mark und ließ ihn meine Tasche in ein Café fahren, vielleicht einen Kilometer entfernt, und setzte mich da hin und aß einen Lachs, bis die anderen kamen:

«Wir werden von einem Pferdefuhrwerk abgeholt.»

Und das kam dann auch nach etwa einer Stunde. Das Pferdemädchen erzählte, das Pferd ihrer Kollegin sei durchgegangen, der Wagen nur noch Kleinholz.

Gegenwind entstellt.

Wasser ist ja eigentlich zum Kotzen. Das Meer! O Gott. Wie habe ich mich an der Ostsee immer gelangweilt, als Schüler.

Am Freitagnachmittag ging ich am Strand spazieren. Wenig Erhebendes war zu sehen. In meinem Alter macht man sich verdächtig, wenn man sich auf der Promenade auf eine Bank setzt und Leute anguckt.

Leute aus dem Inland erkennt man daran, daß sie statt «die See» – «das Meer» sagen.

Ich aß in einem völlig leeren Glaslokal mit Ausblick auf das langweilige «Meer» ein Stück Ostfriesentorte. «Darf ich bitte gleich kassieren?» fragte der Ober.

Danach wechselte ich das Lokal und aß in einem anderen Glaspalast ein schlechtes Eis.

Im Kurhaus war's am Abend absolut voll, vielleicht 300 Menschen, die natürlich aus allen Gegenden kamen. Es war äußerst gemütlich, und ich genoß es, obwohl die beiden Bälle des Mikrofons direkt vor meinen Augen waren, ich konnte mein Buch gar nicht sehen, hatte also leider extrem viele Versprecher. Auch lag mir ein Goldbarschfilet im Magen, das ich unmittelbar vorher ... Es war trocken und offensichtlich in heißes Fett gehängt worden, altes Frittenfett. Schmeckte scheußlich, dazu eine Champagnercremesuppe, die wie heißer Tapetenkleister schmeckte, und ein auf's Wichtigste beschränkter Salat ohne jedes Gewürz.

Dabei erzählte Frau Behl aus Indonesien, wie gut das Essen dort gewesen sei. – Sehr sittenstreng die Leute da unten, auf der Straße nicht küssen usw. Ein Deutscher hätte eine Sprachfibel für dort geschrieben, die Leute wären entsetzt gewesen. Wahrscheinlich habe der Mann, anstatt sich zu informieren, auf der Terrasse gesessen und Cocktails getrunken. (Außer einer Bloody Mary habe ich in meinem ganzen Leben noch keinen Cocktail getrunken.) Nun ja, Goethe-Institut. Ich sagte ihr, daß ich außer in Amerika niemals vom Goethe-Institut zum Lesen aufgefordert würde. Nie «Fernost» usw. Meine alte Leier. – Ihre gesamte Habe hat sie verloren, erzählt die Frau Behl, 3000 Bücher und die Möbel, weil der Container ein Loch gehabt habe und der tropische Regen da rein ... Die Bücher wären Matsch gewesen. Die Versicherung habe eine Aufstellung sämtlicher Bücher verlangt, Titel, Preis usw.

Nach der Lesung, die mir sehr viel Spaß machte, weil wir uns so schön einig waren alle, setzten wir uns in ein Straßencafé und tranken Malteser. Ich aß Milchreis, um für die Nacht gewappnet zu sein. Autogrammleute, was meine Stimmung steigerte, obwohl ich mich ein wenig belästigt fühlte, da ich unter Beobachtung durch die Bremer stand.

In der Nacht sah ich noch einen langen französischen Krimi, zwei englische Mädchen, Radwanderinnen, die eine wird umgebracht. Der Polizist war es. Sehr gut gemacht, obwohl ich schon drei Kilometer vorm Ziel wußte, wer «es gewesen war». Bisher galt die Grundregel: Der Polizist darf nie der Täter sein. Die scheint jetzt aufgehoben.

Um $^1\!/_2$3 Uhr löschte ich das Licht.

Am Sonnabend sehr früh heraus und vorm Frühstück einen

langen Spaziergang am Strand, menschenleer. Leider ein Trekker, der Plastiktüten einsammelte.

Beim Frühstück benahm ich mich wieder sehr ungemütlich, beanstandete laut die Musik, ärgerte mich, weil man mich – offenbar ein Stammplatz – vom Tisch wegjagte, an den ich mich eben gesetzt hatte usw. Ich fing mich jedoch.

Auf der Rückfahrt, wieder mit den Bremern, schlief ich.

Auf der Fähre belauschte ich ein Gespräch über Sizilien. «Wiebke» hielt eine Propagandarede, war so begeistert, daß sie Frau Behl «rüberziehen» wollte. So was kennt man auch bei Autobesitzern.

Auf Langeoog fehlen die älteren Damen, die vollständig bekleidet in den Cafés sitzen und wohlwollend lächeln.

Nartum
Beim Nachtspaziergang liefen die Hunde weg.

Im Fernsehen Steffi Graf, wie sie Wimbledon gewinnt auf dem ruinierten Rasen dort. Kurz war sie mit ihren Eltern zu sehen, an einem Gartentisch, Sekt schlürfend. Also, der Vater ist ziemlich suspekt, aber das kann mir ja egal sein. Außerdem: Sekt? Wer trinkt schon Sekt? und an einem Gartentisch? So was befremdet.

Masur, wie er den «Bolero» dirigiert, also, das war vielleicht fürchterlich. Dies simple Stück meinte er den Musikern, die das doch bestimmt zum Kotzen finden, durch nachfedernde ruckartige Bewegungen vormimen zu müssen! Über die ganze Länge des Stückes. Ich bin versucht zu sagen: Typisch DDR. Aber so etwas kriegen sie hier auch fertig. Ravel selbst meinte übrigens, sein «Bolero» enthalte überhaupt keine Musik. – Im allgemeinen kann man sagen, daß der «Bolero» an allen Ecken und Enden verwurstet wird. Sogar die Eiskunstläufer benutzen ihn.

Der überglückliche, übergewichtige Kanzler, der wie seine eigene Karikatur aussah, war mit ihm zusammen auf einer Sportveranstaltung zu sehen, vorher, so eine Art «Talk». Redete da was von seiner Jugend, daß er da auch gern Faustball gespielt hat. Masur hat vielleicht den Brummkreisel geschlagen?

Blüm sei tagelang völlig versteinert herumgelaufen, heißt es, weil er mit seinem Bonn-Engagement nicht durchgedrungen sei.
Engholm, der an seiner Pfeife saugende Dünnmann. Vielleicht ein ganz angenehmer Mensch, aber doch kein Bundeskanzler. Da sollten sie lieber den Thierse aufstellen.

Film über die verseuchten Abraumhalden in Sachsen. Die Einwohner hatten zu DDR-Zeiten das mal messen lassen, auf Strahlung hin. «Wer hat das gemessen? Wie heißt der Mann?», das sei die einzige Reaktion gewesen. Die Strahlung jetzt sei 20mal höher als auf dem Zwickauer Marktplatz, wurde gesagt.

Im TV wurden per Knopfdruck ich weiß nicht wie viele Telefonanschlüsse eingeweiht, 150 000 oder sowas, so daß man nun zwischen Mecklenburg und Niedersachsen besser telefonieren kann.
«Warum hat das so lange gedauert?» wurde der Postmensch gefragt. Die Schwierigkeiten seien enorm gewesen. Das kann sich doch jeder Mensch denken! Ich finde, das ist ziemlich schnell gegangen. Aber man hat wohl ein anderes Zeitgefühl, wenn man auf etwas wartet.

Daß es keine Ossi-Witze gibt, ist merkwürdig. Das liegt wahrscheinlich daran, daß das Verrückte offen zutage liegt. Den am Boden Liegenden verspottet man nicht. Da war das mit den Ostfriesen schon was anderes.

Der Genosse Peter Schütt hat einen Wiedergutmachungsartikel in der FAZ veröffentlichen dürfen. Walser, Raddatz und Ranicki hätten in seiner Wohnung mit Werftarbeitern diskutiert. Wie die wohl gesoffen haben!

22 Uhr
M/B:
Heute tippte ich das 15. Kapitel ab, Rosenau, wir haben jetzt über die Flaggen 106 Seiten. Ich glaube nicht, daß das Buch noch die Vater-Passage trägt. Ich denke, ich mache das nicht.

16. Kapitel
Rastenburg. Während Joe sich alles angucken will, schwätzt die Winkelvoss ihm von Sizilien vor.

17. Kapitel
Danzig. Bus «KZ-Ausflug» heute nicht. Abends geht die Winkelvoss auf Hansi los. Gegenstück zu ihrer «Vergewaltigung».

18. Kapitel
HH ab. Epilog.

Die Schwägerin kam aus Australien. Sie hat bei der Lufthansa acht Stunden nichts zu essen gekriegt. Die 400 Menschen seien schon unruhig geworden. Singapur – Frankfurt: 14 Stunden.

Jeder Idiot weiß jetzt, wo Slowenien liegt. Die Verwechslungen mit der Slowakei halten an.

Lit.: Koestler: «Zeuge der Zeit».
Das hätten alle lesen können. Aber wer wird schon aus Büchern klug!

Nartum   Mo 8. Juli 1991, heiß

T: Es ist gelungen, Geräte zu entwickeln, die alle verbrauchten Energien reaktivieren. Damit kommen wir dem ewigen Leben näher.

Utopisch die Verkehrsnachrichten, wenn da von Thüringen die Rede ist oder von der «Anschlußstelle Laage bei Rostock».

Verabschiedung beim Schulrat in Zeven, er erzählte Storys aus seiner Lehrerzeit. Daß ein Kollege an einen anderen Ort versetzt worden sei, weil er kleinen Mädchen unter den Rock gegriffen habe. Man habe gemeint, das damit zu vertuschen, aber alle hätten es natürlich gewußt. Er habe es dann vermieden, Schulausflüge zu machen.

Verabschiedung beim Präsidenten in Oldenburg. Vorm Schreibtisch. Zehn Jahre Oldenburg!
Es waren fünf schweigsame Journalisten gekommen sowie je ein Herr der beiden Fachbereiche, Westfalen und Stölting. Ich trank ein Glas Wasser und hörte mir das Gestottere an. Wahr ist, daß mir Oldenburg zehn Jahre meines Lebens geschenkt hat. Ansonsten war es eine ganz schlappe Sache.

2007: *Nie wieder gehört von den Leuten.*

Die Hitze ist kolossal.
Traurig.

Westfalen bezeichnete mich dreimal als «weltbekannten Autor».
O Gott, die Slumbewohner in Indien.
Er sei ein Fauler, er könne die Zeit so wegschmeißen.
Nebentisch, ein eitler Dozent.
«Wer einmal durch so eine Mühle gegangen ist wie ich ... Ich bin durch den Katholizismus gegangen ...»
«Wir wissen heute noch weniger, aber mehr.»

«Da soll sich erst mal einer hinstellen», sagte heute der Tankwart zu mir, als er mich identifiziert hatte, er meinte den «Stern», die Sache mit Wieser, die sollte ich mir man nicht so zu Herzen nehmen.

1914: Willi Stoph geboren

So wäre ich denn nun also Pensionär. Der Unterschied zwischen «Rentner» und «Pensionär».

Einen Schock werde ich nicht empfinden, den hatte ich 1980, als ich mich für ein Jahr vom Schuldienst beurlauben ließ.

Die Oldenburger Zeit, so «schäbig» sie auch war, läßt sich in meine Vita sinnvoll einfügen, sie brachte mir die Idee zu den privaten Seminaren und den Sommerclubs, die nun allerdings auslaufen bzw. sich erledigt haben.

Daß der Schlußakt so jämmerlich ausfiel, hat mit dem Stil der Gesellschaft zu tun, das ist ganz richtig so. Man schenkte mir ein Buch, das sich nicht öffnen läßt, also ein Kunstwerk. Ich empfing es aus der Hand des Rektors.

Jetzt bleiben noch ein paar große Brocken nach:
«Mark und Bein»
«Echolot 1943»
Dorfroman
«Alkor»

Das wird mich bis zum Ende des Jahrzehnts beschäftigen. Danach vielleicht ein weiterer «Echolot»-Band, Juni und Juli 1944.

1999 werde ich 70.
Ich müßte mir noch etwas ausdenken, was mit Pädagogik zu tun hat. Der Dorfroman.

Solschenizyn hat bekanntgegeben, daß er wegen seines hohen Alters die Arbeit an seinem Knoten-Zyklus einstellt. Das kommt davon, wenn man den Mund zu voll nimmt.

Daß er sie einstellt, die Arbeit an seinen 20 Bänden, wird berichtet; daß ich meine «Chronik» 1984 vollendet hatte, war den Feuilletons keine Zeile wert. Gestern bei meiner Verabschiedung sprach der Präsident der Ossietzky-Hochschule von meiner «sechsbändigen Chronik».

So wie Hubert Fichte es gemacht hat, sollte man es nicht tun: alle Zeilen, die man irgendwann einmal in Blei gießen ließ, nachträglich zu einem Zyklus zusammenfügen. Was muß ein solcher Mensch alles wissen! Und doch, was sein Gesamtwerk anbetrifft: ein leichtes Mißtrauen gegen sich selbst. Denn auch Essays mit hineinzunehmen in seinen empfindsamen Koloß, wie auch Balzac es tat in seiner «Menschlichen Komödie», zeugt von einem leisen Mißtrauen, ob's wohl nach allen Seiten hin abgesichert ist?

Bei Fichte kamen so 19 Bände zusammen, bei Balzac 91 – von ursprünglich geplanten 137! Meine drei «Befragungsbücher» sind damit wohl nicht zu vergleichen. Auch ich hatte versucht, Essays zu schreiben, speziell für die «Deutsche Chronik», mit miserablem Ergebnis. Die sieben Hörspiele allein könnte man hinzurechnen.

«Geschichte der Empfindsamkeit» ist ein noch schlechterer Titel als «Deutsche Chronik».

Fichte war als junger Mann Hirte in der Toskana – kein schlechter Lebensanfang für einen, der noch viel vorhat.

Frau Lindemann vom NDR in Hannover hatte sich seiner angenommen. Inzwischen ist auch sie gestorben. Von einem Berg ist sie gestürzt.

Ich fragte sie mal, warum sie nie etwas über mich gesendet hat, im NDR. Da sagte sie: «Ich mag Sie eben nicht.»

Daraufhin ich: «Sie hätten ja was Negatives sagen können!»

Im übrigen hat sie mal eine lange Sendung gemacht, mit Johnson und mir.

2007: *Als junger Mann gehörte Fichte zu dem Kreis um Hans Henny Jahnn. Darüber hätte man gern mehr gewußt. Es gibt einen interessanten Film über sein Leben, wie er es ausgepreßt hat! Er hat auch farbige Übersichten gemacht und an* *die Wand geklebt, wie Böll es getan hat. – Nachts ist er in seinem Fuchspelz gern um den Hamburger Hauptbahnhof herumgestrichen. Aber an Aids ist er nicht gestorben.*

Die mißglückte Verabschiedung wirkte noch nach. Außerdem Hitze. Außer der Comic-Sache, die gut von der Hand ging, konnte ich nicht arbeiten.

Nartum Mi 10. Juli 1991, heiß

In der ZEIT ist ein rührseliges Plädoyer abgedruckt, ganzseitig, über einen jungen Professor, den sie nun «abwickeln». Er hat fünf- oder siebenmal der Stasi berichtet (daß er das nicht einmal genau weiß!), was er «leider erst nach seiner Ernennung zum Professor (freiwillig) offenbarte» (der Rektor der Humboldt-Universität).
Der Autor des Plädoyers heißt Kostede und scheint ein rechter Wirrkopf zu sein. Er hat die Klo-Inschriften der Universität studiert: «Jagt ihn weg, den roten Dreck!», eine «Schmiererei», die er Neonazis anlastet. Also, ich bin derselben Meinung wie jener Unbekannte und bin kein Nazi. Noch 1985 war Brie – der Mann, um den es geht – der Meinung, daß es zur DDR keine grundsätzliche Alternative gebe! Als Professor! – Diejenigen, die «gestern schwiegen» in der DDR, bezeichnet er als Opportunisten, damit tut er das gleiche, was er den Westdeutschen vorwirft, er urteilt von sicherem Port. Offenbar weiß er nicht, daß schon das Schweigen gefährlich war. – Zum Schluß sagt er, Brie sei kein Märtyrer, «die wahren Märtyrer der Meinungsfreiheit waren andere. Die wahren Geisteshelden in Ostdeutschland ... sind heute Kraftwagenfahrer, Krankenpflegerinnen. Man hat sie wegen Regimekritik ... von den Universitäten gejagt. Wer von sich überzeugt ist, daß er zu diesen großen Menschen zählt, der werfe, wenn es denn sein muß, den ersten Stein.»

Die ZEIT hat sichtlich an Niveau verloren! Ob Herr Brie sich damals und heute wohl um einen einzigen dieser «großen Menschen» gekümmert hat? Hat Herr Kostede einen von ihnen interviewt?
Und: Wie anders hätte K. wohl geschrieben, wenn Brie in der Nazi-Zeit gelebt hätte und Parteimitglied gewesen wäre und fünf bis sieben Menschen angezeigt hätte!

Heute früh ein Fotograf, der mich sehr nervte.
«Stellen Sie sich vor, sie schleppten sich durch eine Wüste und tränken jetzt ein Glas klares, kühles Wasser ...» Ich sollte also grinsen.
«Sie sind so ernst, warum lachen Sie nicht?» – «Ich habe ja keinen Grund zum Lachen.»
Dann wollte er, daß ich Zettelkästen auf den Tisch stellte und darin grabbele. Ich: «Seit Jahren arbeite ich schon nicht mehr mit Zetteln!» und habe mich geweigert. – Die üblichen Indiskretionen: Wer hat das Bild gemalt, was sind das für Hunde usw.
Neulich hätte er eine interessante Arbeit gehabt, die Hautkrebsaktion, und er wollte mir davon erzählen. – Das konnte gerade noch gestoppt werden.

Über Mittag war ich bei Radio Bremen zu Gast, einen M/B-Text sprechen für SFB. Hinterher meinte der Mann vom Ton: «Daß Sie sich nicht schämen, so einen Hetzkram zu schreiben.» – Sonderbar. Ich kann doch soviel Quatsch schreiben, wie ich will? Das geht ihn doch gar nichts an?
Viel Verkehr auf der Autobahn, rasender Verkehr, ich machte, daß ich nach Hause kam.

Gestern nacht habe ich die Autographen sortiert, die sich hier angehäuft haben. Es sind interessante Sachen darunter. Damals, nach der «Stern»-Affäre, Sympathieadressen.

Einsiedel im TV.
Und Jelzin, wie er von einem Popen gesegnet wird. Verrückt.
So was gibt es ja nicht einmal bei uns.

Nartum Do 11. Juli 1991, heiß

Nationalfeiertag der Mongolischen Volksrepublik

Die Bertelsmann-Leute wollen, daß ich in Rostock ein literarisches Zentrum eröffne. Das hätte mir noch gefehlt! Sie haben schon überall herumtelefoniert ... (Das auch noch!)

Heute kamen zwei Biographien, eine von Egon Tschirch, Rostock 1939–1945, sehr interessant, ich las das Tagebuch im Garten auf einen Rutsch. Manchmal leider auf Wirkung hin geschrieben, aber wenn's ihm ernst war, ganz knapp und sachlich. 1943 fehlt, und den Russeneinmarsch hat er ausgelassen, wohl aus Angst.

Tschirch 1889–1948, Rostock:

> Sausender Schneesturm, dunkler Himmel, Schneeschanzen – Warschau gefallen! – Noch stockt einem der Atem. – Atemberaubend ist dieser russische Einbruch, Vormarsch, Aufbruch, dieser Sturm aus Ostland, diese Lawine, die da alles zerschmetternd aufrollt, unaufhaltsam, gigantisch.

Die andere Biographie, ein Berliner Mädchen im Krieg. Sehr schön und stimmungsvoll.

Einsiedel gestern im TV. Jetzt trägt er einen Bart. In Rußland hat er jungen Soldaten erzählt, daß er 38 Gegner abgeschossen hat. Die jungen Leute waren beeindruckt.
Auch Bilder vom Nationalkomitee, deutsche Offiziere, die die «Internationale» singen. – Mit der SU zu gehen gegen Deutsch-

land, das geht nicht. Das Anstößige war, daß es sich um zwei fast identische Diktaturen handelte. Wenn er über England abgeschossen worden wäre und sich dort hätte einspannen lassen? Nein, wäre auch nicht gegangen. Das ist wider die Natur. Ich habe sogar mit Deserteuren meine Schwierigkeiten. Daß sie weglaufen – meinetwegen. Aber daß man sie dafür lobt? Oder daß sie gelobt werden wollen? Der Grund, weshalb ich ihnen mißtraue, liegt im Vorteildenken. Ich nehme ihnen nicht ab, daß sie es aus politischen Gründen getan haben. Widerstand? Da hätten sie den nächstbesten Offizier abknallen können. Dazu braucht man nicht die Seiten zu wechseln. Oder? Ich weiß es nicht. Möglicherweise kann diese Frage nie beantwortet werden.

Ich denke gerade daran, daß mich nach Erscheinen von «Haben Sie Hitler gesehen?» ein Reporter zur Rede stellte. Er hieß Hildebrandt und trug Turnschuhe. Wie ich dazu käme, von «Adolf» zu sprechen. Ob ich ihn denn noch so verehre? – Dabei hatte ich ja gar nicht von «Adolf» gesprochen, ein Statement-Mensch hatte es getan, und zwar nur ein einziger. Das war 1971, vor 20 Jahren. So was tragen die noch mit sich herum.

In dem Tschirch-Tagebuch, das ich gestern bekam, stehen viele Einzelheiten, die ich für T/W gut hätte brauchen können. Der langsam gesprochene Wehrmachtbericht «zum Mitschreiben» (im Radio) beispielsweise.

«Middle-aged fuddy-duddy» bin ich nicht!

Nartum   Sa 13. Juli 1991, kühl

Hatte mit dem Magen zu tun.
Morgens der Mann aus Rostock mit einer neuen Fuhre Bierflaschen und anderem. Lästig.

Die angekündigte Amerikanerin fuhr nach Utrecht statt nach Bremen, kam also nicht, und wir saßen und warteten.

In einer mecklenburgischen Zeitung steht, daß sie den Petri-Kirchturm wieder aufbauen wollen.

Der Rostocker sagte, für die kleinen Rentner sei es jetzt schlimm, aber es sei für sie auch früher schlimm gewesen, jetzt koste der Bohnenkaffee weniger, dafür sei die Miete teurer.

Nartum   So 14. Juli 1991, kühl

1789 Sturm auf die Bastille
1889 Gründung der II. Internationale

Letzte Briefe aus dem Feld eingegeben ins «Echolot». Die Sprache war der Situation in der Regel nicht gewachsen. Einfache Leute konnten es meistens besser: «Liebe Cläre, wenn Du einen andern findest, wünsche ich Dir alles Gute...!»
Die Bürger bergen ihre Gefühle und Ansichten zum Teil unter enormem Schwulst, fast wie unter Drogen erzeugt.
Steht uns nicht zu, darüber zu urteilen.

Carla rief aus Idaho an, daß Leo-Baeck-Leute Schwierigkeiten machen. Typische Archivsituation. Die Leute sitzen auf ihren Beständen. Abgesehen von der Endlosigkeit des Antichambrierens irgendwelche Ängste, etwas Verbotenes zu tun? Totenruhe? Datenschutz?

Gorbatschow hat in London gesagt, wenn der Westen nicht hilft, wird es Aufstände geben in der SU.

Kesting hat in seinem Nachruf auf Axel Eggebrecht gesagt, der habe das Herz auf dem rechten Fleck gehabt, nämlich links. Das ist vielleicht kryptisch! Es sagt mehr über Kesting aus als über Eggebrecht.

Der Buchhändler Elsbeck in Rotenburg heute begrüßte mich, indem er meinen Ellbogen mit zwei Fingern faßte. Er ist der Mann, der sich «immer so durchmogelte» in der Schule.
Habe mir in Rotenburg Prospekte von Amtrak geholt, Zugreisen in den USA. Werde wegen Leo Baeck wohl doch nach N. Y. reisen müssen. Preise stehen leider nicht dabei.

Die Slowenen weigern sich, ihre Waffen abzugeben. Das würde ich auch tun. Die gegenseitigen Blutbäder. Und das Schlußblutbad an den Deutschen wird gar nicht erwähnt.

«Spiegel»: 1 Mio. Bundesbürger obdachlos? Kann das stimmen?
Es sieht so aus, als ob die Entwicklung hier einem allgemeinen Crash entgegentreibt. Aber das tut sie schon lange. Und einen größeren Crash als 1944/45 kann es eigentlich nicht geben, und den haben wir überstanden. Und das Gefängnis?

Der Rostocker gestern, dessen 11jährige Tochter nicht wußte, was die Marienkirche ist, sagte, er sei jetzt arbeitslos, mache also einen bezahlten Urlaub, weil es ja keine Ferienlager mehr für Kinder gebe.
Auch darüber lohnt es sich, nachzudenken.

Danach lange an M/B, die «Wolfsschanze» weiter; morgen vielleicht noch mal. Hildegard erfand am Abend den schönen und treffenden Untertitel: «Eine Episode». Jawohl, das ist richtig. So werden wir es nennen.

2007: *Es kostete uns viele Leser: Romane wollen die Menschen, aber keine Episoden. Also war es falsch.*

Lit.: Bilderbuch von Johnsons Jerichow. Der Autor versucht, mit dem dünnen Buch so ein Johnson-Dechiffrier-Syndikat aus der Taufe zu heben.

«Spiegel» über die SU. Katastrophal! $1/4$ des Sozialprodukts geht immer noch in die Rüstung.
Pro Tag produzieren sie zehn Panzer (USA 2), 15 Schützenpanzer (USA 3). – Wie viele Panzer sie wohl für die Kindergärten hergestellt haben, drüben im goldenen Osten? «Wehrerziehung» nannte sich das. Hier bei uns verbieten sie die Strandburgen.

Nartum Di 16. Juli 1991

1952: Wilhelm Pieck eröffnet die Pionierrepublik am Werbellinsee und gibt ihr seinen Namen

Am Nachmittag langes Gespräch mit Bittel, der inzwischen das «Echolot» gelesen hat und «überzeugt ist» von dem Vorhaben, wie er sagt. Es wären hübsche Geschichten drin.
Bittel sagt, die Frau von Adorno sei «steinalt» geworden. Früher sei sie mal eine Schönheit gewesen.
Mißglückte Selbstmorde – auch so ein Kapitel. Den Leuten, die sich in den Schnee legen bei hohem Frost, droht die Abnahme eines Beines, wenn sie wieder aufwachen. Und was ist mit den Leuten, denen der Strick reißt? – Ein ehemaliger Kamerad aus Bautzen setzte sich, die Schlinge um den Hals, auf den Ast eines Baumes. Dann trank er eine ganze Flasche Kognak aus, und als

er das getan hatte, stürzte er ab und der Strick riß *nicht*. Ein lieber Mensch übrigens, über dessen selbstgewähltes Ende die Freunde seltsamerweise lachten.

Bittel sagte noch, daß an den Nachlaß von R. Strauss nicht heranzukommen sei, da säßen die Nachkommen drauf, hielten das zusammen, ließen niemanden ran.
Der «Echolot»-Text habe eine ziemliche Sogwirkung.

Nartum   Mi 17. Juli 1991

Gestern war ich in Hamburg, ich fuhr gleich nach dem Frühstück. Bei Henning stöberte ich drei Stunden lang und fand auch ganz richtig einen Haufen Brauchbares für das «Echolot».

2007: *Inzwischen hat das Antiquariat dichtgemacht, weil man ihm dreimal die Miete erhöhte. Wieder ein Stück Heimat weggebrochen.*

Der Liter Benzin kostet jetzt 1 Mark 45. Ich erinnere mich noch, 1963 in Rotenburg 23 Pfennig gezahlt zu haben.

2007: *Normalbenzin kostet jetzt ungefähr 1,40 Euro.*

Dierks ist pikiert wegen meiner Meckereien über die Verabschiedung in Oldenburg. Nun – ich wollte diese Zeremonie ja überhaupt nicht. Sie haben mir das ja aufgedrängt. Wysling, der Direktor des Thomans-Mann-Archivs in Zürich, sei überhaupt nicht verabschiedet worden. Schlimm genug!

Robert gestern am Telefon, Entschädigung ja, Rückgabe nein, hätten die Behörden gesagt, in Rostock, im Hinblick auf unser Haus. Was das nun wieder zu bedeuten hat?

Herburger, seine Laufgeschichten. Schöne Idee. Ich lese jeden Tag einen Lauf. – Stil erträglich, manchmal unerträglich.

Ich denke gerade an meine Ms. in Hannover. Bin jedes Mal gerührt, wenn ich sie sehe.

«Richi» Weizsäcker in der Niederlausitz. Dort wird ihm Salz und Brot angeboten. Man sah ihn in sämtlichen aktuellen Sendungen, also mindestens fünfmal, das Brot mit säuerlicher Miene kauen.

Gabriel Laub gestern im TV, nicht wiederzuerkennen, angegreist.

Eine Mohammedanerin beschwerte sich, daß man in der Fabrik, in der sie arbeitet, wohl ein Bier trinken dürfe, aber nicht beten. Man muß die devoten Moderatoren gesehen haben!
Einsickernde Hunger-Rumänen. Sie leben zunächst wochenlang auf den Müllabladeplätzen in Polen und sickern dann über die Grenze.

Die Franzosen haben gestern wieder eine Atombombe gezündet. Der «Pilz» war zu sehen auf der Mattscheibe. Skandalös und obszön. – Nach einigem Nachdenken kam ich drauf, daß die Atombomben, wenn die SU aus dem Leim geht, vielleicht doch nötig sein werden. Aber jetzt noch Versuche anstellen? Töter als töt kann man doch gar nicht sein.

Herr Schönherr brachte unsere Sonnenscheibe, den großen Gong, den ich vor einiger Zeit kaufte. Sie hat fast acht Jahre im Freien gehangen und ist schwarz. Mit allen möglichen Mitteln rückt man ihr jetzt zu Leibe, aber sie gibt «nur» einen matten Glanz preis. An sich schön, ehern, uralt wirkend. Ein bißchen ewig.

Gestern haben sie auch die Pferde der Quadriga wieder aufgestellt. In einem dieser Plus-Sender sagten sie, es habe schon große Auseinandersetzungen gegeben wegen des Eisernen Kreuzes, im ZDF kein Wort davon. Als ich sie da so stehen sah, dachte ich: Das ist jetzt der Abschluß, nun beginnt ein neues Kapitel. Dazu paßt (nur scheinbar?) die Überführung der Gebeine Friedrichs II.

M/B: Am Vormittag überarbeitete ich das «Wolfsschanzen»-Kapitel. Es wurde dadurch um eine Seite länger.
Ich werde wahrscheinlich die Kapiteleinteilung ganz fortlassen.
Über Mittag für «WamS» (Schwilk!) 150 Zeilen über die Quadriga und Friedrich II. diktiert.
«Echolot»: Am Nachmittag den 19. Januar neu eingerichtet, der bisher noch fehlte.
Am Abend leider eine TV-Sendung über Stralsund. Daß dort die Hausbesitzer kein Geld oder kein Recht kriegen. Man zieht es hin, um sie zu betrügen. – So geht es uns jetzt auch. War ganz benommen von der Erkenntnis, daß man jetzt, nach allem, noch immer von den Leuten reingelegt wird.
Stralsund hat übrigens mehr sogenannte «Bausubstanz» über den Krieg gerettet als Rostock. Die schönen Giebelhäuser – eigentlich ja langweilig. Ich sah einen einzelnen Mann «sein Haus» ganz allein reparieren. Er zeigte uns die alten Balken.

Nartum   Do 18. Juli 1991, regnerisch

Tag der Interbrigaden

Ranicki hat heute gemeint, ein Autor kriege für ein Hörspiel 50 000,–, und dem hat keiner in der Runde widersprochen.

M/B: Heute früh schrieb ich mit Bravour in einem Zug das 17. Kapitel, Nehrung. Es sind jetzt insgesamt 121 Seiten.

Text hat mich sehr mitgenommen. Es sind da immer noch Restbestände, die das abgebrochene Gespräch mit meinem Vater betreffen. Aber wer kommt je mit seinen Eltern zu einem Ende? Erwarten sie uns an der letzten Tür? Ich weiß nicht, ob ich das wünschen soll.

Ein Mann schlich ums Haus am Nachmittag, ich holte ihn herein, ein Gewerbelehrer, er sei schüchtern, sagte er. In der Tat muß es ihm die Sprache verschlagen haben, er konnte sich auf die Titel der Bücher nicht besinnen, die er von mir gelesen hat. «Sirius» und «Hundstage» waren es.
Im Gespräch war dann zu merken, daß er diese Bücher wirklich gelesen hat. Er habe Angst um mich, sagte er, weil ich im «Sirius» so offen meine Meinung gesagt hätte. – Im Land der freiesten Demokratie sollte man sich hüten, seine Meinung zu sagen?

Unruhe wegen Hildegards Reise nach Potsdam.

Hildegard bedankte sich heute aus heiterem Himmel bei mir: «Für vieles.»
Simone sagte, es sei eigenartig, ich sei in diesem Haus immer absolut da. Ich erfüllte das Haus, auch wenn ich nicht da sei. Hört man ganz gern, so was, wenn es nicht als polizeiliche Aufsicht gewertet wird.
Wir sprachen auch noch von der Rostock-Film-Tour 1990, die ja sehr komisch war.
Heute schrieb Simone das neue Kapitel ab sowie sämtliche Korrekturen in den anderen Kapiteln. Ich hatte dadurch einen leichten Tag.

Im TV: Serbische Milizionäre lassen kroatische Gefangene die Straße kehren. Dies sei eine schimpfliche Beleidigung.

Die Tschechen weigern sich, ehemaligen Sudetendeutschen «den Erwerb von Wohnraum zu gestatten», von Entschädigungen

ganz zu schweigen. – Nun, wenn sie EG-Mitglieder werden, dann schließt das Freizügigkeit ein. Sie verpassen die große Geste und handeln sich dafür Bosheiten ein.
Es leben eine Menge kleinliche Leute dort unten. Die Generation, die was aushalten mußte unter der deutschen Besatzung, ist doch längst «rausgewachsen».

Wenn ich nichtsahnend und in mich versunken Klavier übe, und dann wird plötzlich von drüben applaudiert – das ist schrecklich. Ich spiele ja nicht vor, sondern in mich hinein.

Las gestern die zwei Kapitel vor, Mutter- und Vaterbegegnung. Dabei machte ich die Beobachtung, daß ich ganz anders las als sonst, schnell, «tonlos».

Ein Mann hat 70 Autos mit einem Bagger zerstört, weil er sich über seine Freundin geärgert hat.

Die Idee, den pflasterschrubbenden Wiener Juden ein Denkmal zu setzen, muß unterstützt werden. Wir alle sehen das Foto noch vor uns. Zu was für Gemeinheiten die Menschen fähig sind! Der Antisemitismus scheint von Österreich ausgegangen zu sein, aber das spricht uns nicht frei.

Eine Kinderbefragung über Wessis und Ossis. Ein Wessi-Kind sagte, die Ossis hätten so eigenartige runde Köpfe und abstehende Ohren.
Heute beim Mittagessen sagte die Schwägerin aus Australien zur Wiedervereinigung: «Ich habe es nicht zu glauben gewagt.»

Der Nachbar hält 30 Enten ohne Wasser, könnte er ihnen nicht eine kleine «Pütt» graben?

Busoni: Streichquartett. Langweilig?
Pfitzner: Streichquartett. Ein Teil großartig. Schmilgun tat gut daran, den Rest in seiner Sendung wegzulassen.

Der Bürgermeister von Fürstenberg hat genehmigt, daß auf
dem Gelände des KZ Ravensbrück ein Supermarkt errichtet
wird. Na, das ist natürlich was! Der Zentralrat der Juden hat
protestiert, aber er tut es erst jetzt, wo der Supermarkt bereits
«errichtet» ist. – Zuerst hörte sich das so an, als ob das gesamte Gelände habe herhalten müssen für Cornflakes und Damen-
strümpfe. Nun sah man Bilder, daß dies gar nicht der Fall ist.
Die Gedenkstätte bleibt davon unberührt.
Passanten wurden befragt, was sie davon halten. Eine junge Frau:
«Das interessiert mich nicht. Wir haben jetzt andere Sorgen.»

M/B: Vormittags ging ich die ersten sechs Kapitel durch. Es
sieht ganz gut aus.
Mittags kam eine junge hübsche Amerikanerin aus Provo. Ich
fotografierte sie. Aber das nützt ja auch nichts.
Dann zum Kaffee Schnakenwinkel, der die Ausstellungsfotos
zurückbrachte. Er nahm die Amerikanerin mit zum Bahnhof.

Gegen Mittag fuhren Hildegard und Schwester nach Berlin.
Sie wollen sich u. a. Potsdam ansehen. Es gibt Leute, die sagen:
Kenn' ich schon. Die Sozialisten haben dort sehr gehaust. Hitler vor Hindenburg in der Garnisonkirche – daß sie diese Erinnerung auslöschen wollten, kann ich verstehen. Das war einer
der vielen Anfänge vom Ende.

Nartum   Sa 20. Juli 1991

Schreckliches Datum.
Ohne den 20. Juli stünden die Deutschen arm und erbärmlich
da, hat Weizsäcker gesagt. «Erbärmlich», was für ein altmodi-
sches und unpassendes Wort, wie aus einer Bach-Kantate ent-
nommen.

Saddam Husseins weittragendes Geschütz sei 52 Meter lang und habe ein Kaliber von 300 mm, es sei schon getestet worden. – Im Krieg die großen Eisenbahngeschütze, die mußten nach jedem einzelnen Schuß erst mal repariert werden. – Ich weiß nicht, Bomben sind in dieser Beziehung doch viel praktischer? Wir haben's erfahren!

Die Firma Dralle, «Dr. Dralle», ist eingegangen. Ist das nicht eine notierenswerte Nachricht?
Dr. Dralles Birkenhaarwasser.

Wer den Untergang der Menschheit verfilmen wollte, der müßte dem Film das Geräusch von Rasenmähern unterlegen.

Tausende von Rumänen warten an Oder und Neiße, um schwarz über die Grenze ...

Nartum   Mo 22. Juli 1991

Nationalfeiertag der Volksrepublik Polen

Wunderbare Tage. Früh gehe ich mit den Hunden zwei Gartenrunden, es ist unbeschreiblich.
Die beiden Frauen sind seit einigen Tagen in Potsdam. Ich habe bisher nichts von ihnen gehört, also wird es ihnen wohl gefallen. Ordentlich essen gehen, mal hier, mal da, das ist doch was Wunderbares.
Simone leistet mir Gesellschaft, unaufdringlich, aufmerksam.

M/B ist nun fast fertig. Ich bin schon beim zweiten Durchgang. Daß der Verlag sich ausgerechnet dieses Buch als Weihnachtsgeschenk für Buchhändler und Prominenz ausgesucht hat, wird er vielleicht bereuen. Dies ist bisher mein bösartigstes Buch.

Auf den Einband sollte ein Bildausschnitt von Hockney montiert werden. Das Smithsonian Museum hat das nicht genehmigt.

Politik ist ruhig im Augenblick. Die Slowenen scheinen es geschafft zu haben. Auch über das Baltikum hört man nichts Schlimmes. Eigentlich ja ein Wunder.
In Bautzen saßen einzelne Vertreter dieser kleinen Länder. Josef Kalikauskas hieß einer, mit dem hatte ich mich angefreundet. Ein Mann von eiserner Festigkeit. Guter Schachspieler, wie alle Leute im Osten.

Der Osten ist in einer großen Wolke von Schutt untergegangen. Es ist nichts geblieben. Und hier schweigen die Götter von damals. Der Kommunismus ist absolut mausetot. Das Soll ist beeindruckend, das sie hinterlassen haben: eine vernichtete Natur, zertrümmerte Städte, entmündigte, verbiesterte Menschen, eine tote Riesenkrake = Stasi u. ä.
Neulich: «War denn alles schlecht in der DDR?»
Antwort: «Leider ja.»
Noch jetzt gehen Tausende in den Westen. Leider fahren kaum Leute nach drüben auf Urlaub. Die Flaute vom letzten Jahr scheint sich sogar auf Rügen fortzusetzen. Ich werde wahrscheinlich nächste Woche fahren.
Die Mecklenburger behaupten, der Wetterbericht werde gefälscht, dauernd werde Regen prognostiziert, damit die Leute nicht nach Rügen fahren. Ein drolliger Verdacht. Was da wohl sonst noch gewispert wird! Die werden's schon noch mit Touristenmassen zu tun kriegen! Schon bald!
Nach dem Mauerfall sollen 3 Mio. Menschen die neuen Bundesländer verlassen haben.

Die Reaktion auf «Sirius» hält an.

«Echolot»: wächst und wächst. Gestern kam das Bücherpaket aus Hamburg, es ist allerhand Lückenschließendes dabei. Aus Berlin ist die Genehmigung zur Einsicht der Krankenunterlagen gekommen. So rundet sich das Bild. Aber an die richtig schlimmen Sachen kommen wir nicht ran. Da sitzen Spezialisten, die das eines Tages auf eigene Rechnung publizieren. So ging's mir mit den Tagebüchern von Hans Henny Jahnn. Es ist alles da, aber da sitzt einer auf der Kiste.

Gestern habe ich ein «Schluß»-Kapitel angelegt. Die Zwischentexte, die zwischen die Wochen zu setzen sind, um Tageübergreifendes zu bieten, sind fragwürdig.

Gestern suchte ich das Benimm-dich-Büchlein heraus, das die Marine ihren Offiziersanwärtern verordnet hat, im Jahre 1943!

Schon jetzt ist klar, daß ich den Termin 1992 halten kann.

Herburger, der merkwürdige sprachliche Ausfälle hat. Auch merkt man das touristische Recherchieren dem Buch zu sehr an. Trotzdem, ich lese es in Ermangelung von Besserem weiter. Das Indianerhafte seines Aussehens. Wenn er seine Marathongeschichten durch hat – was macht er dann?

Dieses Laufen, ohne daß man's eilig hat, ist mir unverständlich. Neuerdings gibt's einen Sport, der nennt sich Triathlon, da treiben es die Menschen auf die Spitze: vier Kilometer Schwimmen, 180 Kilometer Radfahren, Fahrrad wegschmeißen, 42 Kilometer laufen und sich dann in die Klinik einweisen lassen. Ob die Liebste in jedem Falle zuguckt? «Da isser!»? Nein – die Liebste macht mit!

Bei Suhrkamp hat es Streit gegeben. Der Sohn ist nach Amerika gegangen. Der Alte hat die Berkéwicz geheiratet, über die ich mich im «Sirius» negativ ausgelassen habe.

Eine «Chefin» zu haben kann von Vorteil sein.

Im Archiv noch viel gefunden, das beim ersten Durchgang übersehen wurde. Eine sonderbare Frau, die die Seiten römisch paginiert hat. Gutsbesitzerstochter, die sich in ihrer Biographie dafür bedankt, daß die Polen ihr Schloß abgebrannt und alles kassiert haben (1985). Die backt denen noch 'n Kuchen!

Von Hildegard nichts, seit Freitag.
In der Post ein Brief mit Marken vom «18. Weltgaskongreß».
Anstatt daß sie Briefmarken von der Wiedervereinigung druk-
ken!

Die Familie beanstandet das Wort «foppen». So ein Wort gäb'
es doch gar nicht.

Über Sonntag nahm ich mir meine alten Briefmarkenalben mal
wieder vor. (Hildegard: «Das ist aber 'n komisches Hobby!»)
Um die Lücken zu füllen, kaufe ich nur beschädigte Marken. Es kommt mir nicht auf den Wert an, sondern auf das Bild,
das eine vollständige Seite im Album mir bietet. Ich denke
dann: Hindenburg mit Trauerrand ..., oder: Heimkehr der
Saar ... Und dann kommt auch schon bald eine Erinnerung an
Latein- oder Mathematikarbeiten, die leider für den nächsten
Tag zu erwarten waren. – Ich kannte einen Studienrat in Rostock, Schröder hieß er, der kaufte '45 von jeder neuen Brief-
marke immer gleich mehrere Bogen. Da fragte man sich denn
doch, was das soll. Inzwischen ist es mir klargeworden: Der
Mann wollte Teile seines Vermögens retten, die Bogen also
nach der Währungsreform für besseres Geld verkaufen. Leider
mußte er in den Westen flüchten, seine Transaktion war vergeblich.
Mit ausländischen Marken darf man gar nicht erst anfangen,
obwohl die frühen sowjetischen Marken oder die sauberen
schwedischen – auch ganz schön. Mein Vater hatte einen Brief-
umschlag im Schreibtisch, der wollte wohl auch im Winter seine Zigarre rauchen und dabei die Briefmarken ablösen und in
sein Steckalbum stecken. Diese Kliererei mit dem Ablösen hat
mir nie gefallen. – «Kiloware» ...

2007: *Jetzt sind die «Postwertzeichen» mit irgendeiner speziellen Gummierung versehen, die sich weder mit Wasser*

noch mit gutem Zureden lösen läßt. – Der 50. Jahrestag der
Gründung der Bundeswehr war der Post keine Sondermarke
wert. Mich hat das gestört.

Nartum   Mi 24. Juli 1991

Die durch die Institutionen marschierten Linkssozialisten haben es erreicht, daß Aussperrungen nur noch bedingt zulässig
sind. Gestreikt aber darf weiterhin werden, unbeschränkt.

Die Damen sind wieder da und räumen erst mal alles auf.
Ich schrieb die letzten Zeilen von M/B. Ich dachte noch: Druck
es lieber gleich aus – unten wurde schon zum Mittag gerufen –,
und ich tat's und setzte mich zum Essen. Und als wir eben sitzen, tut es einen gewaltigen Donnerschlag, und der Blitz fährt
in unseren Blitzableiter. Wir haben uns ganz schön erschrok-
ken. Es war übrigens der einzige Blitz, es folgte kein weiterer,
und die Apparate waren unversehrt.
Trotzdem – wie gut, daß ich nicht abergläubisch bin.
Keiner nahm Notiz davon, daß ich M/B abschloß. Ich habe es
allerdings auch nicht erwähnt.

Tiefe Verstimmung.
Ich weiß nicht, was für eine Konstitution ich habe. Daß ich
trotzdem weitermache, und da ich es tue, wird mir meine Verstimmung noch angekreidet. Wenn ich mich mit Pillen ins Bett
legen würde! Halten sie mich für launisch? Ich mache doch
auch Witze öfter mal!
Fausti Weheklag.

Im TV wehleidiger Bericht über die Russen, die jetzt abziehen.
Nun werfen sie uns vor, wir wären undankbar, weil sie uns doch
vom Faschismus befreit hätten!
O Gott! Das war vielleicht eine Befreiung.

Dubiose Schützenpanzer wurden gezeigt: Ob die Russen wirklich so viel gehabt hätten, wovor sich die NATO hätte fürchten müssen?
Also.
Dies Von-der-Hand-in-den-Mund im TV ist unerträglich. Peter von Zahn werfen sie heute vor, daß er für die CDU Werbung gemacht habe. Zu Kiesingers Zeiten! Wenn wir so lange zurückrechnen wollten. Man müßte es tun, all dies sozialistische Gewäsch hervorholen.

In 3Sat ein Bericht über einen amerikanischen Mörder, der 17 Männer ermordet hat und in seiner Wohnung zerstückelt und aufbewahrt. Ob er sie filettiert hat? Und zu welchem Zweck? Die Affäre Petiot, in Paris, während des Krieges.

FAZ, Artikel über Zuschauer, die Radrennfahrer belästigen.

Ein Entschädigungsgesetz ist herausgekommen für ehemalige Häftlinge der DDR. Eine Schönheitsrasur, die alle Merkmale von Idiotie trägt.

1. ist es fraglich, ob man politische Täter überhaupt entschädigen sollte für das, was sich als Folge ihres rechtlichen Bürgersinnes einstellte.
2. wird nicht berücksichtigt, wann der Betroffene gesessen hat, ob 1951 – dann dürften die Wunden vernarbt sein – oder 1987, ob er hilfsbedürftig oder nicht ist.
3. Das Alter. Ein 18jähriger wird Haftzeit selbstverständlich besser überstehen als ein Mensch von 50 Jahren.
4. Ich meine, der Staat brauchte weniger zu zahlen, wenn er die kleinen Heldentaten seiner Bürger besser herausstellte. Manch einem dieser Leute sollte man nur sagen: «Das hast du damals gut gemacht.»

Sehr schlechte Nacht, aber ich widerstand, ich nahm keine Pille. Mehrmals Fußbrausung.

Auf dem Brunnentrog Mückenlarven.
Der Nachbar hat den Trockenenten eine Schale mit Wasser hingestellt. Die armen Tiere versuchen hineinzusteigen.

Ausliefern. Das müßte verboten sein, egal, wen.
Schon das Wort!

Als ich auf den Sonnenhof trat: die innere Befreiung. Ein Spinnenfaden wie Draht zerriß an meinen Lippen.
Jetzt nur Lerchen und die Katze, die sich an meinem Stuhlbein reibt. Wenn ich sie hochnehmen will, läuft sie weg, aber sie sehnt sich danach. Ich fühle ihr Skelett unter dem weichen Fell.

Feinarbeit an M/B.
«Echolot»: Abtippen der wundervollen Briefe der KdF-Betreuerin Riedel, in Rußland. Ihre Amouren.

2007: *Sie habe die Briefe damals geschrieben, um ihre Mutter zu ärgern, sagte sie mir vor einiger Zeit.*

Trauriger Brief einer Frau aus Rostock, die Stadt werde von Händlern und Betrügern überschwemmt, sie sei früher in Lübeck, Eutin, Hamburg usw. gewesen, und dort gehe es doch vollkommen gesittet zu usw. Rührenderweise ärgert sie sich darüber, daß die alten Bezeichnungen für «Kaufhalle» usw. durch fremde ersetzt worden sind. Das kann ich noch am ehesten verstehen.

Nartum   Fr 26. Juli 1991, schön/Regen

Die Wohnung in Berlin haben wir nun gekauft. Nun müssen
wir sie auch «verdauen».

M/B – im August abgeben.
«Echolot» – Mai 1992 abgeben.
«Alkor» – vielleicht 1993 im Herbst? (Ich werde damit noch im
August beginnen.)
Dann Dorfroman und «Echolot 1945».

Vollmond. Ich lief im Garten meine Runden.

Morgens in Zeven zum Fotografen. Sie können nur noch die
Maschine nudeln, sowie sie etwas machen sollen, was aus der
Reihe fällt ... Papierbilder z. B., wellig, grob. An feines Foto-
papier komme man nur sehr schwer ran, meinte der Fotograf.
Ich ließ mir einen Kasten mit den aussortierten Fotos zeigen.
Allerhand Brauchbares! Aber er darf nichts weggeben, der Da-
tenschutz ist dagegen.

Post eines Dänen, der den «Tadellöser» gelesen hat.
Bratkartoffeln mit Quark.

Nartum   Sa 27. Juli 1991, schön

Verstimmung hält an. Ich vermeide Valium, versuche mich so
durchzulavieren.

«Echolot»: Der Druck ist enorm. Die Leidensessenz der
vielen Schicksale kristallisiert sich in meiner Seele. Dazu von
außen, Steuerprüfung ist fällig, wegen Lohnsteuer. Nun werde ich noch dafür bestraft, daß ich den Menschen Arbeit
gebe.

Der Knall neulich, der Blitz, das war der Kulminationspunkt.
Das war die Höhe.
Die Schwägerin hat mit meinen Schwierigkeiten nichts zu tun.
Einer trage des anderen Last. Wo ist das geblieben, was man
«christliche Erziehung» nennt?

Aus Leipzig kommt die Nachricht, daß das Johannes-R.-Be-
cher-Institut neu gegründet werden soll. Mir fällt auf, daß kein
großer Schriftsteller da mitmacht. Werden sie vielleicht nicht
gefragt? – Daß ich mit meiner Ost-Vergangenheit und meiner
Erfahrung auf dem speziellen Gebiet nicht gefragt werde, ist
wohl selbstverständlich.

Die Hungerbilder aus Äthiopien. Was sind das für Menschen!
In kaltschnäuzigster Weise kassierten die Regierungsbeamten
die Hilfsgüter, die eigentlich den Elenden zugute kommen sollten. – Eine leere Halle wurde gezeigt: Hier sollen eigentlich
345 to Hilfsgüter lagern.

Die Serben haben einen deutschen Reporter abgeknallt.

Dieter Kühn möchte gern Jazzpianist sein, und seine Lieblingsfarbe ist changierendes Blau (FAZ).

Nartum   So 28. Juli 1991, schön

Der Selbstvernichtung nahe.

Vor einigen Tagen im Fernsehen war zu sehen, wie Israelis palä-
stinensische Bauern behandeln. Sie müssen ihr Haus selbst abreißen.

Ein-Stunden-Sendung über Stefan Heym. Was Menschen sich
alles leisten können, wenn es nur im Trend liegt.

Es ist genug. 22 Bücher geschrieben, 7 Hörspiele, 20 Jahre Lehrer, 10 Jahre Oldenburg, 35 Seminare, 8 Jahre Zuchthaus, ein Haus gebaut, ein Archiv gegründet. Mehr gibt die Kraft nicht her.

Erst jetzt werden in Berlin die Straßennamen geändert.

2007: *Nicht alle!*

M/B: Er stellte sich eine Vergewaltigung dieser Frau wie einen Hahnentritt vor, mit gewaltigem Federngepluster.

M/B: Vielleicht sollte ihnen das Auto gestohlen werden? Aber das bringt die Handlung nicht weiter.

Seglerparade in Rostock. Wie eitle Vögel brüsten die Schiffe sich auf und ab. Fehlte bloß, daß sie wie die Vögel in ein Balzzittern ausbrächen.
Eine Million Zuschauer. Wenn schon kein panem, dann wenigstens circenses.

Ein Lager in Albanien, in dem Leute schon seit 35 Jahren gefangengehalten werden. Hütten mußten sie sich aus Lehm bauen. Auch ein Ruhmesblatt der Kommunisten.
Jetzt, wo der Spuk vorüber zu sein scheint, packt mich erst die kalte Wut über das 68er-Intellektuellenpack. Ich hätte die größte Lust, den «Alkor» zum Abrechnungsbuch zu machen, würde mich nicht scheuen, denunziativ zu werden. Die Liste ist lang genug.

TV: Fink, der Rektor der Humboldt-Universität.
Sie klagen, daß so viele Hochschullehrer gehen müssen, und der Moderator klagt auch. Kein Wort wird darüber verloren, daß diese Leute in widerwärtigster Weise die «reine Lehre» mit Füßen traten, den eingeschüchterten Studenten wider besseres Wissen Humbug abverlangten. Und: Wie sich diese Herren

wohl aufgeführt hätten, hier im Westen, wenn sie «gewonnen» hätten. Da hätten die Fußballstadien nicht gereicht für alle die Rausgeschmissenen.

Im TV ein Lastwagen voll toter Kroaten, die von den Serben mit Messern verstümmelt wurden. Im ZDF wurde das nicht so gezeigt wie auf ARD. Das ZDF ist zu seriös, um seinen Zuschauern so was zuzumuten. Nadelstreifen.

Hitchcock, die Sache mit dem Fenstergucker. Idee gut, aber eben doch blöd gemacht. «Schatten des Zweifels» und «Frenzy» bleiben die besten Hitchcock-Filme. Die Sache mit dem Nationaldenkmal ist auch sehr gut: «Der unsichtbare Dritte», mit Cary Grant und Eva Marie Saint.

Ein Drittel der kuwaitischen Ölquellen ist gelöscht. Die Klimaforscher stehen ganz schön dumm da, man sollte nur dann Alarm schlagen, wenn's auch Sinn hat. Haben gesagt, in Indien würde der Monsun ausbleiben und solchen Blödsinn.

Nartum   Mo 29. Juli 1991

Historische Zeiten. Auch die KP der Sowjetunion dankt ab. «Daß ich das noch erlebe!» sagten die Eltern, als Österreich «heimgeholt» wurde. Und dann erst kam der Kladderadatsch. Ich bin ja kein Prophet, aber was sich da drüben zusammenbraut? Wenn schon die Probleme der Ex-DDR kaum zu lösen sind, was soll man erst zur SU sagen, der Korruption dort, die sich in äonischen Maßstäben ausbreitet? – Die riesigen Archive, die noch niemand angefaßt hat. Millionen Tote, Millionen Schicksale. Aus den Paßbildern, die überliefert sind, schauen sie uns an. Einfache Menschen, die nichts weiter getan haben, die nicht einmal «dagegen» waren: zu Staub zerfallen. Und die Akten werden ihnen folgen.

Hier bei uns sind nun die Ordnungsmenschen an der Reihe, sie wollen dem territorialen Zuwachs natürlich auch einen Namen verpassen. Verschiedene waren vorgeschlagen worden: Ex-DDR, die neuen Bundesländer, Ostdeutschland, die Beitrittsländer. Dann stand es plötzlich auf den neuen Briefmarken: «Deutschland». – Ist man ein Nationalist, wenn man sich darüber freut?

Die Weltöffentlichkeit wurde wachgerüttelt, als von Tengelmann auf dem Gelände des KZ Ravensbrück (etwas abseits, wenn ich die Fotos recht interpretiere) ein Tengelmann-Laden gebaut wird. Die Weltöffentlichkeit hat sich nicht aufgeregt darüber, daß die ehemaligen Baracken als Kaserne für SU-Besatzer benützt wurden (werden!), mit Marketenderei, Gaststätten, Schießplatz usw. Und ein Zirkus hat auch schon mal auf dem Gelände gastiert.

Nun kommt heraus, daß nicht die Deutschen den Irakern Chemikalien für Giftgas geliefert haben (oder nicht nur), sondern ausgerechnet England, das sich moralisch gegen uns immer so schön entrüstet. Das erfährt man ganz nebenbei.

Kaganowitsch ist gestorben. Daß ein Massenmörder 98 Jahre alt wird!

Jetzt geht es den DDR-Spionen an den Kragen. Durch irgendeinen Richterspruch wird's möglich. Die FAZ spricht von 5000 Verfahren! Dazu kommen noch 600 Westdeutsche, die für den DDR-Geheimdienst gearbeitet haben. Das sind wirklich «Schweine».

2007: *Es heißt jetzt, daß die DDR-Spitzel in «Fraktionsstärke» im Bundestag gesessen hätten.*

Die Särge der beiden Preußenkönige sollen in einem «Packwagen aus den 30er Jahren» transportiert werden.

Simone aus Berlin, sie hat schon was gefunden, Kranken-
akten, aber nicht sehr viel. Die liegen in irgendeinem Heizungs-
keller.

Hildegard und Schwägerin sind heute früh nach Rostock gefahren. Ich fand neben versöhnlichen Zeilen meiner Frau eine
psychologische Charakterisierung meines Wesens vor.

M/B: Am Nachmittag erweiterte ich noch das Kapitel von den
zwei Typen, die der lieben Anita an die Wäsche gehen. Sie stehlen das Auto.

Nartum   Di 30. Juli 1991, heiß

Tag der Seekriegsflotte der UdSSR

Sonnenfrühstück auf der Terrasse. Einsam bin ich, nicht allein.
Der Hahn wechselt den Fuß, er steht neben mir und sieht mich
an. Hildegard meint, das ist wohl das Männliche, das Gleich-
gleich. Lieschen springt mir – wie immer – auf den Schoß. Hildegard meint, daß Lieschen, als Fräulein, nach dem Männlichen
verlangt.
Heute weht es ein bißchen, die Glöckchen in den Bäumen
klingeln.
Jeder hat so seine Lieblingsecke im Haus. Auf der Terrasse
«zieht» es, und es ist uns noch nicht gelungen, dort eine einigermaßen glückliche Atmosphäre herzustellen. Deshalb sitze
ich hier auch sehr ungern, auch wenn die Glasglöckchen in den
Bäumen klingeln.

Ich lese gerade im Buch von Rolf Schroers über die Zonen-
grenze 1962.

Diese geisterhafte, bleiche Doppelreihe von verdrahteten Betonpfeilern quer durchs Land, sie geht durch uns selbst hindurch. Deutschland ... das ist diese irrsinnige Allee, ist der versteppende, verminte 1300-km-Streifen mit den drei Zäunen und den Posten hüben und drüben. Daß wir die Schuldigen kennen, hilft nicht.

Ich muß jetzt sehr viele «Zeugnisse» sammeln. Bin neugierig, wie die Kollegen sich angebiedert haben, an den real existierenden Sozialismus. Soll ich denunzieren? Sie haben sich versündigt, und sie bereuen es nicht. Sie haben es vermutlich vergessen, was sie getan haben. «Verdrängt», wie es heute heißt. Für alles Widerliche werden abschwächende Ausdrücke erfunden, und alles Schönes, das uns noch begleitet, werten sie ab.
Man muß der Erinnerung aufhelfen, das ist die Aufgabe des Historikers.

Der Tierarzt erzählt von Bio-Bauern, wie die ihre Tiere halten. Zwei Schafe habe man auf der Wiese von Grasfleck zu Grasfleck tragen müssen, so schwach. Von Krankheiten zerfressen. Schweine, die bis zum Bauch in ihrem eigenen Dreck stehen. Wie sagte meine Mutter, wenn es zu Tisch ging: «Gesegnete Mahlzeit.»

Meine Tage sind ein wüstes Ankämpfen gegen die Zeit.
Ich vernichte die Gegenwart, meine Gegenwart, der Vergangenheit zuliebe.
Die Gegenwart ist der Schrott, aus dem ich die Vergangenheit gieße.

Freundliche Leser haben mir einen Sonnenschirm geschickt. Er
ist bunt gemustert, fällt aber dauernd um. Soll ich ihn über die
Schulter nehmen, wie die Soldaten ihr Gewehr?

36 Mio. Pkws gibt es in Deutschland. Man müßte mal einen
Tag kreieren, an dem sämtliche Autos Deutschlands sich auf
die Straße stellen (fahren werden sie dann wohl nicht können). Erst durch eine solche Demonstration würde den Menschen klarwerden, was sie anrichten. Aber – seien wir ehrlich: Auch die autofreien Sonntage unter Willy Brandt haben
keine Umkehr bewirkt, da haben sich nur ein paar Radfahrer
gefreut.

Gipfel in Moskau.
6000 Atomsprengköpfe je Supermacht bleiben. Wie kontrolliert man so was eigentlich? Durch kleine schwarze Kästen, die
sie auf die Wiese stellen? Das nützt den armen Bauern in
Tschernobyl auch nichts. Manche schleichen sich zu ihren Ziegen zurück. Die werden dann gefilmt. Andere, tapfere Feuer-
wehrmänner, die, in Regenmäntel gekleidet, die glühend aus
der Unterwelt emporbrennende Katastrophe mit Sand abzu-
decken versuchten, liegen noch immer unter ihren Plastikzel-
ten. Ob Schulkinder ihnen immer noch Blumensträuße über-
reichen? Das sind die Vergessenen.

2007: *Jetzt haben sie bis auf den Millimeter genau den Mittelpunkt der Erde ausgerechnet. Ich weiß nicht, was das soll.
Haben die Leute nichts zu tun? Zu gleicher Zeit holt sich
Hape Kerkeling Fußblasen auf dem Jakobsweg. Das ist schon
interessanter. – Der Mittelpunkt der Erde? Der Mittelpunkt
unseres Denkens – davon spricht niemand. Heutzutage gibt
es Bischöfinnen, die sich scheiden lassen und trotzdem im
Amt bleiben. – Sogar die Chinesen wollen zum Mond fliegen,*

und die Amis haben den Mars aufs Korn genommen. Ich bin sicher, daß sich Verrückte finden, die schon jetzt auf diese Reise trainieren. Auf dem Mond treffen sich dann die verschiedenen Nationalitäten, da können sie dann ja über Abrüstung verhandeln.

Ein unendliches Gerede über die Überführung Friedrichs des Großen. Wenn man an das Theater um Churchill oder Adenauer denkt! Oder Napoleon!
Trampe meint sogar, das sei ein zweiter Tag von Potsdam!

Ich habe in der «Welt» geschrieben – mich «dahingehend geäußert» –, daß mir dieser Festakt ganz egal ist. Das hat mir böse Leserbriefe eingetragen.

Die Hitze heute war enorm.
Ein junges Paar erschien, aus Seevetal.

Eine Mathematikstudentin, 1963 geboren, zur Wiedervereinigung:

Man hat gar nicht daran gedacht, dies war eben «hier» und das war DDR. Aber gefreut hab' ich mich doch. Ich habe tagelang am Fernseher gesessen, Stunde um Stunde. Hab' abgestellt, die ganzen Debatten, und dann bin ich aber wieder hingegangen und hab' wieder angestellt. Ich seh' noch, wie Genscher – als das da losging mit dem Ausreisen, wie der da auf dem Balkon stand und das da verkündete, und alle rissen die Arme hoch! Einzelne Bilder hat man noch vor Augen, die Frau, die ihr Kind über den Zaun reicht. – Eigenartig, daß man vom innerdeutschen Ministerium nichts gehört hat, damals, die hätten doch eigentlich gefaßt sein müssen auf alles.

Und ihr Freund:

Ich hab' die Einheit sehr begrüßt. Alle Verwandten meiner Mutter wohnen drüben, und daß die nun auch mal kommen durften plötzlich, hierher. – Ein Stück Normalität war eingekehrt.

Lit.: Thomas Mann, Tagebücher. Seine erste Schiffsreise nach Amerika. Er beschreibt sehr lustig, wie er wegen des Seegangs zwangsläufig stehenbleibt oder ganz schnelle Schritte tut. – Wenn ich nichts zu lesen habe, greife ich immer zu seinen Tagebüchern. Es ist mir immer so, als ob ich dazugehöre. Seine Art, die Dinge zu sehen. Ein Pedant war er ja nun wirklich.

August 1991

1973: Walter Ulbricht gestorben

Simone ist wieder da. Sie ist voll von den Erlebnissen in Berlin und hat interessantes Material mitgebracht, Euthanasistisches, das sich aber nur schwer ins «Echolot» einordnen lassen wird. Die Briefe, an die ich dachte, von Angehörigen vielleicht oder schriftliche Zeugnisse der Kranken, fehlen.

Renate wird im Selbstmordfall ins Wasser gehen, hat sie mir erzählt, «immer weiter hinaus». Und die Menschen würden ihre Sachen am Strand finden ...

Wenn ich abends Runden drehe, weicht Hund Lieschen nicht von meiner Seite, aus Angst, ich würde sie aus Versehen draußen lassen.

Wir haben jetzt in dem Nartumer Spekulationshaus (in dem Wasser die Wände herunterrinnt) Albaner und Jugoslawen wohnen. Asylanten! Was die schwer arbeitenden Bauern dazu sagen, wenn sie mit dem Trecker an den sich im Garten fläzenden Balkanesen vorüberfahren, davon redet niemand. Im übrigen sind es meistens die Frauen, die den Betrieb in Gang halten, und nicht nur bei den Balkanesen. Die fleißigen Frauen. Aber sie wollen's ja auch nicht anders haben.

1904: Werner Seelenbinder geboren
1945: Unterzeichnung des Potsdamer Abkommens durch
UdSSR, USA und Großbritannien

Heute kam Renate mit ihrem sonnigen Temperament. Im Lachen ging dann manches Ärgernis unter.

Ich habe Mrongovius die Rußlandkarten geschickt, zur Identifizierung der russischen Städtenamen im «Echolot».
Der 85jährige rief in der Nacht an, Hildegard war dran. Ob er mich sprechen könnte? – «Nein, der schläft.» – «Ah, in einer Besprechung ist er also.»

Den ganzen Tag über wurde ich gestört durch drei Kinder, die schreiend in unserem Gebüsch Krieg spielten. Ich traute mich nicht, sie wegzujagen, weil ich dann zum Kinderschreck avanciert wäre. Im Augenblick kann so was nicht riskiert werden.
Ich denke schon daran, nach Rostock auszuweichen. Nach Gelbensande kann ich ja leider nicht, weil Robert dort die Gegend unsicher macht. Man müßte dort ein möbliertes Zimmer haben.

Das Höhlenbauen. Da wir keinen Garten hatten als Kinder, haben wir über den Tisch eine Decke gelegt, das genügte auch, und da haben wir dann unsern Griespudding gegessen. Einmal habe ich von dort aus meinen Vater Fritz Reuter vorlesen hören, abends. Da hatten sie mich vergessen. Der Geruch seiner Zigarre.

Ulla wird heute 69. Da steht uns im nächsten Jahr eine unangenehme Reise ins Haus. Ihre männlich-herbe Art. Einmal, bei einem Spaziergang, pflückte sie ein wenig Zittergras vom Waldboden und zeigte mir die feine Struktur. Es gibt ein Foto von diesem Ausflug, aber nicht vom Zittergras. Seit diesem Tag habe ich ein anderes Verhältnis zur Natur. – Das Abrupfen von Blütenblättern durch Hannes Gosselck im Unterricht hat mich nicht beeindruckt, und doch habe ich es nicht vergessen. Mein Verhältnis zur Natur (Vegetation) ist ein ganz anderes geworden.

Englische Parks, großräumige Anlagen, Alleen? Nein, keine Alleen. Nur wenn es sich um verwilderte Wege handelt, interessieren sie mich. Und doch habe ich hier in Nartum eine Allee angelegt, und ich freue mich jeden Tag darüber.

Die Diakonissen im Mutterhaus in Rotenburg konnten Blumensträuße binden, da blieb einem die Spucke weg, aber sie haben die Buntglasfenster entfernen lassen, die zu Elise Averdiecks Zeiten die Treppenhäuser in ein freundlich-jenseitiges Licht tauchten, und das kann nicht verziehen werden.

Nartum   Sa 3. August 1991

Erinnerungssendungen im TV, den Einmarsch der Iraker nach Kuwait betreffend. Bilder, die in Erinnerung geblieben sind: die Schlachtschiffe, aus allen Rohren feuernd. Flugzeuge sind praktischer.

«Echolot»: Habe Bilder aus Ostpreußen für Bittel aus unserm Archiv eingeklebt in grünen Ordner. Soweit sieht alles ganz gut aus. Ein Monat wird mit Reparaturen noch hingehen.

Schon mal im Februar geblättert. Prall von Stoff.

Heute früh wachte ich leider schon um 7 Uhr auf, die Hunde bellten wie verrückt.

Nach Minden zur Hochzeit der Nichte.
Sie trug einen Hut, mit dem später ihre Kinder Räuber und Gendarm spielen werden.

Schickimicki-Hochzeit in Minden, ohne Schickimicki. Viel auf-
gedonnertes Volk und schlechtes Essen.
Schwamm drüber.
Das Wiedersehen mit Tochter und Sohn war mir die Sache
wert.
Keiner der Gäste wußte, wer ich bin, ist ja auch egal, aber man
hatte mir gesagt, ich müsse unbedingt kommen.
Die Rückfahrt heute früh war sehr gemütlich. Wir beiden
redeten unausgesetzt die $2^1/_2$ Stunden und waren uns in allem
einig.

M/B: Ich bereitete das Ms. für Rostock vor, wo ich dann die
Arbeit abschließe.
132 Seiten sind es jetzt.

$3/_4$ Stunde im Garten Runden gedreht.

Im TV Bedrohliches aus Serbien.
Eine Sendung über das Brandenburger Tor, den Schluß bilde-
ten lauter Besoffene, die unter dem Tor Fahnen schwenkten
(NDR natürlich).
Daß der auf den Philippinen ausgebrochene Vulkan unser
Klima verändern wird. Warten wir's ab. Vielleicht ziehen ein
paar dunkle Wolken über unseren Kontinent. Das hat dann zur
Folge – wenn wir unseren Experten glauben dürfen –, daß die
Hühner weniger Eier legen werden.

Schon jetzt stehe fest, daß die Überführung Friedrichs II. – in
Deutschland «Alter Fritz» genannt – ein Medienspektakel wird.
100 000 Bürger würden daran teilnehmen. Da müssen sie dann
für 100 000 Mark den Rasen erneuern.

2007: *Rasen kriegt man jetzt in so Rollen, Fußballfelder wer-*
den damit ausgelegt. Ob sich auch ein paar Gänseblümchen
in den Graswalzen erhalten? Mindert das die Qualität?

Der «Spiegel» will Krause ans Leder, dem Verkehrsminister,
weiß nicht, was er verbrochen hat.

Rostock   Di 6. August 1991, heiß

Ungern abgefahren, im Grunde vertrieben. Lust, für immer
fortzubleiben. Fremdheit gegen alles Vertraute.
Hier in Rostock ist Nartum völlig verschwunden, es wird aber
wohl wieder auftauchen.

Lange Fahrt, 3 ¹/₂ Stunden. Es sind genau 275 km. Hier fuhr ich
gleich zu Schulkamerad Jochen, der etwas besser in Schuß war
als das letzte Mal. Sie haben jetzt dort auch West-Medizin, und
die haut natürlich gleich durch. Seine Frau, eine der beiden
Twins, war dabei, die Straße zu reinigen. Sie erkannte mich. –
Ich verabredete mich zu morgen «16 Uhr», wie Jochen sagte.
Es kam auch Bärbel dazu, sie sehen sich immer noch sehr ähn-
lich. Es herrschte große Freude im Haus, denn gerade war es
dem Patriarchen gelungen, «alles zurückzubekommen», also
diverse Grundstücke.
Ich sagte: «Ich möchte gern zurückkehren und hier ein Zimmer
mieten, irgendwo.»
Bärbel: «Das wollen viele.»
(Das tat weh.)
Weshalb sagte sie das?
Wir gingen die Reihe der Bekannten durch, es sind fast alle im
Westen. Von 26 Schülern sind noch drei im Osten.

Es ist fast lächerlich, wie verändert Rostock aussieht, obwohl
es noch dieselbe Stadt ist. Als 10jähriger war ich in der Woh-

nung des Schulkameraden, die in den 20er Jahren eingerichtet wurde. Alle Möbel stehen noch an derselben Stelle, alle Bilder hängen noch.

Das Pflaster der Straße spielt bei solchen Erinnerungsgängen auch immer eine Rolle.

Ich fuhr dann schweißüberströmt ins Hotel, ging gleich wieder in die Stadt, da das Zimmer noch nicht fertig.

Das übliche Gelatsche, wobei mir die Power dieser Stadt auffiel, es ist ein Wildwest-Aufbruchs-Gekrabbel. Sehr ekelhaft die 20 Glücksspieler, die den gesamten Hopfenmarkt bevölkerten mit ihren idiotischen Tricks, und die Ossis, die's doch eigentlich wissen müßten, standen davor und machten mit. In Warnemünde hat man Rocker engagiert, die mit Eisenketten dazwischenschlugen, da waren die Brüder rasch verschwunden. – Ich saß etwas am «Brunnen der Lebensfreude» und beobachtete die Kinder. Und die Hunde, die sich in das Wasser kuschelten. Obwohl häßlich und künstlerisch bedenklich – sie erinnert an die Nazi-Zeit –, ist diese Einrichtung doch ein voller urbaner Erfolg. Und warum soll man bei jeder Kleinigkeit gleich grundsätzliche Betrachtungen anstellen? Hauptsache, das Wasser spritzt; Hauptsache, die Kinder freuen sich.

Ich versuchte, Herrn Renne zu treffen, Intendant des Volkstheaters, da war aber alles zu und Herr Renne auf Urlaub. Es wäre doch schön, wenn wir im Winter 92/93 gleichzeitig in Lübeck und Rostock ein Stück «Echolot» präsentierten. Ich stelle mir das als Podiumslesung vor mit Musik und Lichtbildern, die mit den Texten kontrastieren. Nun, das einzufädeln haben wir noch viel Zeit.

In einem Café aß ich ein sehr gutes Wurstbrot und freute mich darüber, daß ich von zwei westdeutschen Damen erkannt wurde – «Ja, du hast recht, das isser!» –, die mich aber leider nicht ansprachen.

Ich ging dann ins Rathaus und mußte feststellen, daß auch dort alles auf Urlaub ist, was mich nicht weiter ärgerte. Auch auf dem Neuen Markt Glücksspieler. – Allenthalben Entkernung von Häusern.

Den Kulturmenschen Waack jedoch angetroffen, der in einem unglaublich heruntergekommenen Haus in der Rungestraße residiert. Er versprach, meinen Übersiedlungswunsch in der Presse publik zu machen. War auch sonst zugänglich, ging mit mir in das Gefängnis Schwaansche Straße, in dem Mutter damals saß. Es wird jetzt abgerissen. Ich hielt ein Meditationsstündchen ab, ging die Gänge hinauf – hinunter, über Glasscherben der zerschlagenen Fenster, Wasserlachen, herausgeworfene Matratzen, Schemel. Ich bat Herrn Waack, mir eine Tür zu besorgen. Mutter hatte im dritten Stock gesessen, ich hab' versucht, aus dem Fenster zu gucken, was nicht gelang, weil ich als Knast-Entwöhnter die entsprechenden Ritzen im Milchglas nicht fand. – Die Tür wird übrigens schwierig aus der Halterung zu lösen sein, da sie aus gutem Grund ausbruchssicher verschweißt ist. Vielleicht hilft mir einer. Hier müssen doch Schlosser existieren, die das machen können. Morgen früh werde ich die Sache weiterverfolgen. Die Tür muß dann «abgezogen» werden, d. h. von Farbe befreit, sie ist sicher aus Eiche, und ich werde sie dann in der Lotterecke an die Wand dübeln.

Ich setzte mich dann noch einmal an den Brunnen. Ein Herr sprach mich an, ein Elektroingenieur, der kurz nach der Wende nach Westdeutschland gegangen ist: «Zu spät ist die Wiedervereinigung gekommen. Ein Traum wurde erfüllt, aber sofort kam das bittere Erwachen.»
Er erzählte allerhand Übles über die hiesigen Betriebe, die noch nicht «abgewickelt» sind. Die verkaufen alles, nehmen Kredite auf usw. Und in der Betriebsleitung sitzen noch dieselben Leute wie vor der Wende. Das sei für die Kollegen nicht schön.
Ich hätte mir ein anderes Gespräch gewünscht, wäre gern über die Wallanlagen gegangen, wo die Trauerweiden noch immer ihre Äste ins Wasser hängen lassen, aber man warnte mich: Dort säßen Leute, die sich «Schüsse» setzten, und die gingen über Leichen!

Im Warnow-Hotel aß ich sehr schlecht. Ich hatte mich vorher auf meinem Zimmer in die Wanne gelegt und dann noch etwas geschlafen.

Zuerst bekam ich statt gebratenem Fisch gedünsteten aus der Gefriertruhe. Das ersatzweise gelieferte Schweineschnitzel war hart wie Pappe, schneeweiß, also aus LPG-Beständen. Ach, wie schmeckten doch früher die Koteletts so schön, fett und saftig! Warum gibt es so etwas nicht mehr?

Während ich aß, mich übrigens über nichts aufregte, sah ich, wie draußen der Garagen- oder Parkplatzspezialist ununterbrochen – freundlich! – Falschparker zurechtwies, also Leute, die nicht auf diesen Platz gehörten. Dabei trug er – in dieser Hitze! – einen dicken Rock mit Litzen. Er lachte direkt, wenn wieder so ein Junge ankam und sich rasch dahin stellte, wo er nicht durfte.

Jetzt sitze ich im Barocksaal. Drei Musiker aus dem Westen bringen auf allerlei Lauten Musik des 16. und 17. Jahrhunderts. Sie lachten, als sie die paar Zuhörer sahen. 14 oder 15 sind es, die Frau an der Kasse mitgezählt. Von draußen das Plätschern des Brunnens der Lebensfreude, und drinnen gähnende Leere. Musik von 1597. Donnerwetter! Auch das war nur Lebenssehnsucht damals, keine Realität. Man müßte mal wieder Dieter Kühn lesen, «Wolkenstein», dann würde man über die Zeitläufte gerechter denken. Die Wünsche von damals sind noch immer nicht in Erfüllung gegangen. Und die Sehnsucht dauert fort. Und wer meint, daß er eine Abteilung des Paradieses gepachtet hat, der irrt nur eine Zeitlang, der tut gut daran, auf die Wanderschaft zu gehen. Womit ich diese Eintragungen auf eine mich betreffende Bemerkung zurückführe.

«Time stands still», singt der Tenor, von Dowland. Mir ist es, als ob alles, was zwischen 1948 und heute liegt, ein Traum ist. Das ist alles so weit entfernt wie Feuerland. Ich lasse sie zurück.

2007: *«Time stands still» – es gibt ein hübsches US-Musical, da wird auf eine ansprechende Melodie die Zeile gesungen: «As time goes by...» Möchte gern den ganzen Text haben. Aber wo kriegt man so was her? – «Casablanca»? Ein Mistfilm übrigens.*

Die Musiker kommen aus Bremen. Ich werde sie vielleicht einladen hinterher. Mal sehen. Sie lassen uns ihre Enttäuschung über den geringen Besuch nicht entgelten.
Der Sänger übersetzt die Texte hinterher. Das können die Rostocker, die ja nie Englisch gelernt haben, leicht mißverstehen.
So ein Musizieren müßte ich Hildegard mal zum Geburtstag schenken.

Aus dem Strom der Bilder ab und zu ein Gedanke, sie strudeln so dahin und erstrudeln sich einen Gedanken.
Allmählich schwächer werden, undeutlicher, als Schemen schon im Leben das Ende vorwegnehmen. Der Lebensgedanke muß übrigbleiben.

Haus Kreienhoop: hellblau und weiße Balken. Silberne Sterne an die Decke: der Saal.
Veranda grün und weiß, umgekehrt wie oben – und silberne Leisten.
Bin ich denn je weg gewesen?
Die Bibliothek ganz in Weiß? Schwierig. Oder umgekehrt wie Saal. Das hat Konsequenzen für den hinteren Gang. Die weißen Mauern werden zu blauen Balken zwingen.
Man könnte auch die Kassetten im Saal mit Spiegeln versehen.

Sie lief, um mir das Tor zu öffnen.

Die Zeit der Pfennigabsätze, in der alle Fußböden ruiniert wurden.

Das war auch die Zeit der Spikes-Autoreifen. Symbole für die Einstellung, aus der heraus dann alles unkorrigierbar kaputtgemacht wurde. Das war die Zeit der zweiten Zerstörung unserer Städte.

Rostock   Mi 7. August 1991, heiß

1952: Gründung der Gesellschaft für Sport und Technik

Qui tollis peccata mundi. Auch das wurde zerstört, die Katholiken gehen mit Schraubenschlüsseln daran.

Der Tag gestern fand durch das Konzert noch einen angenehm-anregenden Abschluß. Ich lud die drei Musiker zum Essen ein. Die Gambistin hat mit Andreas Schroth zusammengelebt.

Er ließ seine Augen umherschweifen.

Heute früh muß ich zum Kulturminister der Stadt wegen der Gefängnistür, die ich gerne haben möchte, nachmittags zu Bielefeld. Abends ein Orgelkonzert in der Marienkirche.

Abends.
Ein wahnsinniger Tag.
Ich wachte nach sehr schlechter Nacht gegen 8 Uhr auf, frühstückte beschissen und machte mich dann auf den Weg, und zwar ging ich zuerst ins Klostermuseum, wo inzwischen ein neuer Chef eingesetzt worden ist, Herr Gläser, er kommt aus Lübeck. – Ich spielte sofort mit offenen Karten, offerierte also beide Archive plus aller K-Objekte. Nach anfänglicher Reserve erwärmte er sich zusehends und machte dann den Vorschlag, eines der Klosterhäuser als Kempowski-Archiv auszubauen. Er meinte sogar, daß das bis 1994 im April zu schaffen wäre. Wir besichtigten die Häuser, und ich war begeistert. Wir er-

hitzten uns im Gespräch und verschworen uns, die Sache durchzuführen.

Im vorderen Teil sollten Schaustücke stehen, die das bürgerliche Leben der Familie dokumentieren. Also die Schiffsmodelle, die Truhe, vielleicht die beiden K-Porträts, das Grässe-Bild, die Rostock-Bilder, die Bibliotheken (Rostock und Vater), die Tabaksdosen, die Bierflaschensammlung sowie ein Teil des Kinderspielzeugs, die Gefängnispuppenstube und das Papier-Rostock, das alte Kempowski-Gesangbuch.

Dahinter dann vielleicht das eigentliche K-Archiv, ebenfalls mit Schaustücken, also graphische Darstellungen der Bücher, Notizbücher usw. Die Gefängnispuppe, Karteikästen, mein Schreibtisch von oben und Schreibmaschine. Eine Plakatausstellung und alle Ausgaben meiner Bücher und Vitrinen mit Familienfotos und Ms.-Blättern.

Und die Gefängnistür.

In der dritten Abteilung müßten die Fotos aufbewahrt werden, auch hier könnten schönere Stücke gezeigt werden, und in der vierten Abteilung dann das Bio-Archiv.

Wir schaukelten uns aneinander hoch. Gläser war sehr begeistert, und ich auch. Sie hatten sich schon Gedanken gemacht, was mit den Häusern anzufangen sei. Ein Café wollen sie auf jeden Fall dort auch einrichten. Ich sagte ihm auch, daß ich z. B. in der Klosterkirche konfirmiert worden sei u. a.

Er will nach Hannover kommen und sich dort alles ansehen und von da aus nach Nartum.

Also, ich ging händereibend fort.

Bei Waack, dem Kulturmenschen, wurde die Türaffäre weiterverfolgt. Morgen soll ich zum Bauamt kommen, um 8 Uhr! Recht früh, für meine Verhältnisse. Es scheint so, als ob es klappt. Er rief Presseleute herbei, denen ich meine Absicht auseinandersetzte, hierherzukommen mit meinem Archiv. Sie guckten einigermaßen verwirrt in die Gegend. Kempowski? Nie gehört. Sie sollen sich einsetzen.

Dann ging ich zum Stadtarchiv – nachdem ich in der Uni-
bibliothek erfahren mußte, daß sie dort den «Rostanz»* nicht
haben – und sah dort die Zeitung nach Marksprüchen durch für
mein «Echolot». Und fand auch allerlei. Es war interessant zu
lesen, wie diese Zeitung sich nach den Goebbels'schen Direk-
tiven gerichtet hat. Z. B. Görings 50. Geburtstag auf der ersten
Seite, Rosenberg 50. auf der zweiten Seite.
Im Archiv lungerten fünf oder gar sieben Leute nahezu be-
schäftigungslos herum: So war das in SED-Zeiten wohl überall.
Es darf in der DDR keine Arbeitslosen geben.

Saß dann noch etwas am Brunnen und freute mich an den Kindern und Hunden. Eine Taube sah ich, die ihren ganzen Kopf
ins Wasser tauchte. – Die Glücksspieler waren wieder da. Unerträglich und widerlich. Man habe keine Handhabe gegen diese
Leute. Nach 40 Jahren Diktatur haben sie nun die Samthand-
schuhe angezogen.
Dann hieß es sich beeilen: zu meinem Schulkameraden, der
mich plus Frau und Schwiegermutter schon erwartete. Ich
schwitzte und hatte erheblichen Kuchenhunger, da seit früh
nichts gegessen. Nicht nett fand ich es, daß die Zwillings-
schwester nicht gekommen war, obwohl wir doch verabredet
waren.
Über die Glücksspieler: «Die kommen alle von euch!» – «Von
uns?» – Daß das Hinauskommen mit dem Hineinlassen zu tun
hat, ging ihr nicht auf.
«Mein Sohn ist ja nun auch arbeitslos!» (Auf deutsch: Da siehst
du mal, wie es uns geht.)
«Was ist er denn von Beruf?»
«Elektriker.»
«Na, die werden doch gesucht, da kriegt er doch bestimmt
Arbeit ...»
«Ja, man hat ihm auch schon was angeboten. Aber er nimmt lie-

---

*Abkürzung für «Rostocker Anzeiger»

ber die Arbeitslosenunterstützung, die ist höher. Außerdem hat er 15 000 Abfindung gekriegt und (noch irgendwas), und die Frau auch. Da machen die jetzt erst mal Urlaub.»

Tja, so ist das. Wenn man nachbohrt, und das tue ich auf meine freundliche Art und überall, dann kommt allerhand zutage. Die Klagen liegen obenauf, die muß man erst mal beiseiteschieben.

Ja, es sei ja jetzt so unsicher! Das hätt's früher nicht gegeben. Sie trauten sich abends nicht mehr aus dem Haus!

Daß es einen Bezug geben könnte zu den Zeiten, in denen sistiert wurde auf Deubel komm raus, merkt sie natürlich nicht.

Wir sahen dann Fotos an, und da stand eine Zeit auf, die schon ganz jenseitig ist. Grau klappt sie auf, aus dem Grab: 1945/46. Scheußliche Röstbrot-Zeit, pubertär hatte ich noch alles vor mir. Und nun schwappe ich zurück! – Die beiden Zwillinge jung und frisch auf den Fotos und manches Gesicht, damals unerreichbar.

Sie erzählte dann noch von den Demonstrationen. Noch jetzt liefen ihr die Gräsen über den Buckel! Und man sah es, daß sie liefen, und sie verdrehte die Augen. Vor dem Stasi-Gebäude hätte die Menge dann angehalten, Parolen gerufen und in die Hände geklatscht.

Wirklich haben es diese Leute, auch wenn sie im Dämmer leben, nicht leicht gehabt. Erst die Nazis, dann die Proletenwirtschaft und nun die Wessis.

Wir sprachen auch über «Ossis» und «Wessis».

Ich sagte: «Weder sehe ich mich als Wessi, noch seid ihr Ossis. Wir sind doch Rostocker, keine Typen. Der Ossi mit falschen Jeans und Aktenkoffer, der Wessi im Mercedes mit vom Autofahren deformiertem Körper – wo sind sie? Es sind – im Grunde liebevolle – Bezeichnungen für Oberflächlichkeiten.»

Marienkirche.

Jetzt spielt die Orgel gerade das «tapfere» «Christ unser Herr zum Jordan kam». Ich kenne es aus Bautzen.

Das ist mein Stück, so getrost und freimütig. Auch «einfach». So möchte ich sein.

Gläser sagte, Jugendliche hielten den Corpus am Kreuz für Spartakus.

Jetzt spielt sie oben «Vater unser» von Mendelssohn. Das kann doch jemand, der den Choral nicht kennt, überhaupt nicht verstehen. – Wenn mich nicht alles täuscht, gibt es gleich eine Wiederbegegnung mit Heiller, den ich 1956 in Zürich hörte.

Die arme Inge, das liebe Mädchen, sie war mir so vertraut, ein «Kumpel», jetzt hörte ich auch, wie sie 1976 zugrunde gegangen ist: An der Ferse beim Sonnenbaden eine kleine «Stelle» entdeckt, und weil sie sich das Bein nicht abnehmen lassen wollte, mußte sie sterben.

«Ja», sagt Ursel, «und für Bärbel ist es auch nicht leicht, als Hygienikerin abgemeiert zu werden und in Pension.»

«Wie alt jetzt?»

«Nun, zweiundsechzig ...»

Ach, das Glück wallt in mir auf: Wenn's mit dem Klosterhäuschen was wird. Ich werde meine Sachen zur Dauerleihgabe erklären, und dann kann später einmal, nach meinem Tode vielleicht, eine Rente für die Familie daraus sich ergeben. Die Sache ist mir so wichtig, daß ich sogar noch Geld dafür stiften würde.

Messiaens «Apparition de l'église éternelle», oh, das strahlt auf, da kann der Organist mal richtig aufdrehen! Wundervoll, aber kein Garten der Gefühle, eher an den Zöllner Rousseau erinnernd. Die Würde des Menschen ist unantastbar? Groß machend, flüchtend. Das große Tor von Kiew im Morgenland. Ach, wenn's doch so wäre. Er täuscht sich!

Erst jetzt kehre ich ein, bin wieder da. Wo war ich all die Jahre?

Die Pastorin im Eingang: Ich hätte doch sicher auch eine Beziehung zur Marienkirche? – Wollte sie mich foppen?

Die Leute gucken wie gebannt zur Orgel hinauf, als ob man da was sehen könnte. So wie im TV Landschaft und heroisches Bauen und Unterwasser mit Musik unterlegt wird, so denken sie, müßte jetzt umgekehrt Heroisches erscheinen dort oben. Ach, es ist nur der Hinterkopf, der winzige Hinterkopf des winzigen Registranten, der dort von links nach rechts geht und in die Noten guckt und die Stöpsel zieht, wenn es an der Zeit ist.

Hier sammelten sich damals die Menschenaufläufe.
Hier standen sie zu Tausenden, die Bewegung kam aus ihnen heraus und wuchs, und die Kerzen stellten sie den Stasi-Leuten zwischen die Beine. Alles sehr groß, wenn nur hinterher die Gräsen nicht wären. Aber mir geht's ja auch so, wenn ich an die Öffnung der Mauer denke. Sie haben die Nuß von innen geknackt, der Sproß drang wie ein Penis nach außen, und die Schale brach auseinander. Aber was folgt, ist eben keine Himmelfahrt, wie sollte es auch. Das streckt sich in die Luft, soweit es trägt, und ist natürlich den kosmischen Strahlen ausgesetzt. Zurück möchte es aber wohl doch nicht.
Wenn ich heute zurückwill, dann ist das etwas anderes. Ich lege mich zu ihnen, weil es zu Ende ist. Sie wollen noch was, ich hab's hinter mir. Die von IHM vorbereitete und gemeinte Lebenslogik. Das kann ich mit den Händen greifen.

2007: *Wer hätte sich das damals vorstellen können, daß Jahre danach in Berlin am Pariser Platz alles zusammengetragen werden würde? All die Voraussetzungen präsentiert, die mir den langen Weg zu gehen ermöglichten. Und wer hätte denken können, daß ich selbst diesem Tag, diesem gro-*

ßen, lebensabschließenden Ereignis, nicht beiwohnen kann?
*Der Bundespräsident bezeichnete mich als Volksschriftstel-
ler, und ich bin nicht mal in der Lage, ihm handschriftlich zu
antworten. So viele Menschen, denen auf einmal die Augen
aufgehen. Und Rostock noch außerdem! Die fleißigen Archi-
vare dort, die das «Bürgerliche Haus» in Ordnung halten,
die Stadt, die sich meiner erinnert hat und mich im bürgerlichen Sinne hoch geehrt – wer hätte das gedacht? In dem
Maße, wie dort nun auch die Marienkirche in Ordnung gebracht wird, habe ich meine Arbeit vollbracht, beendet! Und
alle haben es sehen können.*

Ursel über mein Buch, vorwurfsvoll: «Ich habe gestern nacht
gar nicht schlafen können, ich habe 80 Seiten gelesen ...»
«Das ist ja das Wunderbarste, was man sich als Autor wünschen
kann.»
«Was? Aber ich hätte ganz gern geschlafen, ich mußte heute ja
wieder früh raus.»

Rostock   Do 8. August 1991, bedeckt

Das war vielleicht wieder ein Tag! Um 8 Uhr war ich bei einem
Herrn Richter vom Bauamt, der mir wegen der Gefängnistür
behilflich sein wollte, aber natürlich nur herumredete und mir
schließlich quasi nahelegte, mich selbst darum zu kümmern.
Auf dem Platz hinter dem Bauamt, der «verruchten Stelle», also
dem alten St.-Jakobi-Standort, fand ich tatsächlich noch einen
schönen gelben Klosterformatstein, den ich, unter einer Zeitung verborgen, ins Hotel schleppte.
Dort wartete die Presse, die mich wegen meiner «Rückkehr»
kontaktieren wollte, inzwischen wohlinformiert. Ich redete
eine Stunde mit ihnen, ganz freundliche Leute, die mir dann
auch prompt halfen. Heute abend erschien die «Morgenpost»,
und ziemlich sofort bekam ich Adressen von möblierten Zim-

mern: eine in Evershagen, die natürlich nicht in Frage kommt, eine im Reichsbahnerheim und eine in der Thomas-Mann-Straße, wahrlich eine würdige Adresse wäre das. Morgen erfahre ich Näheres.

Nach ausgiebigem Frühstück ging ich zu einem Herrn, den ich für die Türaktion angeheuert hatte. Heute abend holen wir sie. (Er stemmte sie hoch, und siehe da, sie ließ sich ohne weiteres aus den Angeln heben.) – Dann montierten wir noch ein paar «Spione» ab, auch fürs Museum. Danach ging ich zur Nikolaikirche, um dort Quartier zu machen für eine Lesung, und sprach sehr lange mit dem freundlichen Pastor Kölpin, der mir versprach, mich nächstens aufzunehmen – sie haben oben auf dem Kirchenboden Fremdenzimmer, dann spare ich das teure Hotel und kann in der Stadt wohnen, bis ich eine feste Bleibe habe. Wir sprachen auch über den Jahrestag 1993, eventuell könnte man die Nikolaikirche mit dem «Echolot» eröffnen?

Ich schlenderte dann zurück zum Hotel, versuchte vergeblich, einen Platz in einem Restaurant zu ergattern. Viele Touristen sind in Rostock, weil Warnemünde ihnen heute wohl zu unwirtlich ist, außerdem trinken die Skandinavier hier Schnaps.

Ich schlief dann etwas und ließ mich danach in die Kasernengegend fahren und fotografierte ein wenig. Die Gegend ist sehr heruntergekommen.

Hier kaufte ich dann noch auf der Straße die Stasi-Liste, in der ich gleich auf Seite 1 einen Klassenkameraden fand. Im Krieg war er HJ-Führer! Er hatte eine sadistische Ader. Inzwischen ist er in Pension.

Verwahrlost die ganze Gegend. Nun ja, sie hatten keine Farbe zum Anstreichen der Fassaden und kein Blech für Regenrinnen. Aber die verkommenen Gärten haben mit der Mangelwirtschaft ja eigentlich nichts zu tun. – Auch Initiativen waren zu bemerken: Zwei junge Leute, die im Parterre eines Hauses einen Videoverleih-Laden einrichteten. Heinrich Ditten: «Sie spekulieren wohl auf den Pornomangel in der Hansestadt?»

Nächste Straße in einem dieser kümmerlichen Häuser eine riesige Schlachterei. Viel zu groß, alles blitzend und blinkend.

Die Gefängnistür liegt bereits im Auto, die wird keiner stehlen.

Rostock Fr 9. August 1991, bedeckt

Die Katzengeschichte muß ich noch loswerden. Die beiden lungerten mir im Garten auf, und bei jeder Runde mußte ich die Gelbe beuteln. Die Mutter war zu schüchtern und ärgerte sich wohl darüber, daß sie sich von mir nicht fassen ließ. – Am nächsten Morgen, beim Gartenfrühstück, sprang sie auf meinen Schoß und ließ sich exklusiv kraulen, holte alles nach. Sonst kommt sie freiwillig nie auf meinen Stuhl.

Der Ex Mittag, DDR-Wirtschaftsmensch, hat in seinem Buch geschrieben, die Vereinigung habe die Rettung gebracht, andernfalls wäre über die Ostdeutschen eine Katastrophe mit unübersehbaren Folgen hereingebrochen!
Schauerlich nur, daß keiner dieses Buch liest. So was müßten sie in den Schulen durchnehmen.

Zeitungen haben meinen Wohnungswunsch gebracht. Heute früh um 8 Uhr rief eine Frau an, sie müsse ihre Wohnung verkleinern, und ein Zimmer könnte sie entbehren, und da könnten wir uns denn «'n bißchen betüdeln». Ich könnt' auch was einschließen bei ihr. – Betüdeln?

Die Stadttelefone hier sind noch aus den dreißiger Jahren. – Nach '45 mußten sie abgegeben werden, mit einer Mistforke wurden sie auf den Wagen geladen. Haben sie dann aber offenbar doch aufbewahrt.

Gestern fotografierte ich die Fotos, die Jochen mir geliehen hat. Er gab sie mir zögernd, als ob er sie ein allerletztes Mal sieht.

Der Pastor Kölpin in St. Nikolai wurde erheblich von seiner Frau verteidigt, sie wollte mich gar nicht reinlassen, der habe noch Urlaub. Er schimpfte auf die Arbeiter, die hackten Fliesen auf, noch erhaltenen Fußboden, anstatt sie vorsichtig aufzunehmen.

2007: *Und die Reste der heruntergestürzten Glocke haben sie ins Altmetall gegeben. Ewige Schande!*

Ich kaufte gestern eine DDR-Uhr, weil meine kaputt ist. Der Uhrmacher wunderte sich darüber, daß niemand diese Uhren kauft, die seien doch ohne weiteres gut und äußerst billig. – 40 Mark habe ich bezahlt. Noch geht sie. Es ist meine erste Quarzuhr mit Datum.

Die Frau des Herrn, der mir die Tür ausbaute, wollte mit, gestern, ins Gefängnis. Sie sei noch nie in einem Gefängnis gewesen.
Die Türaktion ging ziemlich schnell, ruck, zuck! Er machte mir auch noch zwei Doppelspione ab, ich dachte schon, ich müßte heute nochmals hin. Die Erinnerungen verkommen zum Happening.

«Ich habe alle Ihre Bücher gelesen», sagen die Leute. Das bedeutet: «Ich hab' den T/W-Film gesehen.»
Hier und da treffen mich inzwischen freundliche Blicke.

Ich bin heute unkonzentriert. Bei der Menge der Eindrücke – kein Wunder. Aber der Kopf ist frei, und ich fühle mich ganz leicht.

Mein Helfer sagte gestern, die Arbeitslosen kämen schon betrunken zum Arbeitsamt, säßen dort auf den Bänken herum mit Bierdosen.

Die Organistin vorgestern war ziemlich schnippisch, im Grunde sehr beschränkt. Ob ich Gedichte schreibe, fragte sie. Die Pastorin Laudan und ihr Organisten-Mann hingegen doch recht freundlich. Wir unterhielten uns über das Fis in «Allein Gott in der Höh'».

TV: Unglaubliches Bild von einem Frachtdampfer mit 10000 albanischen Flüchtlingen.

Ein Herr von DVA erzählte, daß eine Lektorin des Hinstorff-Verlages gesagt hat: Die Demonstranten, das seien die typischen Radaubrüder gewesen.

«Eine zu Stein gewordene Gotteslästerung» sei die Dachboden-ausnutzung der Nikolaikirche, hat einer gesagt. Es sieht ja auch wirklich verboten aus, die Mansardenfenster in dem riesigen Dach. Auch versteht man nicht: die vielen Trümmergrund-stücke, wieso man dort nicht baut? Muß es denn der Dachboden der Kirche sein?

TV: Bilder, die haftenbleiben: das albanische Schiff mit den 10000 Flüchtlingen. Bis in die äußersten Mastspitzen sind sie hineingeklettert. Und wir beschäftigen uns hier mit Kirchenmusik.

Die Münchner Organistin in St. Marien, die ich nach dem Konzert einlud, auf meine Frage nach moderner Musik: «Dann kann ich mich ja auch gleich mit dem Unterarm auf die Tasten legen.»

«Mein Name ist Walter Kempowski. Ich bin der bekannte Schriftsteller.» Wie Hans Moser: «Mein Name dürfte Ihnen nicht ganz unbekannt sein...» (in dem Film «Schwarz auf weiß» von 1936).
Als Antwort verziehen sie ihre Miene zum Fragezeichen.

Warnemünde
Notizen während des Konzerts Evangelische Kirche
Warnemünde:

Die Erlebnismassen dieser Tage lenken mich nicht ab, sondern erhöhen meine Aufnahmebereitschaft.

Trompete und Sopran, das ist vielleicht ein Gejubel. d-Moll-Toccata ist nicht mehr zu ertragen. Der eigne Hang zum Kitsch! Ein dunkles Thema. – Ein Mann muß das spielen.
Vorn der Altar mit 30 Figuren, kein Mensch – außer dem einen – weiß mehr, weshalb sie hier stehen.
Der Pastor müßte oft in seinen Predigten davon sprechen.

Im «Neptun» äffische Beflissenheit. Es fehlte nur noch, daß sie einem nach jedem Bissen den Mund abwischten.
Toccata zu groß für einen normalen Feiertag. – Genuß durch Kenntnis. Das Vergleichen und Erinnern kommt hinzu.

Das Grässe-Bild mit dem mir an sich fremden Eulenspiegel zeigt aber doch den Komiker K. mit seiner Leidensschleppe.
Merkwürdig, daß niemand jetzt «vermeldet», daß Bach auf ein Thema, auf *das* Thema von Fr. II., «Das musikalische Opfer» geschrieben hat. Statt dessen wird bekanntgegeben, daß ein Pastor aus Celle zu Gericht gegangen ist und geklagt hat, Soldaten dürften nicht in Uniform teilnehmen am Begräbnis. Hat übrigens nicht recht gekriegt.
Von Bachs Toccata zu Schuberts Ave – sie weiß, wie man's machen muß.
Ave – warum eigentlich nicht? Genuß stellt sich jedoch nicht ein, weil man ihn früher schon zu oft gehabt hat. Wir wollen Verzwicktes. – Ob Tartini auch ein Ave Maria geschrieben hat?

Dem Gläser die «Chronik» schicken: Wir müssen es erreichen.
Machte heute ein Foto von den Barockhäusern für Hildegard.
Das wird mein Mausoleum.

«Chronik»: Dem Gedächtnis meiner Vaterstadt.

Es darf nicht Walter-K-Haus heißen, es muß K-Archiv heißen. Oder K-Haus. Die Gärten hinter den Häusern wundervoll, ein bißchen wie bei Goethe.

Ich traf Gläser heute wieder, als ich die Klosterkirche besichtigte, die in furchtbarem Zustand ist. – Saß noch mit Hamer bei Krahnstöver in der Gr. Wasserstraße, die kein Rostocker Bier haben! Das Hineinschauen in hintere Räume wurde uns verwehrt.

Störrisch sind wir. Die Hoffart muß abgelegt werden, Demut ziemt uns.

Ein Orgelkonzert von Johann Gottfried Walther – recht langweilig.

Ich werde noch so eine Art Geibel für Rostock. Wer nach mir wohl «die Stelle» kriegt.

Hab' wieder lange am Brunnen der Lebensfreude gesessen.

T: von Achternbusch. Er war sehr schnieke angezogen, und ich nahm seinen Kopf zwischen die flachen Hände und versuchte, ihm die Widmung zurückzugeben, die er mir 1973 in sein Buch geschrieben hat.

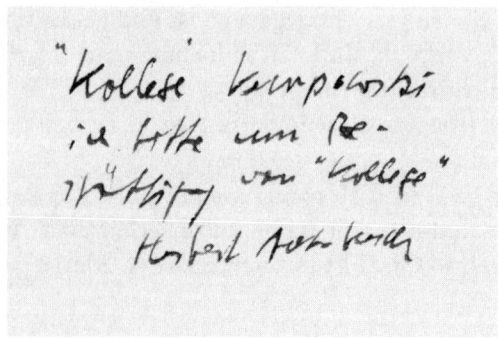

Widmung von Herbert Achternbusch

Kind: «Wieviel Leute gibt's hier?» (im Hotel).

Ein Kind, 2 ¹/₂ Jahre, auf dem Hopfenmarkt, das sich verlaufen hatte: «Hier sind ja so viel Leut' – heute!» (schluchzend)
Eine jüngere Frau nahm sich seiner an.
Ein vorm Kaufhaus zurückgelassenes Baby im Kinderwagen ratlos weinend.

Die nette Fototante in dem Fotogeschäft.

Farbfotos ab 1 Stunde.

Sagte, ihr gefielen meine Fotos gut. Obwohl das im Prinzip ja nett war, störte mich das Indiskrete. Das geht sie doch gar nichts an, ob meine Fotos gut oder schlecht sind.

Wiedervereinigungsplankton:

Jetzt kann man endlich wieder Farbe kriegen. Kommen Sie mal in zwei Jahren wieder, dann sieht das hier aber aus! (eine Frau, die gerade Fenster streicht)

Geduld! Geduld! (Arbeiter, Osten)

Es ist nicht alles Gold, was glänzt. Was wir hier im Westen in 40 Jahren geschafft haben, das wollen die über Nacht haben. Die wissen ja nicht, was Arbeit ist. Hand aufhalten, das kann jeder (Taxifahrer, Westen).

Teils gut, teils schlecht. Ist ja gut, daß die Menschen wieder zusammenkommen können. Aber mit der Rente kommen wir ja nicht aus. Mein Mann lebt nicht mehr, und die Handwerker für unser Haus kann ich nicht bezahlen (alte Frau, Osten).

Die numerische Vermehrung von Einzelmeinungen führt nicht zu größerer Pluralität. Konstellationen werden da eher zu stetigen Mengen. Axiome sind in einem Chor, der einem japanischen Warenhaus-Ensemble ähnelt, nicht mehr vernehmbar, Schärfen werden eingedickt und eingeschlämmt.

Bei Justus Frantz. Hab' mich beinahe verfahren.
Am Schaalsee entlang. Unglaublich. Ein zufällig wiedererstandener Urzustand.

Eben, 15 Uhr, mit Erfolg im Rahmen des Schleswig-Holstein-Festivals in Wotersen gelesen, bestimmt 600 Menschen, das Bruckner-Konzert («Schöne Aussicht»). Fast reine Kempowski-Fangemeinde. Ich mußte mehrmals herauskommen. Heute abend bin ich nochmals dran, da werde ich die Klavierstunde lesen. Die kommt auch immer gut an.
Graf Bernstorff in Arbeiterhemd und Jeans begrüßte mich. Wie lange er wohl überlegt hat, was er anziehen soll. Am Gürtel seiner Jeans ein Jaguar. Er zeigte mir sein Schloß, das gerade von Grund auf erneuert wird.
Muß nun noch Stunden warten, bis ich wieder drankomme.
Im Augenblick musizieren Frantz und sein kleiner Sohn.
Die unglückliche Frau Schlüter ist auch hier, sie hat ihren Mann offenbar in den Ruin getrieben durch ihren Ehrgeiz.
Justus Frantz: die kulturelle Unternehmenskraft eines einzelnen, den heißen Sommer hier in Schleswig-Holstein durch Musik zu beleben. – Denke gerade an Rostropowitsch, der an der Mauer musizierte.
Frantz erzählte, daß er im Ausland eine viel bessere Presse hat. Klavierabend in New York.

Nartum So 11. August 1991

Mutters 95. Geburtstag.

Schlimme Nachrichten vom Verlag. Auf einmal, nachdem ich seit zwei Jahren Geld abrufe für die Hilfsleute, heißt es, daß ich Steuern dafür zahlen soll. Das ist offenbar der neue Mann in

München. Gottlob sind noch etwa 18 000,– da, das wird dafür
wohl reichen.

Feuchte Meeresluft. Angenehm.

TV: Lettau ist wieder zurückgekehrt nach Berlin. «Er nimmt
im Lit. Coll. am Wannsee Wohnung.» Er durfte Statements abgeben. Ich habe im Lit. Coll. noch niemals «Wohnung genommen». Ja, ich habe dort noch nicht einmal gelesen. Unsereiner
wird ausgespart. Warum?
In der FAZ schreibe das Pentagon mit, und der «Spiegel» sei
ordinär, sagt er.

Henscheid hat Böll «korrupt» genannt.
Das ist nun aber doch übertrieben. Bin gespannt, wie das ausgeht, René Böll hat ihn verklagt.

2007: *Es ging schlimm aus. Oder war es der Ausdruck «stein-
dumm», der ihm angekreidet wurde?*

Nächste Woche scharf ran mit M/B. Es muß nun abgeschlossen werden.

Mit dem Verlag gibt es Ärger. Kolbe hatte mir Geld zur Verfügung gestellt für Recherchen. Die Hilfskräfte hatten ihre
Forderungen immer direkt an den Verlag geschickt. Und nun
heißt es plötzlich, ich soll das alles versteuern! Ziemlich un-
durchschaubar.
Da wirft man sich wieder mal im Bett herum.
Auch muß ich, und das erfahre ich erst jetzt, für die gelegent-
lichen 400,–, die ich Studenten zu verdienen gebe, 70,– Steuern
zahlen. Das wird nun natürlich sofort eingestellt.

ZEIT: «Präsident Milošević denkt nicht daran, sich eine europäische Friedenslaus in den großserbischen Pelz setzen zu lassen» (Michael Schwelien).

«Jugoslawien, ein Glas mit acht Skorpionen – das Bild untertreibt» (derselbe).
Bartholomäus Grill über Äthiopien: «Felder fallen brach.»

Jens Reich erzählt in der ZEIT davon, daß er zu einer Dichterlesung mit dem Trabant vorgefahren sei. Er habe mehr Aufsehen erregt als unmittelbar hinter ihm die Karosse des Bundespräsidenten. – Daß der Bundespräsident eine Dichterlesung besucht? Hat da vielleicht Christa Wolf gelesen? Sonderbare Mitteilungen.

Lettau gestern – «er ist nach Berlin zurückgekehrt» – sah recht verquollen aus. Er bezeichnete den «Spiegel» deshalb als ordinär, weil «ein Redakteur» da etwas verteidigt hat, einen Text, in dem die Rede davon ist, daß ein Mann mit einem Baby sexuelle Handlungen vornimmt. – Er meinte auch, daß in den USA die Professoren alle sehr gegen Deutschland sind, auch die große Presse sei es, die hätten z. B. verschwiegen, daß Deutschland wegen des Grundgesetzes gar keine Soldaten nach Kuwait schicken konnte. Und die 20 Mia. würden überhaupt nicht erwähnt. Auf Deutschland sei kein Verlaß, die Deutschen änderten sich nie.

Ich bekam heute einen anonymen Brief:

> Werter Wessi,
> nachdem Sie uns 1956 verlassen haben und im Goldenen Westen Ihr Heil gefunden haben, können wir auf Sie nun auch verzichten. Nur das Beste in Rostock ist gut genug für Sie? Die blöden Ossis können ja in Lütten Klein wohnen? Wir haben schon zu viele Besserwessis!
> Einer, der hiergeblieben ist.

Mußte an Lettau gestern denken. Emigranten haben es auch nicht leicht.

Die vom «Spiegel» gepriesenen drei polnischen Jungunternehmer haben jetzt eine 100-Millionen-Pleite hingelegt. Fallen solche Leute weich? Wahrscheinlich machen sie erst mal Urlaub.

Drüben werden jetzt 100 000 (?) Lehrer entlassen, die Stasi-Aufpasser waren.

Die Italiener lassen tausende Albaner in einem Stadion schmoren, ab und zu wird ihnen ein Brötchen zugeworfen, kein Wasser, keine Toiletten. Ich stelle mir vor, das geschähe in Deutschland.

Das nächste Attentat wird vermutlich auf Gauck verübt.

Der Kabarettist Hildebrandt wurde gefragt, was er zur Beschimpfung Bölls sagt. – Das sei genauso schlimm wie das, was Fest jetzt mit Bloch versucht habe.
Blochs «kategorischer Imperativ mit dem Revolver in der Hand» (Goebbels: «Wer nicht für uns ist, ist gegen uns») hätte eigentlich die «skeptische Generation» aufhorchen lassen müssen.
Er selbst tue das doch auch, Menschen vernichten, wird gesagt. Iiih wo, er biete den Menschen nur Bonbons an, über die sie sich freuen könnten.

2007: *Jetzt stellt sich heraus, daß er Mitglied in der NSDAP war. Davon habe er nichts gewußt, sagt er, wie Walser und Lenz.*

In den TV-Nachrichten wird gezeigt, wie ein Dackel aus einer Röhre befreit wurde.

Einen Fall von Panikmache glorios überstanden. Bertelsmann – Geiger – Bittel – Dede – Paeschke.

Hildegard sagt, ich würde bestimmt noch mit 80, als zahnloser Opa, zum Lesen eingeladen, jetzt in Mecklenburg hätten sie bestimmt Bedarf.

Nartum   Di 13. August 1991, feucht

1871: Karl Liebknecht, hervorragender Führer der
Arbeiterklasse, geboren
1913: August Bebel gestorben
1961: Schutz der Staatsgrenze der DDR

30 Jahre her, der Mauerbau.

Engholm, diese Schlafmütze. SPD kann einem leid tun.
Der letzte Jahrestag der Mauer. Jetzt isse weg. Kann mich gar nicht mehr erinnern. Das Bild von der Greisin, die sie oben vom Fenstersims nicht fortlassen – unten ziehen sie an den Beinen. Ratlos. Sie soll übrigens zu Tode gestürzt sein, wird erzählt. Leute mit Schiebermütze. – Das mischt sich jetzt mit anderen Bildern, die man im TV gesehen hat. – Die Ungarn-Sache, ČSSR-Besetzung ist mir deutlicher in Erinnerung.

Hildegard kaufte in Zeven Baumkuchenspitzen und dieses famose holländische Käsegebäck, das ich immer so gern esse, was rasend gut schmeckt, wie Hildegard sagt. Außerdem gab es zur Suppe gebratene Weißbrotwürfel.

Die Katzen, die sich sonst nicht anfassen lassen, darf ich gerne packen, wenn ich sie ins Fenster zum Futter setzen will.

Blöde Einladung aus Leipzig zu einem Schriftstellertreffen. Offenbar (Friedrich-Ebert-Stiftung!) hat man sich erst zu allerletzt meiner erinnert: «Ach ja, den Kempowski gibt's ja auch noch!»

Einladung von Fechner zu dessen 65. Geburtstag. Er will alle Menschen versammeln, die in seinem Leben eine Rolle gespielt haben.

Immer noch Fanpost zum «Sirius». – Der Verlag hat meine Lesereise mit «Sirius» angekündigt. Von M/B haben sie anscheinend noch nichts gehört.

Der Buchhändler Babendererde hat geschrieben, daß er seine Buchhandlung in Rostock nicht wiederkriegt. Er ist außer sich. '46 enteignet. Obwohl er 2 Mio. geboten hat. – Dort haben meine Eltern als Jungverheiratete schon eingekauft (siehe «Schöne Aussicht»). Im ersten Stock gab es Wiking-Modelle: Schlachtschiffe, U-Boote usw. Damit sollte die Jugend erzogen werden.

Viel Klagen über die Treuhand. Undurchsichtig oft, was die da anstellen. Nur gut, daß wir unser Haus ruck, zuck... Wahrscheinlich ist die Aufgabe zu groß für so ein staatliches Amt.

TV-Film über die Mauer, Fluchtversuche.

Daß hinter der Mauer stählerne «Igel» lagen, wußte ich auch noch nicht. 12 cm lange Spitzen. – Nach und nach kommt alles raus.

Nartum   Mi 14. August 1991, schön

1956: Bertolt Brecht gestorben

Die Magnesiumtabletten helfen mir sehr. Das ist ja eine regelrechte Wunderdroge.

Morgens an M/B, dann «Echolot». Mittagsschlaf durch wahnsinnige Bellerei der Hunde unterbrochen.

Ein schöner Traum wirkte in den Tag nach.

FAZ: Ein Artikel über die in der SU liquidierten jüdischen Künstler.

«Kleine Liebe zu Trompeten» könnte auch ein schönes Buch abgeben. Der Dorfroman rückt in weite Ferne. Ich fühle mich durch die Prüderie der deutschen Leser behindert.

2007: *Trompetenbuch habe ich erst jetzt wiederaufgenommen. Ich schreibe lauter letzte Bücher. Hoffentlich hat das keine Folgen.*

Gestern und heute wurde die «Mauer in den Köpfen der Menschen» ausführlich zitiert und beschworen.
Allgemein hört man fast nur Klagen über Treuhand und über die Justiz, die gegenüber der Stasi versage. Es wäre doch ein Leichtes, die Gründe für das angebliche Versagen klar und deutlich auszusprechen und den Zuschauern einzuhämmern. Nein. Die Kommentatoren suhlen sich lieber im Schlamm dumpfer Beanstander, die nur von hier bis da oder gar nicht denken. Wie soll denn bei der Bereinigung des Drecklochs überhaupt Gerechtigkeit sich durchsetzen? Kommt ja noch die Dummheit der Menschen dazu und die Bevölkerungsscharen, die daran ihr Süppchen kochen.
Der FDP-Minister in Sachsen, der zunächst absolut abstritt, mit der Stasi etwas zu tun gehabt zu haben, hat es nun zugegeben und ist zurückgetreten. Wie ein Kind hat er geflunkert. Heute ist ein weiterer Minister gegangen, der hat acht Jahre lang berichtet! – Was wohl? Das wird uns nicht mitgeteilt.

Unendliches Gerede um Friedrich den Großen. Ob er nun nach Sanssouci gebracht werden soll oder nicht.

Im «Spiegel» wird Walsers Buch gerühmt. Ihm, der allerhand Papiere und Tagebücher eines Unbekannten verwendet hat, würde es nicht so gehen wie dem des Plagiats bezichtigten Walter Kempowski!
Ich bin seit einigen Wochen dabei, das Archiv nach Resten durchzusehen für das «Echolot» und finde Unmengen. Viel erfrischend Natürliches ist dabei, aber auch Verblasenes. «Die

Findeisen-Sippe» heißt ein Rundschreiben. Da soll man wohl stolz sein dazuzugehören. – Eine Frau schreibt: «Lebenserinnerungen. Begonnen im großen zweiten Weltkrieg». Das ist fürs nächste Jahrtausend berechnet. Oft steht die kümmerliche Aufmachung im Gegensatz zum Anspruch, der erhoben wird, schlechtes Papier, miserabel getippt, klecksender Kugelschreiber.

Hildegard sitzt auf der Terrasse unter der Lampe, von Motten umschwirrt, und entziffert Wilhelm Lehmann.

Der Asylanten-Blödsinn treibt Blüten. Ich sehe diese Leute schon um unser Haus streichen.

Heute rief ich einen Einsender an, der Erinnerungen an seine Zeit auf der «Emden» geschrieben hat. Ich wollte ihn um Briefe aus der Zeit bitten, weil es mit Marinesachen bei uns noch schlecht bestellt ist. Es klingelte einige Male, bis er ranging: «Sie müssen schon entschuldigen, ich habe gerade einen Schlaganfall gehabt, bei mir geht jetzt alles ein bißchen langsamer.» Morgen kommt er in die Reha-Klinik nach Bad Segeberg. Er will mir Briefe heraussuchen. – Nachmittags rief er dann nochmals an, Hildegard war am Apparat: Ich würde mich wundern, was er mir alles schickt! Dann ist er also trotz der Krankheit noch ans Schapp* gegangen. Die Unsterblichkeit ist es, die er dadurch zu gewinnen hofft. Oder ganz einfach natürliche Freundlichkeit.

Ich ließ Mottos zusammenstellen und interpretierende Titel von Autobiographien. Eine recht sonderbare Liste entstand, 1. Kor. 13 natürlich. Viel Goethe und Bibel.
«Die Erinnerung ist das einzige Paradies, aus dem man nicht vertrieben werden kann.»
«Und wie es kam, ich hab's erkannt, am Ende war es gut.»

---

* Seemannssprache: Schrank

Weiter mit M/B. Es ist schon komisch: Von all der Literatur, die
ich mir besorgt habe, brauche ich eigentlich nur die deutsche
und die polnische Karte sowie ein Büchlein aus dem Rauten-
berg-Verlag, für 19,80 Mark: Reiseführer Ostpreußen. Aus gutem Grund: «Jetzt in der 5. Auflage.» Das ist so ähnlich wie mit
der Rostock-Literatur. Da war eigentlich nur das kleine Buch
von Ohle nötig. Stimmt nicht ganz.

In unsere Hausangelegenheit kommt wieder Bewegung.

Frau Schönherr heute: «Oh! Wie sieht Ihr Mann schick aus! –
Aber nicht immer sieht er so aus.»

Ein Mann namens Adler mit seinem «Wirt» Ahrens, ZEIT-
Autor, aus der DDR, schimpfte auf die anderen DDR-Autoren.

Schönes Wetter, die Luft stand still, als atmete man kaum …

Am Nachmittag in Zeven, Unterschrift beglaubigen: 40,–, Paß
abholen.

Sievers gab ein Wiedervereinigungsstatement ab:

> Dafür! Und wenn man es auch nur auf den Solidaritätseffekt
> zurückführt, das würde mir schon ausreichen. Die da drüben ha-
> ben es unverschuldet schlecht gehabt, das hätte uns genauso gehen
> können. – Für mich waren die Orte so weit weg. Jetzt bin ich
> schon öfter dort gewesen, das ist ja ganz nah!

Meistens traue ich mich nicht zu fragen, aus Furcht, etwas Negatives zu hören.

Hildegard entziffert W. Lehmanns Tagebuch. Sie ist ziemlich
findig.

TV: Die Kinder von Wandlitz, daß sie versucht haben, mit ihren Vätern zu reden, das sei aber nicht gegangen. Es gebe keine Schuhe, hat Sohn Sindermann gesagt; Vater: «Du mußt auch nicht zum Metzger gehen, wenn du Schuhe haben willst.» – Krenz-Sohn: «Mein Vater ist schon tot. Traurig, daß er immer so rumsitzt zu Haus.»

An M/B gearbeitet, Ulla und Krahnstöver. Da sind noch Ungereimtheiten. Stehlen sie den Botero?

Richard Löwenthal ist gestorben, der Soziologe. Das Interview damals, 1982 im Dezember in Berlin, seine sonderbare Wohnung. Der Plastikspringbrunnen und der elektrische Kamin. Nebenan ein Zimmer mit einem Eßtisch voller Fotokopien. Seine Frau saß da und hörte von dort aus zu, ob ihr Mann nicht vielleicht Dummheiten von sich gibt. Ich sollte ihn eigentlich nur befragen über den Jahrestag der «Machtübernahme» oder «Machtergreifung» und habe das ausgenutzt zu einem Klöngespräch über sein ganzes Leben. Das Tonband muß noch irgendwo sein.
Friedrich Luft ist auch gestorben und der Musikkritiker, dessen Namen ich mir nicht merken kann. Stuckenschmidt.

Lieschen gestern, die Geschwindigkeit, mit der sie sich aus ihrem Spezialhalsband herauswand. – Erinnert mich ein bißchen an die Eile, mit der sich die Mecklenburger und Thüringer aus ihrer jetzigen Malaise herauszuwinden versuchen.

Nartum   Fr 16. August 1991

Zarter Morgen. Ich bin, bevor alle aufstanden, im Morgenmantel einmal durch den Garten gegangen. Wie anders ist es zu dieser Tageszeit. Alles ist verändert.

Eine Drossel kreischte plötzlich über den Weg. So was stört einen friedlichen Menschen.

FAZ spricht vom «ächzenden Haushalt» der Bundesregierung.

Folge der Entspannung sei, daß nun die Bundeswehr zurücksinkt. Die Leute seien nicht mehr motiviert. – Wenn die Armeen an die Grenzen schwappen, können sie ihre Flammenwerfer ja wieder herausholen.
Hildegard fragt, ob das wirklich so gut ist, daß sie alle Panzer verschrotten?

Im «Rheinischen Merkur» wird ein Buch von Walther Bienert rezensiert. 1922 habe es schon 23 Konzentrationslager in der SU gegeben, 1923 bereits 355! Das Dekret, nach dem dies geschehen ist, stammt vom 5.9.18: «… die Absicherung der Sowjetrepublik gegen Klassenfeinde vermittels deren Isolierung in Konzentrationslagern».
Dies hat nichts zu tun mit unseren Toten.

Die Verkaufszahlen meiner Bücher für die erste Hälfte '91 sind gekommen. Danach hätte ich von «Hundstage» immerhin 40 000, vom «Sirius» hingegen nur 9000 verkauft.
Hörspiel-Kassette: 1500 Stück. Wer in die Buchhandlung geht, erfährt in der Regel: Dies Buch gibt es gar nicht.

2007: *Tagebücher meistens um 10 000 Stück. Aber das ist doch auch nicht schlecht? Die Leser gewöhnen sich erst allmählich an dieses Genre.*

Habe wieder was falsch gemacht. Der junge Herr Winter war da, der damals, 1983, so einen blöden Artikel über unser Seminar geschrieben hat, und ich dann im «Sirius» mit dem Hammer zugeschlagen. Er kam heute, mit goldbehängter Mutter, Bücher signieren lassen. Guckte mich gar nicht an. Vielleicht schämte er sich. Offensichtlich der Sohn des großen «GEO»-

Winter, vielleicht eine gescheiterte Existenz? – Nun, ich war freundlich zu ihm, signierte alles und zeigte wie üblich das Haus.

Die Mutter: «Dieses Haus ist ja eine Fundgrube für gemütliche Ecken!»

Sie erzählten: Jahrelang habe gegolten: Wer zum Klo ging – ein Kempowski-Exemplar mußte mit. Das seien immer so kleine Absätze, da komme man immer gut rein.

TV: Haarsträubender Bericht über Stralsund. Sehr schöne Bilder, überall wird gebaut, und es wird erwähnt, daß die Bundesregierung so viel Geld bewilligt hat, daß sie das gar nicht ausgeben können, und dazu ein völlig konträrer, höhnisch-alberner Kommentar eines gewissen Michels. Z. B. wurden neue Gebäude gezeigt, die ganz offensichtlich aus Containern zusammengestellt waren: ob das die neue Baukunst aus der Bundesrepublik sei. So in diesem Stil.

Desgleichen über die Umbettung Friedrichs des Großen: Mit militärischem Pomp sei er abgeholt worden, die Leute in Hechingen weinten den Särgen keine Träne nach. Und worin bestand der militärische Pomp? Acht Offiziere der Bundeswehr, soweit ich es sehen konnte, und eine Feuerwehrkapelle. Und der Zug, ein einfacher D-Zugwagen und ein Packwagen. Das war alles.

Bevor der Sarg auf Reisen ging, ist er von einem Kastellan kurz geöffnet worden! Ganz so, wie man ihn sich vorstelle, habe der große König ausgesehen, Uniform noch intakt. Warum kriegen wir kein Foto zu sehen? Es ist so vieles merkwürdig in dieser Welt. Goethe durften wir ja auch nicht sehen, und nachher trugen die Leute das Abbild seiner Leiche auf T-Shirts.

Und dann das Gerede: Es werde gegen das Testament Friedrichs des Großen verstoßen: Friedrich selbst hat seinen Vater auch anders beerdigt, als der das wollte, und außerdem kann so eine Anweisung auch das Gegenteil bedeuten: Liebt mich doch! – Was ist denn der Unterschied zwischen «kleinem Gefolge» und «den engsten Familienmitgliedern»? Unter «Gefolge» verstand man in absolutistischen Zeiten doch ganz was anderes.

Weil ich irgendwie gesagt habe, mir sei ganz egal, ob der Alte Fritz in Potsdam oder auf der Burg Hohenzollern begraben liege, schreibt mir eine Frau, sie werde nie wieder ein Buch von mir lesen.

TV: In Berlin wurden vier Jugendliche gefragt, was sie von der Vereinigung halten: Sie sollten die Mauer wieder bauen, aber zwei Meter höher, was da rüberkomme, das sei ja doch alles Schrott. – Vier junge Leute von 3 Mio. Berlinern gelten heute schon als repräsentativ.

«Aspekte» befürchtet Balkanisierung des deutschen Gemütszustandes.

Aus dem Pfui-Glied werde ein Hui-Glied, sagt eine Psychotherapeutin, Frau Herriger, in der N3-Talk-Show.
Warum? Unter Jungens, wenn sie in den Wald gehen, spielt die Länge eine Rolle. – Ich wurde nie zu einem Vergleich genötigt. In der Hitlerjugend wäre das nicht «gegangen». Dort galt ich als eine «Pissnudel». Was das nun wieder ist? Kann einem heute auch keiner mehr sagen.

Arendsee   Sa 17. August 1991

Lesereise. Wir sind in einem FDGB-Heim untergebracht. In einem Glaskasten an der Rezeption hängen noch die Ehrenteller. Man hätte sie entziffern sollen. NVA-Soldaten mit ihrem komischen Helm waren nicht darauf zu erkennen. Es ist übrigens zu erfahren, daß Hitler diese Scheißdinger schon einführen wollte, unser schöner deutscher Stahlhelm! Der Krieg sei dazwischengekommen.

326

Lange bequeme Fahrt auf der 71 bis Salzwedel, wo wir uns über den Schlafzustand dieses Kleinodes wunderten. So sah es früher sonntags in mecklenburgischen Kleinstädten aus.
Die Marienkirche, ach! Wie auf alten niederländischen Bildern. Umgang um den Turm, so was habe ich noch nie gesehen.

Die Lesung in Arendsee war sonderbar. Mit einem Bus aus Soltau hatten sie Zuhörer herangekarrt. Die kleine Kirche war zwar voll, aber aus dem Osten war niemand da. Zwei ungelenke Veranstalter, Riesen-Blumenstrauß.
Wir waren um 17 Uhr dran, Lea Rosh abends, bei ihr waren sicher eine Menge Leute. Sie hat etwas, was die Deutschen mögen. Sie kamen uns entgegen, als wir vom Konzert aus Gratow nach Hause kamen. Man soll den Deutschen immer die Meinung sagen, aber nicht zu doll. Ich ärgerte mich darüber.
Hildegard: «Sie ist doch auch nur eine Sternschnuppe...»

«Spiegel»: Von der Staatsgründung der DDR im September 1949 bis zum Mauerbau im August 1961 hatten 2 691 270 DDR-Bürger das Land verlassen, die Hälfte von ihnen unter 25 Jahre alt. 3371 Ärzte, 16 724 Lehrer, 17 082 Ingenieure hatten sich nach Westen abgesetzt. Interessante Zahlen. Wo sie die wohl herhaben? Gibt's da ein Amt, in dem Beamte sitzen, die eine Strichliste führen?

Die Särge der Preußenkönige sind mit einem Pfeifkonzert in Potsdam empfangen worden. Das ist nun auch wieder nicht richtig. Die langen Friedensjahre an seinem Lebensende. Und letzten Endes hat sein Leben dazu getaugt, Menzel schöne Bilder malen zu lassen.
Und was tun wir? Wir lassen die Denkmäler der Kommunisten stehen und benennen Straßen nach ihnen. Gibt's in Berlin eine «Friedrich-der-Große-Straße»?

Neulich in Wotersen unterhielten sich zwei Damen über Frösche und Kröten, wie sie sich begatten. Direkt daneben übte ein

Streichquartett aus Petersburg seinen Auftritt, junge Leute, die ich nach Nartum einlud.

Walser vor der Sixtinischen Madonna in Dresden.
Wie gut, daß sich durch das bloße Angucken keine Farbpartikel lösen, denn wenn das so wäre, gäb's das Bild bestimmt nicht mehr. Eigenartig die Gardinenstange oben und die beiden lustigen Engel unten. Engelsköpfige Wolken zu malen – das ginge heute, glaub' ich, nicht mehr.

Sindermann, der ehemalige Präsident der Volkskammer, der die chinesische Zusammenschießung auf dem Platz des Himmlischen Friedens wunderbar fand, wurde gezeigt, wie er mit seinen Kindern Weihnachten feiert. – Wie die wohl das Jesuskind benannt haben?

Im Fragebogen der FAZ erfahren wir, daß der Ministerpräsident Erwin Teufel es mit den Malern hat: Grünewald, Dürer, Rembrandt, Hans Baldung Grien, van Gogh, Renoir, Degas, Chagall, Nolde und Emil Wachter. – Was er wohl in seinem Wohnzimmer hängen hat? – Was er sein möchte? «Ausgeschlafen.»

2007: *Irgendwelche Knüppel hat man ihm zwischen die Beine geworfen. Jetzt sieht man ihn in Talk-Shows.*

Arendsee   So 18. August 1991

*1944: Ernst Thälmann von den Faschisten im
KZ Buchenwald ermordet*

Aufgewacht im ehemaligen FDGB-Heim vom lauten Toben einiger Männer. Es war schon halb 8. Gott sei Dank.
Hildegard: «Die armen Menschen! Und wie können wir glücklich sein. Nun weiß man erst, was es für Typen gibt ...»

Ich ließ menschenfreundliche Thesen vom Stapel, weil sie es nicht haben kann, wenn ich über Menschen schimpfe.

Blick aus dem Fenster auf 20 Bungalows, einer wie der andere, und vor jedem ein Tischtennistisch aus Beton.

Toilette allerlei Plastik.

Heute ist eine Rundfahrt angesagt, Jerichow, Tangermünde, Stendal, Havelberg. Und zu Hause jault wahrscheinlich die Alarmanlage.

Hier in Arendsee gibt es eine romanische Klosterkirche und Ruinen. Die Leute hier denken, die Wessis kassieren das alles ein, so wie sie glauben, daß die Semper-Oper eigentlich «ihre» ist.

Hier hat der Naturmensch Gustaf Nagel, dessen Name eigentlich klein geschrieben werden muß, gewohnt. Je nach Sympathie hat man ihn mit allerlei Titulierungen bedacht: Freigeist, Visionär, Heilsbringer, Exzentriker, Naturmensch, Naturapostel, Gesundheitsapostel, Lebensreformer, Tempelwächter, Naturheilkundiger, Prophet von Arendsee, Unikum von Arendsee, Kohlrabi-Apostel, Inflationsheiliger.

Sein Nutzgarten wurde von der FDJ zerstört.

TV: Beisetzung Friedrichs des Zweiten, ein bißchen durcheinander, auch die Kommentare. Stefan Heym war der Meinung, heute wäre F. II. ein Linker. Stolpe sehr gut: wie die preußische Fahne s/w, so die Geschichte Preußens.

«Spiegel TV» arbeitete mit Ufa-Filmen, Schlacht bei Kunersdorf mit Otto Gebühr usw. Der unbedarfte Zuschauer mußte annehmen, es handele sich um historisch getreue Wiedergaben, sozusagen nachgestellte Geschichte. Oder gar authentische Aufnahmen von damals! – So wie so mancher glaubte, der T/W-Film sei in der Nazi-Zeit gedreht worden!

2007: *Dirk Hempel erzählte, daß er und seine Schulfreunde «Der große König» mal vorgeführt bekamen, und beim Ver-*

lassen des Filmtheaters hätten alle ganz heldische Gesichter gehabt.

Anstößig: drei riesige Traueranzeigen für den toten Pleitebankier Gerling.

Kohls Teilnahme an der Umbettung des Preußenkönigs und die Kritik daran wirkten ein bißchen so, als wenn im Jahre 2169 ein deutscher Regierungschef an einer Umbettung Adenauers teilnähme. Fremd, weit weg, anachronistisch.
Die ganze Sache war ein bißchen – blöd?
Königliche Gäste aus dem Ausland fehlten.

Der sonst so vernünftige Haffner meinte gestern, die Bundesrepublik habe sich die DDR «einverleibt».

Stendal
Hildegard: »Ich würde Bäcker werden in dieser Zeit, ich würde den Laden schön machen und die Leute erfreuen.»

Die Stadt ist ja in einem entsetzlichen Zustand. Ganze Straßenzüge abbruchreif, niedliche Häuser, Fenster raus, drinnen zerschlagener Hausrat und mit Spray vollgeschmiert: «Hier wurde gebumst.» Ich sah hübsche grüne Fensterläden mit Blume zum Einlassen der ersten Morgensonne. Auch Herzchen.
Die Jakobikirche mit überladenem Lettner, ein Lesegottesdienst begann gerade. Querflöte, die sich gegen die Orgel nicht durchsetzen konnte.
Wir gingen zur Marienkirche, die ziemlich desolat dalag. Aber es rührt sich schon was, Steine, Leitern usw. Sonst ist von Aufschwung in dieser Stadt nichts zu merken.
St. Nikolaus war dann doch sehr nachdenklich stimmend. «Diese Kirche wurde 1945 durch Fliegerangriff verwüstet.» In der Zerstörung deutscher Kirchen liegt ein tiefer Sinn, sie ist letztlich zu bejahen, wenn's auch schmerzt. Die Selbstgerechtigkeit der Bürger. – Wir gingen um die Kirche herum, in der

gesungen wurde, und wir ließen unsere Phantasie anregen durch Bauspuren, Abbruchspuren. Winzige Teile des Kreuzgangs noch vorhanden. Ein absolut stiller Hof, ein kleines Pfarrgärtchen.

Tangermünde
Nun sind wir in Tangermünde und essen erst mal ein sogenanntes Bauernfrühstück, es ist halb 12.
Das Größte war bisher St. Marien in Salzwedel.

Heute früh stand Lea Rosh plötzlich an unserem Tisch, aber sie sah uns nicht, vielleicht hatte sie die Kontaktlinsen noch nicht eingesetzt. Mit drei Mann hoch waren sie gekommen. «Frau Rosh (die Ross heißt, nicht Rosch) verzichtet auf ihr Honorar…» Bravo! – Ich auch, aber kein Bravo. Ich gelte als steinreich.
Hildegard wurde ganz blaß im Gesicht, als sie die Rosh sah. – Gehört sie zur linken Klientel an den Sendern? Jedenfalls ist sie sehr gefragt.

Im «Spiegel» steht, daß im Irak 35 der 170 toten Amerikaner von den eigenen Leuten umgebracht wurden.

Tangermünde sehr norddeutsch. Sehr vorkriegisch, aber auch allerhand Jahrhundertwende, was man nur identifizieren kann, wenn man vorher den Stadtführer liest.
Gebackenen Camembert gegessen, neben einem dudelnden einarmigen Banditen.

«Sparte Rassegeflügel» (Aushang).

Immer noch Tangermünde.
Viel Abgebrochenes und Zugeschüttetes. Das Übriggebliebene ist, wie überall, nur Zufall.
Hildegard wundert sich über die verschiedenen «Dachanschlüsse», daß die Dächer zwar alle gleich hoch sind, aber nicht

die gleiche Schräge haben, und sie hat sich angeguckt, wie die Leute den Anschluß abgedichtet haben.

Mir gefällt die Abriegelung der Straßen durch querstehende, besonders schöne Häuser oder Tore oder Kirchen.

Ein Jeans-Opa mit im Nacken gebündeltem langen, weißen Haar, neue Videotasche um Schulter – Videoapparat in der Hand –, Zähne nur noch lückenhaft im Mund. Flowerpower-Generation? Offensichtlich gewesener Edelkommunist? Oder das Gegenteil? Wer kennt sich da aus.

Ein junger Mann zur Wiedervereinigung:

Im Osten sind wenigstens keine Ausländer.

Buchhändlerin zählt mir die Industriebetriebe Tangermündes auf, die alle dichtgemacht haben. Unangenehm.

Warum muß das sein? fragt man sich. Und warum erzählt sie uns das? Zerstört uns unsere spaziergängerische Stimmung.

Jerichow
Schlangen – Vogel – Hase
Ein kleines, nach Jauche stinkendes Dorf und dieses Himmelreich. Die klare Stirn.

Mädchen, die ohne jede Hemmung sich den Schlüpfer aus dem Schritt ziehen.

Die Kirche ist ein Grabmal, dessen Leichnam verschwunden ist.
Kreuzgang vollständig erhalten, plus Nebengebäude, Refektorium etc.

Unser Haus ist eine Umkehrung des Kreuzganggedankens.
Innenhof andere Pflasterung.

Hier haben die Dänen gehaust, eine Woche hat genügt, sogar die Grüfte aufgebrochen. Christen untereinander.

Mit Hildegard sich zu verabreden ist oft mißlich. Ich habe eben Viertelstunde auf sie gewartet. Sie war ganz woanders.

Soltau
19 Uhr.
Inzwischen sind wir in Soltau gelandet und warten auf das
Essen. Filetplatte mit Kroketten. Ach, in Belgien haben wir mal
Kroketten gegessen ...
Das Schönste an dieser Reise war die Marienkirche in Salzwedel.
Ich fand eine alte Anstecktafelzahl im Schutt, die nahm ich mit.

Meyns Hotel. Schifferklaviermusik über den Lautsprecher.
Wir fragten den Kellner, welche Tische den Gästen die liebsten
sind. Hildegard meinte, er würde sagen: «Das kann ich so nich'
sagen ...» Er wußte es aber ganz genau!

In Salzwedel gefiel uns die (heizbare) Fünte nicht (Marienkirche). Der Umbau um den Turm war bei der ansonsten sehr
verbumfeiten Katharinenkirche besser.
«Man kann sich in Grundrisse verlieben», sagt Hildegard. Aber
eine Vorstellung der Raumwirkung könne man dadurch nicht
haben.

Hier werden die allerhäßlichsten Gemälde angestrahlt, man
kann ja nie wissen!
Jerichow ziemlich kaputtrestauriert. Da fehlt Efeu, der würde
alles gnädig zudecken.
Die Öffnungszeiten sind sonderbar im Osten. Gewöhnlich ist
alles gerade zu oder noch nicht offen. Durch dieses System wird
aber auch Freude gespendet, wenn man nämlich eine offene Tür
vorfindet. Ich gehe immer einmal rum, und hinten ist dann meistens ein Türchen offen. So wie beim lieben Gott, der wird uns
am letzten Tag wohl auch eine Pforte offenhalten.

«Diese Heidekartoffeln machen der Heide keine Ehre», sagt
Hildegard. «Sie sind wäßrig!»
Sie ist voll auf Ökologiekurs. Sie hat die gebrauchten Servietten
ten eingesteckt für die Küche, den Fettrand von der Abwasch-
schüssel abzuwischen.

19. 8. 91 (komisches Datum!)

Die Russen haben geputscht und den armen Gorbatschow
verhaftet. Bittel berichtete es mir. Damit hatte man rechnen
müssen, aber die Bundesregierung traf das alles mal wieder
völlig überraschend. Daß da niemand sitzt und für eventuelle
Fälle Verhaltensrichtlinien ausarbeitet. Der Dollar ist sofort
gestiegen. Aber wenn man den dann kauft, fällt er augenblicklich.

Ein Ehepaar aus Gummersbach. Ich entdeckte mit Schrecken,
daß ich nicht mehr zuhören kann.

TV: Das war ein Tag. Stundenlang wegen Gorbatschow.
Ich empfinde die ganze Sache als eine Blamage.
Wann sind wir soweit, daß einem alles egal ist? Früher sagte
man: Rutscht mir den Buckel herunter.
Es sieht so aus, als ob die Familie in einem Campingwagen
Urlaub gemacht hat. Die kleine Tochter habe gerade ge-
tanzt.

Nun rühren sich auch die Deutschen, das wird auch Zeit.
Menschenmassen in Moskau und Leningrad. Sie erwarten einen
Gasangriff. Tausende von Panzern seien im Anmarsch. Die So-
wjetunion soll wiederhergestellt werden.
Die armen Balten. Tragisch. Aus deren Befreiung wird nun
wohl nichts.
Eifrige Zivilisten erklären den Soldaten auf den Panzern die
Verfassung.
Gerd Ruges große Stunde.

Auf einmal tauchen Lebensmittel in Moskau auf, sogar Räucherlachs gibt's. Man hat den Putschisten Gas und Wasser in den Wohnungen abgestellt.

Sehr viele Pfeile habe die EG wohl nicht mehr im Köcher, sagt einer in Brüssel.
Weibliche Ehrenposten.

RTL: «Die Welt hält den Atem an!»
3 Sat mehr oder weniger kalt, ob wir alle uns schon an ein freundliches Haus Europa gewöhnt hätten.
Auch Radio Free Europe versucht Kontakt aufzunehmen und zu senden. War das nicht der Sender, der von der SPD abgesägt werden sollte?
An die chinesische Lösung wird erinnert.
3 Sat: «Wenn wir untergehen sollen, werden wir die ganze Welt mitreißen!» sagte ein sowjetischer Oberst. Er beneide den Westen nicht.
Zwei der Putschisten haben sich krank gemeldet.

22 Uhr
Über Deserteure in SU. Naive Jungs, die man geschlagen hat, Nationalitätenkonflikte in der Armee.
Jasow ist zurückgetreten, heißt es.
Kann man sich nicht vorstellen.
Putschistengruppe sei zersplittert.
Demagogen, stehend auf Panzern, rhythmische Rufe, erhobene Fäuste.
Würstchenmassen – «aber Hunderte von Schaufenstern seien leer, so leer wie die Straßen am Kreml».
Eigentlich müßte in den neuen Bundesländern doch auch jemand nach Gorbatschow rufen. Solidarität. Aber hier geht niemand für den guten Mann auf die Straße, der uns die Wiedervereinigung beschert hat. Ist er vielleicht ein bißchen dumm?
Bei 3 Sat fällt das Wort «Machtergreifung».

Das «Heute-Journal» endete elegisch, in Zeitlupe junge Mädchen, Demonstranten, Stacheldraht.
Die «Rücktritte» wurden dementiert.
«Gerüchte schwirren durch die Stadt.»

150 m lange Fahne Rußlands wird von den Putschisten getragen. Woher haben sie die so schnell hergekriegt?
Jelzin mit kugelsicherer Weste.
Wieso hatte Gorbatschow eigentlich keine Leibwache?
«Bleiben wir auf dem Boden der Spekulation» (Sabine Christiansen).
«Reinen Tisch machen» (Roth).
Im ZK konnten sich die Anhänger der Putschisten nicht durchsetzen.
«Dieser Terminus mundet uns nicht!» (ein ZK-Mitglied).
Die Zahl der Demonstranten «wuchs» (Sabine Christiansen).
«Meldungen des Schreckens jagen Meldungen der Zuversicht, solche der Hoffnung die der Skepsis» (Brender).
«Kommt eine Blutnacht?» (Brender).
Aus der Schulzeit erinnert er sich vielleicht noch an Heinrich IV., die Abschlachtung der Hugenotten.
«Weniger wäre mehr gewesen», dieser Spruch soll von Lenin stammen? – Das wird man auch zu meinem «Echolot» sagen.
Man müßte die einzelnen Schritte dieser Dramen mal nebeneinandersetzen. In China haben sie damals auch nicht geglaubt, daß die Soldaten schießen werden. Und dann haben die Panzer plötzlich Gas gegeben.

Heute früh flau im Kopf. Langer Mittagsschlaf. Am Nachmittag dann gut gearbeitet.
Kurzes Telefonat mit Paeschke, der gar nicht begreifen konnte, was ich von ihm wollte.

Es sei ein ganz altmodischer Putsch (Zeitungsschau).

T: Im Traum bin ich mal wieder entlassen worden. Kurz vorm Rauslassen brachte mir einer noch Sachen, die ich eigentlich nicht hätte mitnehmen dürfen: sechs Kissenbezüge, mit chinesischen Motiven (Urlaub) bestickt.

Nartum   Mi 21. August 1991

*1948: Aufnahme der FDJ in den Weltbund der
Demokratischen Jugend*

Mazowiecki hat gefordert, daß die Russen noch bis 1993 in Polen bleiben, denn nur sie könnten garantieren, daß die Deutschen die Abmachungen über Oder/Neiße einhalten. Nun sitzen sie da!
Ketzerische Gedanken! Man stelle sich vor, man bekäme Westpreußen, Ostpreußen, Schlesien wieder. Das könnte man doch gar nicht verdauen! Wo schon die Treuhand mit der DDR nicht klarkommt.

Hildesheimer ist gestorben. Er habe zahlreiche Prosawerke verfaßt, muß der arme Veigel in den Nachrichten sagen. – Er war beim Nürnberger Prozeß Simultandolmetscher. Hat er was darüber geschrieben? – Irgendwann verkündete er, er will nie wieder was schreiben, das ging durch alle Medien: Um Gottes willen, Hildesheimer will nie wieder was schreiben, was machen wir bloß? Hat aber dann doch. – Was für eine Generation, wie sie hin- und hergerissen wurde, wie sie laufen mußten! Odenwaldschüler, Palästina, England, Schweiz – was für ein Spektrum liegt seinem Schreiben zugrunde. Und doch, das muß man heute sagen, hat er es nicht geschafft. – Richter hat geschrieben: Nie wußte man bei ihm genau, was er ernst meint und was nicht. Und so was mag man nicht.
Die Emigranten: Was für einen Erzählfundus hätten sie ausbeuten können. Ein paar schafften es nach Amerika. Feuchtwanger

in seinem schwarzweißen Marmorpalast. Thomas Mann mit Blick aufs Meer. – Die meisten hatten's schwer. Unser Archiv ist voll von solchen Geschichten.

16 Uhr
Die Putschisten scheinen tatsächlich geflohen. Sie fliegen nach Kirgisien. Bilder über Pro 7 besser.
Erster Telefonkontakt hergestellt zu Gorbatschow.

Die Leute in Moskau seien immer noch skeptisch.
Zwei von drei Divisionen um Moskau haben nicht mitgemacht, daher ...
Jelzin hat's offenbar rumgerissen. Er habe Gorbatschow gerettet.
Friedrich Müller: «Das ist das schönste Bild aus Moskau!» Abziehende Panzer. Der Qualm aus dem Auspuff. Da gibt's dann so Leute, die sich theatralisch ans Kanonenrohr hängen.

16.07 Uhr
Alle Anweisungen des Notstands-Komitees seien aufgehoben (TASS).
Ruge: Ja.

17.14 Uhr
ZDF: Sie sind gar nicht weggeflogen, heißt es, festgenommen wahrscheinlich.
ARD: Jasow Selbstmord?
Ruge: Sondereinheiten gestern kraftvoll, heute höflich. KP habe selbst verlangt, Gorbatschow müsse sich äußern.
Estland hat sich bei der Gelegenheit schnell für unabhängig erklärt.
Ich hab' was für diese Leute übrig, ihr helles, ordentliches Land. Möchte gerne mal dorthin fahren und auf einem Boulevard Kaffee trinken. Aber noch ist es dazu zu früh.

2007: *Auf der Insel Ösel fiel Walter Flex, der Verfasser des Gedichts «Wildgänse rauschen durch die Nacht».*

Frauen werfen Panzerfahrern Kekse zu.
Ein Mann mit Cellophanmütze im Regen.
«Und so hatte es heute nacht begonnen ...»
Der Alpdruck sei weg.
Die Putschisten hätten nicht alles gut durchgerechnet.
Das Gremium sei aus durchschnittlichen Typen zusammengesetzt gewesen.
Das Volk wolle Gorbatschow jetzt haben. Ein Zugewinn von Sympathie, den er gut brauchen kann.

Baker sieht aus, wie Kaufmann Paeper aussah, wenn er Zucker abwog im weißen Kittel.
Deutscher Aktienindex kletterte um 20 Punkte.
Die große Weltpolitik, sie reichte heute bis Oldenburg.
Gorbatschow müsse ein anderer werden als zuvor.
Nun kenne man die Leute, die gegen ihn sind.
Ob die SU nun noch schneller zerfällt als zuvor ...
... abgesehen, das hätten die Putschisten mit ihrer Aktion erreicht.
Das Zentrum hätte keinen Widerstand leisten können, der Widerstand sei aus den Republiken gekommen.
Die Schale sank zugunsten der demokratischen Kräfte, die Reaktion des Westens (G. Helbig aus Washington).
Der ewige Frieden sei nicht eingezogen, diese Erkenntnis hätten wir durch den Putsch gelernt.
In Wilna ziehen die Militäreinheiten wieder ab.

17.40 Uhr
Die Notstandsleute seien doch zur Krim geflogen.
Vor dem russischen Parlament spontaner Gottesdienst. Immer wieder dieselben Bilder.

19 Uhr
Das sei eine Erleichterung für die Seele, daß die Panzer wieder
weg (eine Frau).
Zehn Divisionen vor Moskau, davon zwei Divisionen überge-
laufen.
Leute mit Regenschirmen auf den gefangengenommenen Pan-
zern. Ja, das Wetter richtet sich nicht nach so was.
Jelzin stehe jetzt in großartiger Statur da («stetschr»).
Daß sie Jelzin wieder entmachtet haben, war wohl der Feh-
ler.

19.30 Uhr
Gorbatschow habe womöglich davon gewußt, heißt es plötz-
lich. Wenn das stimme, sei er ein Verbrecher.
«Der Putsch, er war wohl nicht so ernst gemeint.»
Die Nachtbilder jetzt umfangreicher, es waren offenbar mehr
Filmer da als gedacht. Lichtempfindliche Filme haben sie sich
einfliegen lassen.
«Meine lieben Söhne!» hat Jelzin die Soldaten angespro-
chen.
«Was für ein merkwürdiger Putsch!» sagen die Moskauer hin-
terher.
Die Moskauer bedanken sich bei den westlichen Journali-
sten.
Moderator: «Wird gefeiert heute in Moskau?»
Korrespondent: «Das kann man annehmen!»
«Volk und Armee Hand in Hand!»
Jedes Jahr werden in der Roten Armee 10 000 Soldaten von
ihren Kameraden umgebracht.
In der deutschen Armee hieß das «Heiliger Geist», aber da
wurde niemand totgeschlagen. Trotzdem unverständlich, daß
sie bei Preußens so unkameradschaftlich sein konnten. «Ehre»?
Das waren niedrige Instinkte, alle auf einen, nur weil er falsch
«links um!» gemacht hat.

Die Vielfalt der Putschinteressen habe die Sache zum Scheitern gebracht.
Sie haben versäumt,
• Schlüsselpositionen einzunehmen
• die Gegenspieler zu isolieren.

Halbherzig, ein halber Putsch.
Schlechte Organisation.
Nicht ein einziges Statement aus den neuen Bundesländern.

22 Uhr
Mehr Panzer aufgefahren in Moskau als 1945 in Berlin.

23 Uhr
«Mehrere zehntausend Menschen.» – Weshalb nicht «Zigtausende»?

Reaktionen von Schriftstellern. Walser meint, Kohl und Gorbatschow hätten einander am Steilufer des Kaukasus-Flusses helfend die Hand gereicht. Haben sie eben nicht, Kohl hat die Hand Gorbatschows ausgeschlagen, wie neulich erst wieder zu sehen war. – Mit seiner Ansicht, daß es richtig war, «schnell» die Einigung herbeizuführen, stimme ich natürlich überein. Biermann sagt ähnliches. Letzterer hat Glänzendes von sich gegeben.

Nartum   Do 22. August 1991

Gorbatschow ist wieder da.

«Das Wunder von Moskau» («Mannheimer Morgen»).
«Grandioser Sieg» («Hannoversche Allgemeine»).
«Selbstbesessene Machtclique» («Westfälische Nachrichten»).
«Friedensnobelpreis für Jelzin» («Welt»).

341

«Duell der Dilettanten?» («Süddeutsche Zeitung»)
«Ausmistung eines Augiasstalles ist nötig» («Rheinische Post»)

Die brennenden Panzer der Nacht als stoßender Penis gegen
die weiche Wand der Omnibusse.
Heute früh Jelzin vor sicher 200 000 Menschen, ein Pudding
von Menschenmasse.
Jelzin redete wie ein Beamter, kein zündender Aufruf wie damals Reuter in Berlin: «Schaut auf diese Stadt!» Mehr ein Her-
leiern. Aber einen guten Redner brauchen sie jetzt wohl auch
nicht mehr.
So wäre also die Demokratie in der Sowjetunion gerettet! Was
wird aus dem Kindlein werden?

Robert, dem ich heute von meinen Rostocker Archivplänen erzählte, sagte: «Bravo! Die sollen an unserm Namen ersticken!
Hier 'n Blumenkübel, da 'ne Bank auf dem Unterwall.»

24 Uhr
Den ganzen Tag plappern die Nachrichtensprecher. Obwohl
Gorbatschow doch schon in der Nacht zurückkam, hat man
erst jetzt erfahren, daß in der Maschine der verhaftete KGB-
Chef saß.
Auch wie und wo die anderen verhaftet wurden, ist nicht zu er-
fahren.
«Und so was interessiert einen doch!»

Aus dem Notizbuch:

17 Uhr.
Gorbatschow sichtlich mitgenommen. Jelzin nutzt die Stunde,
eigene Armee, Fahne.
Kamera zeigt einen Rollschuhläufer mit Fahne auf dem Roten
Platz.
Truppen ziehen ab aus dem Baltikum. «Das haben sie nun da-
von.» Uralte Sympathien werden wach. Vielleicht, weil wir sie

im Laufe der Geschichte drangsaliert haben nach Noten, die Balten, ist ein besonderes Mitgefühl für sie vorhanden. – Die blonden Esten. Ob die uns wenigstens mögen? Man sehnt sich so nach Sympathie.

Aktienmarkt. Deutscher Index legt 4 % zu, $ sinkt um 4 Pfennig.

Putschisti!

Nun wollen sie Gorbatschow abservieren. Randfigur soll er sein oder werden. Bednarz sagt, ihm seien Tränen gekommen, als Jelzin redete.

Bessmertnych im Hintergrund, unangenehmer Typ, nickt zu Gorbatschows Worten, auf Flughafen.

Großreinemachen habe bereits begonnen.

Die Nacht mag eine Nacht Gorbatschows gewesen sein, der Tag war ein Tag Jelzins.

Wenn man die Bio Jelzins kennt, zittert man davor, daß die jubelnden Massen enttäuscht werden.

Alle Parteileute werden abserviert, die die Putschisten unterstützt haben.

Jelzin habe den Massen die Streicheleinheiten verpaßt, auf die die Russen schon so lange warteten.

Schewardnadse kritisiert, daß Gorbatschow nicht gekommen ist zu dieser Massensache.

Zum Kummer der Kameraleute ist Jelzin überhaupt nicht zu sichten. Der ist wahrscheinlich besoffen.

Es gebe Abenteurer, die Gorbatschow schwarzmalen wollen.

Daß ein Mensch, der in einem Haus im Süden sitzt, die Fäden für einen Putsch in den Händen halten kann.

Hildegard krault die Hunde wie so ein Orgelspieler mit Händen und Füßen.

Gorbatschow habe die Leute geholt, die den Putsch gemacht haben. Das sei ihm vorzuwerfen.

Japan oder China, diese Ecke (Bednarz).

Gorbatschow, dunkler Anzug, mitgenommen. Bitteren Zug um den Mund. Die er an die Macht gebracht habe, die wären es gewesen, die geputscht haben. Schweigt lange.

18. Aug.: 10 vor 5 sei eine Gruppe von Menschen gekommen, Hörer abgenommen, isoliert, alles kaputt.

Erzählt Storys.

Die Leute seien ohne Zeremonie in seinen Wohnwagen hereingekommen.

Es ist, als ob er seine Biographie erzählt.

32 Bewacher, eigene?

Sie hätten kein Essen mehr bestellt.

72 Stunden.

Es sei absurd gewesen, aber die Leute, die zu ihm gekommen wären, denen hätten die Hände gezittert.

BBC hat er am besten gehört. Seine Leute hätten Möglichkeiten gehabt, aus den alten Radios, die er hat, was rauszuholen.

«Wir sind alle Menschen!»

Die russische Delegation hat gesagt: »Nicht einmal das können sie machen, und vieles andere natürlich auch nicht.»

20.26 Uhr.

Jetzt blockiert die Menge das Gebäude der Kommunistischen Partei und das KGB-Hauptquartier, dort, hat man beobachtet, werden bereits Akten herausgetragen. Angestellte verlassen hintere Ausgänge.

Ruge gibt der ganzen Sache Halt, sehr angenehm, man hört ihm gern zu.

Noch ein früheres Interview mit Gorbatschow. Für Abenteuer stehe er nicht zur Verfügung, hätte er zu den Eindringlingen gesagt.

Die Washington-Einlagen sind langweilig.

Der Außenminister Bessmertnych war die ganzen Tage nicht zu erreichen, Genscher hat versucht, ihn anzurufen.

1952: Pionierorganisation erhält den Namen «Ernst Thälmann»
Nationalfeiertag der Sozialistischen Republik Rumänien

Merkwürdig, daß die Niederreißung des KGB-Denkmals im TV nicht gezeigt wurde.
Ich halte Sobtschak, den Bürgermeister von Leningrad, für den aussichtsreichsten Politiker. Jelzin ist eine Niete.

Haribo macht Kinder froh!

«Hier Paeschke?»
«Ja, guten Tag, Herr Paeschke.»
«Sie wollten mich sprechen?»
«Ja, wir haben lange nichts voneinander gehört ...»
«Ich komme gerade aus dem Urlaub und finde Ihren Zettel ...»
«Es ist eigentlich etwas sonderbar, daß man seinen Verleger jahrelang nicht zu sehen kriegt.»
«Ich dachte, daß die Betreuung durch Ihren Lektor gut sei?»
«Ja, aber wir müssen uns doch mal darüber unterhalten, wie es nun weitergehen soll.»
«Bisher lief doch alles ganz gut, oder?»

Bin von Flohstichen bedeckt.

Rostropowitsch verlangt, das auf den Sockel des KGB-Denkmals ein Denkmal von Solschenizyn ...

18.55 Uhr
Die Wogen gehen hoch. Mit der KP geht's bergab.
Arbatow: Gorbatschow wußte von den Plänen der Putschisten.
Gorbatschow wurde und wird überschätzt.
Ein gemeinsames An-einem-Strang-Ziehen, ob das möglich sei (Jelzin und Gorbatschow).
Ob Gorbatschow nur noch eine Pappfigur sei? (Weirich).
KPdSU bekäme höchstens 10%.

Bessmertnych dankte ab.

In ZDF liefen die Leute plötzlich rückwärts, weil Film falsch eingelegt …

Noch sei der Tag nicht gekommen, an dem man sagen könne: Es geht auch ohne Gorbatschow.

Jelzin gehe ein Hauch von Großzügigkeit ab.

Versiegelung des Zentralkomitees.

Das Haus wurde nationalisiert. Drinnen seien bewaffnete Wachen.

Ein Passant zeigt ein Schreiben von 20 Zeilen, in dem sein Bruder nach 20 Jahren Haft «rehabilitiert» worden sei.

Jasow «bereut», er will sich nicht zeigen. – Zelle ganz komfortabel.

Abbrechen von Denkmälern ist immer etwas Wichtiges, genau wie das endgültige Aufziehen oder Einziehen von Fahnen.

Balten machen Front gegen die Kommunisten.

Lettischer Chef der KP wird verhaftet. Grüßt lachend in die Menge.

Dagegen der Chef des Stadtsowjets recht verkniffen. Wird gestoßen.

Rote Fahne in Riga wird eingeholt. Funktionäre ziehen schimpfend ab. Machen «obszöne Gesten».

5000 Verkehrstote im ersten Halbjahr.

Das ängstliche Gesicht des Stadtsowjets.

N3, 19.20 Uhr
Kommunistische Partei in Rußland verboten. Jelzin unterschreibt. Die Abgeordneten klatschen, etliche klatschen aber nicht.

Jelzin sei der glaubwürdigste Wendehals (Bahr).

ZDF, 19.40 Uhr
Esser auf einem kleinen Podest stehend, weil die anderen drei offenbar größer sind als er.

19.50 Uhr
Datschischew, Gorbatschows Berater: Die Demokraten haben Gorbatschow gerettet, nicht die Kommunisten.
Politische Mafia, die mehr als 70 Jahre Krieg gegen das eigene Volk geführt haben.
«Was sagen Sie dazu?»
«Das sind natürlich unangenehme Momente», sagt ein Kommunist und spricht von Idealen der Kommunisten.
Esser unterhält sich mit Fernsehapparat, wendet sich dem Gerät zu.

20 Uhr
ARD quatscht nur, zeigt wenig Bilder. Nicht die Verhaftung des KP-Chefs von Lettland, nicht das Umstürzen des Lenin-Denkmals.
ZDF war wesentlich anschaulicher.
Kopf der «Iswestija» geändert, seit 1917.
«Dieser Putsch hat wie unter dem Vergrößerungsglas gezeigt, wie die Menschen wirklich sind» (Redakteurin der «Iswestija»).

ARD, 20.15 Uhr
KPdSU sei bereits hirntot gewesen (Ruge).
Gorbatschow sei ein gebrochener Mann. SU werde ein lockerer Staatenbund. Starken Mann markiert habe Jelzin.

3Sat zeigte derweil in ganzer Länge einen widerlichen Hundekampf. Der besiegte Hund wurde zerfleischt. (Das war zu sehen!)

Ruge über Gorbatschow: «Ein Mann kämpft mit eingelernten Formeln.»
Pleitgen: 74 Jahre nach Gründung sei die KP am Ende. Und Honecker werde wohl ausgeliefert.

22 Uhr

Krjutschkow hofft, bald wieder in Freiheit zu sein, wenn er die Zeit um sechs Tage zurückdrehen könnte.

Alle kommunistischen Zeitungen sind verboten.

Die alte Fahne aus der Vorrevolutionszeit. Kosaken in ihren Uniformen.

Die ganze Partei sitzt auf der Anklagebank. 16 Mio. Mitglieder.

Die Putschisten hätten die Atomcodes für die Atombomben in Händen gehabt. Daran hat niemand gedacht.

Um 22.15 Uhr bekamen wir auch die Niederlegung des Lenin-Denkmals in Riga zu sehen.

In diesen Zeiten Chef eines Regierungssenders zu sein, ist keine leichte Sache.

TASS hat sich auch für unabhängig erklärt.

3Sat: Die Österreicher haben Bilder aus Archiven gezeigt, die bekamen wir nicht zu sehen.

«Die Putschisten haben die SU zerstört.»

Gorbatschow sei zu krank gewesen, um Präsident zu sein, aber er sei nicht zu krank gewesen, Generalsekretär der Kommunistischen Partei zu sein.

Genscher: «Wir erleben die nächste Stufe der Freiheitsrevolution. SU wird ein gänzlich anderer Staat sein.»

Ruge gibt den Tagen Fasson.

Er könne aber noch lange Präsident sein.

«Schön ist das nicht, wie Jelzin gegen Gorbatschow auftrumpft – schrecklich, aber vielleicht politisch notwendig» (Ruge).

Rote Fahnen werden eingeholt.

Was sie wohl mit dem roten Stern machen, der den Kreml krönt?

Spießrutenlaufen der Angestellten des ZK. Sie machen sich durch einen Hinterausgang «aus dem Staub».

Gott sei Dank hat Kohl Jelzin schon am Mittwoch zu einem Besuch eingeladen.

Mich wundert, daß die Russen niemanden «kaltmachen» in dieser Situation. Ähnlich wie 1989 in der DDR, da geschah das ja auch nicht.

«Gorbatschow begreift sehr langsam, und dann beginnt er unverzüglich zu zögern» (Jelzin).

Lettland und Litauen: Kommunistische Partei verboten.

Lenin-Denkmal in Wilna demontiert.

«Ältere Frauen müssen den Mut haben, eine Farbe zu tragen» (3 Sat, Modesendung).

«270 000 Sowjetsoldaten in Ostdeutschland ließen sich notfalls durch die Gewährung des Aufenthaltsrechtes bei uns entwaffnen.»

Dies allen Ernstes von Theo Sommer in der ZEIT. Da reicht das Wort «weltfremd» nicht mehr aus. Er bewegt sich außerhalb des Universums. Man stelle sich diese Horden vor!

Nartum   Sa 24. August 1991,
                                Sonne / Wind = köstlich

Boxersprache: Gorbatschow sei «angeschlagen». Er sei der Gregor Gysi der SU.

Es hört sich beinahe so an, als machten die Medien den Putschisten den Vorwurf, sie hätten den Putsch nicht richtig vorbereitet.

Labiles Gefüge, wir müßten lernen, mit einem l. G. am anderen Ende Europas zu leben.

2007: *Was ist «l. G.»? Nicht mehr nachzuvollziehen.*

Island, Schweden, Dänemark wollen die baltischen Staaten anerkennen.

Charité hat sich an Menschenversuchen beteiligt.

Trauerfeier in Moskau, für die vier Toten. Gorbatschow ernennt sie zu Helden der SU. – Ehrlich gesagt: Die vier leichten Panzer, die da durchbrechen wollten, das war doch wohl mehr so ein Leichtsinnsakt, keine ernste Sache. Und die jungen Leute haben sich nicht vor die Panzer geworfen, sie sind raufgeklettert und runtergefallen und dabei zwischen die Ketten geraten. Einen ernsthaften Vorstoß von Panzern hätte niemand aufhalten können.

Einer hat vorgeschlagen, die vier an der Kremlmauer zu beerdigen, da könnte man gut welche wegnehmen, die da nicht hingehörten.

Wann sie wohl das Lenin-Mausoleum abschaffen werden?

In der Nacht wurde ein weiteres Denkmal in Moskau umgerissen.

15 Uhr

Heute früh gut gearbeitet.

Eine Lehrerin zur Wiedervereinigung:

> Ich kam gar nicht so schnell mit, wie das gekommen ist. Und als jetzt die Sache mit Gorbatschow war, dachte ich: Siehste, dein altes Mißtrauen siegt doch. In Weißenfels, die «Straße des Friedens», die heißt jetzt wieder «Judenstraße». Ich dachte: Wart mal, wenn das Galinski hört ... Das darf doch eigentlich gar nicht sein, oder? – Im Grunde find' ich es gut. Aber diese Neiderei hin und her ... Manchmal kann ich's noch nicht ganz begreifen.

Zum Tode Pater Nell-Breunings brachte das Fernsehen ein kurzes Porträt. Seine Stube wurde gezeigt, auf dem Schrank ein einfacher Koffer, aus der Nachkriegszeit, ein einfaches Bett, alles sehr ärmlich. Staunens- und beneidenswert ist eine so aufs Geistige gerichtete Existenz.

Auch die «Prawda» ist verboten worden. Es ist schon grotesk, daß ausgerechnet diese Zeitung, in der kein wahres Wort stand, «Prawda» (Wahrheit) hieß.

Gestern nacht überschüttete sich Hildegard im Garten mit Regenwasser. Ich wußte das nicht und schloß die Außentüren ab.

Von der Ukraine hört man wenig, und von den Muslimen gar nichts.

19 Uhr
Parolen an der Kremlmauer.
Lenins Leichnam soll weggeschafft werden.
ZDF
Gorbatschow scheint aus der Partei austreten zu wollen.
Ein Geiger geigt an den Särgen der Opfer. Gladiolen.
Die Toten werden zu Helden der SU. Stört mich jetzt, der Ausdruck «SU». Die Witwe Sacharows deklamiert mit Schauspielerstimme.
«Eine Stadt trägt Trauer.»
Liste von Leuten, die am 19. ermordet werden sollten.
Pope, Kerzen.
«Gesang an den Gräbern, von denen sich die Trauernden nicht trennen wollen.»
«Prawda» tatsächlich verboten.
Swerdlow-Denkmal auch abgebrochen. Auch Kalinin, sitzend, gleichsam komfortabel, schwebt er am Drahtseil in die Höhe.
Baltische Republiken erklären die Kommunisten für ungesetzlich.
Menschen vor der KGB-Zentrale in Lettland.
Ukraine hat sich für unabhängig erklärt, blau-gelbe Fahnen.
Ein Mann mit Pelzmütze. Hin und her rennende Menschen. Im Parlament wütende Leute, die aufeinander einschreien.
«Das Sportgeschehen.»
Gorbatschow mit roter Armbinde, eine Million Menschen zur Trauerfeier.
Wie Kakerlaken im Glas benähmen sich die Putschisten, jeder beschuldige jeden.
Gorbatschow will sogar die KPdSU auflösen.
Perestroika sei zu Ende, jetzt komme die zweite Revolution.

Ruge: Gorbatschow kam zurück und wußte gar nicht, wo er war. Immer wieder wird gezeigt, wie er da aus seinem Wohnwagen klettert, seine kleine Tochter läuft vorneweg, macht Tanzschritte.

20 Uhr.
Gorbatschow will tatsächlich die KPdSU auflösen.
Ruge: Gorbatschow ist tief enttäuscht, daß die Partei nichts für ihn tat, als er...
Schnittpunkt, an dem die Fäden zusammenliefen.
Ukraine: 50 Mio. Einwohner wollen eigene Armee haben. Eine eigene Fahne haben sie schon. – Was machen sie jetzt mit Tschernobyl?
Um Jelzin herum Bleiwesten.
Super-Kanone im Irak gefunden. Also doch.
Dritte Strophe des Deutschlandsliedes sei nun auch Hymne des vereinigten Deutschland. Ulkig, daß der DDR-Text auch auf die Melodie von Haydn paßt.

22 Uhr.
Alles in Bewegung. Kamera schwenkt über die alten Bolschewisten.
Ob die SU nun aufhört zu existieren, fragt die Frau Christiansen Ruge.
Auflösen? Wo wollen sie denn damit hin?
Ohne Baltikum geht's, aber ohne Ukraine geht's nicht.
Alles wird sich verändern.
Die Union ist nicht mehr zu retten.
Die Popen singen wieder. Gorbatschow ist offenbar zurückgetreten als KP-Chef.

23 Uhr.
Gewandhaus – sächsisch.
Ein Kabarettist, wunderbar dresdnerisch. Eine herrliche Sprache.
«Unvernutzte Natur» haben die Rüganer.

Nartum   So 25. August 1991

1912: Erich Honecker geboren

o Uhr
Zentralkomitee der KPdSU soll sich auflösen, und Gorba-
tschow ist zurückgetreten als Generalsekretär.
In der Nacht zeigte mal wieder die ARD den Videofilm, der in
Gorbatschows Datscha aufgenommen wurde. Sehr merkwür-
dig: Den Anfang bildeten die Ballettübungen seiner Enkeltoch-
ter. Man hätte gern mehr gesehen!
Aufgeregte Diskussionen, «Talk im Turm»: Gabowski, Markow,
Frau Ruge (blöd), Scholz (Verteidigungsminister), Teltschik.
Böhme unterbrach dauernd.

Gestern war eine Talk-Show mit Karasek über Dialekte. Sehr
hübsch ein Mann, der Dresdner Dialekt nachmachen konnte,
und Leipziger Taxifahrer. Er selbst, auch Sachse, sagte, er spreche morgens nach dem Aufwachen besonders schlimm sächsisch, das lege sich dann.
Seine perfekten Dialektkünste waren in der Runde wenig ge-
achtet, und man wollte doch über Dialekte sprechen? Der farbige Professor, der sich nur mit «Platt» beschäftigt, der wird
nun schon seit Jahren überall rumgereicht.
Eine bayerische Frau meinte, die Norddeutschen sprächen so
schnell, da habe der Bayer immer einen MinKo*.

Der norddeutsche ZDF-Sprecher, Dieckhoff oder wie er heißt,
mit der schweren Zunge, verabschiedete sich nach 18 Jahren,
wie er sagte. Er macht Schluß. Na und? Diese Leute kriegen
von alten Frauen Krawatten geschenkt. Ihnen wird an der
Haustür aufgelauert. Unergründliche menschliche Natur. Aber
ich habe auch manche Sprecherin, die ich mir gerne angucke.
Zuhören tut man dann nicht.

---

* Minderwertigkeitskomplex

13.30 Uhr
Das ist nun wohl der Höhepunkt der Wendejahre: Rußland.
Weiter geht's nicht. Was steht noch an?

«Weltspiegel».
Die Panzer, die zu Jelzin übergegangen waren, hatten gar keine
Munition.

Nartum   Mo 26. August 1991

1978: Beginn des gemeinsamen Weltraumfluges
UdSSR/DDR mit den Kosmonauten Sigmund Jähn
und Waleri Bykowski

Rostropowitsch, der zufällig in Moskau war, hat sich eine
Maschinenpistole geben lassen. Ob er wirklich auf die Putschisten geschossen hätte?

Mitternacht
Nur noch wenige Republiken wollen in der SU bleiben. Rette
sich, wer kann.
Gerüchtebörse
Aufgeregte Männer schreien aufeinander ein. Ein «schwarzer
Oberst» wurde gezeigt, Superkommunist.

Schweden hat 1940 die Annexion der baltischen Staaten durch
die SU als zweites Land akzeptiert. Deshalb hassen sie die
Deutschen.
Man möchte wie ein kleines Kind «Ätsch!» rufen.

«Der Papst tritt aus der Kirche aus und erklärt den Vatikan für
abgeschafft», nicht mehr und nicht weniger sei jetzt in der SU
geschehen, sagt Werner Adam in der FAZ.
«Frankfurter Neue Presse» meint, es sei das Dilemma Gor-

batschows gewesen, Papst und Luther gleichzeitig sein zu wollen.

Ein Bauer mit Mistkarre, Tonbandkopfhörer um. Ob er sich «Das musikalische Opfer» anhört?

Porzellan, Beisetzteller oder Tassen gehen am ehesten kaputt.

> Nicht eine Handvoll,
> ist doch das ganze Land voll.

Nartum   Di 27. August 1991

1946: Gründung des Internationalen Studentenbundes (ISB)

In Jugoslawien ist ein regelrechter Krieg ausgebrochen. Alle gegen alle. Unsere Friedensbewegung schweigt.

«Der Zug in Richtung Selbständigkeit gerät immer stärker in Bewegung» (Kunze in N4).

Wir haben eben wieder einen großen Haufen Ms. nach Hannover geschafft. Das hätte vorher alles noch katalogisiert werden müssen.

19.45 Uhr
Im ZDF großer Film über den russischen Aufstand, ein Resümee.
Wie sich der Manegeplatz allmählich füllt.
«Die Panzerfahrer haben junge, sympathische Gesichter. Aber was werden sie tun, wenn sie auf ihr eigenes Volk schießen sollen?»
Ein Kommentator wird gezeigt, der für die Putschisten spricht.
«Ach, der Mann wurde vor vier Tagen gefeuert ...»

Über die «linke Melancholie» wird jetzt geredet. – Sollen sie sich ruhig in die Ecke drücken und schluchzen.

Sie reden immer nur von drei Toten. Der Soldat, der ums Leben kam?
«Das war ‹Report›.»
«Moskau – Tage, die die Welt veränderten.»
Rolf Plücke.
Katrin Krabbe: An die neue Hymne muß sie sich erst gewöhnen. Mit ihrem neuen Mercedes wird's wohl gehen. Aber Neubrandenburg? Das wird schwer halten.

«Zapper»! heißen die Leute, die dauernd das Programm wechseln.

Meiner Wege gehen soll ich, wird mir gesagt. Das geht heute gar nicht mehr.

Rote Erblast.
Unvorstellbare Zustände in der Psychiatrie der DDR.
Röntgenkastrationen.
Hirnoperationen.
Radiologe Seifert.

Hussein hat behauptet, im letzten Jahr wären im Irak 14 000 Kinder an Unterernährung gestorben, und nächstes Jahr würden es doppelt so viele werden.

Nun geht's auch im Süden der SU los. Aserbeidschan. Die holen ihre nasalen Flöten wieder raus. Ihre eigene Sprache, die ihnen zu Sowjetzeiten verboten war, können sie noch sprechen. – So ist es auch mit der Kirche. Sogar die paar Babuschkas in ihren Herrgottswinkeln haben die russisch-orthodoxe Kirche über die Runden gebracht. Die ersten Popen sind wieder zu sehen, in seidenen Gewändern. Und die Klöster werden geweißt. Die herrlichen Kuppelbauten der moslemischen Mo-

scheen haben die Russen stehenlassen. Es bleibt überall und immer was übrig.
Bei uns reißen sie leider alles ab.

Ceauçescu = Gigant der Karpaten. – Wie wir zensiert werden in unseren Medien.

Nartum   Mi 28. August 1991

Medienblase SU verflüchtigt sich, dafür kommen jetzt die «Baltenstaaten», wie die Sprecherin sagt, voll auf Touren. Auch die Bundesregierung hat anerkannt.
Thema Serben-Kroaten ist wieder im Kommen.
Heute wurden ziemlich entsetzliche Fotos von verstümmelten Leichen gezeigt.
Ruge meinte: Dies sei noch «ein Kinderspiel, gemessen an dem, was sich in der SU ereignen wird, wenn dort Grenzen verschoben werden, wie Jelzin in russischer Raffgier angedroht hat».

Hildegard bezeichnete ihr Zimmer oben als ein Luftzelt. Das Haus sei eine große Umarmung. Das meinte auch ein sehr hell gekleidetes greises Ehepaar aus Passau, das uns kurz heimsuchte. Sie gaben mir zwei WV-Statements:

Mich hat das Ganze sehr gerührt, und ich finde nicht gut, wie die Westmenschen jetzt über das Land herfallen.

Ich war tief beeindruckt, weil wir die Öffnung so hautnah erlebt haben. Wir wollten eigentlich nur'n bißchen gucken, und da hieß es: Die Grenze wird geöffnet, und die kamen mit'm Fahrrad und'n paar Blumen. Da kamen die Tränen. Und heute noch, jedesmal, wenn ich rüberfahre – das ist doch was Besonderes. Es war eine starke Situation.

357

Mir kam die Idee, einen Campingbus zu mieten und durch die neuen Länder zu fahren und diese im Urzustand zu besichtigen.

Hildegard hatte Magenvergiftung, mußte sich übergeben. Wir suchten vergeblich einen Campingwagen-Verleih in Achim, dabei passierte es.

Nartum   Do 29. August 1991, Sonne!

Gestern sah ich Hieronymus-Bosch-Bilder durch nach einem Motiv für das sogenannte Cover von M/B. Fand eine blaue Schüssel mit Hand, Dolch und Würfel.

2007: *Wurde vom Verlag abgelehnt.*

Von der Steuer kriegten wir einen Bescheid über eine «nachträgliche Vorauszahlung».

1. Kulaken
2. Partei
3. Armee
4. Krim-Tataren
5. Wolga-Deutsche
6. eigene Soldaten (Kriegsgefangene)

«Westliche Expertenschätzungen gehen bis zu 35 Mio. Opfer.»
Solschenizyn glaubt, 60 Mio.
Das Wort von der «schweigenden Mehrheit».

Wieso er denn den Mangel an Magnesium, unter dem ich offensichtlich leide, nicht vorher selbst bemerkt hat? fragte Hildegard den Arzt. – Nein, das könne man nicht. Schon der Einstich der Metallspritze hinterlasse Metallspuren.

Lesung in Bargteheide.

Sehr schlechter Tag, hatte wieder Zuckerschock, der den ganzen Tag anhielt, wohl, weil ich heute früh drei Scheiben mit Erdbeermarmelade gegessen habe. Dazu den ganzen Tag Hunger, obwohl ich dauernd was aß. – Hildegard meint, ich hätte eben Appetit.

Gegen alle Mißlichkeiten machte ich in M/B weiter. Ich will das nun lossein.

Hildegard bemüht sich um ein Wohnmobil, vielleicht können wir nächste Woche damit nach drüben fahren.

Handwerker setzten den neuen Zaun.

In der FAZ wird eine Tagung über Erlebnispädagogik angeboten. Was gut ist (war), kommt wieder.

«Ganz Moskau spannt die Muskeln an», so ähnlich formuliert der «Spiegel».

Im Radio sei man wohl ein bißchen zu erbötig gewesen, den Putschisten gegenüber.

Ich frage einen Mann auf der Straße (in Bargteheide): «Mein Herr, kann man hier irgendwo gut essen?» – «Ja, da hinten rechts, ein Türke. Ich komm' da auch gleich hin.»

In der SU geht's hoch her. Da ist ab heute, wenn ich das richtig kapiert habe, die Tätigkeit der KPdSU untersagt. Die Enthüllungen, die in den Archiven der SU schlummern, werden uns – wenn man sie vor der Vernichtung rettet – noch jahrelang beschäftigen. – In der DDR geht's auch wacker zur Sache. Nun haben sie die Charité beim Wickel, der offenbar noch lebende Schwerverletzte zur Organentnahme herbeigekarrt wurden. Der Chef-Mensch hat angeblich keine Ahnung, gibt aber so ziemlich alles zu. Die Zeit der Schuldlosen ist ein zweites Mal angebrochen.

Israel verlangt plötzlich nochmals 10 Mia. Mark Entschädigung, weil die DDR ja nichts gezahlt habe. Verständlich, aber sehr sympathisch ist das nicht.

Nach der Lesung fischte ich Wiedervereinigungsplankton.

Ein Chemiker:

Ja, wir können ja nicht jahrelang mit Brandenburger Tor am Revers herumlaufen oder im Herzen und denn nicht dafür sein. Wir sind alle Deutsche, und wir werden zusammenfinden.

Und eine Mathematikstudentin:

Egal ist es mir nicht. Natürlich ist es richtig, es gibt ein Aber. Ich habe keine Beziehung nach drüben, weil ich aus Moers stamme. Keine Verwandten. Was ich schlimm finde: daß unheimlich viele Menschen, die jahrzehntelang andere bespitzelt haben, das nach wie vor tun. Die Menschen sind mir unheimlich. Ich denke, daß die völlig anders sind durch diese Geschichte. Es dauert wahrscheinlich viel länger, als andere wahrhaben wollten.

Eine Lehrerin:

Mir ist es unheimlich, weil ich Angst habe vor den Menschen, die ständig andere bespitzelt haben und die bespitzelt wurden, dadurch ist eine Haltung entstanden, durch die diese Menschen völlig unsicher sind. Am Rechtsradikalismus merkt man es. Und mir sind die Skinheads schon hier im Westen unheimlich. Und wenn nun noch das Gefühl dazukommt, daß man jahrelang beschissen wurde und daß diese Leute nun wieder das Gefühl haben, daß sie beschissen werden? – Eine unangenehme Mischung von Dummheit und Borniertheit – solche Leute gibt's da oft.
Unser bescheidenes Mittelstandsauto wurde eingetreten, in Schwerin. Die Sinnlosigkeit der Aktion hat mich so geärgert. Wenn jemand einen 500er Mercedes mit dem Fuß tritt ... Aber mein kleines Auto? Vielleicht hat ihnen die Farbe nicht gefallen. – Ich habe die DDR sehr schnell als Ausland gesehen. Da ich nie Bindungen nach drüben gehabt habe, hab' ich die nicht als Brüder und Schwestern gesehen. Wir Studenten von '68 waren oft geneigt, Anklagen

gegen das DDR-Regime für übertrieben zu halten und daß das da drüben eigentlich das Bessere ist.

Ein anderer:

Wir haben ein Erbe übernommen, ich weiß gar nicht, wie wir damit klarkommen sollen.

Im «Rheinischen Merkur» steht, daß Sacharow 1983 in einem offenen Brief an den amerikanischen Physiker Sidney Drell den Westen mahnte, «daß er nur über eine Nachrüstung zu einer echten Abrüstung gelangen kann.» Wie wahr! Und durch den Gang der Ereignisse bestätigt.

«Sie hat einen Strichmund, der allmählich voller wird, je mehr sie sich in den Couchpolstern entspannt» (Roland Muschke im «Rheinischen Merkur» über Gabriele Henkel).

Eduard Neumaier hat im «Rheinischen Merkur» eine unglaubliche Kitschblase losgelassen: «Blut von der Barrikade.»
«Hier in der Heimat ordnet sich alles zum Flehen zusammen...»
Donnerwetter. Das Riesenrestaurant Arbat befände sich einen Speerwurf vom sinnentleerten Gebäude des ehemaligen «Rates für gegenseitige Wirtschaftshilfe» entfernt. Er hat «die Achterbahn des Flüchtens» erfunden.
Sicher befinden sich in dem Artikel noch mehr Stilblüten, leider kann ich, angeekelt, nicht weiterlesen.

Die evangelische Kirche hat eine neue Gottesdienstordnung herausgebracht. Die Gemeinde soll jeden Gottesdienst frei gestalten! – Gott sei Dank gehöre ich diesem sauren Verein nicht mehr an. Es ist nicht mehr dieselbe Kirche, in der ich als Kind getauft wurde.
Bautzen, da hat man sein Fleisch und Blut gegeben und wurde hinterher ausgeätzt dafür. «Da sieh du zu...»

Sie möchten so gern, daß Moskau Prag und Budapest übertrifft. Wer nennt die Namen der Toten, die es am 17. Juni gegeben hat? Das KGB hat jetzt einen «rechtlich denkenden» Chef bekommen. Der hat versprochen, daß die Archive des KGB unangetastet der Wissenschaft zugänglich gemacht werden. Aber er verspricht, daß die Listen der Agenten natürlich niemand zu sehen kriegt! Warum eigentlich nicht?

FAZ: «Bis zum Sturz der kommunistischen Regime in Mittel- und Osteuropa galt es in den besseren linken und liberalen Kreisen des Westens, vor allem Westdeutschlands, als unfein, antikommunistisch zu sein ...»

Ja, und das ist mir bis heute rätselhaft, anstößig, ekelhaft. Hurenhaft.

2007: *Und es ist noch heute so.*

Diese Leute heute dingfest zu machen nützt nichts, weil sie sagen würden: Tut uns leid, wir haben uns eben geirrt.
Wenn ich es bloß verstehen könnte, warum dies so war oder sein mußte.

2007: *Die Effizienz des MfS. Das viele Geld, das rüberkam, die Lockspeise.*
Michael Ploetz: «Wie die Sowjetunion den Kalten Krieg verlor.»

In Bargteheide kam ein Mann nach der Lesung zu mir, den meine Schilderung von Rosenau in M/B an sein Heimatdorf erinnerte.

Sport: Heike Henkel springt über die Latte. Das Gesicht war zu beobachten: vom schönen Mädchen ins Willenstarke, schließlich fast Tierische, und dann wieder Mädchen.
So geht's.
Wer vorher schon wie ein Tier aussieht, hat schlechte Karten.

Heute war die wohl 80jährige Wencke Myhre zu sehen. Gott! Wer will die noch sehen? Damals hat sie uns schon Jahre versaut, und nun fängt sie noch einmal von vorne an?

Alles geht weiter wie bisher: Der KGB in der SU macht weiter. Den Abriß des Denkmals von dem KGB-Gründer haben sie vom Lubljanka-Gebäude gefilmt, um die Täter «später» identifizieren zu können.

Der Abzug der Omon-Einheiten in Lettland: «Wir kommen wieder!» Zigtausende von Letten wurden in den Gulag transportiert. Wo sind sie? Kamen sie alle wieder?

Zahl der Maueropfer viel höher als bisher angenommen.

Altenheim in Brandenburg. Sozialismus in Reinkultur.

Zur Wiedervereinigung ein Prokurist:

> Das ist eine völlig unerwartete Wendung in der Geschichte – das ist das erste. – Und das zweite ist, daß doch wohl dieser Prozeß ... Zuerst hat man gesagt: Das ist eine überstürzte Angelegenheit. Doch jetzt muß man sagen, daß die Eile angebracht war. Daß das nun dem Bundeskanzler Kohl in den Schoß gefallen ist, ist eine andere Sache. Und daß man das dem Volk gegenüber als eine leichte Übung dargestellt hat – das war verkehrt. Man hätte ruhig sagen können, was auf uns zukommt. Da hat man das Volk falsch eingeschätzt.

Und eine Gärtnerin:

> Ich bin eigentlich dafür.

Klaus Kinkel möchte gern auf einer ruhigen Nordseeinsel leben. Mit Lyrik kann er nichts anfangen (FAZ-Fragebogen).

September 1991

Weltfriedenstag

Mitternacht
Heute, am Sonntag, hatten wir wunderbares Wetter. Ich hatte
Ekel vor der Arbeit, habe auch Schwierigkeiten mit der Nahrungsumstellung (kein Körnchen Zucker mehr).

Am Nachmittag brachte ich den Schluß von M/B auf Hochglanz. (Es wird wieder nicht «genügen».) Gegen 23 Uhr war ich
fertig. Morgen geht das Ms. an den Verlag ab.

2007: *Das Schicksal von Büchern. Niemand kennt M/B.
Jetzt, nach «Alles umsonst», erwacht Interesse daran, aber es
ist nicht mehr lieferbar.*
*Die unangenehmste Kritik kam von den Vertriebenenverbänden: Hier wilderte einer im fremden Revier! Es stimme vorn
und hinten nicht, schrieben sie. Aber was nicht stimmte,
schrieben sie nicht. Es ist überhaupt auffällig, daß alle meine Bücher von diesen Leuten nicht beachtet werden oder abgetan («Echolot»!). Auch die Steinbach. Wenn ich wirklich ein
Revanchist wäre, dann hätte sie mich doch vor ihren Wagen
spannen können. Aber da kam nichts. Die «Fuga furiosa» –
damit war doch das sogenannte «Flüchtlingstabu» längst gebrochen.*

Mo 2. September 1991,
herrliche Sonne

Nationalfeiertag der Demokratischen Republik Vietnam

Wir haben meinen «Urlaub» noch um ein paar Tage verschoben. Simone und ich legen letzte Hand an das Ms. – Morgen
Paeschke.

1. Ms. übergeben
2. Allgemein reden. «Sirius», daß er so lange nicht vorrätig war
3. «Echolot» alles ok, Ablieferung 1. Mai. Rechte
4. Das nächste Buch, der nächste Vorschuß! «Alkor» 1993
   Herbst

Vorschüsse bis einschließlich 1993 gesichert

5. Dann wieder ein «erzählerisches Buch», wie sie das nennen,
   etwa «Dorf» oder «Trompeten», ca. 1994

Bisher immer Dreijahresrhythmus.

6. «Echolot II» 1995 = über das Kriegsende, 50 Jahre danach.

Soll man es sympathisch nennen, daß Gorbatschow bei seiner
Rückkehr, vor dem Flugzeug stehend, so verdattert war? Nein,
als Politiker, der überzeugt ist von der guten Sache, die er ver-
tritt, hätte er diese Chance nutzen müssen. Große Rede an das
Volk oder so was. Aber was wissen wir schon.

Das Lenin-Museum in Moskau wird geräumt. Wann sie wohl
das Mausoleum sprengen? Der Leichnam wird einmal pro Woche «behandelt». Der Tempel ist ganz interessant, als Denkmal
nicht wegzudenken vom Roten Platz. Möchte mal einen län-
geren Film über die Geschichte des Roten Platzes drehen. Die
obszönen kriegerischen Aufmärsche, die Sportler in ihren Posen,
vor Strammheit sich fast in die Hosen scheißend, die Großen,
wie sie von der Kremlmauer dem Volk zuwinkten. Man sieht

nur Köpfe mit Hut oder Mütze. Mancher trägt auch eine Kosakensache aus grauem Persianer. Die Hand heben sie nur eben. Jede Anstrengung vermeiden. Das Mädchen, das man Stalin zum Kuß hinaufreichte, kam später im Gulag um, oder ihre Mutter. (So wie auf dem bekannten Führerbild, 1936, das sich träumerisch an ihn lehnende Mädchen. Stellte sich heraus, daß sie Jüdin war?) – Und ausgerechnet auf diesem Platz ist der Rust mit seiner Sportmaschine gelandet. Das müßte den Schluß des Films ausmachen. Der gab den Anstoß zum Zusammenbruch des Kolosses. Man hat ihn dafür als dummen Jungen beschimpft.

M/B: Heute früh verpaßte ich dem «Marienburg»-Kapitel den letzten Schliff. Habe die Bremer Sozis bedacht. Sie werden es nicht merken, weil sie meine Bücher nicht lesen.

TV: Die vier jungen Leute wurden vorgeführt, die den jungen Gueffroy an der Mauer erschossen haben. Die jungen Gesichter, die Fotografen, das Foto des Opfers – tragisch. Dazu Honecker in Moskau. Schrecklich und nicht zu lösen.
Honecker geht auf und ab mit seiner Frau. Verlegen, ratlos. Sie war doch schön, die Zeit, die man nach mir gemessen... Vielleicht hat er ja das Beste gewollt, jedenfalls zeitweilig. Man sagt, daß die Plattenbauerei ein Fehler war. Schulden hat er gemacht, die wir jetzt bezahlen müssen. Die letzten Aufnahmen vom 40. Jahrestag, mit Gorbatschow und den Getreuen im Festsaal, und an dem Palast schoben sich die wütenden Protestierer vorbei. Im Dämmerlicht prügelnde Polizisten, quietschende Frauen, und drinnen wird mit Sekt angestoßen, da wird sich abgeküßt. –
Wie Reagan damals in Bonn dem Lärm der 100 000 irregeleiteten Friedensdemonstranten lauschte. «Horch, was kommt von draußen rein ...» Einen Cowboy nannten sie ihn, war aber ganz richtig, der Junge.

Nartum   Mi 4. September 1991,
                                            Sonne, trocken

Tag der Solidarität des CIMEA
mit dem Volk und den Kindern Chiles

Im «Spiegel» steht, daß von SU 1990 14,5 Mia. Dollar an Kuba
gegangen sind – «so viel wie sich Gorbatschow im März von
Kohl erflehte», KPdSU habe kurz vor dem Putsch 3 Mia. an
Saddam Hussein überwiesen. Wieso der bei seinem Ölreichtum
überhaupt Kredite brauchte, ist mir unverständlich. – Auch einen Film drehen über den Prunk und die Verschwendung der
Großen.

Gestern traf ich mich mit Paeschke in Hamburg. Er war erstaunt, daß «Echolot» zwei- oder gar dreibändig (plus Register). Das lasse sich nicht verkaufen. Ich wies auf die Aus-
gangslage hin, daß ich das von Anfang an gesagt hätte und daß
darauf die Verträge fußen. – Vielleicht sollte man 1000 Exemplare für Bibliotheken und Enthusiasten machen, dann Studien-
ausgabe.
Von Tagebuchpublikationen riet er ab, ob ich mich denn nicht
als Romancier verstünde? Es müsse wieder ein Roman kommen. Tagebücher gingen nicht.
Wir einigten uns schnell auf «Am Ende der Welt» als Titel
für den Dorfroman, was mir selbst auch plausibel vorkommt.
Zu den gleichen Konditionen wie «Hundstage», per Hand-
schlag. Das heißt, daß meine Lebensfinanzierung also bis 1996
gesichert ist. Der «Dorf»-Roman sollte zu meinem 65. Geburtstag erscheinen.

Beschwingt in die Kunsthalle, wo wir einem Vortrag über Farben zuhörten, in welche Richtung mittelalterliche Farben ver-
schießen. Danach im Auktionshaus Bilder angesehen. In der
Kunsthalle hängt das Bildnis der Gertrud Moller, einer «Ahn-
frau» von mir, aus dem Jahr 1618.

Dann zu Raddatz, zuerst ganz unwohl, saß mit Hildegard auf dem Balkon mit Lettau und Rühmkorf zunächst, dann mit Platscheck, über den wir alle sehr lachten. Er bezeichnete sich als Stasi-Major, der u.a. auch über mich Berichte abgeliefert hätte. Er versuchte dann, mein Poesiealbum in Brand zu setzen. – Lettau sagte, er habe in Berlin 50000 Freunde. Seiner Pirouetten-Freundin (1976 in La Jolla!) war nachzutragen,

Albumeintrag Reinhard Lettau: «Preußische Offiziere»

daß sie damals einen roten Stern getragen hat und mich wegen Bautzen attackierte.
Lettau damals: «Laß doch ...»

Kaiser mit seinen Grübchen war da; Grass, der nichts übelnahm, weil nichts gelesen. Offenbar hat er auch niemanden, der ihm Bericht erstattet. Wir hielten uns in verschiedenen Zimmern auf.
Mit Monk kurz gesprochen.
Ein angeblicher Enkel von Einstein war anwesend, in einem

Albumeintrag Hans Platschek

engen weißen Nachthemd in Begleitung eines Jünglings, dessen
Vater angeblich mit mir im Knast gesessen.
Eva Rühmkorf sprach mit Hildegard. Sie nehme es ihrem Mann
nicht übel, wenn der mal den Waschlappen im Becken liegen
lasse, das war die Quintessenz ihres Gesprächs mit Hildegard.
Früher war sie mal sehr nett zu mir. Lüngi: «Meine Frau liest
alle deine Bücher …»
Bittel sagt, Paeschke habe M/B als «süffigen Text» bezeichnet.

«Spiegel» über das Buch des ehemaligen ungarischen Außen-
ministers Horn:

> Rückblickend geradezu sensationell lesen sich wie beiläufig er-
> zählte Details über die sowjetische SS-20-Rakete, die zur in
> Deutschland umstrittenen Nato-Nachrüstung und schließlich zu
> jenem Rüstungswettlauf führte, der dem Sowjetimperium das
> Rückgrat brach.

«Die SU existiert nicht mehr.» Das sagen die Leute im Radio.
«Die KPdSU ist verschwunden.»
Ein sonderbares Ende des Kolosses. Eine solche Eintragung reicht eigentlich für ein ganzes Jahr, für das Jahrhundert!
Und wie der Dolmetscher 1948 sich brüstend vor mir, dem hungrigen, frierenden Häftling, der da auf dem Schemel vor ihm saß, auf und ab ging. Ich allein hätte mich gegen 200 Millionen Menschen aufgelehnt! Ob ich mir das mal überlegt hätte?
Was ein einzelner Mensch anrichten/bewegen kann, davon hatte dieser Typ keine Ahnung.

Wir ließen uns hier in der Nähe verschiedene Campingbusse zeigen. Die nächste Tour in den Osten werden wir mit so einem Vehikel machen. Vielleicht bekommen wir vom VW-Werk einen kostenlos zur Verfügung gestellt, samt Tellern und Tassen. Ein Herr war hier und hat es in Aussicht gestellt.

1960: Wilhelm Pieck gestorben

Bin immer noch ganz erschöpft von M/B, habe zu nichts Lust. Wie ausgewrungen.
Paeschke fragte mich, als was ich mich denn nun eigentlich sähe, als Romancier oder als Historiker. Er wollte mich damit wieder auf den rechten Weg zurückführen.

Ein FAZ-Leser hat vorgeschlagen, das Volkskammergebäude abzureißen und dort nicht das Schloß wiederaufzubauen, sondern die barocke Fassade des Schlüterbaues mit Bäumen und Büschen nachzugestalten!

Dresdner Frauenkirche soll wiederaufgebaut werden. Finde ich gut. Alles wieder aufbauen! Nun grade.

Wir fuhren nach Hamburg und ersteigerten drei Rostocker Ansichten. Hübner, Rogge und Tschirch. Hübner sehr (zu) stimmungsvoll, leider stark craqueliert, Tschirch kindlich, Rogge erstklassig. Beim Scheckbezahlen mußte ich Ausweis zeigen. «Sie sind neu?»

2007: *Sie hängen jetzt im Stiftungssaal und in Rostock. Das letzte Rostock-Bild kaufte ich im vorigen Jahr. Alles Jahrhundertwende, weshalb unsere Gäste die Nase rümpfen, ja, wir wissen es, Kempowski hat keinen Geschmack.*

Nartum   So 8. September 1991, schöne Wolken

Internationaler Tag der Alphabetisierung
Internationaler Gedenktag für die Opfer des
faschistischen Terrors und Kampftag gegen
Faschismus und Krieg

M/B: Heute früh gab ich die Hälfte der Korrekturen durch, morgen früh geht der Rest ab. Dann gilt es, auf die Fahnen zu warten. Rien ne va plus? Das Schiff löst sich vom Kai.

«Hörzu» hat Irrtum eingesehen, sie überweisen also tatsächlich die fünf Monatsgelder. Unglaublich! Das sind über 10 000 Mark. Wenn wir (Hildegard!) nicht nachgehakt hätten. Aber sie wollen nichts mehr von mir bringen. Ich bin stinkend geworden vor ihnen. Eine Springer-Zeitung, die einen liberalen Autor ausgrenzt. Die «Welt» bringt nie was von mir.

Kaum M/B abgeliefert, da geht die Gedankenproduktion wieder los, der Dorfroman kündigt sich an.

371

Travemünde   Mo 9. September 1991

Nationalfeiertag der Volksrepublik Bulgarien
Nationalfeiertag der Koreanischen
Demokratischen Volksrepublik

Lesung in Travemünde.
Ich raste in meinem schönen Auto hin, durch Nacht und Wind.
Im Schabbelhaus aß ich eine Kräutersuppe. Brot war hart,
Butter schmeckte nach Schmalz, Bier verlor die Blume, Suppe
war Milchsuppe mit trocknen Petersilien drauf und in Würfel
geschnittenem Weißbrot drin («Croutons»). Das Bier verliert
deshalb die Blume, weil die Gläser mit Spülmittel gereinigt werden. Da hat sich das Reinheitsgebot in sein Gegenteil verkehrt.
Steht man vor dem Haus, dann sagt man sich: So ein herrliches
altes Giebelhaus, da gibt es sicher etwas Gutes zu essen ...
Wenn man etwas bekommen hätte, was dem Alter des Hauses
entsprochen hätte – aber die neue Zeit war schon eingezogen
und wieder vergangen. Bald kommt der Italiener.
«Ein Schnaps ist immer gut, der räumt auf.»

Ein bayer. Journalist, Jahrgang 1953, zur Wiedervereinigung:

> Ich freue mich drüber, weniger persönlich, wegen der Leute drü-
> ben. Ich bin zeitlich zu weit weg, als daß ich persönliche Glücks-
> gefühle empfinden kann.

Nartum   Di 10. September 1991, schön

Gestern nach Travemünde gerast und mit Journalisten gesprochen. Ich erklärte ihnen anhand meiner fabelhaften Formel von
1983, wie man es anfangen muß, einen guten Text zu schreiben.
Die jungen Leute staunten Bauklötze, gaben aber bald das Mitschreiben auf und kauten sich an ihrem Kugelschreiber satt.

2007: *Der Leiter des Kursus referierte später die Formel in seinem Journalistenblatt. Ich wußte gar nicht, wovon die Rede war, so entstellt.*

Noch Statements zur Wiedervereinigung gesammelt:

Erst ging es mir zu schnell, aber im nachhinein ist man immer schlauer. Es war wie in der Raumfahrt, ein Fenster war offen, nur kurze Zeit. Das haben wir nicht erkannt. – Menschlich hat es mir viel interessante Kontakte gebracht. Dollste Begegnung: Ein Professor des Marxismus-Leninismus, der mir hier im Westen Investment-Anteile verkaufen wollte. – Die Ossis sind ein bißchen anders. Im Schnitt sind sie etwas schlichter konstruiert, bis auf die ganz Cleveren, und die überholen noch die Wessis. Das sind 10–15 %. (Journalistin)

Zwiegespalten. Weil ich aus Leipzig komme, vor 18 Jahren, seitdem hab' ich nicht wieder hingedurft. Jetzt bin ich auch noch nicht dort gewesen, weil man nicht gern an schlechte Dinge erinnert wird. – Wiedervereinigung? Nicht in dieser Form. Langsame Annäherung, weil ich meine, daß man das, was 40 Jahre getrennt war, nicht mit einem Klatsch wieder zusammenfügen kann. (Journalistin)

Euphorisch! Alles, was mehr Freiheit bringt und Demokratie, kann nur positiv gewertet werden. Die Wiedervereinigung hat die Kriegsgefahr gemindert in Europa und gibt den Deutschen die Chance, in diesem Jahrhundert in die Weltgeschichte einzutreten. (Journalist)

Bittel rief an, M/B wird 220 Seiten haben. Er lobte mich netterweise für die «Blick»-Stelle. Er habe zunächst seine Schwierigkeiten damit gehabt. Wie Joe auf der Nehrung sitzt und sich vorstellt, daß hier sein Vater gesessen hat, damals.

Die Israelis haben 10 Mia. gefordert. Leserbrief: Wir sollten ihnen 20 Mia. geben.

2007: *Hildegard riet, das Buch «Eine Episode» zu nennen, was zwar sachlich richtig, uns dann aber leider Tausende von Lesern kostete, Leser wollen Romane, keine Kurzgeschichten, keine Episoden. – Bis heute hat sich das Buch nicht durchgesetzt. Niemand kennt es.*

Nartum   Do 12. September 1991

Gestern früh um $^1/_2$2 Uhr starb Mutter Janssen. Hildegard und der Neffe waren bei ihr. Gestern und heute sind sie mit den notwendigen Formalitäten und Ordnungsdingen beschäftigt. Seinen letzten Atemzug tun.
Hildegard war jeden Tag Stunden da, hat ihr vorgesungen, sie gefüttert usw. Schließen wir das unerfreuliche Kapitel. Unwillkürlich denke ich: Diese Seele ist nun bei Gott. Also braucht sie mich nicht mehr.

Beim Raddatz-Empfang im German-English-Club war es kümmerlich. Ich war der einzige Autor! Theo Sommer hielt taktlose Rede und Raddatz dieselbe wie am 7. 9. Er trug orangeroten Schlips. Etwas mit Greiner, Hage, J. Kersten gesprochen.

Noch zur Wiedervereinigung:

> Ich hab' das im Kopp noch nicht bewältigt, ich hab's noch nicht kapiert. Banale Dinge: daß Rostock in der Bundesliga ist. – Nationale Gefühle habe ich nicht entwickelt. (Inhaber einer Werbeagentur im Westen. Ist in Görlitz aufgewachsen, jenseits der Oder)

Ich kaufte ein Album für Autographen und schickte es heute mit drei Schilderungen von Schiffskatastrophen aus dem Archiv zusammen an Ernst Jünger. Mal sehen, vielleicht habe ich Glück und kann ihn zu einem Eintrag verlocken. (Er sammelt Berichte von Schiffskatastrophen.)

Wieder zehn Nachfragen auf unsere Seminaranzeige.
Morgen Lesung in Neubrandenburg. Christian will mich fahren. Vielleicht ergibt sich unterwegs ein Gespräch über die Literaturseminare, die er «auf wirtschaftliche Füße» stellen will.

Neubrandenburg Fr 13. September 1991

Fahrt durch das schöne Mecklenburg, eine herrliche Landschaft.
Neustrelitz sieht schlimm aus, Park aber sehr gepflegt. Ein Besoffener belästigte uns in dem Gartenlokal (Orangerie), wo ich ein ungenießbares Schnitzel zu essen versuchte, der Neffe ein sogenanntes Hühnerfrikassee. Ich sagte zu dem Kellner: «Würden Sie uns von dem Mann befreien?» Und der Kellner machte husch!, und da hatten wir unsere Ruhe. – 1945 sah ich im Park weiße Hirsche. Die Kommunisten haben das schöne Schloß Ulbricht zu Gefallen abgebrochen.
Auf dem Herweg sahen wir viele Russen. Eine Straße endete plötzlich im Nichts, Schießplatz der Russen, wir mußten umdrehen und einen Umweg über Feldwege machen. Auf der Landkarte ein weißer Fleck, wie im tiefsten Afrika.

Lesung in Neubrandenburg. Der kleine Saal war überfüllt, die Hälfte der Leute hat man fortschicken müssen. Also ein Zeichen, daß es sehr wohl Publikum für mich hier drüben gibt. (Ein Teil der Zuhörer stammte allerdings aus dem Westen.) – Ein Herr sagte: Meine Sprache wär' ja so flapsig, er könne sich vorstellen, daß meine Bücher bei der Jugend gut ankommen. Ob ich nicht die Geschichte der letzten 100 Jahre für die Jugend in Form von Romanen beschreiben wollte. Dies sagte er, nachdem ich das Picknick aus «Aus großer Zeit», die Rückkehr nach Hamburg aus «Herzlich willkommen» und Joes Ausflug in den Osten gelesen hatte. Fünf meiner Bücher lagen auf dem Verkaufstisch.

Auf meinen M/B-Schluß reagierten die Zuhörer nicht merklich. Es ist immer so witzig, daß hinterher kein Wort fällt über das Gelesene. Ein jüngeres Ehepaar blieb im Saal sitzen und sprach leise miteinander, auch als ich ging. Meine Eitelkeit gaukelte mir vor, sie sprächen über meinen Text (den ich noch etwas fester binden könnte). Vermutlich war die Rede von Zugverbindungen.

Der Neuaufbau Neubrandenburgs hätte schlimmer kommen können. Die Stadt wurde 1945 von den Russen abgefackelt, weil ein paar Hitlerjungen auf sie geschossen hatten. «Wo haben sie gewohnt nach dem Brand?» habe ich gefragt. – «In der Umgebung, bei Bauern in den Scheunen.» – In der Buchhandlung herrscht noch strenge Zucht, kein Kempowski-Buch, obwohl ich doch Gast war in dieser Stadt. Glaube nicht, daß ich je wieder nach Neubrandenburg komme.

2007: *Doch, zur Verleihung des Johnson-Preises 1995.*

Die Mauer mit den Toren und den Wieckhäusern steht noch, der Verkehr fließt um die wiederaufgebaute Stadt herum.
Bei einem Antiquar kaufte ich einen hübschen Mädchenkopf (Radierung). Er hatte auch Theaterskizzen, Aquarelle, sozialistische. Für die hatte ich jedoch keine Verwendung, obwohl ich sonst nach allem Sozialistischen greife. Mir schwebt das Porträt eines FDJlers vor mit roten Backen.

Neubrandenburg, diese Stadt hat wie Dachau einen schlechten Ruf. Die Nazis hatten hier ein Lager, und das Russen-KZ Fünfeichen lag in der Nähe. Gott, was für eine Geschichte. Tausende sind hier zugrunde gegangen. Detlef hat hier drei Jahre gesessen, für nichts. Auch meine ehemaligen Lehrer Rust, Neumann und andere.

Hier ist Mecklenburgischer Landsmannschaftstag. An einen Tisch des Betonrestaurants wurden wir gebeten, vier Mecklenburger, von denen die eine sagte, sie sei aus Rütz, und sie wären auf Irene Zacharias gar nicht gut zu sprechen*. Sie kennten sie, und alle Bauern des Dorfs wären wütend auf sie, das wär' nicht so, wie die gute Irene das geschrieben hätte, das hätte sie man lieber lassen sollen usw. «Wir sind ziemlich wütend auf sie.» Aber was falsch ist an der Darstellung, haben sie nicht gesagt.

Vor einem der vier Stadttore saßen zwei gutaussehende junge Menschen (von «hier»), die den angereisten Mecklenburgern anläßlich der Mecklenburg-Tage vorführen wollten, wie man Korn auf einem Stein zerschrotet, ein Steinbeil durchbohrt mit hölzerner Bohrgeige usw. Neben ihnen lagen Knochen aus Moorfunden, der Schädel eines Auerochsen. Niemand interessierte sich dafür, ich stand eine Zeit dabei und unterhielt mich mit ihnen. – In einem der Stadttore, die tadellos erhalten sind, Bronzeskulpturen eines Antiquitätenfälschers aus der Gegend. Der hat im 18. Jahrhundert heidnische Figuren sich ausgedacht und im Keller seines Hauses gegossen, «aus Geldgier und Geltungsbedürfnis», steht auf der Tafel. Jetzt stehen sie also im Museum, und die Aktivitäten des Mannes kamen mir verdammt verwandt vor.

Auf der Rückfahrt kauften wir an der Straße frische, noch warme geräucherte Aale. Keine verschimmelten Exemplare darunter, wie in Wilhelmshaven vor einiger Zeit.

2007: *Die Neubrandenburger haben später mein «Echolot» im Theater aufgeführt, ihnen blieb das vorbehalten. Der Regisseur ließ die Teilnehmer durcheinanderbrabbeln. Das Band habe ich noch. Eine der Teilnehmerinnen stellte die Frage, ob das datenschutzmäßig überhaupt statthaft sei?*

---

*Autorin von «Meine sieben Kinder und der Lauf der Welt», eine Publikation aus dem Kempowski Archiv (Knaus 1986).

Häufig wiederkehrender Traum:
Ich stehe an einem Teich (künstlich?), in dem unter den Schling-
gewächsen große schwarze Fische schwimmen. Ich soll oder
will in dieses Wasser steigen und scheue mich, die Tiere zu be-
rühren (Angst eigentlich nicht). – Eine Variante: Ich gehe eine
Waldwiese entlang und sehe, daß in einiger Entfernung Bisons
und große Ochsen wild herumlaufen. Ich verstehe nicht, daß
man diese Tiere (Bären) nicht einsperrt?

Fallada-Haus, Frau Lang, sie will mir Fallada-Briefe schik-
ken, in der Hand gehalten habe ich sie schon. F. hätte damals,
also Januar/Februar 1943, besonders viele Briefe geschrieben,
manchmal sechs Stück an einem Tag. Ich hab' ihr Ms.-Seiten für
ihr Archiv von mir versprochen, falls sie mir einige Briefe zugänglich macht. Die Rechte hat eine Frau in Braunschweig, die
«ziemlich aufpaßt».
Dietzel, dem das Archiv unterstand, hat nichts davon gesagt.
Das ist eigentlich unfreundlich. So hat er sich am Klassenfeind
dann doch noch gerächt. Die drei Briefe, die er mir überließ,
«sprechen Bände», könnte man sagen.

2007: *Nie wieder was davon gehört. Irgendwelche Verstrik-
kungen des Literaturbüros mit der Stasi, davon lesen wir
jetzt.*

Auf der Herfahrt machten wir am Tollensesee Rast, ein ur-
tümliches Gartenlokal, herrliches Wetter, der Heimatkundesee,
Hannes Gosselck seligen Angedenkens.
Hier hat Johanna Reincke, die Malerin, gelebt, von der
die Eltern 1939 in einer philanthropischen Anwandlung ein
Bild kauften. Niemand, der sich hier an ihren Namen erinnerte.

2007: *Inzwischen wird eine Ausstellung dort vorbereitet. Die Frau sei in der Nachkriegszeit buchstäblich verhungert. – Wie man mitten in Mecklenburg verhungern kann, ist mir ein Rätsel.*

Rheinsberg
Wäre besser nicht hierhergekommen, alle Räume des Schlosses leergeplündert, die Wände grau übermalt. Kinder, Russen und Volkspolizei haben hier gehaust. Diese Leute haben überall hingepinkelt.

2007: *Inzwischen ist das Schloß wieder tipptopp in Ordnung.*

Im Park kam dann etwas herüber von der Klarheit des Geistes und von der Heiterkeit.
Das ist wahr, wir sind mit unserer Geschichte wiedervereinigt.

Diese Preußen-Sachen sind mir fremd und unheimlich. Klarheit des Geistes hat zum mindesten für Jahre nicht davor bewahrt, unweise zu handeln, und die Mecklenburger haben sie schlecht behandelt. «Ein Sack, auf den man draufschlagen muß, dann kommt Mehl raus» (Friedrich der Große). Selbiger sei so arm gestorben, daß ihm sein Diener ein Hemd von sich in letzter Stunde geben mußte. Klingt sehr nach Legende.

Durch die Gegend fahren.
Ravensbrück neben Rheinsberg. Wir ließen es links liegen.
«Was, Sie waren noch nie in Ravensbrück?»

Der Neffe, dessen Hobby vor Jahren Friedrich der Große war, zeigt kein besonderes Interesse an Rheinsberg, er hat auch keinerlei Kenntnis. Statt dessen belehrt er mich über das, was er gerade zuvor auf den Tafeln gelesen hat. Er denkt, weil ich schweige, sei ich irgendwie vielleicht ignorant? Oder gar behämmert?

379

Ich sitze hier auf der Bank am See. In den 15 Minuten haben sieben Berliner (Papis) das Schloß fotografiert und drei videokamerasiert.
Drei Amerikaner gehen vorbei, sie grüßen mich.
Ältere Herren in Turnschuhen. Vielleicht Emigranten?
Das Schlimmste sind ja wohl Hosenröcke. Diese Kleidungsstücke hätte sich ein Frauenfeind ausgedacht, heißt es.

Vor einem Jahr wurde ich wegen Berlin befragt, ob Hauptstadt. Ein Moment der Hellsichtigkeit ließ mich sagen: Der Osten wird zu Europa werden, und Berlin ist dann der Mittelpunkt.

«Sieht dett nich scheen aus?» sagt eine Berlinerin im Vorübergehen. In der Ferne, die Aussicht auf den lieblichen See verhunzend, eine Fabrik mit Schornsteinen. Ein bißchen weiter links, dann wäre alles gut gewesen. Aber Sozialisten achten nicht auf so was.

Skizze von Walter Kempowski

Nartum
Die Begleitung durch den Neffen war angenehm, 350 km sind wir gefahren. Leider referierte er mir zeitweilig den «Spiegel».

Jetzt hilft er uns beim Aufräumen des schwiegermütterlichen Zimmers und beim Abwickeln der sogenannten Formalitäten.

Hildegard saß am Abend ganz erschöpft vor dem TV, mit einem Glas Wein und rauchend (was sie eigentlich aufgegeben hat). Sie meint, in der Nacht hätte sie deutlich gespürt, daß die noch nicht zur Ruhe gekommene Seele ihrer Mutter in ihrem Zimmer auf und ab gegangen sei. Es habe hier und dort ein wenig geknackt.

Als ich die Eulenabdrücke am Fenster der Bibliothek sah, dachte ich einen Augenblick: Das war der Tod oder gar der Teufel, der die Seele holen wollte, wütend, daß er nicht reinkommen kann. – So hat jeder seine Gedanken. Alles stimmt irgendwie.

Hildegard meint, ich sähe «verschlagen» aus. Allmählich muß sie draufkommen. Wie hätte ich sonst 60 Jahre alt werden können.

Ein Herr in Mecklenburg:

> Ich habe zwar gehofft, daß die Wiedervereinigung kommt, aber daß es so schnell gehen würde, hab' ich nicht gedacht, und daß ich es erleben werde, hab' ich nicht geglaubt. Heimat war mein Herzblut. Ich bin sehr froh, daß es so gekommen ist.

Nartum   So 15. September 1991

Mit Lieschen geschimpft, weil sie auf ein Huhn losgegangen ist. Am Abend kam sie an, wollte sich mit mir versöhnen, Robby lag daneben. Ich sprach noch ein paar ernste Worte, da richtet sich Robby auf und leckt mir die Hand: «Nun laß doch, ist doch schon gut!»

Beerdigung von Mutter Janssen, die schöne Rotenburger Kirche «Zum guten Hirten». Leider hat man einen Teil des Freskos von Rudolf Schäfer übertüncht und das große Triumphkreuz hinten an die Orgel gehängt. Und den warmen, freundlichen Fußboden herausgerissen und durch Muschelkalkfliesen ersetzt. Warum?

Was alles stirbt mit einem Menschen. Die große fränkische Vergangenheit der Schwiegermutter, in Nördlingen aufgewachsen, die Freundschaft eines Vorfahren mit Mörike, die Klemms. Ich habe mich länger damit beschäftigt. (Das erregte Mißtrauen.) Blaubeuren spielte eine Rolle und Nürnberg. Nun sind sie alle tot, und das fränkische Erbe ist aufgegangen im Ostfriesischen der Janssen-Linie. Nur ein paar Antiquitäten, Töpfe, Zinnteller, «Butzscheren» sind noch übrig, die verschwinden jetzt in alle Himmelsrichtungen. Modeln, handgeschnitzt.

Nartum Mi 18. September 1991

1973: Aufnahme der DDR in die UNO

Fulbright-Leute waren hier. Obwohl diese Germanisten doch schon lange vorher wußten, daß sie bei mir einen Besuch machen würden, hat keiner eine Zeile von mir gelesen. Ob ich gläubig bin, wollten sie wissen. – Der deutsche Leiter der Gruppe schenkte mir ein sehr wertvolles Tagebuch, handschriftlich, wie ein Vater den Weg seines Sohnes an die Front verfolgt, der dann prompt fällt. «Egon».

2007: *Auch später nie wieder was von den Leuten gehört, niemand hat sich zum Kempowski-Fan gemausert, obwohl ich ihnen sogar Klavier vorgespielt hatte und ihnen Schnitzel mit Kartoffelsalat servierte. (Die Texaner bekamen zwei.)*

Nartum   Do 19. September 1991

19.9.1991 (= sonderbares Datum!)

Schwere Träume. Zuerst lange von Uschi Schaubert, gestern
war ich noch zusammen mit ihr, da heißt es: Sie ist tot. Ausgelöst wurde der Traum durch einen Fehler, den ich gestern am
Computer machte. Ich ging «neben» das Textprogramm in den
Apparat – neugierig – und löschte durch eine Taste eine ganze
Diskette mit «Zwischentexten», das ging so schnell, als wenn es
nichts wäre.
Dann geträumte Farbaufnahmen von deutschen Landsern, wie
sie als Gefangene über ein grünes Feld getrieben werden. «Sie
werden alle zugrunde gehen», denke ich und weine.

Rostock   Sa 21. September 1991

Tag der Werktätigen des Bereiches der haus- und
kommunalwirtschaftlichen Dienstleistungen
1964: Otto Grotewohl gestorben

Lesung in der Petrikirche zugunsten des Turms, der wiederaufgebaut werden soll.

2007: *Inzwischen «steht» er wieder, leider in seiner ganzen*
Größe nicht dem alten Turm gleichend, obwohl Fotos ge-
nügend zur Verfügung standen. Der «Buckel» fehlt. Immer-
hin, wer ihn vorher nicht gesehen hat ... – Nun fehlt nur noch
das Petritor, daneben. Das schaffen sie nicht. Das Feuer, das
sie antreiben sollte, fehlt.
Das Tor wurde in einer Sonntagsaktion abgerissen, wird mir
erzählt. Eine «Übung» sei das gewesen.

Nartum   Mo 23. September 1991

Jahrestag der Pionierorganisation «Septemwritsche»
der Volksrepublik Bulgarien

In Rostock eine Frau:

Das kann ich nicht verstehen, warum der West-Quark besser sein
soll wie unser Quark. Quark ist Quark.

Nartum   Di 24. September 1991,
                                                         warmer Sturm

Ich bin sehr fleißig, suche Zwischentexte heraus und gebe schwer
lesbare Texte für «Echolot» ein. Die ersten beiden Januartage
sehen jetzt ganz gut aus.
Frau Frohriep ist mit dem Register schon sehr weit, heute war
sie zum letzten Mal da, angenehmer, rasch kapierender Mensch.
Simones Freundin ist gerade dabei, das Exilarchiv in Frankfurt
zu knacken, ich selbst habe Fallada-Texte besorgt (sie sind allerdings noch nicht da).
Landesbibliothek schickt nach und nach per Fernleihe Bücher,
die leider öfters um das Frühjahr '43 einen Bogen machen.
«Und Fluch vor allem der Geduld!»

Nach dem Tod von Mutter Janssen kommt Hildegard nun zur
Ruhe, sie hatte in den letzten Wochen täglich am Bett gesessen.
Es werden Pretiosen verteilt. Ich halte mich zurück. Auch die
superwertvolle Brosche war dabei, die für Notzeiten von Generation zu Generation weitergereicht wurde. Glas und Blech,
wie sich nun herausstellte.
Tand, Tand ist das Gebilde von Menschenhand.

Politik: § 218, Jugoslawien, Pflegeversicherung, Asylanten.

384

Mi 25. September 1991, immer noch
sehr warm, Regen

Impressionen aus dem heutigen TV:
Rumänische Bergarbeiter stürmen in Bukarest durch die Straßen, wüste Typen; serbische Bäuerinnen beweinen totgeschla-
gene Söhne und ihre ausgebrannten Häuser; Wilhelm von
Sternburg liest, die Hand in der Tasche, den irregeleiteten
Hoyerswerdaer Bürgern die Leviten. Ob sie denn noch Nazis
sind?
Hier war es dann Lafontaine, der die Dinge etwas zurecht-
rückte. Er sagte, die Bevölkerung sei überfordert. Das, was die
Leute hier bei uns sich nicht zu sagen trauen, sprechen die Ossis offen aus: Es werde noch mehr passieren. In Hoyerswerda
gibt es ganze 14 Polizisten!

«Warum sind Sie gegen Asylanten?»
«Kein Job, keine Wohnung.»
«Dett is Viehzeug!»
«Die sind nachts zu laut, feiern auf der Straße Feste, wenn wir
schlafen wollen.»

Von Sternburg: «Hat der Rechtsstaat kapituliert?»
So eine blöde Frage!
Der betroffene CDU-Stadtrat, der 14 (?) Ressorts zu verwalten
hat: «Wir sind ja noch nicht lange Rechtsstaat ...»
Die Stadt habe ihren Ruf für immer verspielt. Hatte sie überhaupt einen? Sozialistische Barden werden sie besungen haben,
aber für Streichorchester hat niemand diese Lieder gesetzt. Auf
Sorbisch heißt die Stadt WOJERECY. Goethe wird wohl niemals durchgefahren sein.

Ein Schwarzer: Er fährt jetzt nach Hause und wird dort überall
erzählen, wie die Deutschen die Ausländer behandeln.

Nartum   Fr 27. September 1991

Ich soll was über die Ehe schreiben. – Daß Hildegard mir das
Bett aufschüttelt?
Von meinen Großeltern hieß es: «Ja, als Großmutter K. noch
lebte, die paßte auf, die ließ ihren Mann nicht verwahrlosen.»
Sie lebte von 1904 bis 1927 mit dem gelähmten Mann zusam-
men. Fast 25 Jahre!

In Rostock in der Petrikirche wurde mir bei meiner Einführung klar, als ich da so plaudernd meine Petri-Erinnerungen
hindröhnte, daß ich die Stufe zum «Wissensträger» überschritten hatte. Die Erinnerungen, von denen ich meinte, wir hätten
sie alle gemeinsam, waren plötzlich zu alten Briefmarken geworden, und ich war versucht, die dollsten Geschichten ihnen
aufzutischen. (Das kann ich ja immer noch tun!)

2007: *Inzwischen hat man einen Aufzug installiert. Von oben
kann man also runtergucken.*

Abends Lesung in Garbsen-Heitlingen.

Nartum   So 29. September 1991

*1950: DDR wird Mitglied des Rates für Gegenseitige
Wirtschaftshilfe (RGW)
Jahrestag der Pionierorganisation der FDJ West-Berlin*

Ein Arzt:

Die Wiedervereinigung zählt mit zu den schönsten Minuten meines Lebens. Ich hab' vorm Apparat gesessen und geweint. Ich habe
immer gedacht, daß ich in Mecklenburg mal spazierenfahre, ich
hätte rüberkönnen, ohne weiteres, aber ich habe gesagt: Ich fahre

da erst hin, wenn die Mauer weg ist. Drei Tage nach dem Fall der Mauer sind wir dann drüben gewesen.

Eine Psychologin:

Ich finde das gut. Aber 40 Jahre zu spät.

Eine Schülerin, 17 Jahre:

Ich war damals gerade in Amerika, und ich habe die Ereignisse mit weniger Interesse verfolgt als die Amerikanerinnen. – Im nachhinein mache ich mir wenig Gedanken, ich habe das noch nicht zu Ende gedacht.

Eine Frau:

Na ja, ist schon gut, daß es so gekommen ist, aber die stellen schon ganz schöne Ansprüche. Ein bißchen bescheidener könnten sie schon sein. Im großen und ganzen ... Wir haben auch viel geholfen, Pakete geschickt usw. Zwei Familien haben wir ganz schön auf die Beine geholfen.

Ein Mann:

Mir, in meinem Alter! Daß mir das noch passierte, daß ich das erlebte, das ist etwas ganz Großes.

Planung:
1992 «Echolot» fertig, Dorfroman beginnen und «Alkor» (als Ergänzung)
1994 Dorfroman
1996 «Alkor»

Oktober 1991

Nartum   Di 1. Oktober 1991, stürmisch, Regen

Nationalfeiertag der Volksrepublik China
Weltmusiktag

Markus Wolf im TV, ein russischer Film mit Wagner-Musik
unterlegt. Er sprach russisch, alles wirkte sehr *strange*. Die
Wiedervereinigung aus russischer Sicht. Erstmalig hat man in
der SU auch Bilder vom Mauerbau gezeigt, weinende Frauen.
Ob sie sich schuldig fühlen? Sie werden an Warschau denken. – Wolf wird gezeigt, wie er enttarnte Agenten umarmt.
Eitel und dumm; eitel, daß er eine weiße Uniform anzieht und
sich über Orden freut, dumm, wenn er sagt, daß er von Miel-
kes Abhörerei nie was gewußt hat. Die Pfiffe, die er geerntet
hat, hätten sich bezogen auf Mielke, nicht auf ihn.
Eigenartiger Mund, sonderbarer Gang, schnürend.

In der ZEIT ein Bericht über die Atom-U-Boote und den
Leichtsinn, mit dem die Sowjets mit dem strahlenden Material
umgegangen sind und noch umgehen.
Wie die Atomrüsterei rückgängig gemacht werden kann eines
Tages, das ist wohl niemandem klar. Wir lebten Jahrzehnte
neben diesen Dingern her, ohne uns Gedanken zu machen. Ja,
die Sorgenträger kamen einem immer lächerlich vor.

Ich korrigiere M/B, viele Zusätze. Hildegard amüsiert sich über
das Buch. Vielleicht ist es mir etwas zu komisch geraten? «Mit
deinem Konjunktiv geht's ziemlich durcheinander», meint sie.

Frau Frohriep hat uns leider verlassen. Sie war sehr tüchtig.

2007: *Nie wieder von ihr gehört.*

Lesefrucht: «Wollte sie die Unfruchtbarkeit ihres Leibes ausnutzen zu folgenlosem Geschlechtsverkehr?»

Salzgitter   Mi 2. Oktober 1991

Höchst öde alles, ich irre in der Stadt herum, Läden gähnend leer. Ich kaufte mir eine Windjacke, da den Mantel vergessen. Riesending mit 20 Taschen. Der Chef wollte den Laden gerade schließen, da komme ich des Wegs. 200 DM hat das Dings gekostet. Hat er seiner Frau beim Abendbrot erzählt: Stell dir vor ...

Ein Mädchen, 18 Jahre, zur Wiedervereinigung:

So und so. Das hat seine guten und schlechten Seiten.

Nirgends is der Wald so schi,
uns zieht's nach d'o Hamit hi!

All die jährlichen Toskana-Fahrer haben davon keine Ahnung. Wo das Erzgebirge liegt, mit seinen freundlichen Menschen, wissen sie bestimmt nicht.

Salzgitter   Do 3. Oktober 1991

1969: Eröffnung des Berliner Fernsehturms
1979: Eröffnung des Pionierpalastes «Ernst Thälmann»
in Berlin

Gestern nacht noch Wallraff gesehen, den Musterknaben. Er hat zu seiner dritten Hochzeit das nahe Asylantenheim eingeladen. Tue Gutes und rede davon. Biolek hatte das auf seinem Fragekärtchen stehen.

Ob die abgetanen Ehefrauen eines Tages Autobiographien verfassen?

Die Bilder zum Tag der Einheit wirken schon jetzt so, als seien sie zur Jahrhundertwende gemacht. – Man mag gar nicht hingucken. Hätten sie den 9. November genommen, wäre es anders gewesen. Der Kalender stand dem entgegen.

Die Befrachtung des Datums. Duke Ellington hat mit mir am selben Tag Geburtstag, und deshalb höre ich ihn trotzdem nicht gern. Yehudi Menuhin hat ihn mal im Flugzeug getroffen, wußte nicht, wer das ist, Duke Ellington. Und der hat ihn zu seinem Konzert eingeladen, und dann haben sie zusammen musiziert. Menuhin hat auch mit Stéphane Grappelli zusammen gespielt. «Jalousie», was für ein schöner Titel. Er begleitet mich seit frühester Kindheit.

Von ihr, der Eifersucht, blieb ich bisher verschont.

Hotel «Zum Alten Fritz», absolut mies. Nun ja, ich wurde von der GEW eingeladen, da mußte ich mit so was rechnen. Obwohl die Funktionäre sich gewiß etwas Besseres genehmigen.

Neulich wurde ich im Radio gefragt, was ich gegen Schlager habe. Nun, ich zog vom Leder, und da sagte der Reporter: «Vorsicht!» (Verbrennen Sie sich nicht den Mund!) *Alte* Schlager, ja, das ist was anderes. Melodien, Texte, mit denen man aufgewachsen ist. Aber jetzt, dieses Terzengedudel.

Es gibt im TV einen alternden Jüngling, der hat sich auf alte Schlager spezialisiert. Der sitzt in seiner Marktlücke und winkt Heino zu.

> Regentropfen,
> die an dein Fenster klopfen,
> das merke dir,
> sie sind ein Gruß von mir ...

Um 11 Uhr gestern nacht ein Film über Tierquälereien!

Gestern vormittag signalisierte Bittel, Paeschke habe meinem Vorschlag zugestimmt. Sehr schön.

Investitionen in diesem Jahr waren enorm. Die Deckenverkleidungen im oberen Stock, die Glastüren, der Zaun, die zusätzlichen Spiegel im Saal, der neue Fußbodenbelag. Dementsprechend die Unruhe, mit der man den Brief von der Bank aufreißt.

Jetzt nennen sie die «Einheit» eine «Gemeinheit». Gott, das ist Deutschland! Nach 1871 hat sich auch so mancher geärgert. Bis dahin war man Pommer, Schlesier, Westfale, nun mußte man auf einmal Deutscher sein? Das schmeckte manchem nicht.

Zwei Anhalterinnen, die eine Bäckerlehrling, die andere Konditorin. Beide von Rügen, die eine seit einem Monat im Osten, die andere gestern gekommen. Ich konnte sie fast bis vor die Haustür bringen. Sie waren «guten Mutes». Ob ich Musiklehrer sei, wollten sie wissen.

Lesung gestern in Salzgitter fand in einer säkularisierten Kirche statt. Halb besetzt der Raum, ich las nur aus «Sirius». Hinterher zunächst freundliche Unterhaltung, dann Anlaberungen. Das sei ja ein Sammelsurium, man vermisse eine Richtung oder ein Ziel.
Ja, das wollen die Deutschen, und dann laufen sie doch in die falsche Richtung.

In Salzgitter-Bad alle Läden absolut leer von Menschen, aber knallvoll mit Waren. Der Mann, bei dem ich die Jacke kaufte, war heilfroh (218,–).
Nun ist es 10 Uhr, und der ganze Tag liegt vor mir, kein Geschäft offen. Vielleicht sollte ich nach Göttingen fahren?

Jan Hauser, ein Mensch, der Geld von mir ziehen wollte.

Göttingen

> Graffiti:
> Stammheim muß weg!
> Solidarität ist eine Waffe.
> Luiti muß raus.
> Nase war so klug!

Eine sächsische Reisegruppe.

M/B: Der Aufbau eines «running gag».
Die Landsmannschaft.
1. Auf der Marienburg
2. dann auch im Orbi-Lokal, aus volkstanzenden Menschen entwickelt
3. dann im Bus vorüberfahrend
4. Rastenburg
5. in Danzig (entwickelt aus der Greisin)
6. dann Marienburg, verstärkt gegen die Oberschüler. Als repräsentativ begriffen

Die Unterlassungssünden.

Karstadt scheinen sie schließen zu wollen.
Das Wohnhaus von Turnvater Jahn haben sie wegen des Warenhauses abgerissen. Hat nie wieder ein Hahn danach gekräht, aber ich weiß es, und ich schreib's hierher.
Würde gern mit den Sachsen sprechen, die hier durchlaufen. Wie's denen so geht.

Reue explodiert in mir.

Paulsens Frau, viele Leser seien wohl gegen meine «Hundstage» gewesen, weil sie das Buch mit der anhaltenden Diskussion über die Onkelsexualität in Verbindung brächten. Die alten Männer, erst nur ein bißchen Quatsch machen, und dann wird's plötzlich ernst. Sie selbst hätte an so was bei der Lektüre natürlich nicht gedacht.

Er fragte mich nach der häufig angehängten Silbe «-ung», «Hinlegung», was ich damit bezwecke.

«Anerkennung sexueller Verfolgung als Asyl!»
(an der Joh. Kirche)

M/B: Maria: Angst! Immer steht ein Fahrrad vor der Tür, das gestern noch nicht... Das machte ihr zu schaffen.
Es ist schon fast zu spät.
Hildegard sagt, sie denkt, sie lebt ewig.
Ewig wohl nicht, aber noch sehr lange.
Die Sonntage!

Bei Deuerlich in Göttingen, direkt in Augenhöhe die Lebenserinnerungen von Hermann Kant! Daß dieser Mensch nicht boykottiert wird.
«Vier Jahrzehnte» von Grass. Er kommt auch noch dahinter.
«Schluß mit den Nato-Mörderkästen!» (Graffiti)

«Plankton»: Türaufmachen sei die Summe von Einzeldruckaktionen, habe sein Onkel immer gesagt, der sei Statistiker gewesen.

Lesung in Seesen.

Großenkneten   Fr 4. Oktober 1991

1957: Start von «Sputnik 1» –
Beginn des kosmischen Zeitalters

Lesung in Großenkneten.

Nartum Sa 5. Oktober 1991

Gestern Lesung in Ahlhorn (Großenkneten).
Freundliches Publikum. Hildegard fuhr mich wegen unklarer
Autobahnlage und dem Anflug einer Grippe, die mir an die
Wäsche will.
Zurückkommend trafen wir den Sohn an, der Probleme mit
seinem Triumph hat.

1. Streichquartett Op. 7 von Béla Bartók.

Graue Panther = Altenpartei. Wie heißen die Türken?
Wann die wohl in den Bundestag einziehen?

Nartum So 6. Oktober 1991

Eva Strittmatter regt sich auf, daß Kohl und Weizsäcker, «all
eure Leute in der Semper-Oper sitzen, die wir uns vom Munde
abgespart haben».
Wer von diesen sparsamen Leuten geht schon in die Semper-
Oper?

2007: *Als es noch opportun war, soll sie gesagt haben, im
früheren Leben sei sie gewiß eine Russin gewesen. Das Russische sei ihr so leichtgefallen. «Im Schulzenhof» heißt das
Buch, da steht all so was drin. Sie heißt Eva mit Vornamen
und ist eine geborene Braun. «Dafür kann sie nichts», würde
Robert sagen. – Wem der Hof wohl gehörte, auf dem ihr Gatte
jetzt Pferde züchtet?*

Heym vergleicht Westdeutschland mit einer Schlange und Ostdeutschland mit einem Igel, den die Schlange überschluckt, sie
wird Verdauungsbeschwerden bekommen, sagt er. Und er?

Im «Talk im Turm» ging's um die Asylantenproblematik. Jedes Jahr 300 000, von denen 98% keine echten Asylanten sind und die man aus humanitären Gründen nicht wieder loswird! Ein Soziologe sehr gut argumentierend, keine Angst, er hat's dem SPD-Mensch Blessing, der ein Papiertiger ist, ganz schön besorgt. – Ob Pless schon je eine Fabrik von innen gesehen habe, fragt er, und der Soziologe: «Ich hab' mir mein Studium in der Fabrik verdient.»
Die ganze Sache ist typisch deutsch. Hier wird im Eichenwald geraunt. Und das stimmt auch: Wir sind die am meisten tabuisierte Gesellschaft Europas. Und außerdem hassen uns die Ausländer dafür, daß wir sie aufnehmen.

Zu Pavese lese ich: impotent, Masochist, politischer Gefangener.

Nartum   Mo 7. Oktober 1991

1949: Gründung der DDR – Tag der Republik
1975: Unterzeichnung des Vertrages über Freundschaft,
Zusammenarbeit und gegenseitigen Beistand zwischen
der DDR und der UdSSR

Kollege Scholz war da, um zwei Bücher signieren zu lassen, zwei «Uranus», wie er am Telefon sagte. Er wollte heute Zwetschgen pflücken und habe seine Gummistiefel noch nicht angezogen, ob er gleich kommen könne?
Ich fragte ihn nach der Wiedervereinigung, er fand sie toll, sei schon 2000 Kilometer mit dem Fahrrad durch die DDR gefahren. Von den Schwierigkeiten, Unterkunft zu kriegen, in Jugendhäusern, private Gewerkschaft. Man bekäme per Fahrrad mehr mit, als wenn man im Auto fährt. Aber was er mitbekommen hat, hat er nicht erzählt. Einmal um die Müritz herum sei er geradelt. Die Räder mit der schweren Gangschaltung,

15 Gänge, wenn die mal kaputtgingen! Er habe drei Gänge, und die könne man leicht einfahren, zur Not fahre man eben immer im ersten Gang (er meinte den Schnellgang, der ja der dritte ist).

KF sagt, ihn stört an meiner bronzenen Sisyphos-Plastik, daß der Mann den Stein ja gar nicht hochschiebt. – Vielleicht projiziert er seine eigene, für ihn wohl unbefriedigende Situation in die kleine Bronze?

Ich bitte um die Definition der Begriffe «Mob» und «Gesindel», die man ja jetzt oft hört. Sie fallen nicht unter die political correctness. Diese Leute sind vogelfrei. Hoyerswerda.

Ochtrup
18 Uhr
Der Volkshochschulleiter, der mich in seinem Auto ruckartig fahrend abholte, fragte mich, wieso es eigentlich kommt, daß keine Romane mehr geschrieben werden. Danach fragte mich sein Begleiter, wo ich herstamme? – «Aus Mecklenburg.» – «Kennen Sie Rostock?»
Demut habe ich mir auferlegt. Und tief durchatmen muß man, wenn man sich Demut auferlegt.

Gestern ein Zauberer im TV, dessen Hauptgag war, daß seine Hose rutschte. Der einzige Gag, den sich Schriftsteller halten, ist: rauchen und blöde Reden halten.

Herrn Zeidler bitten:
Probeaufnahmen sehen.

«Wer die Steineschmeißer ‹Mob› und ‹Gesindel› nennt, schmeißt selbst Steine.» So ist es.

Gut geschlafen. Schmilgun kam gestern zur Lesung, sehr angenehm. – Die Menschen saßen wie die Ölgötzen, aber nicht unfreundlich. Ich las Okt. '83 und Flughafen bis Danzig, einen Text, der mich beim Lesen sehr befriedigte. Das werde ich heute wiederholen.

Hier beim Frühstück Werbefunk. Unerträglich. Da hilft nur Ohropax. Aber das hilft nicht.
Schmilgun will in seiner Schallplattenfirma auch Pepping herausbringen.

Ein leerstehendes Haus, durch dessen zerbrochenes Bodenfenster Tauben ein und aus gehen.

Hildegard haßt Tischpapierkörbe.

Im Zug nach Wedel.
«In dieser Republik muß man sich wehren», sagt der VHS-Direktor von Ochtrup und führt als Beispiel an, daß er mal ein Knöllchen nicht bezahlt hat.

Langes Gespräch mit Bittel, der von M/B nicht nur begeistert, sondern sogar hingerissen sei.

VHS-Direktor benutzte das Wort «Kenne». Man müsse die nötige Kenne haben.

11.03 ab Wedel
11.35 Duisburg
11.46 ab
12.12 an Dortmund
12.34 ab

«Kleine Liebe zu Trompeten»
Das könnte eine Variation über das Thema «Die Posaunen von Jericho» sein.
Bunker – Trompeten
Er soll über Bunker schreiben oder einen Film machen und interessiert sich aber nur für Trompeten.
Unterfutter: Festungsbaukunst
             Blasinstrumente
             Invasion
Ein Endbuch.

im Zug nach Lünen   Mi 9. Oktober 1991

Weltposttag

Tendiere nun doch zur «Kleinen Liebe». Heute früh im Hotel, eine Serviererin gab das geprägte Bild ab für das eine der beiden Mädchen. Das andere, die «Schamlippe». Er könnte einen kleinen Film machen über die Atlantikbunker. So halb auf eigene Kosten.
Schwarzer Anzug, schwarzes Hemd. Pludrig. Schweißfüße. (Es gibt Leute, die denken, man kriegt das nicht mit.)
Auch der Besuch bei Speer wäre zu verwerten, als Vorgeschichte. Ein solcher Roman wäre in einem Jahr zu schreiben. Speer zeigte mir die Korrekturstriche Hitlers auf den Bunkerplänen. Einen blauen Zimmermannsbleistift hat er verwendet.

«Trompeten»: Er hat sie mitgenommen (Dscheni von Jane) – Jane-i – auch Jane oder Jan, je nach Stimmung, um sie zu pimpern, aber verliert die Lust, umgeht das immer, weil ja auch die «Schamlippe» stört.
Vom Typ her ein bißchen wie Beate Jensen.

Zur Wiedervereinigung ein Studienrat/West:

Ich bin neulich danach gefragt worden von einem Franzosen. Ich hab' in meiner Antwort mehr den Gedanken der Pflicht in den Vordergrund gestellt. Das gehört sich einfach so, dem Ersuchen um Beitritt stattzugeben. Euphorie war nicht dabei, kein nationales Gefühl oder eine Hochstimmung. Daß die da weinten in ihrem Trabi, hat mich ergriffen. Aber sonst? Nein. – Wir waren einmal drüben, um den Kindern die Grenze zu zeigen, wir haben uns bis Magdeburg vorgewagt.

Eine Buchhändlerin, auch aus dem Westen:

Also, ich finde das gut. Was ich nicht glaube: daß das ein Vorgang ist, der mit der linken Hand zu erledigen ist, wie unsere hohen Politiker sich das so gedacht haben (inzwischen sind sie wohl auch schon dahintergekommen). Daß die DDR zusammenbrechen würde, das ist von heute aus zu verstehen. Wer die Menschen so verachtet, wie das drüben geschehen ist ... – Wir werden noch viel damit zu tun haben.
Als die Grenze gefallen war, startete der Börsenverein der Buchhändler eine Aktion, West-Buchhandlung sollte Ost-Buchhandlung helfen. Da hab' ich mich gemeldet, ein Buchhändler aus Greiz wollte Kontakt, weil er mit Computern und modernen Verkaufsmethoden nicht zurechtkam. Ich hab' da hingeschrieben, der hat sich lange nicht gemeldet, weil er wohl was anderes zu tun hatte, aber dann doch. Und dann hab' ich ihn eingeladen, und er ist auch gekommen, und er ist hier eine Woche lang hinter mir hergelaufen wie ein Hündchen. Hat mit verkauft usw. Da haben wir die Nacht zum Tage gemacht. Das war mir aber von vornherein klar gewesen. – Er wollte unbedingt einmal über die Grenze, nach Holland, ohne Grenzsperre, Kelle usw. Da ist ein Pfannkuchenhäuschen, wo es hundert verschiedene Pfannkuchen gibt, das war natürlich was für ihn.

Eine Lehrerin/West:

Mir ist es recht. Wenn die's so wollten, finde ich das in Ordnung. Nach dem Putschversuch in der SU hab' ich gedacht: Gott sei

Dank, der Freund aus Greiz ist bei uns, da kann jetzt nichts mehr passieren.

Freunde aus Leipzig waren schon mehrmals hier. Er hätte 1956 zu uns kommen können und hier eine Stellung kriegen, hat das damals abgelehnt, hat sich das immer wieder vorgeworfen.

Ich hab' ihnen dann den Herzenswunsch erfüllt, einmal nach Amsterdam und einmal in der Nordsee baden. «Das müßte verboten werden!» haben sie immer gesagt, das Rote-Lampen-Viertel in Amsterdam und in Seedeich die Rauschgiftsüchtigen: «Das müßte verboten werden!» Ich sag', das ist eben die andere Seite der Freiheit. Daß das so schön sauber wär' in Amsterdam, haben sie gesagt, ach, wie schön sauber! Ich sag': «Aber hier liegt doch überall Müll herum…» Nein, sie meinten die Blumen und die Fassaden. – Sie sind die Superdeutschen, so denken sie.

Ich hatte ein umfangreiches Kulturprogramm ausgearbeitet für sie, ein Riesenprogramm, Schloß, Museum usw. Aber die wollten ganz was anderes sehen, Supermarkt, Autowaschanlage, dafür konnten sie sich begeistern. Auch zum Gebrauchtwagenhändler sind wir gefahren, stundenlang, haben sich alle Preise notiert. – Mein Mann hat Wirtschaftswissenschaften studiert. «Geldumtausch 1:1, das ist nicht gut», hat er gesagt, «1:2 auch nicht.» Aber ich sag': «Gönn ihnen das doch!»

«Trompeten»: Das Verteidigungssystem der Menschen, nicht nur der Bunker, sondern auch, wie sie ihre Psyche, ihr kleines Seelchen schützen, zu schützen suchen.

Den Intuitionen nachgeben – das zu demonstrieren stehen ja die Spielzeugburgen unten bei mir. Niemand versteht, was die da sollen. «Was sollen die Burgen? Haben Sie die selbst gebaut?» – Schon mein Vater hatte eine (siehe «Aus großer Zeit»!), Wasser konnte man in den Burggraben füllen. Die Reste wurden leider nach '45 zerhackt.

«Trompeten»: Er übt den Flickflack, abends am Strand.
Als Kind auf dem Nachhauseweg verprügelt worden.
Etwas Flehentliches im Blick.

Schwarzer Baumwollanzug, weil Joe Geffrey auch, und natürlich krempelte er die Jackenärmel.

Nein, sympathisch war er nicht, Harry Templin, es gab nur wenige, die ihn mochten. Ein hastiger Pykniker, immer in Hast.

An diesem Morgen erwachte er gestärkt, denn er hatte einen wundervollen Traum gehabt.

Er bewohnte das Atelier eines Freundes, der schon vor zwei Jahren in die Staaten gegangen war und es Harry überlassen hatte, weil er immer noch schwankte, ob er nicht zurückkommen sollte.

(Becks Atelier in Düsseldorf.)

Manchmal kam ein Brief, darin wurde er aufgefordert, in der zweiten Schublade des Grafikregals nachzusehen und dort den Entwurf herauszuholen und zu senden, sogar 5 Dollar für Porto legte der Freund bei.

Nein, Freundschaft war es nicht, es war Mitleid. Harry galt als armes Schwein, im allgemeinen.

Harry Templin gehörte nicht zu den sympathischen Leuten. Wenige rötliche Haare, die er noch dazu mit einem fettigen Haarwasser in den Scheitel bürstete. Pickel.

Wer mag von einem solchen Menschen hören.

Still! Es gibt da einiges zu erzählen.

Spielt mit jungem Hund.

Lünen

Tomatensalat eiskalt, ohne Aroma. Schreiende Musik. Hier habe ich damals die Spielzeugburgen gekauft. Als Symbole der menschlichen Seele!

«Was sollen die Burgen? Haben Sie die selbst gebaut?» werde ich gefragt. Ein Vergleich mit ihrer Seele fällt ihnen nicht ein.

«Was sollen die Burgen?»

Lünen   Do 10. Oktober 1991

Ringhotel am Stadtpark.
10 Uhr.
Das Restaurant ist von Russen bevölkert, die sich am Kopf krat-
zen und in der Nase pulen. Widerstreitende Gefühle. Die Spra-
che erinnert mich an die Verhörnächte. – Was sie wohl denken,
an was werden *sie* sich erinnern, wenn sie uns reden hören.
Lehmige Brötchen, unaufgeräumte Tische, salziger Schinken.
«Gawarit po nmetzki?» frage ich einen.
«Njet», sagt er.
Es war also mal wieder nichts mit der Völkerverständigung.

Am Nachmittag machte ich einen langen Spaziergang durch
den Wald mit dem Beau der Familie Hammerstein. Hübsches
Ausflugslokal. «Herbstlaub» von Fiebig.*

Der Buchhändler hat ein behindertes Kind. Herrgott. Was manche Menschen ertragen müssen. Und sie zweifeln nicht an Gottes Gerechtigkeit.
Abends Lesung in Düsseldorf, Haus des Deutschen Ostens.
Hübsche Orgelmodelle aus Schlesien stehen im Schaufenster.
Die verlorenen Rostocker Orgeln nachbauen lassen. Aber sie
waren nicht so schön wie die schlesischen.

im Zug nach Bremen   Fr 11. Oktober 1991

1958: Johannes R. Becher gestorben

Ota Filip moniert in der FAZ mit Recht das Schweigen der
westdeutschen Friedensfreunde im VS und PEN, die sich je-

---

* Salonmusikstück

desmal entrüsten, wenn die USA in einen Konflikt eingreifen, jetzt aber zu der Abschlachterei der Kroaten kein Wort sagen. Ich denke immer, hier müßte der Blitz mal einschlagen, mitten zwischen die Friedensfreunde.

Die verbiesterten Deutschen alle. Jetzt kriegen sie Zuzug. Andere Verbiesterungen mischen sich dazwischen.

In Schwerin lernte ich das große Einmaleins auswendig. Hat auch nichts geholfen.

im Zug nach Dülmen   Sa 12. Oktober 1991

19 Uhr
Allerhand Durcheinander, eine Lesestation wurde abgesagt, deshalb fuhr ich gestern schnell nach Haus, schlief wunderbar, ordnete heute meine Foto-Pretiosen. Heidi Kleßmann kam, klagte, daß sie von «all dem» nichts gewußt hätte (Osten, Stasi usw.). Aber sie kannte doch mich!

3 Mio. Zeugen nützen nichts, sie wiegen nicht das On-dit eines einzigen Menschen auf, der es sich in den Kopf gesetzt hat, an die Arbeiterklasse zu glauben.

Ich störte wohl ein wenig Hildegards Kreise, die sich für diesen Tag was anderes vorgenommen hatte.

Eine Jacke, die aussah wie ein Pastoren-Sommer-Jackett.

«Die Weigerung von Schiffskapitänen, Flüchtlinge aus dem Wasser zu fischen, ist der abnehmenden Sympathie für boat people *geschuldet*» (taz).
«Geschuldet» – eine eigenartige Formulierung. Sie kommt wohl aus dem Osten.

Alle Welt protestiert gegen Hausdurchsuchung beim Aufbau-Verlag, Christa Wolf natürlich. Und was ist? Der Aufbau-Ver-

lag hat zehn Jahre ungesetzlich die Lizenzverträge mit dem Westen gebrochen und mehr gedruckt als abgerechnet. Wer waren die Geschädigten? Die West-Autoren u. a.
Ich ja nicht, mich wollten sie nicht.

Bernard Shaw: «(Damals) in Rußland sind die richtigen Leute erschossen worden.»

TV: Weltmeisterschaft in der rhythmischen Sportgymnastik. Angenehmer als die Turnerei am Stufenbarren. Wenn sie den Reifen wegrollen lassen und wenn er dann ergeben im Gegendrall zurückgerollt kommt.
Balken, das Zittergerät, doch zu affektiert. Runterfallen tun sie ja doch.
Timoschenko, Alexandra.
Das Gerät, mit dem sie hantieren, macht es angenehm zuzugucken, das Händegefuchtel fällt fort.

Düsseldorf So 13. Oktober 1991

Heute früh Lesung in Haan, mit Taxi von Düsseldorf und zurück. Der Fahrer gab mir ein hübsches Statement zur Wiedervereinigung:

Was soll ich dazu sagen? Für den Westen und den Osten ist es ganz unerwartet gekommen. Lange Zeit wird das noch dauern, bis das ein homogenes Gebilde gibt. Der Osten wird ja schamlos ausgebeutet, es ist ihm immer vorgegaukelt worden: der Goldene Westen – und nun sehen sie, wie das ist. – Ich hätte zwei Staaten bestehen lassen, mit einheitlicher Währung, aber zwei Staaten. – Ich sammle Miniaturautos, hab' auf meine Weise an der Ausbeutung des Ostens teilgenommen. Ich hab' eine Ausstellung von Miniaturautos gesehen, und da gab es auf einmal welche für 70 Pfennig, die kamen aus der DDR, nach der Wende, wurden verschleudert. Die haben gedacht, alles, was die herstellen, ist nichts mehr wert, und da haben sie diese Dingerchen für 70 Pfennig hergegeben. Und da hab' ich einen ganzen Haufen gekauft. Für die entsprechenden Modelle hätte man hier 5 Mark bezahlen müssen, sie waren allerdings nicht so detailliert wie unsere, und der Klebstoff war zu sehen. Ich hab' dann auch manchmal einen Stand auf dem Flohmarkt und verkaufe von meinen Modellen welche, wenn ich sehe, daß ich zu viel habe, und da hab' ich die Dingerchen von drüben mit 300% Verdienst an den Mann bringen können. Ich hab' also auch teilgenommen an der Ausbeutung.

Inzwischen hat das Interesse an den Modellen nachgelassen, sie sind nicht gut genug.

Ein anderer Taxifahrer:

Ich find' das gut, aber die sind ja ganz unerfahren. Einer hatte sich in Düsseldorf mal verfranst und hat mich gebeten, ich soll vor ihm herfahren. Ich sag' zu ihm, er soll sich doch lieber einen Stadtplan kaufen, der kostet nur 3 Mark 50. – Nein, das wollte er nicht, und er hat anstandslos 40 Mark bezahlt, dafür, daß ich ihn da hingelotst habe.

Der Hausmeister in Haan:

Ich bin ohne weiteres dafür, bloß was danach im Spiel ist, damit bin ich nicht einverstanden. – Regierungsmäßig ist das teilweise zum Kotzen. Hier erhöhen sie die Diäten, anstatt alles Geld nach drüben zu geben, wo es angebracht wäre. – Der Umzug nach Berlin ärgert mich auch. Das Geld hätte man sich für was anderes aufsparen können.

Hier waren Leute aus Rostock, die haben hier eine Asbestsanierung vollzogen. Die kamen noch mit ihren alten Motorrädern, so schwarze Dinger mit Seitenwagen, hier angefahren. Die waren mächtig verärgert, die Versprechungen, die man denen gemacht hat, und nichts gehalten!

Der Herr von der Kulturverwaltung sagte:

Wir haben eine Partnerstadt drüben, und wenn ich da rüberfahre, dann muß ich viel Verständnis haben für alles. Das Unselbständige, das andere Denken. Wir leisten denen Verwaltungshilfe, und da kann man was erleben. Wir wollten ein Fest machen, und da kamen die mit 5,– Eintritt und dann drinnen auch alles noch bezahlen. Wir haben gesagt: den Eintritt mit Tombola koppeln und Schluß, 2 Mark. Und da kamen 5000, und wir haben guten Überschuß gehabt. Und da haben die gesagt: Au, das ging ja fein, da hätten wir ja gleich 4 Mark Eintritt nehmen können ... Ich sag': Da wär' dann aber keiner gekommen. – Also, die einfachsten Dinge. Eine Blumenverkäuferin hat ihnen auch beigebracht, daß man die teuren Blumen in Augenhöhe stellen muß und die billigen am Fußboden. So kann man das ja mit allen Waren machen. «Das Teure müßt ihr in Augenhöhe hinstellen ...», hat sie gesagt.

Oh, und mit denen waren wir dann auch in Frankreich. «Alles so leger ...» haben sie gesagt, das hat denen nicht gefallen: «Das ist ja schlimm!» Und die Franzosen haben gesagt: O Gott, das sind doch alles Kommunisten! – Ich sag' zu denen: Nach dem Krieg waren hier doch auch 80% Nazis, und wir sind alle gute Demokraten geworden.

Nein, jetzt jammern sie um das Geld, das die Wiedervereinigung kostet. Ich kann mich noch erinnern an die Zeit, wo wir die Knarre in die Hand genommen hätten, um die Wiedervereinigung herbeizuführen, und jetzt wollen sie nicht einmal Geld bezahlen.

Man denkt auch manchmal: Wie wärst du geworden, wenn du drüben gelebt hättest und dir das 40 Jahre mit ansehen ... Die zerfleischen sich selber.

Ein Zuhörer, der vor Beginn der Lesung neben mir saß (leider schwerhörig), sagte:

Über die Wiedervereinigung bin ich sehr erfreut. Ich habe es immer als unnatürlich empfunden, daß Deutschland nach dem Krieg geteilt worden ist. Ich bin in die DDR gefahren, als sie noch selbständig war, die Menschen mußten damals viel improvisieren. Die betrieben noch regulären Tauschhandel. Jeder legte sich einen Warenvorrat an, und wenn Bedarf vorlag, haben sie sich dafür was eingetauscht. – Die Parolen und Spruchbänder haben mich gestört, aber die haben sich gewundert, daß mich das gestört hat: «Wir sehen das gar nicht.»

Burbach   Mo 14. Oktober 1991

Heute nach Burbach, wo ich nicht vom Bahnhof abgeholt wurde. Ich war schon verärgert durch eine Zigeunersippe, die, obwohl andere Abteile frei, sich zu mir setzte, stank und schnat-
terte. Der Zugschaffner zeigte ihnen den schwierigen Weg
zur 2. Klasse. Als er weg war, setzten sie sich wieder zu mir
rein.
Das Türken-Restaurant mit den freundlichen Kellnern, das ist
die eine Seite, dies war die andere Seite der Ausländerfrage.
In Burbach wohnte ich beim Bürgermeister in einer leerstehen-
den Jugendstilvilla. Wir aßen erst mal Rehkeule.

Nartum   Di 15. Oktober 1991

Wieder zu Haus.
In Düsseldorf war es ganz schön. Ich hatte ja die «Suite». Wie
immer, wenn ein Minimum von Luxus mich umgibt, eine stille
Zufriedenheit. «Luxus», das ist ja heute so eine Sache. Als ich
das Zimmer bezog, rief ich das Restaurant an.
Ich: «Sind Sie imstande, mir genießbares Obst zu bringen?»
Sie: «Natürlich.»
Es war ungenießbar. Der Pfirsich unreif, die Apfelsine trocken
und lederartig, der Apfel wie ein Stein. Ich hab' das dann wieder abholen lassen und ärgerte mich.
Lange und unbefriedigt ferngesehen.
Am nächsten Morgen dann mit Taxi nach Haan. Der Taxifahrer
recht unsicher und verschreckt im fremden Terrain. Die Leute
waren sehr lieb zu mir und ließen mich nach der Lesung sofort
wieder ziehen, so daß ich schon gegen 1 Uhr wieder in Düsseldorf war.
Dort besuchte ich einen Film-Trödelmarkt im Kolpinghaus.
Hatte ich noch nie gesehen, so was. Ich kaufte 20 Autogramm-
karten, darunter eine von Zarah Leander und von Marianne

Simson, deren trauriges Schicksal ich erfuhr. Selber Jüdin, denunzierte sie ihre Kollegen, um den Kopf zu retten.
Ich: «Und ich war als Junge so verliebt in sie!»
Ein Herr: «Das waren wir doch alle!»
«Zwei Welten», in dem Film spielte sie mit, und in «Münchhausen» war ihr Kopf als Blume zu sehen.
Amateurfilme aus der Kriegszeit gab es keine.
Dann kaufte ich mir Kuchen und trank in meiner Suite gemütlich Kaffee und arbeitete etwas am «Echolot».
Am Abend dann Premiere des «Totentanz» von Strindberg. Ich ging, wie meistens, in der Pause raus. Etwas zu übertrieben gespielt. Exaltiertes Gebrülle.

Ludwigslust   So 20. Oktober 1991

Fahrt in die DDR, Ludwigslust.

Wiedervereinigungsstatements von zwei Telekom-Technikern gesammelt:

> Großer Freund davon. Was Besseres kann uns gar nicht passieren. Samstag habe ich mit einer 80jährigen Frau gesprochen. Die hat mir ihr ganzes Leben erzählt. Sie hat den Wunsch gehabt, die Wiedervereinigung zu erleben. Und nun kann sie sterben, sagt sie.

> Ich find's gut. Die erste Frau von meinem Vater ist hier begraben. – Manche Wessis sind zu hochmütig, und im Dorf hier werde ich von einigen Leuten schief angeschaut.

In den Dachkonstruktionen des Ludwigsluster Schlosses «sämtliche Holzschädlinge, die es überhaupt gibt».
Die Verzierungen im Schloß. Säulenkapitelle bestehen aus gepreßter Pappe.
In Ludwigslust traf ich ausgerechnet H. S. Schulz, dessen Bio ich gerade lese. Freute mich sehr darüber.

Parchim
«Gibt's hier 'n Café, meine Damen?»
«Ja, gleich umme Ecke!»
Das ist echtes Mecklenburg. Im ganzen sympathischer als das feudale Ludwigslust: Die kleinen Fachwerkkaten gegen das große Schloß, das ist ja schon fast peinlich.
Café, reine DDR-Sache, die Leute sind hier unter sich. Glotzen mich an.

Plau
Komisch, man erlebt hier viel, aber wenn man das Notizbuch herausholt, hat man alles vergessen.

Eben war ich noch in einer Galerie, in Parchim, ich bekam zwei Bilder für 110,–, ein Lenin (Radierung) und gratulierende Arbeiter. Ich gab dem Mann meine Karte, vielleicht treibt er ja noch mehr auf. Viel Hoffnung hab' ich nicht.
Hier, im «Haus Klüschenberg», brüllt ein Radio. Ich stopfe mir Ohropax in die Ohren.
Kalte Platte – «ja, das läßt sich machen», aber die Brüllmusik abstellen, nicht.
Auf der Kasse eine blaue Kerze in einem Schnapsglas. Für alle Fälle, wenn das Licht ausgeht.
Ungenießbare «Schlachtplatte», und das in Mecklenburg! Lag mir noch lange im Magen.

Vor der Lesung in Plau meldete sich ein Mann, er heiße Fiebelkorn, 81 Jahre alt, er sei der «Bursche» meines Vaters in Gartz an der Oder gewesen.
Ich erinnerte mich sofort an den Namen. Er erzählte, Vater sei immer sehr korrekt gewesen, soldatisch habe man schon sein müssen. Er habe ihn ausgewählt, weil er der einzige Pommer zwischen lauter Thüringern und Hessen gewesen sei. Mein Vater habe immer viel Karten gespielt, und wenn's um 12 noch geregnet habe, dann habe er ihm noch den Umhang bringen müssen.

Sonderbares Erinnerungsbild: Ich liege mit den Eltern im Hotelbett, 1943, der «Bursche» kommt rein und holt Vaters Stiefel raus. Und wir liegen da zu dritt im Bett! Kaum vorstellbar.

Plau   Mo 21. Oktober 1991

Hab' geträumt, ich hätte 46 000 Mark für ein Paar Schuhe ausgegeben. Ich dachte mir symbolische Rechtfertigungen aus.

Hier ist alles noch DDR. Heute früh bin ich mit dem Pastor verabredet.
Langes Gespräch gestern noch mit den Zuhörern in großer und dann in kleiner Runde. Bemerkte zu meinem Schrecken, daß ich das Wort halten wollte, nicht recht zuhören konnte.
Der Taxifahrer: «Nein, man spürt schon, daß es aufwärtsgeht, der Sommer war sehr gut, alle Betten waren ausgebucht.»

Eine Zuhörerin empörte sich, erst jetzt habe sie durch eine Sendung im TV erfahren, daß das Winterpalais ja gar nicht erstürmt worden sei, nur eine Fensterscheibe kaputt, die Filmaufnahmen seien ja von Eisenstein gewesen.
Ein Mann: Es habe schon genügt, daß in meinen T/W-Filmen einmal der Name «Plau» erwähnt worden sei, das sei wie ein Ruck durch die Stadt gegangen (Rerik).
Ein Herr Brunkow, Neffe meiner ersten Klavierlehrerin in der Roonstraße. Wer alles noch lebt!

Schön gelegene Kirche aus dem 13. Jahrhundert. Drinnen leider durch allerhand Neugotisches verunstaltet, aber die Würde bewahrend. – Wo's einen hintreibt. In Plau war Ulla während des Krieges als «Arbeitsmaid». Ich besuchte sie einmal dort, da fielen mir in dem Städtchen Bronzefiguren auf, von einem Prof. Wandschneider: Sämänner, Männer mit Sense, alle Figuren etwas kleiner als lebensgroß. Das störte mich, als ob die

Bronze nicht gereicht hätte. Einige Figuren standen dicht nebeneinander in einem Garten herum. In Rostock hat er, glaube
ich, das Denkmal Friedrich Franz' III. fabriziert. Das schmol-
zen die Nazis sofort ein.

Jetzt entdeckte ich keine Wandschneider-Plastiken, ich habe
allerdings auch nicht Ausschau gehalten danach. – Ulla hatte
damals einen französischen Kriegsgefangenenfreund. Der hat
zu ihr mal gesagt: «Der Krieg macht die Augen der Mütter weinen» (Auf französisch natürlich).

Aus dem Notizbuch:

Pastor.
Kirchen.
Sie hätten gesammelt und das Geld zur Renovierung zusam-
mengehabt, nun die Preise kaputt …
Bis auf «die modernen Franzosen» könne man auf der Orgel
alles spielen.
Wie unter der Bettdecke.
Kirchenkonzerte, die Leute wollten nichts mehr hören von
dem sozialistischen Zeug.
Lagen während des Konzerts in den Bänken, mit Kindern.

Auf der Fünte die Inschriften auf plattdeutsch.
Kleiner Altar in Sakristei, auf Dachboden gefunden, Figuren,
einzelne waren schon mitgenommen worden, die Augen des
Restaurators leuchteten.

«An und für sich ist er ganz in Ordnung», sagt der Taxichauf-
feur vom Pastor.
Physiognomien der Altarfiguren.

Abendgymnasium durften sie, die Pastorenkinder. Er hätte in
den Westen gehen können, hätte nur an sich gedacht, nicht an
die Kinder.
Das große Erlebnis: Oktober 1989.
Bewacherhäuser.

Erinnerung an die Demonstration in Plau:

24. Oktober 1989 ging's los, schon um $^1/_2$7 die Kirche voll, Emporen, alles, 500 noch draußen, vor der Kirche. – Ein Besoffener ist als Erster nach vorn gegangen, dann Tierarzt und andere vernünftige Leute. Plötzlich Provokateure: Hier ist Stasi drin! Das ist doch prima! hat er da gesagt. 500 draußen, Menschen, sichtlich stolz. «Schlagen wollen wir nicht. Wenn wir die Hände um die Kerzen halten, können wir nicht!» Und dann zum Rathaus marschiert.

Pastor in Plau:

Ich würde hoffen, daß jetzt eine Aufbruchsituation beschrieben wird und daß sie erst werden muß, daß wir erst losziehen müssen. Aber sie ist noch nicht … – Wir sollten eine Andacht halten, zum Jahrestag, da hab' ich einen Text aus dem Alten Testament genommen, das Volk zieht los, sie zogen durch das Rote Meer hindurch, und dann kamen die Gesetze und der Tanz ums Goldene Kalb und so weiter, und dann kamen sie im Gelobten Land an, die fruchtbaren Täler waren schon besetzt, und sie mußten auf der zugigen Höhe … Ich weiß nicht, ich glaub', das trifft zu. – Partnerschaft in der Kirche ging ja sehr früh los, dafür waren wir dankbar, das war wunderbar, nicht die Sachen, die aus dem Westen geschickt wurden, sondern überhaupt. Da gab es einem immer Einheit. Schlimm ist, wenn die Leute so hintenrum kommen: «Wenn Sie mal einen Rat brauchen …», und da hab' ich gesagt: «Ja gut! Und wenn Sie mal einen Rat brauchen …» – Als die Grenze geöffnet wurde, bin ich am ersten Tag nach Bremen mit einem richtigen Paß, ich ganz stolz im Trabant, und die Menschen winkten und grüßten alle! Das war schön.
Ich denke, das ist ein Prozeß. Das Volk Israel ist ja auch weitergezogen. Daß wir losziehen.

Ludwigslust, im Schloß ehrfürchtige DDR-Bürger, staunend und akzeptierend.
Spezialität gepreßte Pappe: alle Säulen, Kapitelle usw. aus gepreßter Pappe, so was gibt's sonst nirgends auf der Welt. Das war damals keine Notlösung, sondern gewollt. – Schwierig zu streichen.

2007: *Inzwischen ist alles restauriert, auch die Kirche mit dem riesigen Altarbild. Ganz oben in den Wolken die Orgel, winzig wirkend. Ulkig irgendwie. – Der «Goldene Saal». Mir ist diese Art von aristokratischer Repräsentation fremd.*

Rostock
12 Uhr
Schwer reinzukommen in die Stadt, alles verstopft.
Gestern in Plau kein Lehrer, nicht ein einziger Schüler. Ich las im Rathaussaal, und es war voll. Der Veranstalter hatte Tische gedeckt mit belegten Broten, Bier, Wein etc.
Eine Frau meinte, ich hätte Bautzen verharmlost. Neben mich setzte sich ein kleines Mädchen. – Der Fotograf hatte keinen Film drin – keine DDR-Sache. Bürgermeister schenkte mir ein Bierglas mit dem Plauer Wappen.
Ich verzichtete darauf, mir die Jugendherberge anzusehen, in der meine Schwester als RAD-Maid gehaust hatte. Ob sie damals sich die Kirche angesehen hat? War sie oberflächlich? – Leichte Affinität zum BDM. Das trieb ihr Ib («Sven») dann aus.

Rostock hat was Brüllendes an sich. Wüster Verkehr.
Ich sitze im «Gastmahl des Meeres», früher «Mecklenburger Hof». – Damals mit Tante Mieke hier, 1938, ich seh' mich noch da sitzen. Ein Pianist. Es gab glühendheiße Brühe aus Metalltassen, wurde in Teller geschüttet. Das hatte ich nicht gekannt. Im Sommer draußen unter bunten Glühbirnen, Vater Zigarre. Alles sehr einfach. Stehgeiger? – War Mutter im Krankenhaus? Abtreibung? Peter hätte das Kind heißen sollen.

«Gastmahl des Meeres»
VEB Absatzorganisation der Fischwirtschaft, Gruppe Gastronomie Rostock – August-Bebel-Straße.

Eine Sekretärin sagte zur Wiedervereinigung:

> Wir finden das alle gut, aber menschlich sehr, sehr schwierig. Ich
> bin ein Jahrgang, der alles miterlebt hat. Ich stamme aus einer Fa-
> milie, die nicht mitgemacht hat. Wir haben uns dreingefügt.
> Es gibt natürlich auch Leute, die sagen, sie wären glücklicher ge-
> wesen, damals zu DDR-Zeiten. Eine Chemikerin, die wird nun
> niedriger eingestuft. Handwerker kommen eher zurecht, nur ist
> ein großes Problem, die sind alle Mitte 50. – Die Handwerker!
> Handwerk hat goldenen Boden. Klempner kriegen sie gar nicht
> mehr. – Ganz wenige bedauern es, die meisten sind zufrieden, daß
> es so gekommen ist.
> Der Westen ist ja ekelhaft perfekt. So schön soll es hier nicht wer-
> den. Wie in England und Frankreich. Die vielen Autos, das stinkt
> mich an! Wenn ich das alles sehe, alles neue Möbel! Man muß ver-
> suchen, seine Individualität zu bewahren.

Der Wirt vom «Gastmahl» in Rostock, ob ich nicht mal 'ne Lesung dort machen wolle? Damit der Laden richtig in Schwung
kommt.

2007: *Inzwischen ist das Hotel abgerissen worden. Leider.*
Die nette kleine Marmorbüste vor dem Hotel haben sie schon
lange vorher abgerissen (zerschlagen). – Gegen die Umwid-
mung des Granit-Denkmalsockels von Friedrich Franz III.
zum KZ-Denkmal ist nichts zu sagen. Aber ein Platzkonzert
wie in alten Zeiten («Blasen Sie fis!») können sie hier nicht
veranstalten.

Längeres Gespräch mit Dr. Gläser vom Klostermuseum. Er gab
mir eine Vogelschauansicht von der Klosteranlage, da ist das
«Archiv» schon eingezeichnet. Am 4. 11. treffen wir uns in Hannover. Er hat gerade zu tun mit Stasi-belasteten Mitarbeitern,
er kann sie nicht loswerden. «Im Hause» gebe es Widerstände
gegen mein Kommen, zu viel Arbeit und auch politische (!)
Widerstände. Man will lieber ein John-Brinckman-Haus. Ich
habe überlegt, ob ich das Geld für die Strandstraße evtl. ein-
bringe, um eine Stiftung zu etablieren!

Ein Angestellter der Konrad-Adenauer-Stiftung:

Die Wiedervereinigung war so weit weg – ich bin Jahrgang '61, habe nie daran gedacht. Ich bin dann sehr viel hierhergereist, und da habe ich zum ersten Mal einen Bezug hierher bekommen. Ich habe Glück gehabt, im Westen aufgewachsen zu sein. Wer weiß, wenn ich hier aufgewachsen wäre, dann hätte ich sicher auch Kompromisse gemacht. Was mir auffällt: Im Laufe der Jahre haben sich die Umgangsformen verändert. Das Handgeben. Die Wessis geben einem ja nicht mal die Hand! Hier gibt jeder jedem die Hand, drüben macht man das doch nur bei besonderen Gelegenheiten.
Die Stimmung ist schlecht. Nach meiner Einschätzung haben nur wenige was übrig für die Vereinigung. Wie hatten wir es doch gut! Sichere Arbeit, alles in Ordnung. Und jetzt die Arbeitslosigkeit. Das Rad zurückdrehen wollen sie nicht, aber anders vorgestellt haben sie es sich doch. Und Urlaub fahren, reisen, das hat die wohl nicht so gereizt, weil sie es hier so schön haben, die Ostsee. – «Aktendulli», «Polylux», das sind so Wörter, die man nicht versteht. Wenn man «Plastik» statt «Plaste» sagt, dann ist man gleich entlarvt.

Stadtführerin:

Künstler sind die Farbtupfen in der Gesellschaft.

18 Uhr sehr schön gegessen im Hotel Warnow. Dann nach Groß Klein gefahren und dort in der bis auf den letzten Platz gefüllten Kirche gelesen. Sehr herzlich alles. Und ich dachte, im damaligen Neubaugebiet würde es Widerstand geben. Ein Mann ließ mir bestellen, ich soll in die Sowiesostraße Nummer sowieso kommen, da säße ein schwerbehinderter Rostock-Sammler, der wollte sich mal mit mir unterhalten.

Ein Journalist:

Wiedervereinigung? Spontan? Es war ein Erfolg derjenigen, die jahrelang im Untergrund agiert haben, die heimlich Flugblätter ..., sich in Kirchen getroffen haben, die sich für die Umwelt engagiert ..., auch die Weggegangenen, die ja meist nicht freiwillig gegangen sind. Das war ja keine Ausreise, sondern Emigration. Dadurch ist das befördert worden. Es ist das Beste, was der DDR passieren konnte. Schade, daß so vieles auf der Konsumebene ausgetragen wird. Die Leute haben im Grund schon vergessen, was sie haben. Die alltägliche Sache nimmt keiner mehr wahr.

Ein Fotograf:

Wiedervereinigung? An den Tag, an dem ich die Ausrufung in Berlin mitgekriegt habe, die Tränendrüsen füllten sich. Ich konnte das nicht richtig checken. Sehr erfreut, als ich den ersten Trabi sah. Bin jetzt 1 ½ Jahre hier, hab' alles mitbekommen. Ich denke jetzt mehr als Ossi als als Wessi. Das ist wie ein Dampfhammer hier rübergegangen. Bekümmert hat mich die westliche Arroganz. Günstig getauscht und dann in Diskotheken die Sau rausgelassen, die Mädchen mitzunehmen. – Ein Maurer hat sich'n Mercedes geliehen, ins «Neptun» gefahren und hat die Puppen tanzen lassen. Die 1 ½ Jahre, die ich jetzt hier bin, hab' ich noch gar nicht so recht verarbeitet. Ich fühle mehr als Ossi.

De Maizière hat das ziemlich gut gelöst. Ein ganzes Volk aus der Hand zu geben, ohne den Stolz zu verlieren. Als die NVA die neuen Uniformen kriegte, da habe ich ein Foto gemacht, halb Bundeswehruniform, halb NVA. Zwei Mützen in der Hand, er sollte sich entscheiden.

Greifswald   Di 22. Oktober 1991

Der Taxifahrer:

Oh! Das kann man schon merken, daß das aufwärtsgeht. Was in diesem letzten Vierteljahr schon gebaut wurde! Und denn die Telekom. Ich hab' Kollegen, die fünf Jahre auf ein Telefon gewartet haben, und nun geht das wie geschmiert. – Aber Arbeit muß es geben, sonst nützt das alles nichts. Nehmen Sie nur mal die Leute vom Kernkraftwerk. Die kommen alle aus Mitteldeutschland, haben da alle drei Jahre bloß einen Ferienplatz gekriegt und sind deshalb nach Greifswald gekommen, wo es mehr Urlaub gab. Und nun wird das Kernkraftwerk geschlossen.

Gläser erzählte noch, daß er genau weiß, wer in seinem Museum für die Stasi gearbeitet hat, aber er kann die Leute nicht raussetzen, weil die Gauck-Behörde zwei bis drei Jahre dafür brauchte, das festzustellen. Von Schwerin werde andererseits gedrückt, daß der aufgeblähte Personalstand reduziert werde, und da müßten dann die jungen (unbescholtenen) Mitarbeiter gehen. Außerdem mache ihm die Kleinkriminalität zu schaffen, Computerteile oder anderes Material bestellten sie für sich privat über das Museum, von Telefongesprächen ganz abgesehen. – Er müsse jeden Brief durchlesen wegen der Fehler usw.

Greifswald sieht ja grauenhaft aus. Diese im Krieg nicht zerstörte Stadt ist völlig heruntergewirtschaftet. – Übrigens eine angenehme Stadt, das machen die Studenten.
Die Kirchen leider geschlossen.
Keine Stadt wie Wismar oder Stralsund – oder Rostock. Andere Stimmung.

Drei Bürgermeister aus Townships, Soweto, zwei Studenten waren gekommen. Keine Verbindung zur Universität.

Ein WV-Statement:

Ich finde, das ist der Weg der Deutschen zur Normalität. Ich glaube, daß es den Menschen im Osten mehr abverlangt als den Menschen im Westen. Die Bundesregierung wird nicht mehr dasselbe sein wie vorher. Bei privaten Gesprächen habe ich festgestellt, daß die Menschen aus dem Osten alles unersättlich aufsaugen. – Es gab ja auch keine Alternative. Eine weltgereiste Ost-Krankenschwester war bei uns, es stellte sich heraus, daß sie eine hohe Funktionärin des FDGB war. Es gab ein Ärgernis, sie kam von der Charité und wollte nun auch mal ein deutsches Kreiskrankenhaus sehen und kam zurück wie zu Weihnachten, ein Riesensortiment von Medikamenten und irgendwelche Metallplatten, wovon sie die Hälfte liegenließ. Und dann hat sie gesagt, ich sollte ihr die mal vorbeibringen. Ich hab' mich geärgert, ich hatte ja eigentlich jemand haben wollen, der noch nirgends gewesen war, und da gerieten wir an diese Ausbeuterin von der anderen Seite.

Ingo von Münch im Warnow-Hotel, saß so, daß er das ganze Lokal überblicken konnte, wohnt dort schon seit Wochen. Ich begrüßte ihn kurz und bat ihn um Vermittlung eines Lehrauftrages an der Universität.
«Die müßten ja stolz sein, daß Sie dort lesen. Die trauen sich nur nicht zu fragen ...»

Diettrich versprach, Depot für Kunstwerke der DDR-Zeit ausfindig zu machen.

2007: *Nie wieder was davon gehört. – Erst Jahre später hat Hildegard in Dresden ein Bild ausfindig gemacht: Architekt und Bauarbeiter machen Feierabend.*

Gespräch nach der Lesung: Prozeß Bachmeier, das Kind sei ein Luder gewesen und habe den an sich harmlosen Psychopathen erpreßt, wird gemutmaßt. Was einem so alles erzählt wird ...
Ich las vor 12 jungen Leuten. Nebenan wurde Tischtennis gespielt.

Greifswald Mi 23. Oktober 1991

1952: Gründung des Deutschen Roten Kreuzes der DDR

Gestern gelesen in einem Studentenlokal, ziemlich voll. Schweigend hörte man mir zu, keine Diskussion. Rüther von der Adenauer-Stiftung sagte, daß sich niemand auf sein Angebot eines Stipendiums gemeldet habe. Das Studentenlokal eher der Keller einer Turnhalle.
Ein paar ältere Damen nickten mir gütig zu.
Keine Presse, außer einem eifrigen ehemaligen Pastor.
Uwe Johnson ist hier der große Mann. Im Antiquariat ein ganzes Bord.

Ein Fotograf:

Ich bin mit dem Gedanken der Wiedervereinigung aufgewachsen: Deutsche an einen Tisch. – Bei der Konfirmation meiner Schwester saßen meine Eltern und die ganze Verwandtschaft an einem Tisch, und sie sagten: Wenn du mal konfirmiert wirst, dann haben wir längst die Wiedervereinigung. – Ich hatte schon die Hoffnung aufgegeben. Daß der Russe seine Panzer zurückzieht, das kam ja nie in Frage!
Als dann die Revolution kam: Wir sind ein Volk!, da kriegte ich Angst. Das kam mir revanchistisch vor. Ich bin ja durch die sozialistische Schule gegangen, obwohl das Elternhaus anti war, ich fühlte die Lehren des Sozialismus bestätigt. – Na ja, ich sag' heute, die Wiedervereinigung war gut. Selbst wenn jetzt viele Meckereien sind – es war richtig.

Ein Pastor:

Als der Putsch kam, die Leute, die vorher gemeckert haben, die waren plötzlich alle dafür.

Eben Interview mit einem ehemaligen Pastor, der den Beruf gewechselt hat und nun Journalist ist. Er habe nicht mehr den Alleinunterhalter machen wollen und verdiene jetzt doppelt soviel. Er hatte für das Interview ein großes Kofferradio mitgebracht, das kleine Aufnahmegerät funktioniere nicht.
Eine Berliner Familie, junge Frau, Mann, Opa und Oma, taten so, als kennten sie mich nicht. Von oben aus, aus dem Hotelfenster, beobachtete ich ihre Abfahrt, und da winkten sie zu meinem Fenster hoch.

Autofahrt Greifswald – Stralsund, ein totes Reh lag an der Straße, als ob es schliefe. Normale West-Autofahrer und selbstmörderische Ossis. Ich hielt mich ganz rechts auf der ruinierten Straße, nach altem Rezept (M/B).
Herrliches Wetter. Ich genoß den Anblick der Landschaft. Die Alleen. Vermutlich wird der ADAC alle Bäume abhacken lassen.
Auch wir sind befreit worden.

Ribnitz

Jetzt in Ribnitz, Bernsteinmuseum. Café. Ich aß eine Bihunsuppe. Ein Wessi am Nebentisch fragte, ob das ein zweimal gekochtes Huhn sei?

Bernsteinverarbeitung meistens kitschig. Eine Kogge aus zusammengesetztem Bernstein. Am schönsten die großen, nur eben geglätteten Stücke.

Es hat keinen Sinn!
Man möchte was mitnehmen!

Peinlich der große Büchertisch, gestern, und niemand kaufte was. Mein Angebot zum Seminar nahm niemand an. Standen da, die Arme verschränkt, sahen die Bücher von oben an wie im Terrarium die Chamäleons.

Herr Wulf von der Adenauer-Stiftung wollte wissen, was die violett erleuchteten Fenster in den Hochhäusern bedeuteten. Vielleicht hat er gedacht, das wären Puffs?
Der Herr am Nebentisch guckt mich so eindringlich an, ich denke: Hoffentlich spricht er dich an! Aus Eitelkeit und wegen meiner WV-Befragung. «Es hat sich schon viel getan», meint er zu mir hin. Die West-Gattin, kunstbeflissen, klatscht ihrer Tochter auf den Schenkel, weil die so breitbeinig dasitzt, und legt ihr die Hand auf den Tisch: So wird' s gemacht, man fummelt nicht mit der Hand unterm Tisch rum. Die Tochter guckt belustigt zu mir hin, was ich zu so was sage! – Kleiner junger Hund mit rotem Halstuch. Tochter spricht in Babysprache mit ihm.
Vater zu ihr: «Laß das! Du weißt, daß uns das auf den Keks geht.»
Er nennt seine Frau «Trümmerfrau».
Ich bin überall zu Hause, wo man mich liest.

Warnemünde
Hotel «Neptun», also zu Hause. 16 Uhr.
Die Bierflaschenaktion habe ich hinter mir. Unangenehm! Was
damals originell mit Beschiß-Zusatz war, neigte sich nun doch
sehr zum Beschiß. Er wollte mir sozialistische Bilder andrehen,
aber es waren natürlich Drucke.
Die «Trinkhallen» früher. Mit Türmchen. «Fliegerbier» gab es
vor dem Krieg. Das war 'ne alkoholfreie Sache.
Hab' einen schönen Platz, sehe über den Hafen und die halbe
Ostsee bis vielleicht Zingst?
«Rosenort», was für ein schöner Name.
Der Mond, voll, weiß wie Wolke.

Gewaltiger Umweg ab Ribnitz, sämtliche Straßen werden hier
aufgerissen und neu gemacht. Ich fuhr dann über Markgrafenheide, Fähre zu P., der mich schon erwartete. Seine Frau hat die
schönsten Stücke vorher aussortiert, und die Plakate, die er mir
anbot, waren nachgedruckt, ich habe sie natürlich zurückge-
wiesen. Ein kleiner Kasten mit Schlüsseln, die er leider mit
Rost-Ex behandelt hat. Holzbutterformen, Holzlöffel. Zwei
Holzkummen. Beim Steinzeug (Kummen und Maße) bin ich
mir nicht sicher, ob die Sachen wirklich alt sind. Alles in allem
2200,–. Reichlich. Habe das «ungute Gefühl», ausgenommen
worden zu sein.

Bei Bildhauer Dietrich ließ ich mich verleiten, einen nackten
Jüngling für den Garten zu kaufen, aus Ton, etwas beschädigt.
Er wird das Zentnerstück zu uns nach Nartum bringen. Wenn
ich morgen nach Hause komme, ist es schon da. Sozialistischer
Realismus ein wenig, aber in mildester Form, oder besser: ver-
steckt, von innen heraus. Im Grunde verlogen! Aber für unseren Garten gerade richtig, wir müssen etwas haben, worauf wir
mit Fingern zeigen können. Ich bezahlte für den beschädigten Jüngling 3000,– und für eine kleine Bronze, eine Frau, die
Hühner füttert, 2000,–. Gegen Quittung, das macht die Sache
erträglich. Der muß sehr gut verdient haben, aber er kann auf

seinem Gebiet natürlich auch was, er hat Stil, wenn auch einen sozialistischen.

2007: *Inzwischen haben wir auch das Mädchen gekauft: Adam und Eva.*

In Ribnitz sah ich mir flüchtig das Bernsteinmuseum an. Einschlüsse hübsch präsentiert unter Vergrößerungsglas. Wie in Tucson die Edelsteine aus der Wüste. – Ein Floh! Jetzt färbt sich der Mond gelb. «Seht den Mond groß im Osten...»

Ich fragte den Herrn von der Adenauer-Stiftung, wieso er sich erst jetzt an mich erinnert. All die Jahre hatte dieses liberale Institut keinen Blick für mich. Ja, sagt er, das versteht er auch nicht. Das Kriechen hat den Bürgern nichts genützt, die Sache ist ohne ihr Zutun zusammengekracht. Rostock ist in jeder Hinsicht etwas Besonderes.

2007: *Ich höre von den Adenauer-Leuten nichts mehr. Den Preis gekriegt, dafür angemeckert worden – aus. Ich sah die Liste durch, wen die alles einladen! An mir führen Schlangenlinien vorbei.*

P. zog sich einen grünen Lagerkittel an, als er da mit mir herumwurschtelte. Er bot mir an, in Nartum Bäume zu beschneiden, die Schere könne er mitbringen.

Ich war stolz, daß mir die Straßenabkürzung über Markgrafenheide eingefallen ist und daß das auch funktionierte. Vor dem Krieg Endstation langer Familienausflüge. Die Phantasie hat zu tun, wenn man durch die halbzerstörten, heruntergekommenen Städte bummelt. In Greifswald ein schöner alter Speicher. Die Fähren halten hier direkt am Bahnhof.

Neubukow
19 Uhr.
Stockfinster, ich taste mich durch die Gegend. Ohne Abend-
brot. Schrecklicher Blödsinn. Warum macht man auch so was?
Beim Veranstalter kriegte ich ein Butterbrot.
Die Zuhörer saßen an im Geviert aufgestellten Tischen. Keine
Bewegung.
Zahnschmerzen.
In der Nacht fuhr ich noch nach Hause.

Nartum   Fr 25. Oktober 1991

Daß Sartre alle Antikommunisten als «Hunde» bezeichnete,
hat die Linke nicht gestört, sie monierten Ludwig Erhards
«Pinscher», was doch vergleichsweise liebevoller klingt.
Raddatz wollte sogar allen Büchern eine Bauchbinde verpassen
mit der Aufschrift: «Pinscherliteratur».

Auch in den mecklenburgischen Städten gelten noch die alten
Straßennamen. In Ludwigslust sah ich sogar ein Marx-Denkmal. Dieses Zögern ärgert mich, es beweist, wie wenig ich von
den Menschen da drüben weiß. Es kommt mir so vor, als ob sie
mit einem Bein auf dem schwankenden Boot, mit dem andern
auf festem Land stehen.
Ausgerechnet Ludwigslust! Karl Marx!
Der Gegensatz von Schloß und den kleinen Wohnhäusern
der Untertanen drum herum, Katen. – Die Kirche, das große
Altarbild, die ganze Ostwand einnehmend, und oben drin eine
Orgel.

2007: *In Bautzen gab es eine Gruppe Ludwigsluster Schüler, nette Leute. Claus Gosselck war darunter. Die niederdeutschen Varianten in der Sprache. Überhaupt das Platt! In
Kneipen hört man es noch. Auch das wäre eine Wiedervereini-*

gung wert. Das Hochdeutsche mit dem Niederdeutschen. Es ist eine Illusion zu glauben, Deutschland sei «wiedervereinigt». – Die Bayern. In Bautzen hatten wir zwei Bayern.

Nartum

1941: Arkadi Gaidar gestorben

Zwei Frauen zur Wiedervereinigung:

> Oh! Ein schwieriges Thema. Die Sache ist sicher sehr, sehr schön, aber es bringt viele Schwierigkeiten mit sich! Die Problematik liegt darin, daß man die DM zu früh gegeben hat. – Es war erschreckend für mich zu sehen, wie es da aussieht, in unserer Partnergemeinde bei Berlin. Die stehengebliebene Zeit.

Andere Frau mischt sich ein:

> Aber die waren immer schon stehengeblieben, kurz vor Berlin und keine Kanalisation! Das könnte für Berlin das Naherholungszentrum sein – aber nein.

Die erste Frau:

> Verblüffend waren die Straßen, Pfützen in riesigem Ausmaß. Und rechts diese Tierkolchosen, diese Ausdünstungen! Eine verfallene Kirche ...

Die zweite Frau:

> Der Pfarrer der Nachbargemeinde hat seine Kirche in Schuß. Dazu gehört eben auch Selbstaktivität. – Die sind dann auch rübergekommen. Bescheiden und dankbar. Da war ein älterer Mann dabei, der war in einem Heimwerkermarkt gewesen. Bananen, Obst, und alles hat er ohne Neid anschauen können. Aber in dem Heimwerkermarkt die Kästchen mit den Schrauben usw.,

da sind ihm die Tränen gekommen. Für sein Häuschen hat er drüben nichts gekriegt, und hier lag alles haufenweise. – Als wir sie abholten, mit dem Wagen, haben sie immer gefragt: Ist das nicht zu schnell? – Die fuhren drüben immer mit offenem Fenster.

Hannover, Buchausstellung.
Ich irrte zwischen den Ständen herum. Saß mit Leuten zusammen, die ich nicht kannte.

Albumeintrag Chlodwig Poth

Hamburg
Fechner-Party im Hotel «Atlantik».
Er hatte zu seinem Geburtstag <u>alle</u> Leute eingeladen, mit denen er je gearbeitet hat. Der ganze Saal voller Schauspieler. Die ganze T/W-Besatzung u. a.
«Pastor» Rosenstiel im «Kapitel»-Film wurde nachgeahmt: «Hölderlin ... und überhaupt» (aus T/W-Drehbuch). Darüber amüsierten sie sich, Schiestl und Rosenstiel.
Haucke machte Aribert Wäscher nach, der an Alzheimer zu-

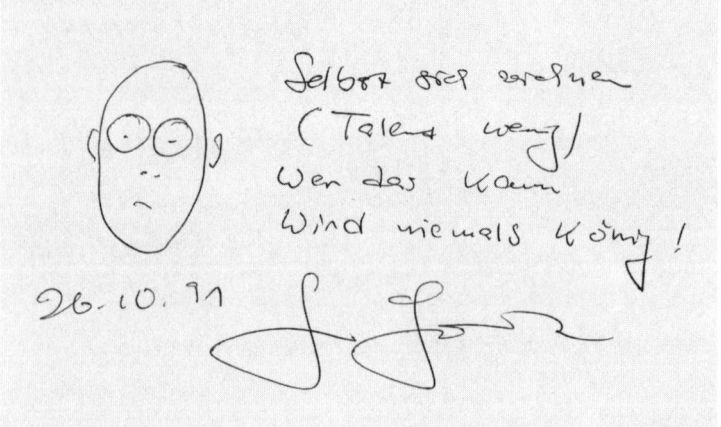

Albumeintrag Edda Seippel

Albumeintrag Gert Haucke

grunde gegangen ist: «Ein Gutes hat diese Krankheit, wenn ich ein Buch ausgelesen habe, fang ich gleich wieder von vorne an», habe Wäscher gesagt.

Ich saß ausgerechnet neben F. J. G., der in meiner ersten Zeit mich umworben hat, begeistert, und dann plötzlich mich ange-

feindet und alles, aber auch alles, was ich schrieb, runterge-
macht. Er saß den ganzen Abend bei Tisch neben mir mit
abgewandtem Gesicht!

2007: *Ueding hat ihn umgedreht, der Feind von Dierks. Inzwischen ist F. J. G. in der FAZ bei «Essen und Trinken» gelandet. Traurig. Was habe ich ihm getan?*

auf der Autobahn　　　　　　　　　So 27. Oktober 1991

Seit 1 1/2 Stunden stecke ich im Stau vor dem Elbtunnel. Ich bin
wütend, weil sie es nicht einmal im Verkehrsfunk ansagen. Ein
holländischer Lastwagen hat sich nicht an die Höhenbegren-
zung gehalten. Der mußte rausgelotst werden. Es hat sich niemand vergriffen an dem Mann. Was mich wundert. Den Holländer hat's nicht gewundert.
Insgesamt 2 1/2 Stunden!
Dachte, für den Flug nach Leipzig einen Riesenvorsprung zu
haben. Nun reicht es gerade noch für ein Bier.
Flugzeug nach Leipzig.

Leipzig　　　　　　　　　　　　　Mo 28. Oktober 1991

Von Herrn Witt vom Flughafen abgeholt, was ich nett fand.
Seine linke Hand fehlt, Spezialkonstruktion am Lenker, Nervo-
sitäten beim Bedienen der Parkplatzschranke. Lange Geschichte seiner Vertreibung aus Glatz (Schlesien). Ein Pole klingelt, die
Wohnung ist beschlagnahmt, und er schließt sofort alle Zimmer ab, mit allen Sachen, sie können nichts mitnehmen. – Er sei
erst bei der Ausweisung Nazi geworden.

«Hausschlachtene Wurst aus Sachsen.»

Seine Taktik war klar: Sie schieben alles auf die Stasi.
Er meinte, Unternehmer kämen zurück in die DDR, die früher arisierte Betriebe besessen hätten!

Ein niedlicher blonder Pikkolo. Hat, anders als die Serviermädchen, etwas Spielerisches an sich, macht sich einen Spaß aus dem Servieren. – Ich sag': «Die Brötchen schmecken ja wundervoll! Würden Sie mir bitte noch eins besorgen?» Da bringt er einen ganzen Korb voll und lacht mich an.

Das Nelkenjahr in Bautzen. Nein, es war nicht die reine Hölle.

Man sollte die Lenin-, Marx- und Thälmann-Denkmäler nach Torgau, Waldheim und Bautzen schaffen. – Stalin-Denkmäler gibt es nicht mehr. Wo sind sie geblieben?

Jetzt schmeißt der Pikkolo eine leere Teekanne hin. Kein Gast verzieht eine Miene. Die Mädchen lachen, laufen in die Küche und lachen. Gott, ist das ein drolliger Kerl!
Ein kleines verstrubbeltes sächsisches Ehepaar in Überlebenskleidung.
Die erleben hier die Wessis auch ganz einseitig. Höflichkeit, Heiterkeit fehlt, wer hierherkommt, will was erreichen.

Witt versteht nicht, wo die Neo-Nazis überhaupt alle herkommen. Kein Mensch traue sich abends noch auf die Straße. Diese brutale Gewalt! Und der Staat sei machtlos. Ich sagte: «Ja, und früher war es umgekehrt.»

Frau am Nebentisch schnaubt sich in die Serviette aus.
Die Plüschpracht des Stasi-Staates.
Der SS-Staat und der Stasi-Staat.

Im Antiquariat:
«Haben Sie noch Blätter aus der Agitprop-Zeit?»
«Nein, die hatten wir nie.»
Ein Mann mit Baskenmütze verspricht, mir welche zu schicken.

2007: *Nie wieder was davon gehört.*

Richtung Markt, kurz vor Auerbachs-Keller-Passage.
Thomas-Kirche, gegenüber Bach-Denkmal. Einmal durch die
düstere Kirche gegangen.
Reste der DDR-Mentalität, Läden machen zum Teil zu Mittag
zu. Die Antiquariate! – Nichts weiter gefunden.
Ein verrücktes Café, düster, weitläufig, mit einzelnen Tischen
hier und da.

Dietrich, der Bildhauer, erzählte von Wangerooge, das sei ja
nichts weiter Besonderes gewesen, aber die Drachen, Hunderte
von Drachen, und sie da, als DDR-Trupp mit acht Mann, die
Westdeutschen hätten die Drachen immer extra vor ihnen runterfallen lassen. (Nicht ganz kapiert, klingt nach Verfolgungs-
wahn.)
«In Jever so hübsch, eine Laterne, daneben Papierkorb und das
Pflaster so niedlich drum herum», sagt er. – Jever. Ich kenne nur
das Bier, und das mag ich nicht.
Er machte vor, wie früher die Omas aus dem Westen zurück-
gekommen seien, Bahnhof bei Ankunft des Zuges aus Hamburg schwarz von Menschen. Hin konnten sie allein gehen,
aber zurück, den Arm voll Bananen und Kisten und Kasten und
Pakete: «Oma, darf ich dir was tragen?»
Neulich sei ihm eine Freundin begegnet mit drei Bananen, die
habe quasi entschuldigend gesagt: «Ich ess' die Dinger wirklich
gern.»

Witt, daß die Deutschen noch bis 1946 weiße Armbinden tragen mußten in Schlesien. – Wo steht's geschrieben? Wer hebt's
auf? Wer sagt es den anderen?

In der Grimmaer Straße zwischen den ruhig und gemessen dahinschreitenden Menschen ein Rudel Zigeunerkinder, bettelnd.

Witt: Die Demonstrierer im Herbst 1989, da wären keine Ordner gewesen, alles diszipliniert und ohne Gewalt. Es wurde deutlich, daß er noch von seiner Begeisterung zehrte. Merkwürdig, daß die Menschen keine Verbindung herstellen zwischen der jetzigen Misere und der SED-Herrschaft. Ursache und Folgen.
Er verglich den westdeutschen Literaturfonds mit den Stipendien, die hier «Dichter» bekommen hätten.
In Schlesien alle deutschen Bücher auf einen Haufen und angezündet, die Polen, er hätte sich danebengesetzt, weil die nicht richtig brannten, und hätte «Lederstrumpf» gelesen.
Die drei Bücherverbrennungen. Es kommt noch die Vernichtung der DDR-Literatur hinzu, 1990, durch die Verlage.
Das Sächsisch hört sich gut an, mag das hören. Gehe hinter den Leuten her, wie früher mein Urgroßvater hinter Herren, die Zigarre rauchten.

2007: *In einem Dorf, Pretzien, haben sie ein Exemplar von Anne Franks Tagebuch verbrannt: 9 Monate Gefängnis. – In Berlin, die Bücherverbrennung damals, es seien 20 000 Stück gewesen, «undeutsche Literatur». Meine Bücher wurden auch «verbrannt».*

Die zucken zurück, wenn sie merken, daß man von drüben kommt. Kriegen ja auch dauernd was auf den Deckel.

Rache? Soll ich mich an mir selbst rächen?

Korrekturen der letzten Stunde, an M/B ist immer noch zu arbeiten. Diese letzten Korrekturen sind die interessantesten.

13 Uhr.
«Viertel zwei» werde ich abgeholt zu den Bibliotheksschü-
lern. Ich kämmte mich, und als ich in den Spiegel sah, dachte
ich: Wie merkwürdig, aber auch hilfreich wäre es, wenn du
für jeden Preis einen Orden bekommen hättest und nun, mit
den Orden angetan, vor die Jugend trätest: wie ein Sowjetgene-
ral.
Nach der Lesung wurde ich, der Gast, in der «Diskussion» «angemacht». Am Ausgang stoppte mich eine Bibliotheksschüle-
rin und entschuldigte sich für die frechen Zwischenrufe. Ich
ging einfach davon.

Ich kaufte im Antiquariat drei Kinderbücher und (sehr preis-
wert) drei Sprachlexika, alte blaue Langenscheidt-Ausgaben.
Ich hätte auch ein deutsch-vietnamesisches bekommen können.
Witt ist Spezialist für Jiddisch. Es gibt ein jiddisch-deutsches
Lexikon, da ist das Jiddische aber in hebräischen Schriftzeichen
gedruckt. Schade. Irre. «Deitsch», das bedeutet u. a. «obere Gesellschaft», höhere Klasse.

Blimeläch	→	Blume
a Fengele oder a Feegele	→	Vogel
Gase	→	Garten
Ich kumm oder ich kimm		
Maidel oder Medele!	→	Mädel

Kant und Wolf direkt neben der Nikolaikirche im Schaufenster einer Buchhandlung. Lenz und Johnson im Innern.
Von Kempowski keine Spur. Acht Jahre Bautzen? Das interessiert hier niemanden, ganz im Gegenteil, das ist ihnen suspekt. Warum? will man da wissen. Ich verweise auf meine
Bücher.

Die Bibliotheksschülerinnen waren in einer Weise biestig, daß
man glaubte, man hört nicht richtig. Das eine Mädchen, das sich

entschuldigte ... Dem Direktor war das peinlich, er geriet in höchste Nöte.

«Keine Macht für Niemand»: In Leipzig an der Wand.

Schnecken
«Man muß es mal essen, delikat! Ich hab' auch immer gedacht, igitt oder was, aber man muß das mal machen, die essen. Nicht, daß ich Sie hier überreden will, nein, von mir aus können Sie essen, was Sie wollen, aber machen Sie das mal. Sie werden sich wundern!»

2007: *«Die Fantome des Hutmachers» (Chabrol).*

«Andererseits, die Bananen, die Sie hier so kriegen, die würde bei uns drüben kein Mensch essen. Wirklich, können Sie mir glauben.»

«Ich als normaler Autobahnbenutzer, ich seh' das ja schon, was die alten Maschinen hier jetzt erschaffen, als wenn sie 'n Rekord aufstellen wollen.»

«Ich esse zu Haus Marmelade, jeden Morgen, weil mir das schmeckt. Ich könnt' ja auch Wurst essen oder Schinken, aber ich ess' eben Marmelade. Klar? Und da hatten wir neulich einen Besuch aus Gera. Und der sagt doch, beim Kaffee, ob er nicht Wurst kriegen kann. Das muß man sich mal vorstellen! Ich mein', wenn irgendwo eingeladen, und da steht Marmelade auf'm Tisch, dann sag' ich doch nicht, ich will Wurst haben. Klar?»

«Salat is included», sagt der Kellner. Auch der Glassplitter, den ich darin fand, war included.

«Eigenartig, der Zusammenbruch der DDR, es hat doch Zeiten gegeben, nach dem Krieg, in denen es viel schlimmer war. Aber plötzlich wurde es den Leuten zuviel.»

Sechs Zuhörer.

In der Buchhandlung. Kein einziges Buch von mir auf den Tischen. Aber die Buchhändlerin verkaufte mir ein Stalin-Buch von Erich Weinert: «Lieder um Stalin», 1949.

«Ich weiß schon, was Sie haben wollen», sagte sie.

Vier Namen donnern strahlendes Geviert,
die unsre Nacht mit ihrem Licht berührt:
Marx, Engels, Lenin und ihr Erbe, du.
Ihr seid das Sternbild, das den Wandrer führt ...
(S. 79)

Aus dem Kasachischen.

1949 saß ich in Bautzen in der Zelle, W 18. Damals repetierten Robert und ich die Familiengeschichte.

Leipzig: Ich denke immer, ich bin in Warschau, wundere mich, daß die Leute hier deutsch sprechen.

Noch zum Eklat in der Bibliotheksschule: Ich hatte noch nicht gegessen und hatte mir einen Beutel Chips mitgebracht (14 Uhr) und aß nebenher, las und diskutierte. Die übliche Verwechslung, man warf mir Deutschtümelei vor, verwechselte also – eine alte Geschichte – Shakespeare mit Richard III. Und dann kam's, ich sagte, es würde mich schon interessieren, ob Bundestagsabgeordnete, westliche, für die Stasi gearbeitet hätten, und in diesem Zusammenhang meinte ich, ob hier in den Parlamenten welche säßen, Stasi-Leute, interessierte mich nicht so sehr. Gejohle! Ich interessierte mich nicht für dieses Land? Nun, aus allem, was ich gesagt hatte, ging ja gerade das Gegenteil hervor, ich flippte also aus und verließ das Lokal in Unfrieden. Der Direktor lief mir händeringend nach. Übrigens, als wir kamen, wußte niemand etwas von uns. Es mußte aufgeschlossen werden.

Der Abend verlief dann wesentlich glücklicher, zwar nur ein sehr kleiner Kreis – vielleicht 30, 35 Personen in der Stadtbibliothek –, aber «zutunlich». Die Frau des unglücklichen Professors Marquardt war da, der Bloch-Schüler, tatsächlich in den ganzen Jahrzehnten keine vernünftige Stellung, hat sich so durchlaviert. Mußte in einer Fabrik arbeiten.

Auch Studenten, mit Freundin usw.

Witt wurde am Abend noch gesprächig. Er erzählte eine lange Story von Peter Weiss. Er sollte ihm ein 25 Kilo schweres Paket mit irgendeiner zu signierenden bibliophilen Sache bringen, kriegte aber kein Geld für die Reise, das mußte er sich von seiner Schwägerin in Westdeutschland besorgen. Weiss sei sehr unfreundlich gewesen, habe ihn nicht abgeholt, ließ ihn das Paket allein schleppen, trotz der Einarmigkeit. Sei wohl enttäuscht, daß die DDR-Leute nicht in einer «Karosse» vorgefahren waren und nur so einen «kleinen» Mann schickten. Hat ihm weder Essen angeboten noch zu schlafen, obwohl zwei Wohnungen … Er habe bei einer Bekannten schlafen müssen. Das sei seine erste Westfahrt gewesen.

Aus dem Gespräch ging hervor, wie paktiererisch Weiss mit den SED-Leuten umging.

Lange Geschichten glitten an mir vorüber. Was für eine stille Beharrlichkeit muß dazugehört haben, den täglichen Unbill in der DDR durchzustehen. Und nun Schwamm drüber, nun sind die andern, Glatten an der Reihe, sich einfach einfädeln lassen? Die Schuld, die sich hier aufgehäuft hat, ist ungeheuerlich. Das kommt davon, wenn man von Menschen Ausrichtung verlangt auf Deubel komm raus.

Nun hat sich Helga Novak selbst bezichtigt. Sie wär' auch Zuträgerin gewesen. Angriff ist die beste Verteidigung. Warum denn auch nicht? Das ist neu in dieser Debatte.

Die SED-Leute hätten immer den Mittelmäßigen bevorzugt. Begabte seien von vornherein verdächtig gewesen.

Die Leiterin des Reisekaders, der Cheflektor, dessen Steckenpferd Geographie: Wo liegt Nepal, statt Fachgespräch.

Jeder Plan habe schön aussehen müssen. Soundso viel % Arbeiter-Sachen, % Klassik, % Jugend usw. Ulbricht habe er gesehen auf Messe, vorher alles leer.

«Brogilus», «Unikat» und «Vignette», so heißen die Lokale im Hotel «Stadt Leipzig».
«Das is'n 4menwagen», hinten am Lieferwagen.
«Datsche» wär' das einzige Wort, das aus dem Russischen übernommen worden ist.
Im Leipziger Klo:

> Kannst du nicht scheißen,
> darfst du auch nicht reisen.

> Ihr roten Säue.

> Mit kleinem Latrinum wär' das nicht passiert.

Biermann hat ziemlich um sich geschlagen. Er hat ausgerechnet, daß die Stasi viermal soviel Spitzel wie die Gestapo gehabt hat. Mit solchen Rechenaufgaben kommen wir nicht weiter. Zimmer hat wesentlich gemessener Leviten gelesen.

Im Johannes-R.-Becher-Haus, der Schriftstellerschule, einer verwohnten Gründerzeitvilla. An sich beeindruckend, diese Kümmerlichkeit. Und wenn man bedenkt, daß einst sogar Sarah Kirsch hier «ihr Handwerk gelernt hat»?
«Der Minister» in Dresden will das Institut schließen, oder er hat es schon getan, weil man das Dichten nicht lernen könne. Nun soll ein Nachfolgeinstitut an der Universität gegründet werden. Die drei Dozenten sehen mich bitter lächelnd an. Ich weiß ja nicht, wie sie ihren Auftrag nutzten, es interessiert mich auch wirklich nicht, aber glauben tut man's schon, daß diese Leute sozialistische Filteranlagen betrieben, die Versuchung war sicher groß, und einen Auftrag zur Indoktrination hat es vermutlich auch gegeben.

2007: *Inzwischen gibt es Literatur darüber (Czechowski).*

Eine Zuhörerin fragte mich nach der Lesung, ob ich Atheist sei.

Das nicht. Ich bin «kultureller Christ», wie Thomas Mann es ausgedrückt hat (1934).

Rückflug von Leipzig   Di 29. Oktober 1991

1918: Gründung des Komsomol, der sowjetischen Jugendorganisation

Im Propellerflugzeug, acht Passagiere. Ich sitze ganz hinten in dem leeren Flugzeug. Zwei Ausländer steuern genau auf meinen Platz zu (vorn alles frei), zwei Italiener, und fangen augenblicklich an, sich in ihrer Tonart unterhaltlich anzuschreien. Ohropax half nicht, ich mußte umziehen. Das hat die nicht interessiert.

«Mein Herr, was sagen Sie zu der Ausländerfeindlichkeit der Deutschen?»
Ich glaube nicht, daß die Deutschen ausländerfeindlich sind. Ich höre in der Presse nur Meinungen, die die Ausländer verteidigen. – Man hat mir gesagt, daß die deutschen Gesetze die ausländerfreundlichsten der ganzen Welt sind.

Nartum
Mitternacht
An Schlemmers Ballett gedacht, die Filmaufnahme. Es ist das reinste.

Im TV ein Chaim Noll, Schriftsteller, der, aus der DDR kommend, damals die BRD-Intellektuellen wegen ihrer «DDR-Verliebtheit» angegriffen und verspottet hat. Daß ein (West-)Politiker sich von drüben eine (Stasi-)Frau mitgebracht hat.
Was sind das alles für Geschichten.

2007: *Ich versuche einiges aufzufangen in «Plankton». –*
Jetzt kommen auch noch Memoiren heraus, sie lugen un-
ter den Steinen hervor. Born / Piwitt / Havemann / Krug. –
Manches schimmert durch, liest sich zwischen den Zei-
len.

Nartum Mi 30. Oktober 1991

Heute war ich mit Robert bei Peter Schulz in HH, der uns
mitteilte, daß die Gegenseite unsere Forderungen zum großen
Teil erfüllt hat. Wir bekommen 240 000,– für das Haus und das
Grundstück. Später wird die Stadt noch Nutzungsentschädi-
gung zahlen, was möglicherweise noch mal die gleiche Summe
ausmachen wird.
Verkehr furchtbar, hin Stau und zurück wieder.
Das Haus wurde 1904 für 54 000 Mark gekauft. Der Segen der
Väter. Ich werde meinen Anteil in den Ausbau des Archivs ein-
bringen.

2007: *Von Nutzungsentschädigung war nie wieder die Rede.*
«Da mal nachhaken», sagt Hildegard.

Mir war das Haus immer unheimlich, das «Bureau», wie mein
Vater sagte. Für ein K-Archiv ungeeignet. Auch das Mönchen-
tor daneben, das die Bremer restaurieren. Es ist zu klein und zu
weit vom Zentrum der Stadt entfernt. Dahin verirrt sich niemand. Mein Archiv gehört in den Klosterhof.

Witt erzählte von Anna Seghers, die sei so furchtbar ängstlich
gewesen. Der Plan, eine Biographie über sie zu schreiben, mußte
aufgegeben werden, dies wollte sie nicht drin haben und das
nicht. Alles, was sie schon freigegeben hatte an Materialien, zog
sie später wieder zurück.
Ich habe nie die Begeisterung nachvollziehen können, die das

«Siebte Kreuz» erregte. Der Schinken ist ja sogar verfilmt worden. Genauso wie die Versauung des «Diktators» von Chaplin durch die Parallelhandlung.

2007: *Jetzt drehen sie den Kitsch ins Seriöse. Als ob's dadurch erträglicher / wahrer würde. Hitler darzustellen! Das hat nur Syberberg geschafft. Und der Film wird nicht gezeigt!*

Nartum   Do 31. Oktober 1991

Endlich mal wieder einen ganzen Tag für mich. Ich schlief lange und las dann Korrektur, mit freiem Kopf. Nach Tisch wieder sehr lange geschlafen und danach das schwierige 17. Kapitel. Und dann nochmals den «Fall» aus dem 16. Kapitel. Hatte lange darüber nachgedacht, nun erinnerte ich mich der Klangfiguren von Chladni, und die fügten sich ein.
Rest des Abends im Bildarchiv und die Arbeit am «Echolot» vorbereitet. In der Nacht dann Pepping gehört – «Wie schön leuchtet der Morgenstern» – und Pfitzner, den 2. Satz aus seinem Violinkonzert. Dabei Bücher geordnet und ganz zum Schluß noch einige Szenen aus den «Toten» von John Huston. James Joyce eins zu eins umgesetzt. – Sartre hat hübsch über einen Besuch bei Huston geschrieben, nachzulesen in einem Brief an Simone de Beauvoir vom Oktober 1959.

Bittel rief an und sprach freundlich von M/B.
Bibliotheksdirektor Dittrich in Hannover informiert, daß ich morgen mit Herrn Gläser und Frau Oschwald komme. Das endgültige Schicksal des Archivs muß geklärt werden.

Im Verlag sei man der Ansicht, M/B sei «der beste Kempowski, den es je gab ...».

2007: *Er schiebt sich sacht an «Alles umsonst» heran. Zusammen mit «Echolot» und «Trompeten» ein Zeichen, daß das Thema für mich noch lange nicht erledigt ist. – Die Deutschen entdecken es erst jetzt so richtig. Wie ist es möglich, in einem so kultivierten Land wie dem deutschen ein solches Thema Jahrzehnte unter Verschluß zu halten? Lehndorffs «Ostpreußisches Tagebuch». Im Archiv, da liegen sie, die Berichte.*

Die Tschechen ärgern mich. Im Gegensatz zu den armen Polen haben sie im Krieg weniger ausgestanden. Ich wäre gern mal nach Prag gefahren, aber so ganz «auf eigene Gefahr»?

November 1991

T: Ich sitze im KZ. Habe Angst. Wir sind nur 21 Mann, auch Frauen dabei. Sehe aus dem Fenster. Hitler sitzt vor einem schwankenden Haus. Er steht auf und geht woandershin, in dem Augenblick kracht der Giebel – er ist aus schweren Eichenklötzen aufeinandergestapelt – herunter.
Ein Ire bittet die Kommandantin, sein Kind als Pflegekind zu übernehmen.

Halb 5, früh.
Gestern habe ich die letzten Korrekturen von M/B weggeschickt, eine ziemlich waghalsige Sache, da ich in den Schluß noch allerlei Jenseitiges eingebracht habe.

Gustav Mahlers «Kindertotenlieder», gesungen von einem Bariton, der zwar Hände, aber keine Arme hat, Thomas Quasthoff heißt er. Wunderbare Stimme. Er sang von dem Unglück, das sein Unglück ist.

Der Sturz ins Chaos, allgemeine Ruinierung. Mit der SU beginnt es, und dann folgen alle. Bei uns schaffen sie das auch noch.

Steuerberater Rechnung geschickt, monatlich 530,–! Unglaublich. – Durch den Wohnungskauf in Berlin sind wir etwas aus dem Tritt gekommen. Nächstes Jahr müssen wir das ausgleichen.

Mit Hildegard angenehm. Meine Zuneigung wird von Jahr zu Jahr größer.
Renate hat mit Schüsseler verhandelt wegen Job als Buchhändlerin. Hildegard will hinfahren für ein paar Tage.

Allerhand Ängste.

Bildarchiv in Ordnung gebracht. Schätze für den, der sich für Fotos interessiert.
«Hörzu» hat wieder nichts gebracht, seit Juni nicht. Ich glaube, meine Kolumne ist überhaupt nur dreimal erschienen. Gezahlt haben sie für August zum letzten Mal. So was hab' ich noch nicht erlebt!

Habe Bittel allerhand Beschwerden vorgetragen, die er Paeschke weitergegeben hat. Besonders über die miese Lesereise und die unterlassene Werbung für «Sirius». Kein Mensch kennt das Buch. Tagebücher werden in Deutschland nicht gelesen.

Mit dem «Echolot» wieder von vorn begonnen. Dritter Durchgang. Gestern den 6. Januar bearbeitet. Es muß gekürzt und erweitert werden.
Feldberg hat noch immer nicht die Fallada-Briefe geliefert. Vielleicht kann Hildegard auf dem Weg nach Berlin vorbeischauen?

Witt in Leipzig über Kunze. Der habe als Stalinist die Entstalinisierung nicht verkraftet. Sei dann durch seine tschechische Frau 1968 bekehrt worden. – In München hat er den Bayerischen Verdienstorden aus der Hand von Franz Josef Strauß bekommen. Das regt die Leute hier mehr auf als seine Vergangenheit. – Ich würde auch gern mal einen Orden kriegen.

2007: *Jetzt hört man nichts mehr von ihm.*

13 Uhr
Schöne laue Luft. Ging ¹/₂ Stunde im Garten auf und ab. Hildegard war Besorgungen machen, und ich ordnete den 7. Januar
1943 nun zum dritten Mal. Wir stecken immer noch im rein
Dokumentarischen. Es muß zusammengeschoben, verdichtet
werden. Kommt Zeit, kommt Rat.

Kurz vor Mitternacht
Ein Schluck kaltes Wasser. Weich ist es, ich lasse es über das
Glas laufen. Meine Mutter wollte auf ihrem letzten Lager kaltes Wasser trinken. Ich konnte ihr diesen Wunsch nicht erfül-
len, da die Kaltwasserleitung in der Klinik neben der Warm-
wasserleitung installiert ist.

Langer Artikel von Raddatz auf Becher. Unverständlich-
schwankend.
Die Aichinger wird gefeiert.
Riesenanzeigen für das neue Buch der Maron überall.
In der ZEIT fragt ein Leser, wieso es kein Archiv gibt für Auf-
zeichnungen von Normalbürgern. Drei Seiten weiter meine
Anzeige.

TV: Advertising-Sendungen der Amerikaner über Schnell-
lesen und Glasmalerei. Das ist Fernsehen in Reinkultur.

Rechtsanwalt	40 000,–
Hausgutachten	12 000,–
Architekt	15 000,–
	67 000,– DM

in den Sand gesetzt: wegen des Archivs, dessen Verkauf nun seit
zehn Jahren betrieben wird und nicht zustande kommt. Ich
neige nun doch zur Rostock-Lösung.
Kommt noch das Hagen-Geld dazu, 40 000 pro Jahr? Oder
wieviel war es? Aber wir leben, und wir haben anderes dafür erstaunlich billig bekommen, so das Haus, auf dem keine einzige

Hypothek liegt, das abbezahlt ist, wie und wann und wovon –
keine Ahnung.
In Hannover macht irgend jemand Stimmung gegen mich. Ich
glaube, das kommt aus der linken Ecke.

Nartum   So 3. November 1991

1918: Matrosenaufstand in Kiel:
Bildung des ersten Soldatenrates

Morgens den 8. Januar fertiggestellt, nachmittags nach Lütjen-
burg gedonnert, 200 km, Lesung, sehr voll, einigermaßen verdattert von M/B. Diverse Ostpreußen, die mir bestätigten, daß
es dort, auf der Nehrung, genauso gewesen sei, wie ich es beschrieben. – Was Wunder, ich war ja da.
Eine Fanfrau mit all meinen Büchern, Frau Krüger, schenkte
mir ein Bild von Rostock.
Rehkoteletts, hervorragend, nette Runde, darunter auch das
Pfefferminz-Kind Tina aus Malente, die mir ein Bild ihrer kleinen Schwester mitbrachte, wie sie gerade den T/W liest.
Zurückgedonnert. Nun todmüde im Bett: Mitternacht.

Nartum   Di 5. November 1991

1973: FDJ wird mit dem Karl-Marx-Orden ausgezeichnet

Frau Oschwald und Dr. Gläser aus Rostock kamen. Wir trafen
uns in Hannover und aßen zusammen Rehfilets im Mövenpick,
angesichts des Maschsees mit seinen aus Muschelkalk (?) ge-
meißelten Kraftfiguren. Alle paar Jahre heißt es: Die müssen
weg. Aber sie stehen immer noch. Heroisch geformte Mate-
rie.

Dann sahen wir unser Archiv in der Landesbibliothek an, es sind mittlerweile 60 Meter Akten. Die Papiere altern im übrigen sichtlich, sacken zusammen, gilben, obwohl die Aufbewahrungsmodalitäten ganz gut sind.

Der arme Dittrich ahnte wohl schon, was dieser Besuch zu bedeuten hatte: In 12 Jahren kein Interessent? Nichts Universität, keine Schule und kein Ton von der Regierung Albrecht? Ich nahm ihn denn auch beiseite und machte ihn auf das gezielte Interesse der beiden Rostocker aufmerksam. Er will erst mal alles weiterlaufen lassen, seine Anträge bei Stadt und Land, und ich warte ab, was die Rostocker unternehmen. Wie es aussieht, werden zwei der barocken «Buden» auf dem Klosterhof dafür hergerichtet, und ich gebe die Materialien als Dauerleihgabe dorthin.

Wir fuhren dann nach Nartum, um die in Kreienhoop lagernden Objekte und Materialien in Augenschein zu nehmen. Wie zu erwarten, waren sie beeindruckt, sogar der Fahrer, Herr Nage, der an allen Verhandlungen und auch am Essen teilnahm. «Vielen Dank für Speis und Trank», sagte er zum Schluß.

Hildegard war extra noch hiergeblieben, sie will eigentlich nach Berlin fahren. Ihre Anwesenheit bei all den stundenlangen Gesprächen war wohltuend.

Als wir im Turm dann zum Schluß noch Abendbrot aßen, hatten wir alle das Gefühl, daß wir eine gute Sache unternehmen. Merkwürdig die Widerstände, Dittrich berichtete davon, daß er damals ziemlich habe kämpfen müssen, seine Leute seien gar nicht so sehr erbaut gewesen über meine Materialien. Er kam immer wieder auf die Schuhe zu sprechen, die ich in der Gefangenschaft getragen. So was gehöre nicht in ein Archiv.

Der Ministerpräsident (Albrecht) habe alles blockiert. Ich nehme an, daß die Ablehnung Albrechts auf den Neid seiner Frau zurückzuführen ist und auf ein Mißverständnis. Ich hatte damals in meiner Niedersachsen-Dankesrede gesagt, es sei mir unverständlich, daß die Intellektuellen ein so gespaltenes Verhältnis zu den Regierenden hätten, beispielsweise sich überlegten, ob sie überhaupt Preise annehmen sollten. Da hat er wohl nicht richtig zugehört, jedenfalls war er der Meinung, ich hätte was gegen die CDU-Regierung und gegen Preise. Und was seine Frau betrifft, ich hörte, daß sie, als Germanistin, griechische Trauerspiele verfaßt und von ihren Kindern in Bettlakengewändern vor ausgewählten Gästen aufführen läßt. Da *muß* sie ja gegen mich sein. – Bei den Rostocker Museumsleuten, das erzählte Gläser, dominiere einerseits die Faulheit, meine Unternehmung brächte eben eine Menge Arbeit mit sich, andererseits sähen sie mich als Konservativen scheel an. Aufgefordert, selbst mal Ideen für die «Buden» zu entwickeln, hätten sie eigentlich nur Vorschläge gemacht, die ihrem eigenen Wohlbefinden dienten. Auf einem Plan hätten sie z. B. sieben Teeküchen eingezeichnet! Sie hätten eine Heidenangst, zuviel tun zu müssen, allem Neuen gegenüber seien sie skeptisch. Das ist schon merkwürdig, und mich halten sie für konservativ. Bald bin ich's wirklich.

Die Universität in Rostock trete bei allen Problemen, die die Stadt hat, nicht in Erscheinung.

Die ganze Unternehmung wird hoffentlich noch vor Weihnachten in Gang kommen.

2007: *Dauerte noch 12 Jahre. Und dann noch Jahre, bis ich mit Berlin einig war. Als ich dann mit der Universität Rostock flirtete, ging alles ganz schnell, und jetzt, im Juli, haben sich über 10 000 Menschen in der Ausstellung die Exponate angesehen.*

Im Radio sagten sie heute früh, die Ökologen entwickelten jetzt schon besondere Pflanzen, die in Europa angebaut werden könnten, wenn der Treibhauseffekt eintritt. Anstatt die Entwicklung energisch zu stoppen, richten sie sich ein. – Die brennenden Ölquellen im Irak übrigens, die angeblich noch fünf Jahre brennen sollten, so die Öko-Wissenschaftler, wurden alle gelöscht. Die Ungarn haben Kanonen entwickelt, mit denen die Feuer ausgepustet werden. Auch ein «Feuerwehrmann» aus den USA wurde engagiert.

Hier großer Ärger, weil der Telekom-Techniker die neue Telefonleitung quer durch unsere schöne Halle gelegt hat. Ich war mal wieder außer mir.

17.00 Uhr
Der Telefonmann war wieder da und hat den Blödsinn rückgängig gemacht. Hildegard reiste nach Berlin, es war ein ziemliches Durcheinander. Keine Ruhe zum Arbeiten. Und doch machte ich noch den 9. Januar. – Die Vertreter, in München, seien von M/B begeistert, sie monieren nur die abgeschnittene Hand auf dem «Cover», das muß also leider geändert werden, damit wir die Kunden nicht kopfscheu machen.
Ulla telefonierte.

23.00 Uhr
Habe noch mit Hildegard telefoniert, die mir sagte, daß Renate in der französischen Buchhandlung tatsächlich eine Stellung bekommen hat, sie kriegt für 35 Stunden 1700,– ausbezahlt. «Erst mal bis Weihnachten», heißt es. Ob ich den Chef bestochen hätte? fragt Renate. – Hildegard hat $4^{1}/_{2}$ Stunden gebraucht nach Berlin. Es gebe nichts Leichteres, als mit dem Auto nach Berlin zu kommen, sagt sie.

Im TV sah ich mir wieder einmal die Reklamesendungen des Channel 9 an. Ich kann sie immer wieder sehen. Das einzige, was einem die Laune nicht nimmt.
Bush werde nur noch von 55% der Amerikaner für einen guten Präsidenten gehalten, heißt es. – Bilder von ein paar Arbeitern am Roten Meer, die das Öl mit der Schaufel abschippen, aufladen und 10 Meter weiter, landein, wieder auskippen.
Debile Journalisten, die sich für Ausländer einsetzen.

Hildegard bezeichnet das Müsli, das sie täglich ißt, als eine geballte Köstlichkeit.

Zwei Absahner aus Hagen sind da. Sie wundern sich über die Ms.-Massen.

Ernst Jünger hat mir das Album mit Eintrag zurückgeschickt. Habe mich sehr darüber gefreut.

Albumeintrag Ernst Jünger

Dem Herrn v. Plato aus Hagen hab' ich gesagt, wenn er so großen Wert legt auf meine Arbeit, dann soll er mir mal den Dr. h. c. besorgen. Da ist er richtig zusammengefahren.

Regen.

*1917: Große Sozialistische Oktoberrevolution
in Rußland*

Zahnarzt. Er hatte wenig Zeit für mich, da er gerade einen
neuen Röntgenapparat bekam, der an mir ausprobiert wurde.
Die Herren sahen aus wie von der Stasi. Der Apparat koste
40 000 Mark, und er habe ihn nur durch Beziehungen bekommen. Alles gehe in die neuen Bundesländer, Lieferfrist hier zwei
Jahre.
Es kam mir wie eine Geldanlage vor. Wenig Patienten, eigentlich gar keine. Seine Tochter sitzt schon am Tresen.

Der Tag war höllisch in jeder Beziehung. Abgesehen von der
Zahnsache und der damit verbundenen Fahrerei nach Bremen
hatte ich außerdem Kopfschmerzen und den Anflug einer Grippe. Pausenlos klingelte das Telefon, das meiste fing Simone ab.
Die Hunde «klebten» an mir.

In der Nacht war ich wieder mal im Knast. Warum ich mich so
über die Brücke beuge, wollte der Kommandant des in Auflösung begriffenen Lagers wissen. – «Das klingt so lustig, wenn
der Bach durch die Steine murmelt», sagte ich.

«Trompeten»: Harry hat Déja-vu-Erlebnisse.
Rücken mit kleinen Leberflecken.

Nartum   Fr 8. November 1991

Ununterbrochen Störungen. Ich kann kaum mal in Ruhe eine
halbe Stunde arbeiten.
$^1/_2$10 bin ich nach Blumen- und Tierhütungen so weit, Frühstück zu essen, dann geht's schon mit dem Telefon los. Heute

früh außerdem ein Interviewer für NDR und der Mann von Telekom, der das Faxgerät brachte und anschloß.

«Echolot»: Je mehr Lücken ich schließe, desto unvollständiger wird das Ganze. Heute fing ich mit dem 12. Januar an, Konferenz von Casablanca beginnt, die wir bisher noch gar nicht «drin» hatten. Dem Spieltrieb muß widerstanden werden. Der Stoff darf nicht zugerichtet werden. Große Anordnungen ergeben sich von selbst. Die Idee mit den übergreifenden Zwischentexten ist gut, wir müssen nur welche finden.

«Casablanca»: Ich verstehe nicht, was die Leute an dem Film finden. Daß die Amis ihn mögen, überhaupt die Ausländer, kann ich verstehen. Aber wir? Die Sache stimmt doch vorn und hinten nicht. Und dieser sonderbare Sängerkrieg? – Hängt wohl mit unserem Staatsmasochismus zusammen.

Zahnarzt erklärte mir, was Plaque ist.

Heute nachmittag hatte ich einigermaßen Ruhe.

Morgen Jahrestag des Mauerfalls. Die Bevölkerung der «DDR» schwenke allmählich um, beginne, sich auf das neue Leben einzustellen.

Nartum   Sa 9. November 1991

1918: Novemberrevolution in Deutschland

Schlimme Nacht, mit Leibkneifen ging es los, und dann erbrach ich mich mehrmals. Um $1/2$ 4 Uhr war endlich Ruhe. Ich dachte schon, ich müsse den Notarzt rufen. Machte mir Gedanken, was dann aus den Tieren wird.

Im Radio nichts Vernünftiges. Ich las in dem Gott sei Dank gerade gekauften Buch «12 Jahre» von Joel Agee. Seit langem hat mich ein Buch nicht so bei der Stange gehalten. Ich dachte dauernd: So müßtest du schreiben können.

2007: *Agee lebt jetzt in New York als Rilke-Übersetzer. Sein Vater war ein bekannter US-Autor. Und er selbst Stiefkind von Bodo Uhse.*

In der FAZ heute kein Wort über den Jahrestag des Mauerfalls. Unter den Leserbriefen stand was.

Seit Tagen werden wir in den Medien mit dem ekelerregenden Lenin-Denkmal in Berlin geelendet. So was kann es auch nur in Deutschland geben! Diese 26 Chaoten, die davorsitzen und «mahnen», sollten sie versauern lassen, das ist doch gar nicht berichtenswert. Laßt sie doch einfach da sitzen!

Mit dem Fernsehen ist es aus. Da herrschen die Kindergeburtstagssendungen für Erwachsene («Wetten, daß?», «Bingo» etc.), die idiotisierten Ansagerinnen, die einseitig ausgewählten Nicht-Nachrichten vor.
Heute wurde eine schwedische Oper geschrien, auf der Bühne passierte allerhand Gegenwärtiges. Schwedische Dirigentinnen wurden gezeigt, aber immer nur in Nahaufnahme. «Die Musiker müssen sich sicher fühlen», sagt eine vorm Spiegel, wo sie gerade übt.
Ein dummer Krimi von Meichsner, endlos lang, ohne jede Spannung. Ein alter Edgar Wallace (1967).
Ein Film über ein russisches Dorf, einfache, verdreckte Bauern, eine halbeingefallene Kirche, rührte mich, aber das ganze war zu elegisch und mit falscher Musik unterlegt, etwas Modernes. Endlose Einstellungen.
«Ein Gespenst geht um: die Monarchie in Rußland», sagte eine Moderatorin! Da kenn' ich andere Gespenster.

Hier im Dorf hab' ich eins gesehen, heute nacht, ging mit den Hunden an dem Haus vorbei, in dem jetzt das vietnamesische Ehepaar wohnt. Ich sah die junge Frau im Nachthemd das Licht, vorn, ausknipsen. Sie schien mir ängstlich zu sein. Ich ging weiter, drehte mich noch mal um, und da sah ich einen jungen Burschen von hinten ans Haus heranschleichen. Ich dachte, der gehört dahin oder: der will rauchen – er steckte eine kleine Silvesterrakete an den Türdrücker und zündete sie an. Sie zischte in die Luft, aber ohne zu knallen. Was das sollte? Ich ging zurück, aber da war niemand mehr zu sehen. – Weshalb lädt man die Fremdlinge nicht mal zu sich ein? Weil sie kein Deutsch sprechen.

Telefonat mit Bittel wegen des Einbandes für M/B. Ich habe ein anderes Bosch-Bild vorgeschlagen, oder: ein Gemälde von hinten. In Freiburg ist gerade eine Ausstellung, vielleicht gibt es dort einen Katalog. – Ich lud ihn zum Seminar ein.
Auch mit Vesper telefoniert.
Immer noch schwach von der letzten Nacht.

In einer Fernsehdiskussion über Hoyerswerda:
«Und wo war der Bundeskanzler?»
«Ja, wo war er …?»
Wo soll er denn gewesen sein?

Nartum   So 10. November 1991

> *1945: Gründung des WBDJ – Weltjugendtag*
> *1982: Leonid Breschnew gestorben*
> *Tag des Chemiearbeiters*

Geht mir wieder besser. Die Selbstgerechtigkeit der Kaufmannsfrau in Bremen: *Natürlich* ist die Wurst gut – und sie war es eben nicht. Ich bin in diesem Geschäft schon mal reingefallen – Nahrungsmittelvergiftung. Ein Delikatessengeschäft in Bremen, in dem x-beliebige Marmelade verkauft wird? Das ist wider die Natur. Früher gab es in Bremen mal Grashoff-Marmelade zu kaufen! Ganze Früchte, wundervoll. Das hat sich wohl nicht rentiert.

Ich telefoniere jeden Tag mit Hildegard in Berlin. Sie rühmt unsere neue Wohnung dort. Die scheint ja wirklich schön zu sein. Renate habe Schlimmes von mir geträumt. Ich hätte sie rausgeschmissen, weil sie noch nie was gelesen hat von mir. – Nun, deshalb würde ich sie nicht rausschmeißen, aber wundern tut es mich schon, daß sie den «Sirius» nicht liest.
Hat Erika Mann den «Faustus» nicht beim Friseur gelesen? Und dann Nervenzusammenbruch unter der Haube? Wie war das noch?

Ruhiger Tag, der schlecht anfing. Hunde hatten ins Haus gemacht.
Weiter in dem schönen Erinnerungsbuch von Agee: «12 Jahre», ein amerikanisches Kind, das in der DDR aufwächst, sehr gute Beobachtungen. Beneidenswert gut geschrieben.
Zum Kaffee das Violinkonzert von Pfitzner. Sehr sonderbar, reizvoll. Vor dem grollenden Orchester die einsame Geige, als ob sie in einer anderen Tonart spielt. Abends langes Telefonat mit Schmilgun, der mir die Platte schenkte.

M/B: Letzte Korrekturen. Morgens noch zwei Stunden.
«Echolot»: 12. Januar in Arbeit und Fotos raussuchen aus den Flohmarkttüten.

Wie reich ist unser Leben. Die Telefonate mit Berlin verlaufen nicht immer glücklich, leider. Aber es tut wohl, den Kontakt zu behalten. Auch kann ich mich besser mitfreuen und teilnehmen an allem. Nach einer Woche Pause erfährt man sonst ja so gar nichts.
Meine Mutter sei manchmal so ausgelassen gewesen, sagt

Giesche*, die heute bei Hildegard und Renate in der Ottokar-
straße zum Kaffee war.

Im TV wurden anläßlich der Einweihung einer Bibliothek vier
ehemalige US-Präsidenten gezeigt, sie standen nebeneinander,
Ford, Carter, Reagan und Nixon, ein schauriges Bild.

Nartum   Mo 11. November 1991, Regen

Die Hunde nerven mich, pinkeln überallhin, wegen Hildegard,
die sie natürlich vermissen. Und ganz bestimmt mache ich alles
falsch. Ab und zu versammele ich sie um mich und rede ihnen
gut zu, wie Daniel in der Löwengrube, und ich erkläre ihnen
alles, aber sie scheren sich nicht drum.

Heute kamen die Fallada-Kopien. Dürftig und teuer.
«Nischt drin, aber der Mensch freut sich.»

Im TV die Bohley und Peter Schneider und andere Ost-Leute,
recht unerträglich. Ich weiß nicht, ob ich zu alt bin – ich verstehe gar nicht, was sie da zusammenquatschen. Wenn *ich* mich
drüben informiere, höre ich ganz was anderes.
Große Politik: In Jugoslawien schießen sie wie verrückt aufeinander. Daß es in Serbien noch die Kommunisten sind, wird
nicht erwähnt. – Jelzin hat die Kommunistische Partei in Rußland verboten.
Das schreibt man so hin!

Habe M/B heute endgültig weggeschickt. Letzte Korrekturen. – Umschlag steht noch immer nicht fest.
Bin müde und matt.

---

* die Kusine Gisela Zorn, Tochter von Mutters Schwester Emmi Zorn.
Nahm sich kurz darauf das Leben.

Renate heute ersten Tag in ihrer Buchhandlung. Sie hatte es sehr kalt dort. Muß eine gestreifte Weste tragen. «Kriegen wir auch ein Schiffchen?» hat sie Schüsseler gefragt.

In der Gesprächsrunde um Bärbel Bohley wurde moniert, daß die Bundesregierung Geld in die DDR gegeben habe und noch gebe. Damit werde alles zugekleistert.
Über das «Zukleistern» sollten sie sich lieber freuen.

Nartum   Di 12. November 1991

Es kam gestern abend eine Frau, sie wollte eigentlich zum Seminar, hatte sich im Datum vertan. Etwas merkwürdig. Sie sagte, der «Sirius» sei in ihrer Buchhandlung als «umstrittenes Buch» bezeichnet worden.

Die sonderbare Bohley gestern! Lanzmann habe sein «Shoa» nicht in Deutschland gedreht, weil der Mann, der in den Vergasungsautos die Gaspillen einwarf, sich nicht habe interviewen lassen wollen.
Wen Fechner alles interviewt hat! Und wie viele Anti-Nazi-Filme in Deutschland gedreht wurden!

In der Quadriga-Sendung fehlt das Schinkel'sche Eiserne Kreuz im Kranz der Siegesgöttin.

2007: *Die Bohley wohnt jetzt in Kroatien.*

Wellershoff sagte, Jörg Schröder sei damals ein unglaublich geltungsbedürftiger Mensch gewesen. (Ich lese gerade mal wieder «Siegfried»). Besaß ein Schloß und einen handzahmen Leoparden. KF hat ihn auf der Messe mal angesprochen, da war er ganz vernünftig.

«Man merkt's mir nicht an, aber ich sterbe tausend Tode» (die zu früh gekommene Frau).

«Tun wir alles, damit sie sich wohl fühlen?» fragt die FAZ in einer Bildunterschrift, türkische Gastarbeiterfamilien sind gemeint. Jeden Tag den Nacken massieren.

Abends noch einen Hans-Moser-Film («Meine Tochter lebt in Wien») und für Simone «Frenzy», den ich zu zwei Drittel mit ansah.

Von einer Zeitung wurde ich über Kennedys Ermordung befragt, an was ich mich noch erinnere.

1. Daß dem Sprecher die Nachricht hereingegeben wurde, er las sie erblassend vor und dann: «Ja, die Politik ist rund und nicht eckig … Machen wir weiter mit Nachrichten.» (Ich aß gerade Tomaten mit Zwiebeln.)
2. Der Kitsch mit dem Pferd, das hinter dem Sarg, Stiefel verkehrtrum festgebunden, «nach alter Sitte».
3. Daß Frau Kennedy während der Schüsse versuchte, hinten auf das Heck des Wagens zu kriechen, von ihm weg, anstatt bei ihm zu bleiben.
4. Und dann, Onassis zu heiraten: Ob der ihr dann später mal welche gelatscht hat? Hysterisch war sie gewiß.

Kriminalistische Überlegungen Simones, daß die Frau gestern kalkuliert zu früh gekommen sei, um umsonst hier im Haus mich kennenzulernen. Hat was für sich.

«Es gibt ja echt die beknacktesten Sachen …»
«Sie denkt, daß ich das überhaupt nicht blicke.»
«Sie konnte sich nicht vorstellen, daß wir das locker blicken» (Aussprüche von Simone).

«Echolot»: 12. Januar endlich fertig, den 13. Januar grob geordnet. Riesige Stalingrad-Latte.

Noch am Seminar herumgebastelt.

Warum M/B?
1. Reale Erfahrung 2×
2. Unterfütterung:

Jonathan	→ Deuter
Winkelvoss	→ Fernsehtour nach Rostock
Isestraße	→ selbst kennengelernt
	Onkel Walter,
	Antiquitätengeschäfte,
	Hark Bohm
Schindeloe	→ Charly Schäfer

Vaters Tod noch «unerfüllt»
Grausamkeitsthema schon immer interessiert
Flüchtlingsberichte im Archiv
Backsteingotik

3. Erste Bewegung → nach Osten
   Zweite Bewegung → nach Westen
   a) Station: Marienburg
   Gegenstück: Rastenburg
   b) Station: Industriegelände?
   Gegenstück: Stutthof
4. Schuldfrage
5. Schicksal des Buches
   1989 begonnen, nach «Hundstage».
   Im Oktober abgebrochen.
   1990 «Sirius» dazwischengeschoben.
   1991 M/B weiter und ziemlich rasch fertiggestellt.
   1. September war ich fertig.

«Trompeten»: Als Harry nicht da ist, filmen die Mädchen zwei Jungen, die mit schwarzen Regenschirmen ...

Es ist bemerkenswert, daß von der Friedensbewegung über den serbokroatischen Konflikt, dies Totschießen von immerhin doch Tausenden, kein Wort zu hören ist.

21 Uhr
Simone ist weg, das war (und ist) heute eine mittlere Hölle hier. Telefonate, Telefon ging kaputt, Faxe, Konferenz des Lektorats aus der Entfernung, Thermokopierer ging kaputt, Handwerker, Hunde jammerten (die merken das natürlich).
Kein Frieden. Nichts Anständiges zu essen, da zu faul, nach Rotenburg zu fahren. 3x mit Hunden gegangen, und noch immer sind sie nicht zufrieden.

Zweifel an «Echolot».
Schulfunk?

«Der Eintritt ins Arbeitsleben datiert immer früher» (N3 über Brasilien). Am Sender scheinen Halbidioten beschäftigt zu werden.

Pleitgen in ARD über Stasi. Alles sehr eindrucksvoll und informativ. Aber was folgt daraus? Am Ende läßt man diese hochgekommenen, an die Macht gekommenen Kleinbürger ja doch laufen.

Talk-Show:
Lutz Rathenow.
W. Ullmann.
Martin Lüdke uninformiert, skandalös.
Bohley ganz vernünftig.

Die Sendung ganz wirr.
Ullmann: «Keine Gewalt» sei gesagt worden, aber nun werde Gewalt gegen die Informanten ausgeübt. – Wie denn?
202 km Stasi-Akten.
In kirchlichen Stasi-Gruppen 50% Stasi-Informanten!
Böhme, Schnur.
Gauck ganz großartig.
Dossiers von 6 Mio. Menschen.

Lenin-Kopf entschwebt.

Noch keiner hat die Stasi-Verstrickungen der deutschen Bürger in einen Zusammenhang gebracht mit den Untertanen des Kaiserreichs und den SA-Männern Hitlers. Sonderbarerweise haben die Kommunisten mit den Akten den Beweis für ihre Anklage geliefert, und zwar in einer verblüffenden Vollständigkeit. Trotzdem werden sie sich herauswinden mit ihrer dialektischen Schulung.

Nartum   Do 14. November 1991

Wieder so ein chaotischer Tag.
Während ich noch mein Frühstück aß, rückten Frau Meyer, Frau Schönherr und Herr Schönherr an. Meine Ruhe war hin, ich fuhr nach Rotenburg, um einzukaufen und zu essen. Einkaufen ja, Essen nein, das Lokal «Wachtelhof» war geschlossen. Hier dann wieder Störungen. Ich machte eine Pizza (Gefrier-), und da kam Hamelberg usw. Ein Wunder, daß ich Mittagsschlaf... – Jetzt, 15 Uhr, schon wieder Hamelberg.
Heute früh beim Spaziergang mit den Hunden ein Reiher, der von dem winzigen Müller-Teich «aufstrich». – Regenwurmzeit, 30 cm langer Regenwurm auf der Straße. Ekelhaft.

Im ZEIT-Magazin (über den Luxus in modischen Kinos): «Bunte Welt: Bonbonfarben und Popcorn, das eine schmeichelt dem Auge, das andere dem Gaumen.»
Popcorn schmeichelt also dem Gaumen. Was haben die für Vorstellungen.

«Echolot»: Von der Landesbibliothek kamen zwei Bücher, beide beginnen leider erst im Mai bzw. Juni 1943, kann ich also nicht gebrauchen.

Wer mit wachen Augen durch die Welt geht, der muß es erkennen:
                    Das End' ist da!
                    Das End' ist da!

Heute in Rotenburg und auch in dem kleinen Nartum: vor jedem Haus drei Autos. Die Autofabriken verheizen uns. Und auch anderes: Im Discount-Laden die für Normalmenschen ungenießbaren Nahrungsmittel: unreifes Obst, glitschiges oder auf der Zunge moussierendes Backwerk. Schreckliche, nach Eingeweide schmeckende Suppen, salzige oder saure Wurst, pappiges Fleisch.
Ich kaufte einen Rettich, der tat meinem Leib wohl. Sonst lebe ich nur noch von Brot und Butter.

Medienblase im Augenblick: die Stasi. Der Österreicher in 3 Sat meinte: Die Deutschen hätten jetzt das zweite große Problem, das sie aufarbeiten müßten. Der Herr nimmt sich aus. Als ob die Österreicher heilige Sondermenschen wären, die mit unserer gemeinsamen Vergangenheit nichts zu tun hätten.

Im «Echolot» die Bemühungen von Torberg zu beweisen, daß die Österreicher keine Deutschen sind. Ich übernehme sie als Zwischentext. Ein schöner Fund! Es nützt ihnen nichts.
Ich habe Torberg in Wien mal kennengelernt, oder war es auf

der Buchmesse? Da machte er einen ganz vernünftigen Eindruck. Es war so, als ob er mich trösten wollte. Worüber?

Die Tschechen jüngeren Alters sind der Meinung, daß die
Sudetendeutschen von Hitler nach dem Anschluß ins Land gebracht wurden, deshalb habe man sie nach '45 rausgejagt.

5 Mio. Ausländer leben in Deutschland. Mein Urgroßvater war
wahrscheinlich Pole, und bei den «de Bonsacs» spuken Franzosen herum.

Ein Ost-Pastor Joseph Dieckmann schreibt, als er (in der
Schweiz!) vom Fall der Mauer gehört habe, sei er entsetzt gewesen! – Was für ein Land! Was für ein Scheißvolk. Nichts
mehr hören und sehen.

Streit um die sogenannte Abtreibungspille. Das wäre weniger
schrecklich als die Absaugerei.

Nartum   Fr 15. November 1991

Es geht schon wieder los, das dämliche Gerede. Nun fangen sie
an, die DDR zu verherrlichen. Las die ZEIT und verstand die
Welt nicht mehr. Vielleicht bin ich schiefgewickelt? Was sind
das bloß für Leute dort?

Kuh jagt vor meinem Fenster ein Huhn. Meine Sympathien liegen auf seiten der Kuh. Was für ein gewaltiges Gedärm müssen
sie dauernd mit sich rumtragen.

«Echolot»: Ich arbeite am 15. Januar 1943.
Blick aus dem Schreibtischfenster auf die sich braun färbende
Wiese, ein paar Jungkühe stehen noch darauf, im Hintergrund
die Kulisse des gelben Waldes.

FAZ-Fragebogen: Der hochberühmte Historiker Prof. Jäckel nennt als Lieblingsheldinnen in der Wirklichkeit israelische Soldatinnen und «einige meiner Studentinnen». Er hätte gern der Mörder Hitlers sein mögen, und Papen und Hugenberg sind die geschichtlichen Gestalten, die er am meisten verachtet. – Sterben möchte er gern sitzend.

Nartum   Sa 16. November 1991

1950: «Theater der Freundschaft» in Berlin eröffnet

Fünf Minuten vor Mitternacht
Schöner Tag, gelassen, heiter. Hektische Vorbereitungen für Seminar (70 Gäste) – und dann der erste Nachmittag mit meiner Prosaformel und abends Wellershoff über den Tod seines Bruders.
Ich erzählte Wellershoff von dem Bild, das Ernst Jünger in mein Album geklebt hat. Himself mit Borges höchstpersönlich. Warum mit Borges? «Weil er sich dadurch anerkannt fühlt», sagte Wellershoff.
Verstärkte Zweifel am «Echolot». Muß das jetzt zum Abschluß bringen.

Wellershoff ist schon so zu Hause bei uns, daß er sagte: So, wie wir den Tisch jetzt hingestellt hätten, in die Nische, so wäre es besser. – Offenbar sehr humorlos, der Mann. Glaube nicht, daß er was von mir gelesen hat. Sagt nie ein Wort über meine Sachen. Keins.

Ein Herr gestern, er habe zwar noch nichts von ihm (Wellershoff) gelesen, aber … – Das muß man sich vorstellen. Kommt hierher, um u. a. Wellershoff zu hören, und kennt ihn überhaupt nicht. Eine andere Frau wußte ganz genau Bescheid: In dem und dem Buch habe er das und das gesagt.

Für mich sind die Lesungen der Kollegen immer ziemlich unerträglich. Die meisten überziehen. Er las gestern 1.20.

Nartum   So 17. November 1991, herrliches Wetter

Internationaler Studententag
Tag des Metallurgen

Der Freund von KF, Ammann, gab mir gestern wertvolle Formulierungshilfen für «Trompeten». KF sagte, das habe ihm Spaß gemacht. KF kam in seinem Triumph angesegelt, ein schönes Auto, ein guter Mensch.

Erbitterte Diskussion über den Umschlag von M/B.

«Roggenbrötchen sind sowieso bekloppt!» (Hildegard).

Ich guck' aus'm Fenster, da seh' ich, daß der schwarze Bulle gegenüber auf die gleichmütige schwarze Kuh steigt. – Gardine zugeschmissen.
Im Fernsehen lieben sie es neuerdings, Begattungen und Sterben zu zeigen. Ich frage mich: Muß das sein?

Theorie: naiv-sentimentalisch, die Gegensätze. Alles altbekannt, doch keiner hat je davon gehört.
Erst ein paar Beispiele geben aus dem Fundus.
Thema: Der Zaun. Oder so was Ähnliches, Unkompliziertes.

Der historische Teppich.
«Wenn man ein starkes Thema hat, zieht es von allen Seiten Material an» (Wellershoff).
Seine Lektorentätigkeit hätte er als reinen Brotberuf betrachtet. Böll wär' sehr eigensinnig gewesen, um jedes Komma gerungen.

Er hatte seinen Pyjama vergessen, ich lieh ihm ein Nachthemd.
Weitere Wellershoff-Zitate:
«Ich bin schwindelig.» (Bezieht sich das auf sein Reden?)
«Man weiß, daß man auf ein Motiv gestoßen ist, das plastisch und entwicklungsfähig ist.»
«Die Gläser waren auf ein sauberes Geschirrtuch gestellt worden.»
«Alptraumhafte Schäbigkeit ihrer Wohnung, düster-üppige Wohnhöhle.»
Die Kühe vor dem Schreibtischfenster, belebte Landschaft.
«Innere Windstille.»
«Ich bin es, ich bin es nicht, muß der Leser immer wieder denken.»
Auf eine Idee kommen. – Sie kommt doch auf uns? Oder? Woher? Aus einer Weltraumferne.
Ich mag nicht, wenn die Teilnehmer vor Schluß gehen. Am letzten Tag teilen sie mir mit, daß sie irgendwas ganz Wichtiges erledigen müssen, und deshalb Auf Wiedersehen.

Nartum   Mi 20. November 1991, Sonne

Ein Gast verteidigte heute mittag doch tatsächlich das P.c.-Zeichen an den amerikanischen Universitäten! «Politically clear», diesen Zusatz, den die Professoren in ihre Personalakten kriegen, wenn sie niemals was gesagt haben gegen Minoritäten und gegen Frauen usw.! Unverständlich, daß er nicht sieht, wie widerlich das ist und zu welcher Heuchelei das führt. Auch meinte er, er würde jeden Taxifahrer sofort anzeigen, wenn der eine antisemitische Bemerkung macht!
Das P.c.-Zeichen hat auch mit den Nazis was zu tun und mit der Stasi. Wer den Stempel nicht hat – zierliche Dozentinnenschrift –, ist gleich abgetan. Wohin mit ihm? – Die Stasi hatte schon Internierungslager vorbereitet. Gleich bis Dänemark, ja bis zum Atlantik durchzustoßen wäre für den Warschauer Pakt

kein Problem gewesen. Alle Pläne bis ins kleinste ausgearbeitet. Haben das unsere Leute nicht gewußt? Wie beim Mauerbau: Laß sie man, ist nicht so schlimm. Und dann hat es fast 30 Jahre gedauert, bis sie das verfluchte Ding umgestoßen haben.

2007: *Mauern: Mexiko, Israel, ja, die Chinesen vor 1000 Jahren.*

> *Wo Mauern fallen,*
> *bau'n sich andere vor uns auf,*
> *doch sie weichen alle*
> *unserm Siegeslauf…*
> (Nazi-Lied)

Deiche. Stadtmauern. Sind sie «hübsch»? – Die Tore. Verteidigungsanlagen an Burgen. Bei mir fragen sie immer: Was sollen die Burgen? – Und da sind wir auch schon beim Atlantikwall. Der wird uns noch beschäftigen. – Daß auch die Seele des Menschen eine feste Mauer braucht …

Zur Wiedervereinigung ein Professor:

Ich wollte immer schon mal nach Berlin mit einer deutschen Fluglinie fliegen. Und als das nach der Wiedervereinigung losging, hab' ich mir einen Flug gebucht, Lufthansa. Und ich komm' zum Flugplatz, und da steht eine Maschine der Aerolloyd. «Wir fliegen im Auftrag der Lufthansa.» Beim zweiten Mal war es ein Clipper von PanAm. Und das ist mir von Hamburg aus dann noch einmal passiert: Monc Airways im Auftrag von Hansalloyd!

Ein Filmregisseur:

Zwei, drei Wochen nach den Ereignissen bin ich nach Ost-Berlin gefahren. Wir sind mittags in Hamburg losgefahren, endlos, und waren abends gegen sieben Uhr da, und die Sonne ging knallrot unter und beleuchtete die Mauer und die sozialistischen Losungen. Und ich bin «Unter den Linden» in ein Café gegangen. K.

war dabei, das ist ja ein sehr schwer zu ertragender Mensch, ein Macho, versuchte mich dort mit einer Kellnerin zu verkuppeln, hat mich als TV-Regisseur vorgestellt, der Darstellerinnen sucht. Sie tat mir etwas leid, hat das für bare Münze genommen und war ganz angetan, hat sich dann gewundert, daß wir die Adressen nicht ausgetauscht haben.

Ein Journalist:

Ich wollte mein eigenes Wiedervereinigungserlebnis haben, ich wollte einmal durch das Brandenburger Tor gehen. Und ich komm' da hin, und da seh' ich: Das Brandenburger Tor war wieder zu! Da hatten sie wegen einer Veranstaltung den ganzen Bereich eingezäunt! Ich denke, ich träume! Aber ich habe da dann eine Lücke gefunden, und ich hab' gesagt: «Ich gehe da jetzt durch!» – Die letzten Leute waren da beschäftigt (also «Typen»), und die sahen, daß ich da jetzt einfach durchging, und das war für diese Leute nun eine Gelegenheit, es mir, dem feinen Pinkel, mal zu zeigen, und die riefen dann: «Eh, Glatzkopf, Opa, komm zurück!» – Und ich ganz eisern da durch. Und als ich da durch war, sah ich, daß es an der Seite noch einen achten Durchgang gab, der offen war! Sieben waren zu, aber einer, ganz an der Seite, war offen, da hätte ich ohne weiteres durchgehen können.

2007: *Im Mai bis Juli die große Kempowski-Ausstellung an dieser Stelle: Pariser Platz. Wer hätte das gedacht? 16 Jahre danach. Und ich habe sie nicht einmal sehen können.*

Nartum   Do 21. November 1991, kalt, klar

Das Seminar lief vom 16. bis 20., es war eine ruhige, angenehme Sache. Ich hatte mir vorgenommen, auf die Menschen absolut gutartig zuzugehen, und das zeitigte Wirkung. Wir hatten sehr tüchtige Helfer.
Christian fürs Auto, Melanie und Kirsten für alles, und natür-

lich Simone. – Auch KF kam zeitweilig, sein Auto steht in Verden und wird dort repariert. Wie das so ist mit den englischen Autos.

Wellershoff las wie gesagt eine Beerdigungssache, sein Bruder, die hart an der Grenze war. Stilistisch sauber und nach allen Seiten hin ausgebreitet, aber vom Thema her – ein ganzes Buch! – eine sogenannte Geschmackssache.
Wenn man bedenkt, daß mein Großvater nicht einmal zur Beerdigung seiner eigenen Frau ging.
Alma Mahler-Werfel.

Hildegard hat der Runde erzählt, daß ich meinen Nacken nie wasche, daß also die Hemden und Nachthemden hinten am Kragen immer ganz fettig sind.

Nartum   Fr 22. November 1991

Schöner Sonnenaufgang.
Die beiden Rostocker Schüler, Almuth und Joachim, waren mir sehr vertraut. Aber verbiestert! Das Mädchen hat sich auf Deutsch-Israelisches geworfen und rang die Hände, weil sie noch nie ein Foto von der Rostocker Synagoge gesehen hat. Und als ich sagte, daß ich eines hab', ging sie quasi anbetend in die Knie. – J. hämmerte auf dem Klavier herum und sagte, er müsse so laut spielen, weil er im Konservatorium auf einem Schimmel-Steinway spielt, und der verlangt einen harten Anschlag.
Bei Bavendamms Vortrag über Journalismus saßen sie in der Lotterecke und lasen. Ziemlich ungehörig. Aber sie waren mir angenehm. Leider brachte das Mädchen eine Erkältung mit, die ich mir einfing.

TV: Kohl gestern «lief zu großer Form auf», als er Jelzin begrüßte. Er schickte ihn ans Pult zurück, weil er nichts über Honecker gesagt hatte. Breschnew habe auf dem Petersberg den Mercedes, den man ihm geschenkt hatte, sofort zu Schrott gefahren, wurde nebenbei gesagt.

Ein Herr Späth, ein Teilnehmer, ließ sich im Archiv seine Einsendungen zeigen, er müsse das kontrollieren, damit auch alles seine Richtigkeit hat.

Ich verkniff mir ein «Siehste!», als unser Schiffbruch-Bild von Drews und Vesper gelobt wurde.
Ulla Hahn erzählte, sie sei von Jünger damals, als Borges da war, eingeladen worden. Sie sei dabeigewesen. Daß sie sich dadurch geschmeichelt fühlte, kann ich gut verstehen.
Ihre Männer-quäl-Story ist ganz uninteressant, nicht provozierend, nicht spannend, nicht erotisch. Mit einem Wort: ekelhaft.

Die Hamburgerin flüsterte mir zu, daß unsere Besucher die Teppiche umdrehen, ob sie echt sind.
«Ja, das hab' ich hier auch schon gemacht», sagte Herr Sp., «sie sind tatsächlich alle echt.»

Ich führte Drews in seinen Kurs ein mit den Worten: «Seien Sie recht nett zu ihm, er ist so empfindlich (sensibel).»
Guntram erinnerte nochmals an das Berliner Schriftstellertreffen am Wannsee, zu dem ich gezielt nicht eingeladen wurde, obwohl die Veranstaltenden vorher hier bei uns gewesen waren, von mir eingeladen und bewirtet. Er meinte, der Widerstand der Leute gegen mich sei so hartnäckig gewesen, daß er jetzt meine, die Sache sei von außen gesteuert worden. Wer wohl noch alles «enttarnt» wird!
Meine «Schassung» oder «Geschaßtheit» ließe sich dann irgendwann erklären. Aber auch, wenn es aufgedeckt wird, man bleibt weiter im Winkel sitzen. Deshalb am besten nicht dran rühren und beharrlich die Leser pflegen.

2007: *Es kam tatsächlich eine Postkarte von der Sowieso, die damals das Treffen organisiert hat, kürzlich, es täte ihr leid, aber der Druck sei zu stark gewesen. – Welcher Druck?*

Drews kam auf die Kramberg-Rezension in der «SZ» zu sprechen, er fand sie unmöglich. – Zu M/B sagte Drews kein Wort.

2007: *Das wiederholte sich nach Erscheinen von «Alles umsonst». Erst als Hildegard ihn angestoßen hat, Wochen später, hat er einen langen Ja-aber-Brief von sich gegeben.*

Guntram blätterte in meinem Tagebuch. «Was? Sechs Seiten für einen Tag? – Ich werde heute ins Tagebuch schreiben: Ausführlicher!»

Ich habe so viel Arbeit.

Der Buchhändler, dessen Frau in andere Gefilde aufgebrochen ist, wie er sagt, faßte meinen Ellenbogen an, berührte ihn mit zwei Fingern. Er pumpte mich an, und ich kriegte ein halbes Jahr später das Geld tatsächlich wieder! Hatte es schon verloren gegeben.
Die Sachen schleifen lassen. Zügel …
Die Mädchen waren fröhlich miteinander, standen in der Küche herum. Hab' das gern, wenn «das Personal» sich wohl fühlt.

Von Jörg Drews sagte Hildegard, der wisse soviel, es müsse angenehm sein, bei dem zu studieren. Sie meinte, so wie er jetzt aussehe, so «rasant», wäre das vielleicht in seinen jungen Jahren nicht sehr anziehend gewesen für junge Mädchen. Es fiel mir auf, daß ich auf so was nicht achte.
Ulla Hahn mit ihrem Nimbus um die Locken.
Kein größerer Gegensatz als zwischen Bavendamm und Drews. – Drews war bereit, ihn abzulehnen, aber Bavendamm erzählte so wundervoll sonnig und selbstironisierend seine Sto-

rys (WV), daß Drews nicht zum Einsatz kam. Seine Brandenburger-Tor-Erzählung, er sei eisern da durchgegangen, mit unbewegtem Gesicht und kerzengerade. «Eh! Glatzkopf! – Was will der Glatzkopf hier?»
Auch Drews kann Stefan Heym nicht leiden. Dieser habe gesagt: Schädlich kommt mir nicht in die Akademie rein, dann geh' ich raus. Und er sei tatsächlich nicht aufgenommen worden.

2007: *Ich möchte so furchtbar gern die Namen wissen der Leute, die gegen mich intrigieren. – Der Tod Stefan Heyms: Er starb im Whirlpool eines Hotels am Toten Meer.*

Drews hat sich die zwei, drei Stellen, in denen er vorkommt, genau gemerkt. Das ist eben der Irrtum, daß man glaubt, das interessiere sie nicht, was man so über sie sagt. Da gibt es eine Überempfindlichkeit, die vielleicht mit der Einsamkeit des Menschen zu tun hat. Wahrgenommen werden wollen.

Als Wellershoff von seinem Bruder im Sarg las, bekam eine Frau einen Weinkrampf und ging raus. Sie habe gerade ihre beiden Eltern bis zu deren Tod gepflegt.

Eben höre ich, daß Hildegard vor sich hin pfeift. Sie hängt die Teppiche auf. Auch schön, eine Ehefrau mit guter Laune zu haben.

Ein Schweizer führte einen absolut unverständlichen Sketch in seiner Sprache auf. Wundervoll. Er sei nur gekommen, um herauszufinden, ob ich tatsächlich so ein Strahlemann sei. Die wunderbare Sprache: Ich fragte ihn, ob man die lernen kann.

ich bin	—	irch bi
du bist	—	du bisch
er ist	—	ehr ischt

Einige Teilnehmer meinten, diese Darbietung sei besser gewesen als Pastiors Gedichte. Damit wollten sie sich selbst, deren Vertreter ja dieser unbekannte Schweizer war, aufwerten.

Die Wirkung des ansonsten schweigsamen Pastior geht unter anderem davon aus, daß er so freundlich, fast kindlich liest, selbst lesen wollte ihn fast niemand, ein, zwei seiner Bücher wurden nur verkauft. Pastior: «Krieg' ich auch ein Honorar?» – Am meisten Bücher hat Ulla Hahn verkauft. Ihre Wirkung auf Männer ist enorm. Zu mir ist sie auch immer sehr nett.

2007: *Sie hat mir erzählt, wie man bei Radio Bremen gegen mich gehetzt hat.*

Der Zauberer am letzten Abend, den ich übers Arbeitsamt zur Belustigung eingeladen hatte, konnte absolut nichts, hatte nur Apparate, aus denen er Tücherberge zog. Ein kleiner Mann aus dem Erzgebirge mit kleiner Frau, die ein goldenes Kleid trug, Kunstreiterin gewesen sei und sehr merkwürdige Bewegungen machte. «Wie sieht er aus?» fragte ich Simone. – «Wie ein Zauberer!»

Zwischen KF und mir herrschte Übereinstimmung, wir mußten beide über die dilettantischen Zaubereien lachen. Das Publikum bemerkte erst später das Besondere, Skurrile seiner Darbietungen. Es kommt ja nicht aufs Zaubern an, wir sahen hier einen Menschen, der sich durchs Leben gezaubert hat. Rührend! – Ich sagte: «Wir sind derselbe Jahrgang!» – Er: «Sind Sie auch noch gemustert worden? Ich bin noch gemustert worden!» – Ein kleiner Mann mit zerknittertem Gesicht, krisseligem Haar. Hinterher mischten die beiden sich zwischen die Teilnehmer und erzählten, wo sie überall schon aufgetreten seien. – Zum Schluß steppte er noch. Es war zum Wundern. Eigentlich traurig.

Die Nachkriegszeit sei die goldene Zeit für ihn gewesen, sagte er, da hätten sie ihn alle sehen wollen, aber in den 50ern dann

nicht mehr, da sei jeder mit sich selbst beschäftigt gewesen. Jetzt gehe das erst wieder los.
Eine Frau sagte: «Der Mann kann ja gar nicht zaubern!»

Paul Kersten hielt ein Referat über Nelly Sachs in seinem Kurs. Er wunderte sich, daß nur ein einziger des Kurses den Namen schon mal gehört habe, ausgerechnet ein amerikanischer Student.

Die Leute hat es sehr interessiert, welche verschiedenen Umschlagentwürfe für M/B zur Debatte standen. Ich hatte sie ausgelegt und numeriert. Der Messer-durch-Hand-Vorschlag (Hieronymus Bosch) wurde einstimmig abgelehnt, der Hockney-Vorschlag favorisiert, wie im Verlag. Ich stimmte schließlich zu, fand die goldene Brücke, daß der schöne blaue Zaun-Sonnentag eben trügerisch sei und durch den Inhalt des Buches in Frage gestellt. Ah! Bittel lehnte sich zurück, die Formel war gefunden, eilte ans Telefon, und im Verlag lehnten sich auch alle zurück: «Gott sei Dank! Geschafft!» Die Vertreter hatten aufgeschrien, als sie den Teller-und-Hand-Entwurf sahen. Pastior stimmte für die Hand, und weil er immer geschwiegen hatte, hatte seine Stimme enormes Gewicht, und beinahe hätte er uns rumgekriegt.
Hildegard war für den Acker-Umschlag. Das sei ein Umschlag für Lyrik, wurde gesagt.
Nun, die Zeichen stehen gut, mal sehen, was aus dem Kindlein wird. Meine Lesung wurde mit Schweigen kommentiert, die als Ergriffenheit zu deuten sei.
Ich las schnell, ohne Betonung. Man kann dieses Buch nicht durch Vortrag aufwerten.
Die «Echolot»-Präsentation rief genau das Echo hervor, das ich erwartet hatte: Die Älteren wachten auf und erklärten den Jüngeren sofort ein paar unwesentliche Rätselhaftigkeiten des Zweiten Weltkrieges. Sie beglückwünschten mich zu der Idee.
Drews riet ab, über Gebühr zu collagieren. Das sei kunstge-

werblich. Er schlug jedoch Kürzungen vor, und da gebe ich ihm recht.

Bittel sah die herausgesuchten Fotos durch und hat dadurch vielleicht eine genauere Anschauung bekommen von dem, was ich zeigen will, von der Endform des Ganzen.

Den «freien Nachmittag» nutzte nur eine Minderheit. Drews erklärte von sich aus seine Bereitschaft, mit dem Interpretieren weiterzumachen. Fand großen Anklang.

Gestern nacht machte ich die Planung für das nächste Seminar. Drews und Bittel werden auf jeden Fall dabeisein, desgleichen Guntram, der mir die Kritik der Teilnehmerbeiträge abnahm in seinem Kurs.

Mit Schneeweiß, dessen kleiner Film wieder die Substanzen enthielt, die ich mir für einen Film wünsche, kam ich überein, im Frühjahr nach Frankreich zu fahren mit Simone.

Wie sie sich alle schon auf meinen Tod einstellen.

Daß sich die Rostockerin Almuth jetzt so auf die Judenverfolgung stürzt, ist doch nur eine Ersatzhandlung. Die Geschichte der Judenverfolgung ist doch hin und her erforscht. Da sind andere Bereiche!

Für Stasi-Angelegenheiten interessiert sie sich nicht.

2007: *Nie wieder was von ihr gehört.*

In der FAZ ein mich empörender Aufsatz über ein sudetendeutsches Städtchen von Ota Filip. – Nun kommt mir auch kein Tscheche mehr ins Haus.

Hildegard ein bißchen unerträglich, das macht wohl die Überanstrengung. Wir müssen durchhalten – das ist es.

In Radio, Zeitungen und im TV nur Stasi. Von uns, den Kameraden Natonek, Ingo Klein, von Mund vom Kirchenchor und

vom 13. März '50 spricht niemand. Heute wurde dem Herrn
Staeck, der lieber seine Irrtümer bereuen sollte, in «Aspekte»
$^1/_4$ Stunde eingeräumt. Auch von Bautzen war in derselben Sen-
dung die Rede, und das «Gelbe Elend» war zu sehen, sogar die
Zelle, in der ich fast sechs Jahre gelebt habe. Der Film, den
Duyns von mir gedreht hat, wurde bisher im deutschen Fern-
sehen nicht benötigt.

Die Rostockerin sagte, sie störe die Junge-Pionier-Figur im
Archiv. Deshalb steht sie ja da.

Nartum   Sa 23. November 1991, Nebel

T: Was Japanisches.

Jede Nacht ist ein volles Aquarium.
Drews fand das geträumte Gedicht im «Sirius» so gut, daß er es
in eine Anthologie aufnehmen will. Ich habe gesagt: Anthologie? Dann kann er doch mein Aquarium-Gedicht abdrucken.

Ulla Hahn hat in aller Öffentlichkeit bekanntgegeben, daß sie
einen von Pilzen zerfressenen großen Zeh hat. Fällt das unter
Lyrik?

TV: Es wurden Nazi-Menschen gezeigt, die am Totensonn-
tag irgendwo in Brandenburg aufmarschierten: nordische Flak-
obergefreite in gleichem Schritt und Tritt, im Gleichschritt
ungeübt, geballte Fäuste usw., Haar auf Streichholzlänge, sie-
gesgewiß-höhnisch. Darunter auch einzelne Mädchen, eine mit
Mozartzopf, Faltenrock und Söckchen, mich pickte ein Ero-
tikstoß, ich übersprang in meinen tierischen Gefühlen 50 Er-
fahrungsjahre und landete wieder bei Gisela Nitschke, der 1945
an Typhus Gestorbenen. Ich sah, daß meine damaligen heißen
Sehnsüchte bis heute nicht befriedigt wurden, aber ich war mir

auch bewußt, daß ich nie zu ihnen gehört habe, dieses Muskel-straffen ist mir immer fremd gewesen. – FDJ in ihrer Schmuddeligkeit auch nicht ohne Reiz. Ich habe immer gedacht: Die waschen sich nicht ordentlich, die Wiking-Jugend hingegen den Schwanz mit einer Nagelbürste.

KF kam, wir sprachen über Weihnachten. Hildegard hat keine Lust, mit «den beiden alten Männern, diesen Gespenstern» allein dazusitzen.

Liebe, Zeit, bunte Wiese, blauer Himmel, trockener Riesling – das alles zusammen würde sein vollkommenes irdisches Glück gründen, sagt der Ministerpräsident Rudolf Scharping (FAZ-Fragebogen).

2007: *Was er jetzt wohl macht? Mit seinem Rennrad zog er eine große Show ab. Spitzbart, Rennrad und einen verrückten Helm auf'm Kopf. – Fürs Fahrradfahren habe ich mich nie begeistern können. Immer dieser Gegenwind.*

Nartum   So 24. November 1991

6 Uhr
Bin von einem ekelhaften Würmertraum aufgewacht. Es war mir so eklig, daß ich mir sofort mit heißem Wasser die Hände wusch.
Danach sehr schöne Musik aus dem 17. Jahrhundert. William Lawes, danach Brahms.

«In Belgien herrscht Wahlpflicht, außer für den König» (Nachrichten).

Görtz wich bei Fechners Geburtstag, obwohl er direkt neben mir saß, meinem Blick aus. Was muß das für eine Existenz sein,

die es vermeiden muß, anderen Menschen ins Auge zu sehen. –
Damals, beim Hoffmann & Campe-Geburtstag, saß er mit
Ueding zusammen, da richteten sie die Literaturwelt, die Guten und Schlechten. Den Kempowski machen wir fertig, darüber waren sie sich einig. Wo ist der Readers-Digest-Ueding
geblieben? Und Görtz hat's in die Beilage katapultiert, «Essen &
Trinken».

Eine Dame aus Düsseldorf, die in einem Alfa Romeo gekom-
men war, reiste nach zwei Tagen ab. Es war überhaupt das
Seminar des Abreisens. Ich hasse das. Die gucken kurz rein,
vergewissern sich und schwimmen ab. Im April werden wir das
Seminar auf vier Tage kürzen. Auf die Kurse hat das keinen
Einfluß, der Worpsweder Nachmittag fällt fort, das ist alles,
und einen Autor weniger. Autoren stecke ich dafür in die
Nachmittage.

Hildegard hat mir Hausschuhe mitgebracht aus «reiner Schur-
wolle». Es handelt sich um Biowalkschuhe.
«Der eigentliche Biowalkvorgang erfolgt in Verbindung von
reinem Quellwasser, Temperatur und mechanischer Reibung.»

Die Jugoslawen haben nun den 14. Waffenstillstand geschlossen, ohne auch nur eine einzige Minute «das Feuer einzustellen». Ich verstehe eines nicht: Wenn die jugoslawische Volksarmee wirklich so stark ist, wieso braucht sie dann so lange,
Kroatien zu besetzen, und das, obwohl uns gesagt wird, daß die
Kroaten überhaupt keine Waffen haben?

Es ist eigentlich sehr merkwürdig, daß ich damals, als Fechner für T/W den Grimme-Preis erhielt, nicht eingeladen wurde.
Hatte er Angst, was abgeben zu müssen von seinem Ruhm?

TV: Missionare zeigen den Indianern in Südamerika, was eine
christliche Harke ist. Ein einzelner Missionar singt den nackten Naturkindern einen Choral vor.

Jelzin hat behauptet, das Bernsteinzimmer sei in Thüringen vergraben worden. Die Rote Armee habe nicht danach gesucht. – Daß die Restauratoren, die das Zimmer seit 20 Jahren nachbauen, nie danach gefragt haben? Na ja, sie hätten dann ihren Job verloren.
Eigentlich kitschig. Auf mich wirkt das Zimmer nur befremdend.

Ich freue mich schon auf das Schlachtfest, wenn herauskommt, wer alles hier im Westen für die Stasi gearbeitet hat. Das Wort von der klammheimlichen Freude.

2007: *Man weiß es inzwischen, aber die Namen werden nicht veröffentlicht.*

15.30 Uhr
Pfitzners Violinkonzert: himmlische Freuden.

Gestern stand W. Kerner in meinem Zimmer: «Willst du noch weiterschlafen?» Er hatte sich angemeldet, mit Maria, und ich hatte verschlafen. Unten stand Gott sei Dank die Tür «sperrangelweit offen».

Ich bekam von VG Wort 8000,– Nachzahlung! Pauschal für TV-Kanalsender.

10–12 Mio. Orden und Ehrenzeichen wurden in der DDR jährlich hergestellt, es gab 142 staatliche Auszeichnungen, z. T. mit Geldprämie versehen.
Volksmund: «Das Geld ist schon o. k., aber die Schande, die Schande!» (ZEIT)

Semipalatinsk.

Das Appartement in Berlin gehört jetzt tatsächlich uns, Hildegard zeigte mir die Papiere. 125 000,– haben wir bezahlt, den

Rest müssen wir zehn oder 20 Jahre lang mit monatlich 1800,–
abbezahlen.
Hildegard hat heute ihre mürrischen Tage überwunden. Nach
Seminaren immer drei Tage. Diesmal war es auszuhalten.
Ich verhalte mich antizyklisch.

«Echolot»: 19. Januar wird morgen eingegeben, habe ich heute
geordnet. Wenn das so weitergeht, kann ich dieses Jahr noch
damit durchkommen.

Radio: Händels Salomon.

2007: *Es gab mal ein hübsches Hörspiel, Bach und Händel
unterhalten sich. So was verschwindet auf Nimmerwieder-
sehen. Überhaupt, die Archive!*

Lit.: Musiklexikon, zu Händel: Die erste Frau seines Vaters
ist nach der Geburt von 11 Kindern an der Pest gestorben. –
46 Opern, 25 Oratorien, über 60 Continuo-Kantaten usw., und
dann hat ihn der Schlag getroffen.

Nartum   Mo 25. November 1991

Der ersehnte Tag ist gekommen: Die SU heißt jetzt GUS: Ge-
meinschaft unabhängiger Staaten.

Eine Schulklasse aus Lübeck, ein Herr Neitzel mit 22 Schülern
von der Friedrich-List-Schule. Der polnische Busfahrer kam
mit herein und setzte sich absolut selbstbewußt dazu in unseren Kreis. Er erzählte, daß er in Stargard lebt und dort noch
1959 mit angesehen hat, wie von den Russen aus ihrer Heimat ausgewiesene Polen mit einem Koffer und Rucksack nach
Pommern kamen.

2007: *Seit Jahren korrespondiert Hildegard mit einem von ihnen, dem ein deutsches Einfamilienhaus in Bartenstein u. a. zur Wahl gestellt wurde. Ein frommer Mann, der ab und zu Geld braucht.*

Der Umschlagtest für M/B lief ganz anders als neulich beim Seminar. Kein einziger hat für den blauen Zaun gestimmt. Das Messer gefiel ihnen. Am Nachmittag hing ich herum, war wie gelähmt, angeekelt von allem. Erst gegen Abend erholte ich mich.

«Echolot»: 20. Januar fertig. Starke Bedenken, ob das so geht. Ich brauchte einen echten, frischen Leser, der mir seinen Eindruck mitteilt.

Nartum   Di 26. November 1991

Stramm gearbeitet.

Ein FDP-Politiker hat vorgeschlagen, Liebesentzug der Eltern ihren Kindern gegenüber unter Strafe zu stellen! Eimer heißt der Mann. FAZ schreibt zu Recht, wenn diese Art, Gesetze vorzuschlagen, Schule macht, landen wir bei Huxleys «Schöne neue Welt».

2007: *Wir sind schon mittendrin.*

In der FAZ wird Schweden als moralische Supermacht bezeichnet. Den Lappen im hohen Norden haben sie ihre Sprache zu sprechen verboten, wie die Franzosen den Elsässern ihr Deutsch.

«Wohnungen sind Bühnenbilder» (FAZ).

«Echolot»: 21. Januar erledigt, es geht rasch vorwärts, da mir jetzt Simone hilft. Ich ordne die Tage, numeriere die Texte, und sie verschiebt sie und läßt sie ausdrucken. Es ist aber kaum möglich, mehr als einen Tag pro Tag zu schaffen, zumal ich zwischendurch immer wieder gestört werde. Heute kamen ein Rostocker und seine Frau, entsetzlich! Sie (70 Jahre alt!) konnte nicht einmal die Petri- und St.-Nikolai-Kirche auseinanderhalten. So was kostet immer einen ganzen Nachmittag. Man sitzt und glotzt sich an. Nach Freiexemplaren fragten sie nicht. Die Leute wissen nicht, was sie einem antun. Und sie ahnen nichts von der drückenden Last, die ich mir aufgebürdet habe.

Schöne «Sirius»-Kritik in amerikanischer Zeitung von Blomster. Schmeichelhaft.

Hörte ein Quartett von Messiaen, sehr schön. Angenehme Atonalität, dabei kann ich gut arbeiten.
Interview von Müller mit Koeppen. Er habe sich das letzte Kriegsjahr in einem Keller verborgen gehalten. Wer's glaubt, wird selig.

Die Serben behaupten, wir seien schuld an ihrem Krieg! Gott!

Kinski ist tot, man sah ihn französische Journalisten anschreien.
Irgend jemanden hat er mal in die Wade gebissen. Ich mochte ihn nicht, er «überspielte».

Es stellt sich heraus, daß hinter den Asylantenverfolgungen die sogenannten Autonomen stecken. In N3 Bericht darüber.

8 Uhr
Vor 45 Jahren in den Westen gegangen (1947).

T: Bin bei Thomas Mann in Amerika, Kreis von Studenten. Er zeigt ein Buch, in dem er mit Kindern dargestellt ist, einen Bildband. Er schlägt eine Seite auf und zeigt mir zwei Fotos, die in Breddorf gemacht sind, KF und Renate auf dem Rasen. Da erinnere ich mich, daß er damals bei uns war. – Andere Studenten kommen. Langes Gespräch über Schutzumschläge von Büchern. Thomas Mann sagt, sie gehörten schließlich dazu. Vergeblich überlege ich, mir fällt kein großes Buch mit einem bekannten Schutzumschlag ein. – Ich benutze die Toilette, auf der Thomas Mann sich kurz vorher aufgehalten hat. In der Wohnstube liegen seltene Erstausgaben, auf einem Band entdecke ich ein bräunliches Reiskorn vom Mittagessen. Ich schnippe es mit dem Finger weg, was ich dann bedaure. Ich hätte es mitnehmen sollen, in einer Glasampulle: Thomas Manns Reiskorn.
Die berühmten Flaschen mit Brigitte Bardots Badewasser. Die fromme Helene.

Schon vorher lange von N.Y. geträumt, daß ich vor einer grünen Straßenbahn herlaufe, weil sie so langsam fährt, und ich dann frische Luft kriege. Hinter mir biegt sie ab, und ich merke es nicht, weiß nicht, wo ich bin. Doch man zeigt mir den Weg.

Fuchs mit einem unlesbaren Text im «Spiegel» und Rathenow mit einem grotesken, sehr einleuchtenden in der FAZ sagen, daß die Stasi sogar Gedichte schreiben ließ, um Literaturzirkel ausspähen zu können.
Rathenow schreibt, er sei bei der Lektüre des «Gulag» wütend über manche antikommunistische Tendenz gewesen. – Das sind diese Vegetarier, die dann doch mal in eine Wurst beißen.

1820: Friedrich Engels geboren

Gestern früh war ich aus irgendeinem Grund äußerst wütend, Simone bezeichnete das als ätzend.

Gestern abend in Hamburg. Erst Buchhandlung Hennings, dann zu Martin Anderschs Buchpräsentation, der hochgradig krebserkrankt ist. Ich erwischte mich dabei, daß ich mich scheute, ihm meine Hand zu geben aus Furcht vor Ansteckung.

2007: *Mir geben sie alle die Hand. Anscheinend hatte ich abnorme Gefühle. – Andersch hat die schönste Ausgabe eines meiner Bücher gemacht, «Im Block», 1987, mit meinen Zeichnungen.*

23 Uhr
Ein Tag zwischen Lähmung und Lebensekel und dann doch wohltuenden Aktivitäten. Zwei volle «Echolot»-Tage geordnet, so fange ich morgen mit dem 24. Januar an. Sieht alles ganz gut aus, aber es fehlen noch z. B. Albert Schweitzer, Sven Hedin, George Bush; das Netz ist noch nicht dicht genug. Allgemeines Gejammere.

2007: *Von Albert Schweitzer war nichts zu kriegen. Irgendwie ist er bei unseren jungen Leuten in Verschiß. Gibt es Orgelplatten von ihm? Der Tropenhelm, mit dem er immer rumlief.*

Fühlte mich ermattet, dreckig, ausgekotzt. Und immer die Zweifel, ob das vernünftig ist, was wir da tun. Wird's die Welt weiterbringen?
Meine Handschrift und ich. Was ich geschrieben habe, schlingt sie in sich ein. Und das, was ich dann lese, hat sich verändert.

Handwerker, Haus- und Gartenputz. Das neue Telefon funktioniert natürlich nicht richtig.

Sehr schöne Fotos von Odette, Kontaktabzüge, schönes Mädchen. Der schwarze Schwan.

«Trompeten»: Festungen sehen von oben aus wie Sterne, wie explodierende Sterne, und sie sind doch der Inbegriff der Beharrung, verewigte Schneekristalle.
Neben den Kirchen- und Klostergrundrissen auch Festungspläne sammeln.

Nartum   Fr 29. November 1991

Nationalfeiertag der Volksrepublik Albanien
Nationalfeiertag der Sozialistischen Föderativen
Republik Jugoslawien
Internationaler Tag der Solidarität mit dem
Kampf des palästinensischen Volkes

Immer wieder bescheren uns die Verkehrsnachrichten das Erlebnis der Wiedervereinigung. Wenn ein Stau bei *Eisenach* angesagt wird zum Beispiel, oder: «Heute spricht Bischof Reinelt aus *Dresden* das ‹Wort zum Sonntag›.» Glücksgefühle durchrieseln mich. Dresden! Eisenach!

Nartum   Sa 30. November 1991

TV: Im 2. war ein Rockkonzert und im 1. Weltmeisterschaft in klassischen Tänzen. Sehenswert. Für diese grotesken Entstellungen der Menschheit ist der liebe Gott nicht verantwortlich zu machen.

Wie natürlich und ungekünstelt dagegen die Naturtänze der Schwarzen oder in Südamerika. Tango in einer Kneipe.

Ein äußerst brutaler US-Krimi erfrischte mich.
Zwei Stunden Dürrenmatt schenkte ich mir.

Die SU nähert sich dem Bankrott, die Sache läuft aus dem Ruder. Jetzt können sie die Beamten und Soldaten schon nicht mehr bezahlen. Haben sie das je getan?

2007: *Wie gut, daß ich meine Pension kriege, denn nun hören die Einladungen zum Lesen auf. Empfindliche Einkommenseinbußen.*

Radio: Partita für Cellosolo, 24 Uhr. Das ist Musik, die aus dem Universum kommt. Man hört, daß sie schon zur Mode werden, die Bach'schen Partiten.

Handke hat gesagt, die Jugoslawen sollen man besser zusammenbleiben. Er lebe jetzt – wie die Moderatorin sagte – mit neuer Familie in Paris.
Seine Tochter hat Abträgliches gesagt über ihn.

Telefoniert mit Keele. Ja, «Dog Days» sei jetzt an alle Bibliotheken geliefert. Da der Verleger ihm nichts sage, werde das Buch wohl auf Eis liegen.

2007: *Frau Plöschberger, eine Germanistin aus Graz, erzählte, daß alle meine Bücher in der Bibliothek der Uni vorhanden seien. Ach, habe ich mich da gefreut! Aber kaufen tut sie niemand.*

Lieschen nagt am Knochen, Robbi hat sich daneben postiert und guckt zu, Paule in der Ferne über den sich anbahnenden Knochenkonflikt der beiden beunruhigt. Lieschen knurrt erheblich, Robbi kommt freundlich näher. Da läßt Lieschen den

Knochen fahren und läuft ärgerlich davon. «Es hat ja alles keinen Zweck.»

Keele hat sein Haus umgebaut, man gehe jetzt «minutenlang an Büchern entlang», sagte er, mich zitierend.

«Echolot»: Habe heute den 26. Januar eingegeben.

Leider kein Mittagsschlaf, Kinder schreien drüben, und die Hunde bellen wie verrückt. Das Schreien erinnert mich an den Pausenlärm der Schule.
Müßte einen Chor aus Kindern verschiedener nationaler Herkunft gründen, aber Ausländer muß man hier mit einer Laterne suchen.

Lit. «Horen» von 1980 über die Gruppe 47.
Wagenbach:

> Zum Ende der Gruppe. Es sind, glaube ich, zwei Ursachen. Zu einem gewissen Zeitpunkt, etwa ab 1962/63 war das Verhalten der Gruppe eine Versammlung von Klassikern, auch mit dem entsprechenden pompösen Gehabe. Sie bekam so etwas Honorationenmäßiges.

Schlechte Fotos gibt es von den Zusammenkünften: Köpfe winzig klein (immer mit bedeutsam-interessierten Gesichtern), halb verdeckt alle. Wenn man bedenkt, über was für einen Dreck sie zu Gericht saßen. Alles, bis auf weniges, wie weggeblasen. Das Qualmen. Anekdoten, die alle nicht stimmen. So Stories sind das inzwischen. Richters «Etablissement der Schmetterlinge». Ganz gut.

2007: *Zu meinem 50. Geburtstag schenkte mir Wagenbach ein Blumengebinde. So was muß man anerkennen. – Wibke Bruhns drängte sich an ihn. Es wird ihr nichts geholfen haben. Sie ist mit ihrem Vater-Buch bereits in den Klassikerhimmel eingeschwebt.*

Für jeden normalen Menschen durchschnittlicher Urteilskraft muß einsichtig sein, daß die Katastrophe nicht aufzuhalten ist.

«Echolot»: Habe heute den 26. Januar eingegeben und den 28. Januar 1943 geordnet. Die Dramatik dieser Wochen ist ungeheuer:

Sylvester
Stalingrad
Casablanca
30. Januar
Stalingrad
Totaler Krieg
Stalingrad
Weiße Rose

Dazu das über diese Wochen hinaus sichtbar werdende Afrika-Fiasko und die beginnenden Großluftoffensiven.

Dezember 1991

Nartum So 1. Dezember 1991

*1936: Hans Beimler, Divisionskommandant bei den
Internationalen Brigaden in Spanien, vor Madrid gefallen
Tag der Grenztruppen der DDR*

> Es kommt ein Schiff geladen
> Bis an sein höchsten Bord,
> Trägt Gottes Sohn voll Gnaden,
> Des Vaters ewig's Wort ...
>
> Das Schiff steht still im Triebe,
> es trägt ein' teure Last;
> das Segel ist die Liebe,
> Der Heilig' Geist der Mast.
> (Johannes Tauler)

Dominikaner war er, strenge Leute waren das. Ging die In-
quisition nicht von ihnen aus? – Er strebe das Leerwerden der
Seele von Bildern an. Daß das überhaupt geht. – Sein sonderbares Lied, ohne das ich mir die Adventszeit nicht vorstellen
kann. Schon die zweite Strophe kennt heute kaum noch einer.

Nartum Mo 2. Dezember 1991

6 Uhr.
Irgend jemand hat Viermonats-Föten aus Plastik – «Made in
Hongkong» – in alle Welt verschickt, um der Menschheit zu
demonstrieren, was sie da tut, 400 000 Kinder im Mutterleib

486

pro Jahr allein in Deutschland zu töten. Einen großen Globus haben sie mit den Kindern beklebt. Das findet sie geschmacklos, sagt eine Passantin. Was?

Nun ereifern sich diverse Abgeordnete für Gesetze, daß man Kinder nicht anschreien darf. Das tun die gleichen Volksvertreter, die sich anschreien wegen der Embryotötungen, ob nun bis zum 2. oder 3. oder 4. Monat. Da ist die neue Giftpille schon humaner, die sofort nach Ausbleiben der Regel geschluckt werden kann.

Abtreibungsarzt: Der Fötus wird zersägt im Mutterleib. Die kleinen Finger erkennt man, alles ... Das ärztliche Gewissen. Wenn alte Menschen vor Schmerzen um Hilfe schreien und den Tod erflehen, schweigt das ärztliche Gewissen. Da ist von Moral die Rede, die sonst auf keinem Gebiet mehr eine Rolle spielt. Was ist, wenn Kinder ihre Eltern anschreien? Oder in der Pubertät, dieses unglaubliche Benehmen der Töchter, von dem alle Mütter erzählen können?

Der Zusammenhang zwischen Christi Geburt und Abtreibungen. – Mutter hat's auch gemacht. Ein Junge wäre es geworden, 1936.

T: Die Rumänen plündern unser Haus, ein Gutshaus im alten soliden Stil. Das Dorf ist machtlos gegen diese Leute mit dem Blechhelm auf.

Ulla Hahn schreibt in einer Hymne über Stephan Hermlin, der habe sich seinen Lebensunterhalt in den Dreißigern als Druckerlehrling verdient! Ein Lehrling bekam damals 10 Mark pro Monat. Wie soll das funktionieren? Hat er denn Schnecken und Würmer gegessen und in einem Keller gehaust? – Ich bekam nach dem Krieg bei Konau pro Monat 25 RM. Genau 25 Mark kostete eine Ami-Zigarette.

Stephan Hermlin – war das nicht ein Herrenreiter? Außen Marmor, innen Gips?

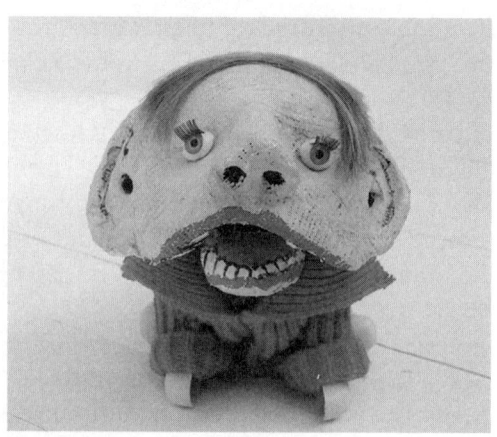

«Der Kritiker»

Hildegard hat kleine Bilder von Renate mitgebracht, entzükkende kleine Stücke. Die man ja allerdings nicht verkaufen kann, wenn man sie nicht anbietet. Und ihre umgerüsteten Stoffbewegungstiere würde sie reißend los. «Der Kritiker» steht jetzt hier bei mir auf dem Schreibtisch. Er kann sogar bellen!

Ich lese in älteren «Horen», man faßt sich an den Kopf. Irrenhaus. Man ist zu müde, sich zu all diesem Quatsch zu äußern. Das innere Widerlegen reicht schon. Ob es krank macht? Setzt es sich fest?

Ein Organist wurde gezeigt, der auf der fünfmanualigen Orgel von Notre-Dame spielt und sich daher mächtig ins Zeug legt. «Ob das überhaupt eine Rolle spielt, daß er sich da so vorbeugt?» – Nein, das habe nur emotionale Gründe, es sei völlig gleichgültig, ob einer sich beim Spiel hin- und herwiegt oder zart oder doll die Hände in die Tasten schlägt.
Hin-und-Herwiegen geht ja noch, aber dieses Grimassieren der Geiger und Pianisten … Von den Dirigenten ganz zu schweigen. Und die Sänger erst! Man müßte ihnen Masken aus Pappe umbinden. Aber das klingt dann sonderbar.

T: Ich habe mich unverständlicherweise bereit erklärt, auf der Orgel von St. Marien aus Benefizgründen etwas vorzuspielen. Wir fahren viel zu spät los, und ich stecke ein paar kindische Noten ein. – Kirche ist gottlob ziemlich leer. Ich steige und steige die Treppen hinauf und überlege den Rest des Traumes, daß ich improvisieren werde, da ist dann nichts zu beweisen. In den Räumen, durch die ich komme, wird Spielzeug sortiert. «Dies war ein Alptraum», denke ich, als ich endlich Gott sei Dank aufwache.

8.30 Uhr
Ich: «Na, meine Liebste?»
Hildegard: «Meine Nase tropft.»

TV: Auf der Straße in Bremen wurde eine wohlgenährte Frau mit drei wohlgenährten Kindern angetroffen, die saß auf dem Pflaster und bettelte.
Warum sie das tut, fragte sie eine eifrige Heil- und Segenreporterin.
Ja, sie kriegt zwar Alo-Unterstützung, 2000 Mark im Monat, aber sie möchte doch so gern ihren Kindern Schokolade kaufen. Entrüstete Passanten um sie rum. Eine Zigeunerin aus Rumänien war es, in Deutschland.

Noch zum Rumänientraum. Ich sah aus dem Fenster und freute mich an dem schönen Dorf und dachte: Das ist nun alles vorbei, der friedliche See, die Bäume unserer Vorväter.

«Wir müßten ein Hundeweihnachten feiern» (Hildegard).
Mit einer Wurstzipfelkette am Weihnachtsbaum.

War eben bei der Massage, meine Schultern waren wie Stein. Der Masseur hat keine magischen Hände. Wenn Hildegard das mal macht, für drei Minuten, dann hat das eine ganz andere Wirkung. – Hemd anlassen, das duldet der Masseur nicht. Meine empfindliche Haut und seine empfindlichen Hände.

2007: *Inzwischen feiert das Massieren in sogenannten Wellnessbereichen wahre Triumphe. Aber die Kasse zahlt das nicht.*

Jetzt ist herausgekommen, daß den Israelis laufend Waffen geliefert wurden, ganze Schiffsladungen. Mich ärgert es, daß sie die NVA-Waffen so verschleudern. «Die Panzer werden wir vielleicht noch brauchen!» sagt Hildegard.

2007: *Ein NVA-Auflöser erzählte mir, daß die NVA-Panzer, die sie bei der Übernahme inspizierten, in sehr schlechtem Zustand gewesen seien. Nur die ersten zwei, drei Reihen gut gewartet. Na, dann wäre das mit dem Blitzkrieg bis zum Atlantik wohl doch nichts geworden.*

Selten sieht man Fotos vom Inneren von Panzern. Im 1. Weltkrieg hatten die Dinger 10 Mann Besatzung. Man schoß sie mit Artillerie ab. Die Deutschen stellten sich schnell darauf ein. In Amerika sah ich einige im Original. Die französischen Panzer des 1. Weltkriegs wurden im 2. weiterbenutzt. – Ich habe den ganzen Krieg über keinen einzigen Panzer gesehen, aber gehört. Russische ja, aber keine deutschen. Die russischen nahmen die Hausecken mit. – Die jämmerlichen Panzer der Polen auf einer Parade kurz vorm Krieg. Die Dinger hätten sie man lieber nicht zeigen sollen. – Die Panzerschlacht von Kursk ging für die Deutschen verloren, weil sie keine Maschinengewehre hatten, sie konnten die aufgesessenen Sowjets nicht bekämpfen.

Nartum   Di 3. Dezember 1991

1 Uhr früh
Wälze mich mit Gedärmeschmerzen. Ich merkte es schon beim Abendessen, daß mir was zu schaffen machen würde.

Das absolute Schweigen der sogenannten Friedensbewegung jetzt, wo der Krieg doch praktisch in unserem Haus geführt wird. Keine Talk-Shows, nichts.

Im Radio nichts für den Seelenfrieden, da brüllen sie irgendeine Messe, als ob's ums Leben geht. Tut es ja auch. Der Zusammenhang zwischen dem Fortissimo unserer Tage (Rockmusik!) und dem Selbstgefühl. Sie müssen nicht überzeugt sein von den Botschaften, die sie in die Gegend schreien, sonst könnten sie's auch leiser abmachen. Aber sie haben keine Botschaften. – Die Ähnlichkeit mit den Nazi-Veranstaltungen, Wien, Lustgarten in Berlin usw. Wie es da wogte. Nur die Mikrofone waren schlechter.

Schönherr brachte gestern noch weitere Borde an im Fotoarchiv. Die Sammlung hat sich sehr vermehrt.
Neben dem Archiv werde ich mir noch eine Privatsammlung anlegen.

Mein Zeitungsvernichtungssofa.

Irgendwo las ich, daß Kujau von der Universität Oldenburg den Dr. h.c. verliehen bekommen hat für ein (gefälschtes) Paracelsus-Dokument. Das kann doch wohl nicht sein? – Der Mann gefällt mir übrigens.

Je älter ich werde, desto mehr Uhren muß ich haben. In jedem Zimmer eine Funkuhr – nicht als Mahnung: ultima latet, sondern um noch mehr herauszupressen aus jeder Stunde. Beim Frühstück vergeude ich Zeit, da bin ich verschwenderisch. Wie gut, daß die Tageszeitung erst mittags kommt, sonst wäre der ganze Tag im Eimer. – Eine zweite Zeitung zu abonnieren geht nicht, weil es keine gibt.

Ich nahm einen alten Film mit Adolf Wohlbrück auf, werde ihn mir heute abend ansehen.

2 Uhr
Jetzt lassen die Schmerzen nach. Im Radio angenehme Flötentöne. Ich lese noch ein wenig in den Anstreichungen, die Kirsten in mein Handexemplar des «Sirius» übertragen hat. Es kommen immer noch Briefe. Die Leute wundern sich, daß es so ein Buch gibt. Die sitzen immer noch auf ihrem en gros eingekauften Böll.

Gestern schrieb mir «der dicke Herr Jahn», den ich gar nicht kenne, er schlägt das Buch zu, zieht seine Kreise um das Buch, öffnet es wieder und liest weiter, schreibt er.
Man möchte schon ein Echo haben auf die Signale, die man mit den Büchern auf die Reise geschickt hat. Das sogenannte Feedback. Es ereignet sich immer auf Situationen in dem Buch, die man gar nicht so wichtig nahm; Reaktionen, mit denen man gar nicht gerechnet hat.

In das tägliche Herumblödeln weht mir ab und zu eine farbige, plastische Erinnerung zu. Angenehm! Fast immer kommentiert sie das, was man da gerade tut oder erlebt, aber man hat gar nicht die Zeit oder Aufmerksamkeit, den Kommentar auszuwerten.
Wozu das dann also? Als unbewußtes Korrektiv. Manchmal schwanke ich, «weil ein lieblicher Gedanke um ein kleines mich beschwert …»

Merkwürdig pedantisch die Briefe, die Christian Morgenstern an Robert Walser gesandt hat. Hat ihm erklärt, wie man ein Manuskript korrigiert, welche Zeichen man verwendet. Außerhalb seiner grotesken Gedichtproduktion scheint er ziemlich humorlos gewesen zu sein, der Morgenstern. (Sein Hang zur Anthroposophie, unerträglich.) – In Göttingen sah ich ein kleines Gemälde seines Vaters. War nicht doll.

Rußland hat die Ukraine anerkannt.

Die Polen haben große Mengen westliche Hilfsgüter auf dem Weltmarkt verkauft. Was unsere Leute für Geld verschwenden. Da wünschte man sich einen Charakter, wie Friedrich Wilhelm I., den «Plusmacher» (Klepper). Die ganze Entwicklungshilfe ist eine einzige Geldvernichtung. Schlimmer noch, sie hat die Wirkung einer Überdüngung. Positive Wirkung: Die hilfsbedürftigen Völker kaufen bei uns Maschinen dafür. (Die sie dann verrotten lassen. Geophantastischer Wahnsinn, wie Gehlen sagt.)

«Echolot»:

Skizze von Walter Kempowski

Zu den Zwischentexten auch Rückblicke oder Zeitsprünge.

Verkehrsmeldungen: «Bei *Eisenach* ein defekter Laster.»

2.15 Uhr
Licht aus! Im Radio ein Mensch, der aus voller Kraft mit beiden Händen in Gegenbewegung auf die Klaviatur haut. So machten wir es als Kinder.

14 Uhr
Ich wollte Sarah Kirsch für April einladen:
«Kannst du nicht mal wieder bei uns lesen?»
«Ach nee, ich hab' soviel gelesen letzte Zeit …»
«Aber wir wollen dich erst im April 1992 haben!»
«Nee – wenn du vielleicht den Plan für 1993 machst …»

Ich weiß nicht, was sie hat, anderswo liest sie dauernd. Vielleicht zahlen wir zu wenig?

Wann schreibt F. J. G. endlich seinen ersten Roman? Es ist zu merken, daß er bereits «pumpt», wie das Maikäfer tun, bevor sie ihre Chitinflügel spreizen und sich davonmachen. Jüngstes Beispiel fand ich in seiner Monika-Maron-Buchkritik:

> Monika Marons Roman ist wie ein erstickter Schrei, ein unterdrücktes Schluchzen, ein niedergerungener Klagelaut.

Das ist doch schon was!
Und gebrannte Väter, die mit tränenschwerer Zunge ihrer Umwelt Bescheid sagen. Also ...
Was für ein Charakter! Daß er neulich geschlagene vier Stunden neben mir saß, zwischen uns nur Frau Ungereit, und den Kopf stramm in die entgegengesetzte Richtung von mir wegdrehte.
Ob er sich hinterher massieren ließ?
Er war doch ein ganz umgänglicher Mensch. Hat mich 1964 mal besucht.

Ein starker Antrieb für die Arbeit an «Echolot» liegt im Denunziatorischen des Unternehmens. Und dieses wird ihm auch Leser zuführen (das Leseinteresse wecken).

2007: *Daß Himmler sich in Dachau die Haare schneiden ließ. Doch wohl nicht von einem Häftling? Ließ er sich hinterher den heiligen Kopf desinfizieren?*

Nartum   Mi 4. Dezember 1991

Heute früh auf nüchternen Magen die Nachricht, daß die EG-Leute sich darauf geeinigt haben, noch vor dem Jahr 2000 eine gemeinsame europäische Währung einzuführen. Tut mir leid, ich bin dagegen. Man kann sich ja vorstellen, wie die gerissenen Italiener und die oberschlauen Franzosen uns ausleeren werden. Na, dann bin ich 70 Jahre alt, und irgendwann muß nach mir die Sündflut ja mal kommen.

2007: *Ich sage immer noch «Mark», und es gibt Menschen, die mich verbessern: «Sie meinen Euro?» Es sind junge Verkäuferinnen, die das tun. – Die Fluktuation der Münzen: selten, daß man mal einen französischen Euro in die Finger kriegt.*

Wir sitzen in einem steuerlichen Hochsicherheitstrakt. Ausbrechen unmöglich.

«Echolot»: Heute fing ich mit dem 1. Februar 1943 an, das Material ist großartig, wenn man das bei diesen traurigen Tatbeständen so ausdrücken kann.

Heute früh auf N3 sagte die Moderatorin mehrmals: Georg *Friedrich* Telemann. Ich würde sagen, wir verzeihen ihr. – Vor solchem Lapsus schützt auch die Umbenennung von NDR3 in N3 nicht.

Jetzt haben sie den evangelischen Herrn Fink von der Humboldt-Universität am Arsch. Und da gibt es doch tatsächlich Studenten, die für ihn demonstrieren. Sie applaudierten ihm begeistert. Manche aber auch nicht. – Wieso denkt man bei Theologen immer gleich an den Teufel?
Blumen kriegt er geschickt, auch legt man ihm welche aufs Pult.

Die gleiche Eselhaftigkeit ist in den Gesichtern der Studenten zu bemerken wie damals, als sie mit Dutschke auf die Straße gingen.
Wie schade, daß ich nicht im Brennpunkt ihrer eselhaftigen Begeisterung stehe, sie jubeln Herrn Fink zu, anstatt daß sie meine Bücher kaufen. – Um mich zu beruhigen, zählte ich

gleich wieder die Anzahl meiner Publikationen an den Fingern ab. Je nach Großwetterlage sind es 25 oder 27 Stück, das Kleinvieh nicht mitgerechnet.

2007: *Seither ist noch ein bißchen was dazugekommen: 10 Bände «Echolot», Romane, die Tagebücher. Das Werk hat sich gerundet, wie man so sagt.*

Daß die Ukrainer u. U. Zugriff auf die Atomwaffen haben, stört mich nicht so sehr, die sind in meinem Bewußtsein eben doch auch «abendländisch». Aber die Aserbeidschaner, Mukden und Pukden, daß die das Knöpfchen drücken können, das muß verhindert werden, denn die tun's (eines Tages sowieso).

Das kleine rote Taschenmesser gehört zu der statischen Weihnachtserinnerung, die in mir ab und zu aufkocht; der Gang zum Großvater, in einem ersten wachen Jahr erlebt, es muß 1937 gewesen sein. Das Spielen auf dem Fußboden, die zu schnell gehende Kuckucksuhr. Die Tische der Geschwister interessierten mich nicht. Das nach Öl und Gummi riechende neue Spielzeugauto.
Heute kaum nachvollziehbar, daß damals der Exodus der Juden bereits im Gange war, daß es KZ gab und daß Hitler über seinen Todesplänen brütete.

«Echolot»: Mit größter Befriedigung arbeitete ich bis in den Abend hinein am 1.2.1943.
Es ist wahr, das System der Gleichzeitigkeit ist banal. Interessant ist es nur durch die Schattierung; die Variante, die Gegenüberstellung. Und da sitzt dann auch das Lesevergnügen. (Sagen wir lieber: -gewinn.)

Die Massagen tun mir gut. Störend sind die Gespräche in den Nachbarkabinen, Leute, die den geduldigen Masseuren ihre Leiden aufzählen.

Streichquintett in Es-Dur, Mozart. Denke an die Autofahrten nach Oldenburg, das ist nun auch schon wieder Vergangenheit. Nicht, daß ich dem nachtrauerte! Ich hatte immer schöne Musik an. Einmal ein langer Vortrag über Hofmannsthal, Briefe an seine Tochter. Es war gerade ein Stau. (Über 90 Jahre alt ist sie geworden und in New York gestorben.)

Sehnsucht nach Rostock.

Schickte heute die Fotos an Odette ab, ein verwickeltes Gefühl hielt mich davon ab, sie Hildegard zu zeigen. Eine solche Physiognomie muß ja den Seelenfrieden, so oder so, stören.

Pleitgen in Perm, große Pelzmütze auf, modischer Mantel. Im Hintergrund Holzhaus, Schnee, Panjepferde. Auch das ist aufklärerische Gleichzeitigkeit, niemand lernt etwas daraus, keiner merkt was.

Britten, Weihnachtsgesang der Hirten. Immer wieder, und immer wieder Tränen.

Ein Freund: Ob ich keine Schwierigkeiten bekäme, wenn ich so was schriebe, im «Sirius», mit Hitler, den Traum, wo ich da neben dem Aufzug herlaufe ...
Seine Frau schenkte mir zwei Bildpostkarten.

Der Lammbraten schmeckte sehr gut, aber er war gar nicht knusprig, obwohl das angekündigt war.
«Kroß», das gibt es überhaupt nicht mehr. «Kroß» und «fett» sind gestrichen. Ah! Die Urmenschen, wie ihnen das Mammutfett aus den Mundwinkeln troff.

In Oldenburg, das sogenannte Zusammensitzen mit Studenten. Nur wenige blieben übrig. Die Jugend werde ich doch etwas vermissen. Die Waggons mit Jugend wurden abgekoppelt, sie blieben auf der Strecke stehen.

Hildegard staunt, was für Geld im Augenblick durch Lesungen hereinströmt. Sie will den Kindern was übertragen. Ich bin mehr für Hauskauf und Nutzung durch sie. KF wartet so lange, bis die Appartements unbezahlbar werden.

Quartette sind wegen des vielzitierten «Gesprächscharakters» so interessant. In großen Orchestern werden die vielen Zuhörer ja nur angeschrien, da kommt kein Gespräch zustande. Quartette, das ist demokratische Musik. – Daß Orchester trotz der Einstimmung auf das Oboen-A Schwierigkeiten mit der Intonation haben, sogar große, gute Orchester, z. B. zwischen dem Blech und den Streichern. An so was denkt man gar nicht. – Der Dirigent fleht sie vorher an, nur ja achtzugeben auf die Intonation.

Der Übernachbar hat Enten geschlachtet und den Blutabfall einfach auf'n Abfallhaufen geworfen. Lieschen tut sich daran gütlich.

In 3 Sat ein Cocktail aus verschiedenen Mozartfilmen. Schöne Idee. Aber die Luft, der Geruch.
Das war es, wenn ich nach Rostock kam, es roch dort besonders.
Jetzt zieht's mich mächtig dahin, solange es noch so kümmerlich ist.

Grass hat sich nun gegen den braven, klugen Gauck gestellt, er soll das Schnüffeln lassen. Irgend jemand hat die Gauck-Behörde gar verglichen mit der Gesinnungsschnüffelei der Nazi-Zeit! Und in ihren Stuben weinen die Opfer.
Ich bin übrigens als Opfer nicht existent. Ach, damals – das war doch mit den Russen. Die denken, ich hätte wegen der Nazi-Zeit gesessen, irgendwie mit dem Krieg hatte das doch zu tun? Loest ist der große Mann. Das Gedächtnis der Leute reicht nicht bis in die 40er Jahre. Auch das gehört zu meiner Buße.

2007: *Das Gauck-Archiv ist die größte literarische Lei-
stung der Weltgeschichte. Wie aus den Hexenprozeß-Akten
wird man später daraus Informationen ziehen, die sonst nirgends zu kriegen sind.*

Der korpulente Kanzler über die Vereinigung Europas. Er wirkt
ziemlich kompetent. Larifari-Lafontaine fällt dagegen sehr ab.
Und der Pfeifenlutscher?

Beim Dorfarzt heute die Mädchen im Vorzimmer zu mir: «Wie
ist Ihr Name?» Seit 30 Jahren bin ich dort Patient.

Die Krähen sind wieder da. 500 Stück.
Heute lag die Katze den ganzen Tag bei mir im Zimmer. Ich
empfand das als Liebesbeweis.
Innerlich und äußerlich groß sei Mozarts Es-Dur-Quintett,
sagt der Ansager. Nun Glasharfe. – Ich spielte heute die F-Dur-
Sonate zu Mozarts Gedächtnis.
Nächstes Jahr fange ich eine andere an. Mit einer Sonate kann
man sich monatelang beschäftigen. Was für kostbare Gebilde.
Wie Romane. Das Erzählende dieser Musik.

Nartum   Do 5. Dezember 1991

T: Langer T., ich habe ein Seil durch eine Kirche gespannt, um
zu zeigen, daß diesseits und jenseits sich einander ergänzende
Geschehnisse abspielen, auch in der Wohnung. Karasek findet
das sehr interessant, er will offenbar darüber schreiben. – Der
Traum war sehr lang, immer wieder wurde es plausibel, wie
sinnreich und nützlich es ist, die Dinge ständig von zwei Seiten
zu sehen. Ganz zum Schluß kam ein kleiner Mann mit langem
Bart des Wegs, der unsere Einladung, sich zu uns zu setzen, zu-
rückwies und alles als kalten Kaffee bezeichnete.

Heute bei der Massage höre ich von nebenan: «Das juckt hier unten immer so.»
Gymnastik gibt es leider nur in Gruppen. Der Masseur fragte die G.-Mädels, ob sie auch einzeln ...
«Für Kempowski ...»
«Kempowski?»
«Weißt doch, Walter Kempowski ...»
«?»
«Na, der von Tadellöser und Söhne ...»
Gott sei Dank war nichts zu machen. Ich wäre ja doch nur einmal hingegangen und hätte Ball gespielt mit dem Mädchen. – Ich habe in meinem ganzen Leben nie Sport getrieben.
Heute beim Nachmittagskaffee, neues Deckchen auf dem Tisch. Das sind die Freuden des Ehelebens.

23.30 Uhr
TV: Bei Zilligen war Thomas Mann zu sehen, wie er seinem Sohn Klaus auf die Schulter schlägt. Bei der Besichtigung des Buddenbrook-Hauses in Lübeck sehen sich das nur wenige Passanten an. Je mehr ich über ihn höre, desto ferner rückt er mir.

Aus Rußland Bilder wie zu Kriegszeiten. Verhärmte zahnlose Menschen. Ein zum Leiden erschaffenes Volk. Sie können eine Menge ab.
Und in Potsdam wurden emigrierte Autoren hämisch behandelt. Der Fluch, der ihnen nachgesandt wurde, ist noch wirksam. Z. T. ist mir die Sprache dieser Leute unheimlich, Schacht z. B., wie der auf die Ostdeutschen schimpft, und Biermann. Aber dann wieder der windige Herr Fink. Ich fürchte: Wer sich darauf einläßt, sinkt in den Morast. Ich hoffe nur, daß man mich in Rostock gnädig annimmt mit meinen gesammelten Siebensachen. Sonst bin ich mausetot. Hab' mich noch nie so heimatlos gefühlt, vielleicht ist der Grad meiner gesteigerten Sehnsucht ein Maßstab dafür.

Weihnachtsbäume wurden in unserem Wäldchen geschlagen. Wir haben die Bäume, die wir pflanzten, verraten. 10 Jahre sind sie alt. Ein kurzes Leben. Was ist der Unterschied zu dem Nachbarn, der seine Enten schlachtet, und unserem Baum-Massaker? – Obwohl wir die Bäume gekennzeichnet hatten, schlug sich ein Bauer seinen Baum einfach aus der Mitte heraus.

Totenmesse für W. A. Mozart zum 200. Hildegard: «Erst jetzt? Wo der schon 200 Jahre tot ist?» Sie wunderte sich, daß ich Solti sofort erkannte, der riß den Mund auf, um den Sängermassen zu zeigen, daß sie dem Ton freien Lauf ... Sein Spitzname: «Der schreiende Kopf». Wenn man ihn so agieren sieht, kann man dem zustimmen.

«Echolot»: Heute abend den 3. Februar geordnet. Es geht mit Riesenschritten, wenn ich nicht gestört werde. Immer noch Stalingrad. Ein ganz seltenes Zeugnis darunter: das Notizbuch eines Gefreiten, eines Kartenzeichners, der gefangengenommen wird und Aufzeichnungen macht. Daß so etwas erhalten blieb!

Streichquartett Nr. 1 von Schostakowitsch, werde ich mir nach und nach anhören.

Messe war auf Lateinisch!

2007: *Der neue Papst will die lateinische Messe wieder zulassen, die Papst Paul VI. verboten hatte. Großer Schaden ist dadurch angerichtet worden.* Verboten!

T: New York. Mit KF klettere ich durch verlassene Häuser und ruinöse Fabriken, z. T. gefährlich. Eine der Fabriken wurde erst im vorigen Jahr fertiggestellt, und nun zerfällt sie bereits. An uns vorbei rasen Hunderte von mongolischen Ratten. Jede hat auf dem Rücken einen kleinen Getreidevorrat. «Siehst du», sagte ich, «das ist das Geheimnis der Staatsführung, jeder sorgt für sich selbst.»
Parallel zum Rattenzug kommen Schäferhunde gestürmt, sie beachten uns nicht. Eine Katze wird attackiert. Ich sage: «Das ist doch unsere Muschi, wir müssen ihr doch helfen.»
Inzwischen wartet der Zug, mit dem wir längst hätten abfahren sollen. Ein Mädchen guckt aus dem Fenster.
«Und ihr sagt mir gar nicht Bescheid?»
«Es wird doch höchste Zeit?» sage ich.
Aber wir fahren doch lieber mit dem Auto, KF winkt uns zu, wir fahren in Kolonne.
(Hildegard hatte gemeint, wir wollten unseren Besitz und Geld an die Kinder verteilen.)

8 Uhr
Frühnachrichten. SU hat irgendwie die Zahlungen eingestellt. Ein «Konsortium» peilt die Lage. Gorbatschow ist besorgt wegen der Ernährungslage. Den ganzen Sommer über haben sie gewußt, daß der Winter kommt.
Ich denke an den russischen Kadetten, den ich 1945 mit Brötchen Fußball spielen sah.

Ein Film, in dem gezeigt wird, wie Werftarbeiter die NVA-Schiffe verschrotten, die sie selbst gebaut haben.
Ich kann verstehen, daß die Leute drüben ihren Zeiten nachtrauern. Mir geht es ja auch so, der in den Trümmern schwelende Braunkohlenqualm – und wenn's nur der ist. Sie hatten drüben eine Andersartigkeit entwickelt, die uns die Gewißheit gab, es besserzuhaben, und das war natürlich angenehm.

Zur Wiedervereinigung im TV:

Gleich nach der Öffnung der Grenze sind wir rüber, bei Lübeck. Zwei Tee für 26 Pfennige bekamen wir, das war meine erste Beobachtung. Wir sind durch das Dorf gegangen, alte Eckkneipe, HO, komische Stimmung. Da bekamen wir den Tee für 26 Pfennige, und da haben wir erstens in West bezahlt und außerdem eine Mark hingelegt.

Einige Anthologien von DDR-Schrifttum. Bösartiges von Rolf Schneider über Nürnberg. Ich kaufte die Bücher bei Henning in HH. Dort auch einen «Block» für 22,– (!), ziemlich zerlesen, ein «Alles unter einem Hut» und einen Leip mit Signatur. – «Jan Himp und die kleine Brise», was für ein schöner Buchtitel, aber das Buch taugt nicht viel. Beim «Tanzrad» ist es genau umgekehrt, schlechter Titel, gutes Buch.
Die erobernden Amis wollten nicht glauben, daß er der Texter von «Lili Marleen» ist (war).

Das Gefäß SU ist zerschlagen. Nun ergießt sich der Inhalt stinkend in die Ebene.
Pleitgen sagt, er habe von Perm aus 360 km fahren müssen, um den ersten freien Bauern zu sehen.
Was hat er denn erwartet? Trug der betreffende Mann eine andere Mütze? Oder ein Abzeichen?
In der FAZ wird Gorbatschow als Flickschuster bezeichnet: «Gorbatschow wäre zu wünschen, daß er seine letzte Chance nicht verpaßt: zu einer Zeit abzutreten, da er noch ein Quentchen Macht hat, damit der Rücktritt noch etwas wert ist.»

Hildegard gestern über Stolpe: «Das ist ja noch ein Kavalier alter Schule!» Die Knollennase steht dagegen. – Weil sie eine so gute Meinung hat von dem Herrn, hab' ich mich heute mal wieder rasiert und gut angezogen. Zum Priester wär' ich wohl zu klein, hat sie auch gesagt. Nun, ich könnte ja ein Priester für Liliputaner sein. Lilje war auch klein von Wuchs.

«Echolot»: 3. Februar fertig, 4. vorbereitet, sehr viel Material. Stalingrad versinkt, statt dessen nähert sich die Weiße Rose. In der Nacht vom 3. auf 4. Februar haben Scholl und Graf die Parolen an die Wände geschrieben. Dann kommt die Sportpalast-Rede Goebbels'.

Ich kann mich nur noch sehr dunkel an das Frühjahr 1943 erinnern. Daß ich die «Berliner Illustrirte» las, auf dem Fußboden liegend, bei Tisch fiel das Wort «Stalingrad», die armen Jungen, das Kränzchen der Mutter irgendwie. Das Wochenschaubild der übriggebliebenen deutschen Soldaten, wie sie in weiter S-Kurve durch Schnee und Eis in Gefangenschaft abgeführt werden. Manche lachen. Andere haben sich mit Gepäck vollgeladen. 5000 blieben übrig. – Das andere Bild dagegenhalten: der Zug der deutschen Gefangenen in Moskau, im Sommer. Warm war es. In den ersten Reihen die Generäle. Wassersprengwagen in der letzten Reihe. (Demgegenüber war das heldische Hinschmeißen der deutschen Fahne auf dem Roten Platz am Tag des Sieges zu eindeutig für die Kameras gemacht. Hitler selbst hatte sich über die Infanteriefahnen abfällig geäußert.)

Dann, das muß aber schon März gewesen sein, las Studienrat Förster unbewegt die Namen der Schüler vor, die zu den Flakhelfern eingezogen wurden, und ich war nicht dabei, weil zu jung! Um Tage ging es.

Im Januar 1943 der 70. Geburtstag meines Großvaters. Letztes Familientreffen in Hamburg. Freundinnenzeit war noch nicht.

April '43 war ich in Breslau. Die lange Bahnfahrt von Stettin nach Breslau, in Eilzügen, neben der Oder entlang. Zug war ganz leer. Rückfahrt über Dresden. In Zobten lag noch Schnee. In Breslau war es warm.

Und als ich nach Rostock zurückkam, war gerade ein Bombenangriff gewesen. Ich hatte das gar nicht geahnt, kam spätabends an, der Schalterbeamte: «Ja, ja ...», Schläuche lagen in den Straßen. Motorpumpen. Die Luftmine Ecke Hermannstraße, katholische Kirche. Meine Schwänzzeit hatte noch nicht eingesetzt. Dienst in der Spielschar, St.-Georg-Schule, ich sang 2. Stimme. Siehe «Tadellöser & Wolff».

Zu Weihnachten hatte ich HJ-Hose angehabt, Ib beanstandete das, aber ich hatte gar keine andere.

Konfirmation war 1944?

Mai 1943	heiratete Ulla. Sie zogen nach Lübeck.
Juni	Mutters Operation.
	Der Hanne-Sommer?
	Saß-Geschwister.
	Da begann das Schwänzen.
	Ich bekam im Sommer die Mansarde von Ulla.
Juli	Angriff auf HH. Vater in Anklam.

Im TV die Gerichtsverhandlung gegen den Kennedy-Neffen wegen «Vergewaltigung», wahrscheinlich hat er ihr bloß einen Kuß gegeben. Widerlich. 70% aller Amerikaner verfolgten die Verhandlung, wurde gesagt. Die Kamera stur auf sein Gesicht gerichtet. Die magersüchtige Staatsanwältin, Typ Gisela Lindemann. Da gibt's kein Erbarmen.

Pearl-Harbor-Gedenktag. Die Amerikaner besaßen Radar, hatten es jedoch nicht eingeschaltet. Die Flugzeugträger waren zum Glück gerade auf See.
'44 wurde Vater nach Baranowize versetzt. Im Oktober '44 sein letzter Urlaub. Oktober fuhren auch Ib und Ulla nach Dänemark, für immer. '44 war die Tante-Martha-Zeit. Harry-John-Zeit. Inge.

In Rußland weite Gebiete atomar verseucht. Wie kriegt man das wieder weg?

8 Uhr
Ich wachte heute wieder sehr früh auf, d. h., ich überlegte zwischen noch träumen und schon wachen, ob wir hier einen Juden verbergen könnten. Die Schwierigkeiten müssen enorm gewesen sein: besonders wohl die seelische Belastung für alle Beteiligten, denn man verbarg ja keinen Sack Zucker, sondern einen lebendigen Menschen mit Ängsten, Eitelkeiten, Gedankenlosigkeit, Egoismus. Die Geschichte jener Frau, die den ganzen Krieg über eine Jüdin verbarg und dann, am Tage nach der Befreiung, von ihr auf der Straße nicht gegrüßt wurde. – Das Buch der Gräfin von Maltzan: «Schlage die Trommel, und fürchte dich nicht».
Man möchte an Beispielen gerne sehen, wie sie's im einzelnen gemacht haben. In Worpswede z. B. ein Malermeister – keine Tafel am Haus.

23 Uhr
Heute hatten wir das Adventssingen. Freude über das Beisammensein, die Nähe von vertrauten Menschen. Leider stört die Australierin durch schlechtes Benehmen. Ich hasse es auch, wenn Gäste zu so einem Anlaß in Jeans erscheinen. Überhaupt, Jeans.

> Wunderbarer Gnadenthron,
> Gottes und Marien Sohn,
> Gott und Mensch, ein kleines Kind,
> Das man in der Krippe find't,
> Großer Held von Ewigkeit,
> Dessen Macht und Herrlichkeit.

Ich las die entscheidenden, wichtigsten Kapitel aus M/B vor und fühlte hinterher leere, verbitterte Einsamkeit, weil keine Reaktion.

«Echolot»: 4. Februar erledigt, 5. 2. bereitgestellt. Will es endlich hinter mich bringen.

Durch unsachgemäßes Blumengießen sind meine schönen Lexika ruiniert. Ich entdeckte es heute. Das Wasser ist über die Buchrücken gelaufen. Ich weiß, wer's war.
Ja, ich rase. Ist es ein Wunder?

Nartum   So 8. Dezember 1991

Gestern haben die Kommunisten «die historische Altstadt von Dubrovnik» unter Feuer genommen.
Das Ausbleiben jeglichen Protestes hier bei der Linken ist schon fast lächerlich. Auch der Herr Jens hält sich bedeckt. Sie könnten doch wenigstens zum Schein ein bißchen maulen.

Unser Gast aus Australien nahm an unserem Abend keinen Anteil. Auch hinterher durfte Hildegard allein wegräumen.

Ein Kameramann zur Wiedervereinigung:

Ich war in Helmstedt an der Grenze, habe geguckt, wie die Leute da ausgeflippt sind. Ausgerechnet. Die Zollbeamten wußten überhaupt nicht mehr, was sie machen sollten. Leibesvisitationen und mitgetrunken.

Trüber Tag, trübe Stimmung. Aber was will ich? Ich habe wenigstens meine Arbeit.

Einer hat gesagt, immer werde nur von Stasi-Verstrickungen geredet, die SED-Leute hätten Schlimmeres getan, und das werde jetzt wie ein Kavaliersdelikt gehandhabt. Richtig! – «Ich war *natürlich* auch Mitglied der SED!» sagen sie. – Aber was soll man machen? Ich kenne einen, der hier im Westen Mitglied der Roten Zellen war. Den schlägt man ja auch nicht tot. Der kriegt nicht einmal einen Eintrag in seinen Paß.

Ich überprüfte Videokassetten auf Löschbarkeit und sah einen Film aus Rußland über Mammutjäger. Ein vollständig erhaltenes Mammutbaby an einem Flußufer, angeschwemmt vor zigtausend Jahren. – Stoßzähne, wunderbar schön. Sie werden von den Sibiriaken zersägt, damit sie ins Flugzeug passen! Und dann werden aus dem Elfenbein häßliche «Anhänger» für häßliche Frauen geschliffen.
«Elfenbein», das sagt man so hin. Unsere schöne deutsche Sprache.
«Elfenbeinturm», was für ein Wort. Wie muß man sich den vorstellen? Wie den Verkehrsturm auf dem Potsdamer Platz? Der Rapunzel-Turm mit Wendeltreppe. – Im Lexikon steht, daß der Begriff aus dem Französischen kommt. Bibel! Maria! In unserem Sinne erst seit 1845 gebräuchlich.

Ein Film über Glasbläserei. Irgendwelche Künstler erhalten einmal pro Jahr in einer tschechischen Fabrik Gelegenheit, ihre Vorstellungen in Glas umzusetzen. Das sind vielleicht Ergebnisse!
Bienek hat das auch mal versucht, in Hannover lagen die Ergebnisse. Nicht sehr elegant. Und es sieht so einfach aus. – Unsere Murano-Sammlung, in die Ostvitrine gestellt, wegen der Morgensonne.

Jetzt wollen sie die Mark abschaffen. Völlig verrückt geworden. Da könne man ohne zu wechseln durch ganz Europa fahren: Mit so was machen sie uns das schmackhaft. Erst mal: Wer tut oder will das schon, durch ganz Europa fahren, und zweitens, das Geldwechseln ist heutzutage doch ganz einfach? Und was sagen die Numismatiker dazu?
Das Abbrechen historischen Gemäuers. Die Zerstörung der Sprache («Auszubildender»).

2007: *Inzwischen gibt es ein Zweieurostück mit dem Schweriner Schloß hinten drauf.*

Blöde Frage: «Schreiben Sie mal wieder ein Buch?» – Es drängt mich alles zu den «Trompeten», aber ich muß erst das «Echolot» fertigstellen, sonst werden wir nicht fertig. 5. Februar ist erledigt, der 6. Februar schon vorbereitet. 1943, was für ein Jahr! Wie es mit grauen Schleiern behängt aus der Vergangenheit aufsteigt. Wetterleuchten.

Bin sehr herabgestimmt und kann die Ursache nicht ermitteln. Ausgelöst sicher durch den Besuch der australischen Nichte. Das Telefon läutete, ohne daß jemand ranging. Da bricht denn das «alles umsonst» wieder auf. Daß ich mich beleidigt fühle durch die Verschleppungstaktik des Landesarchivs: Zehn Jahre haben sie gebraucht – und noch immer kein Ergebnis. Heute zwei Seiten Interview Raddatz mit Stefan Heym in der ZEIT, ausgerechnet! – Und daß mir aus Rostock der Wind entgegenschlägt. Auch: ausgerechnet. Damit hatte ich am allerwenigsten gerechnet. Ich dachte, sie würden die Arme ausbreiten.

NDR will das Beethoven-Hörspiel wiederholen. Diese ernst gemeinte Sache wird zum Sylvesterscherz verwurstet.

Simone hat tatsächlich die beiden verloren geglaubten Monate des «Hamburger Fremdenblattes» aufgespürt: in Hamburg bei Springer. Sie hat für «Echolot» den Veranstaltungskalender abgeschrieben. Sie staunt über die Reichhaltigkeit des kulturellen Angebots zu dieser Zeit! Kinos! Theater! Konzerte! Alles lief weiter, als wenn nichts wäre.
Es fehlen Vorlesungsverzeichnisse der Universitäten und Volkshochschulen.

Wiedervereinigungsstatement einer Journalistin:

Nein, ich bin nicht nach Berlin gefahren, ich hab's mir im Fernsehen angeguckt, ich hab' zum Teil mitgeheult. Emotionen waren das, die ich nicht unter Kontrolle halten konnte. Vor vier Wochen bin ich zum ersten Mal drüben gewesen, habe eine Stadtrundfahrt durch Berlin gemacht, mit meiner Tochter (19 Jahre). Erst im Westen, die Mauer ist weg, es wird trüber und grauer. Läden, in denen plötzlich was reingesteckt worden ist. – Die Leute sind nicht an die Hand genommen worden, und man hat ihnen nicht gesagt, was passiert. Irgendwie hab ich ein Stück Trostlosigkeit gespürt. Ich neige dazu, den Leuten in die Augen zu gucken, aber die haben alle weggeguckt, in der U-Bahn. Die guckten alle weg – das war Mißtrauen.

Nartum   Mo 9. Dezember 1991

Eine DDR-Künstlerin hat festgestellt, daß «die Onkel- und Tantenpakete, die glitzernden», die jahrelang über die Grenze gingen, gar nicht so viel wert gewesen seien, wie sie immer angenommen. Nun, ich kenne Leute, denen das Paketeschicken über die Jahre ziemlich sauer geworden ist, und daß drüben jemand die Liebesgaben zurückgeschickt hätte, davon hab' ich noch nichts gehört.

9 Uhr
Beim Zahnarzt im Wartezimmer ein sogenanntes «Adventsgesteck» mit weißer Kerze und lila Schleife.
Um 5 Uhr wachte ich auf, las ein Stündchen und schlief wieder ein und träumte von Pastor Mund, daß der uns besucht und uns wunderbar in unserem neuen Auto fährt. «Mit Mund fährst du gut», sollte das bedeuten, und es bezog sich auf den Termin beim Zahnarzt heute.

Dieses unheimliche Schweigen um mich herum. Kaum beweisbar oder benennbar werde ich geschnitten. Das sind Erfahrungen, die ich gottlob mit Hildegard austauschen kann, sonst würde man sie mir nicht glauben. Ins Zuchthaus kam ich, weil ich das da drüben nicht mitmachen wollte, in der BRD wurde ich nicht anerkannt, weil ich nicht mitgemacht hatte, als Hanser-Autor rutschte ich eine kurze Zeit so mit durch, und dann kam man drauf, daß ich ja wieder nicht mitmachte. Jetzt werde ich geschnitten, weil ich damals nicht mitgemacht habe. Ich bin ein Nicht-Mitmacher, und das kann nicht geduldet werden in unserer Gesellschaft. «Ohne-Michel» wurde man zeitweilig genannt.

In der Nacht ein großartiger Sternenhimmel. Genau über dem Klofenster der Große und der Kleine Bär. Allerhand größere Sterne, von denen ich gern gewußt hätte, wie sie heißen. Was man benennt, hat man.

Am Vormittag war ich beim Zahnarzt. In einer «dramatischen Aktion» wurde der Backenpfeiler meiner rechten oberen Brücke gerettet.
Linde: «Ein anderer Arzt hätte gleich gerupft!» – Wollen hoffen, daß ich in der Nacht keine Schmerzen kriege. Er hat den Zahn nach Art einer Schichttorte gefüllt, «wie ihn die Mutter immer gebacken hat, ganzen Tag in der Küche gestanden, und wir haben kaum hingeguckt».

Am Nachmittag habe ich dann in Rotenburg dem Herrn Professor Schomerus meine Magenschwierigkeiten erklärt. Nächste Woche wollen wir den Magen spiegeln.
Er sei auch Psychologe, hat er gesagt, und er hat mich gefragt, ob ich seelische Schwierigkeiten habe.

Im TV die Gründung einer slawischen Union, Gorbatschow kann sich pensionieren lassen. Man sollte ihm einen Ehrensold aussetzen. Puppenhafte Sowjetoffiziere waren zu sehen, mit den großen Mützen, die etwas ratlos in die Gegend gucken. Allgemeines Rätselraten, was mit den Atomwaffen wird.

511

Klavier gespielt: «Vom Himmel hoch...» Meine Chorfassung
rekonstruiert. Bautzen.

Nartum   Di 10. Dezember 1991

1973: Die SED verleiht den Thälmann-Pionieren
das Recht, rote Halstücher zu tragen
Jahrestag der Pionierorganisation der Volks-
republik Polen

Die trüben Gedanken sind weggeblasen, nun habe ich eher
Angst vor den Ärzten, die noch in dieser Woche Hand an mich
legen werden.

Den ganzen Tag saß ich am «Echolot», legte Texte zurecht, die
bisher übersehen worden sind. Sie werden morgen eingegeben.

Spät am Nachmittag Spaziergang in Orange, die bethlehemiti-
sche Mondsichel am Himmel.
Die mediale Ausländerfeindlichkeitsblase in den Zeitungen ist
jetzt auf dem Höhepunkt, sie zerplatzt demnächst. Es nähert
sich die Ecu-Blase. Das ist wie in der «Schiffergesellschaft» zu
Lübeck, da fahren Lichtschiffe an den Wänden, immer rundherum.

Im Radio heute nacht Beethovens IV. und Robert Schumann,
Quartett Nr. 3. Vorher irgendeine Glinka-Scheiße. – Schumann:
klare Sache, wie Schlager. Aber im Beethoven konnte ich meine
Angelhaken nirgends einschlagen. Sie rühmen die Symphonie.
Was hilft's?

TV: Das abstoßende Theater mit dem Kennedy-Enkel oder
-Neffen. Die angebliche Vergewaltigungssache wird abgehandelt wie eine Staatsaffäre.

Ach ja, die Sex-am-Arbeitsplatz-Blase habe ich noch vergessen. Sexuelle Belästigung heißt das.

FAZ-Schlagzeile: «Die Sowjetunion ist begraben.»

Nartum   Mi 11. Dezember 1991, schön

Tag des Gesundheitswesens

In der Nacht 8° Kälte. Herrlich geschlafen. Angst vor morgen.

FAZ: Weil Gorbatschow nichts mehr zu sagen hat, redet er, was ihm gerade einfällt. Kunert: Das Gerede von DDR-Identität, das vor dem Fall der Mauer drüben sofort abgelehnt wurde, weil als Sprache der herrschenden Funktionäre erkennbar.

Diese «Identität» ist nicht echt; sie ist nur der Ausdruck einer Befindlichkeit, eines Mißbehagens, das seine Ursachen verdrängt hat.

Sehr richtig! Sie sei das plötzlich ins Positive umgekippte Relikt eines einst negativen Kollektivbewußtseins, das sich selbst als letzter Dreck der zivilisierten Welt verstand.

Der Platz im Schmollwinkel ist kein erstrebenswerter Aufenthaltsort und auf Dauer ohnehin eine Einsiedelei. Es ist aber nicht die Zeit für Einsiedler, die ihre «Identität» hegen, während draußen vor ihrer Höhle der Rest des Planeten zugrunde zu gehen droht.

Ja, es fehlt die Verachtung, sie verflüchtigt sich jedenfalls, wenn sie je vorhanden war, vor dem synthetischen DDR-Selbstbewußtsein.

«Mark und Bein» und «Trompeten» können als die zwei Flügel eines Triptychons verstanden werden, in deren Mitte etwa der «Restaurator» oder «Margot» steht.

513

«Echolot»: Den 7. Februar fertiggestellt. Simones Hamburger Notizen vom «Fremdenblatt»: zu dieser Zeit noch ein unglaubliches Kulturangebot in Hamburg. 40 Kinos, jede Menge Theater. Es fehlen leider Volkshochschulvorträge und die Sportveranstaltungen (Universität! nachfragen). Für Zwischentexte geeignet.

Hüls von der «Hörzu» pflaumenweich, ja, er will zahlen, aber Vertrag wird nicht verlängert, weil absolut keine Reaktion vom Publikum. – Nun, wenn er die Rubrik auch nur dreimal erscheinen läßt? Es ist alles so rätselhaft.
Kämpfende Neger bei Nacht.

Fauler Kompromiß in der Hauptstadtfrage. 10:8 Ministerien. Obwohl das Parlament ... Eine typische CDU-Sache. Wir haben das Gefühl, schlecht regiert zu werden. Das gilt auch für die Asylsache und für die Ecu-Angelegenheit. Überhaupt, Europa.

Gestern Nudelauflauf. Ich nehme auf Anraten des Arztes kein Nutrizym mehr – keine Reaktion.

Nartum   Do 12. Dezember 1991, schön

Gestern nacht 9° Kälte.
Schomerus hatte mir zwar gesagt, Magenspiegelungen heute seien mit damals (1972!) nicht zu vergleichen – ich muß leider sagen, es war im Prinzip genauso: Der Schlauch hatte den gleichen Durchmesser, und die Hilfsmaßnahmen waren ähnlich, Spritze, Betäubungspusterei in den Hals. Damals hielt mir der türkische Assistenzarzt den Kopf liebevoll, diesmal war ein junges Mädchen angestellt, mir die Hand zu drücken. Kaum war die Prozedur erledigt (kürzer als damals), machte sie sich davon. Sie hat es wohl schon zu oft erlebt, daß Männer das

mißverstehen, dieses Händehalten. Wohltuend war es, genauso wie beim Zahnarzt, die Berührung des Schenkels der assistierenden jungen Frau. Während der da rumwerkelt, immer den Schenkel zur Linken – das ist schon was. Und dann liegt man da so schön gemütlich. – Davon konnte heute früh keine Rede sein, das war ein Gewürge! Ich hatte eine Sabbertüte vor der Brust, in die ging reichlich Spuckerei hinein. «So», sagt er, «nun haben wir es gleich …», und dann zog er das Dings raus, wohlig erleichtert war ich.

2007: *Letzte Magenspiegelung: gar nicht zu merken. Routine.*

Als Privatpatient an den Wartenden vorübergeführt zu werden, das ist auch so eine Sache, etwas unangenehm, aber doch erfreund. Ich dachte: Wahrscheinlich sind das stationäre Patienten, die sowieso nichts anderes zu tun haben.
Sonographie – dies Glubberzeugs auf dem Bauch, und dann sah ich auf dem Fernsehschirm meine elegante Gallenblase, niedlich, den großen Leberlappen, die Milz – aber die Galle war eine richtige Collasius-Galle. Merkwürdig unpopulär die Milz. Auf die gibt's kein Gedicht.
Hildegard brachte mich hin, was mir wohltat. Auf der Fahrt öffnete sie ein Eilpäckchen, darin M/B-Sonderausgabe. Sie las ein Stück daraus, und ich entdeckte sofort Nicht-Stimmiges. Zu spät.

«Sie wollen als Mensch behandelt werden und zahlen die Miete nicht!?» hat irgend jemand zu irgend jemand gesagt, das erzählte Hildegard.
Bloß nie Hausbesitzer mit Mietern werden!

Im Radio: Honecker muß morgen Rußland verlassen. Ihm wird immer noch das Zuchthaus Brandenburg zugute gehalten. Ich meine, wenn er bewußt gegen die Nazis agiert hat, dann müßte er durch deren Unmenschlichkeiten doch zur Güte und Weisheit bekehrt worden sein? In ihm sind die leidvollen Erfahrungen nicht fruchtbar geworden, und deshalb taugen sie auch nicht als Milderungsgrund. Sie verstärken eher das Kopfschütteln: Obwohl es die Nazis waren, bei denen er gesessen hat. Das bloße Sitzen macht einen ja noch nicht zum Helden. Es heißt, im Zuchthaus Brandenburg hätten sich die Kommunisten gegenseitig geholfen. Ähnliches hört man auch von Frau Buber-Neumann aus Ravensbrück.

In den USA ist der widerliche Prozeß gegen den Kennedy-Neffen zu Ende gegangen. Nicht schuldig. Die Staatsanwältin habe sich ein halbes Jahr nur mit diesem Fall beschäftigt, wurde gesagt. Er soll die Frau angeblich unter dem offenen Fenster irgendwelcher Angehörigen mißbraucht haben, sie habe geschrien und sich gewehrt. Na, also... Wenn einer draußen schreit, dann gucke ich doch, was da los ist?

Ich bekam heute aus Rostock von dem Mädchen Wagner zwei Orgelpfeifen der Rostocker Marienkirche, offenbar ausrangiert, zum Dank für das Seminar hier.
Reliquien. Aber wenn man reinbläst, kriegt man Lippenkrebs.

«Das Land der unendlichen Merkwürdigkeiten» nennt Eser die SU.
Das Hauptwerk seines Lebens sei vollbracht (Gorbatschow).
Die Epoche Gorbatschow sei zu Ende, ein SU-Parlamentarier.
22 Flughäfen sind dort wegen Benzinmangel gesperrt, das sei nichts Besonderes.
«Das Imperium löst sich auf.»
So, wie sie den Status quo jahrelang hingenommen haben, trotz aller Ungeheuerlichkeiten, so sind sie nun gleichmütig, angesichts der knarrenden Veränderungen, der größten Sensation.
Das kommentieren sie ungerührt.
Gelassenheit ist Trumpf. Und der Linken steht das Maul offen.
Honecker ist jetzt bei den Chilenen. Hat er ein Vogelfederchen am Hut?

Die Bresser-Runde, mit Siegloch.

Lockerer Staatenbund (Leonhard).

Scholl-Latour: Totengräber des Imperiums sei Gorbatschow, drei Staaten zusammenzufügen sei ein gesunder Ansatz. Aber wenn die Kolonialgebiete dazukommen, dann geht es schief.

Botschafter: Der Staat existiere immer noch (!).

«Er existiert immer noch», das muß man sich auf der Zunge zergehen lassen. Aber wie! möchte man rufen.

Gorbatschow glaube noch an die Sowjetmenschen (Scholl-Latour), er habe das Nationalitätenproblem nicht erkannt.

Die Idee der Union sei verhaßt bei der Bevölkerung.

Gorbatschow habe in den vergangenen sechs Jahren nichts getan, sei also noch im sozialistischen Denken.

Scholl-Latour: «Wir stehen vor Krisen, die wir noch gar nicht absehen können.»

Baker: Da entwickelt sich was wie Jugoslawien mit Kernkraft.

Juhnke: Berlin/Bonn-Entscheidung sei eine Mogelpackung.

Das gewaltigste Gesellschaftsexperiment ist zugrunde gegangen, unrühmlich (Bednarz).

Es müßte heißen: das *gewaltsamste* ...

Wie ein angeschossener Walfisch.

Es ist schon erbärmlich, wie Honecker sich jetzt zu retten sucht. Wovon der wohl lebt, woher kriegt er Geld? Mal heißt es, er sei ein kranker Mann, dann sieht man ihn an der Moskwa gesund und frisch. Von Soldaten wird er eskortiert.

Die Untersuchung, das wollen wir nicht vergessen, hat wahrscheinlich erwiesen, daß ich (noch) keinen Magenkrebs habe. Das könnte bedeuten, daß ich noch zehn Jahre zu leben habe?

2007: *Der Arzt hat damals übersehen, daß ich zu wenig rote Blutkörperchen hatte.*

M/B, erstes Exemplar. Weiß noch, wie Bernt Richter* mir damals den «Block» brachte, er legte ihn auf den Flügel, ein paar Tage nach Mutters Tod. Er schenkte mir außerdem ¼ Jagdwurst mit Knoblauch und eine Karte von Südamerika, auf der Antofagasta rot unterstrichen war, weil das in dem Buch erwähnt wird. «Die Geburt eines Autors» wurde das später genannt.

Ich sah mir mein pulsierendes Inneres mit Wohlgefallen an. Die Galle lugte um die Ecke. Meine süße kleine Galle!

Eine Museumsangestellte:

Niemals wieder DDR! Ich fühle mich wie ein Tier, das aus einem Versuchslabor freigesetzt wurde. Ich kann hingehen, wohin ich will, kann die Bücher lesen, die ich lesen will, und vieles andere. Manchmal habe ich auch Angst vor soviel Freiheit. Richtig damit umzugehen lerne ich bestimmt nicht mehr. Ich bin auch «made in GDR», Jahrgang 1955.

Nartum   Fr 13. Dezember 1991

1948: Zentralrat der FDJ beschließt die Gründung
des Verbandes der Jungen Pioniere – Pioniergeburtstag
1968 Pionierorganisation «Ernst Thälmann»
erhält den Vaterländischen Verdienstorden in Gold

Langweilige Barockmusik.
Ein Radiovortrag über Schönbergs Malereien. Schwieriges Unterfangen, über Bilder zu sprechen, die man nicht sieht.
Diesen Fehler findet man in allen Zeitungen. Als ob wir blind wären! Es werden Gemälde beschrieben, ganze Filme, Theater-

---

* Lektor bei Rowohlt

stücke. Die Redakteure müßten doch allmählich mitkriegen, daß sich so was nicht überträgt. Sie wollen den Abdruck von Bildern sparen und liefern uns statt dessen blinde Flecken mit Wortgedusel, mehr oder minder intelligent.

Heute früh waren es auf dem Max.-Thermometer −5°. Man hofft immer, daß es in der Nacht recht kalt gewesen ist. «Die Vögel fielen wie Steine vom Himmel.» Über Australien sei das Ozonloch am größten, da kriegen die Menschen Hautkrebs. Merkwürdig, daß die Politiker nichts unternehmen. Wir haben nicht vergessen: die Wetterberichte, damals, in denen die radioaktiven Wolken der Ukraine angezeigt wurden. So stellen sie sich auf alles ein.

Wutanfälle am Abend wegen Hunger, dann bei Dörflers zum Abendessen. Nun, immer noch wütend, zurücksinkend in Augenblicke des Glücks.

Der erste Aids-Kranke hier in der Gemeinde, durch Blutspenden ist es passiert.
Die Fachwerkleidenschaft des Arztes ist sehr interessant, was er alles zu erzählen weiß. Daß es Giebel an Bauernhäusern erst seit dem 17. Jahrhundert gibt. Und wenn die Ernte eingebracht ist, dann biegen sich Balken durch. Nur Eiche. Bäume, nicht weiter als 10 km im Umkreis konnten sie die bewegen.
Flett erst seit 1780, vom Lehrer gelegt mit Kindern. Lehm mußten die Kinder stampfen. – Katze mit Sender am Halsband, daß nur sie raus und rein durch Klappe.
Chirurg Dölle, den wir bei Dörfler trafen: daß sich jede Blutung von selber stillt. Gefäße krümmen sich nach innen, Blut pfropft.
Es gab Tafelspitz der allerfeinsten Sorte.
Der Chirurg verstand nicht, wieso man um die gewilderten Elefanten so ein Theater macht. Eigentlich hat er ja recht. Aber diese Tiere stehen einem nahe. Sie stehen uns so nahe wie Hunde und Katzen.

2007: *Ich denke immer, man müßte es schaffen, Mammuts zu klonen. Aber die stehen dann herum wie die Kreuzung von Zebra und Pferd bei Hagenbeck.*

Nartum   Sa 14. Dezember 1991

Jetzt scheint die Stunde für Honecker zu schlagen. Er sitzt in der chilenischen Botschaft bei seinem alten Kampfgefährten und hofft, irgendwo aufgenommen zu werden. Nordkorea habe angeblich ein Flugzeug bereitgestellt, heißt es. Irgendeine Asyl-Großorganisation hat gesagt, wer diesem Mann Asyl gewährt, beleidigt alle Asylsuchenden.

Es ist nun Brauch geworden, daß die westdeutschen Kommentatoren die alten Bundesrepublikaner höhnisch «die Sieger» nennen. Nun, die Sieger sollten den Mann ächten, nichts über ihn schreiben, ihn einfach weg- oder abtun. Wie will man einen Menschen bestrafen, der noch 1988 politische Gespräche mit unserm Bundespräsidenten führte, wenn auch in einem schlecht sitzenden Anzug, am Rhein, am deutschen, deutschen Rhein? «Wie geht's der Gattin?» Man sieht sie noch im Park am Rhein herumspazieren, im Gleichschritt. Was sie da wohl geredet haben. Anrührend war es, wie der alte Mann Gorbatschow willkommen hieß, am 40. Jahrestag. Er wollte «alte Zeiten» spielen, aber der Zug war längst abgefahren. Der Greis mit seiner Greisenriege auf der Tribüne beim allerletzten Vorbeimarsch der Massen, die anschließend protestieren gingen. Er zeigte Gorbatschow: Sieh mal den da, wie schön der demonstriert ... Und daß Kohl ihm in Bonn beim Essen die Meinung sagte – da war der gut beraten, aber es hat überhaupt nichts genützt. Es war sogar unhöflich, angesichts einer vollbesetzten Tafel? – Und damals, wer hörte die Kommentatoren nicht noch, als Ulbricht abdankte, wie sie wackelten, ja, Honecker und Stoph, also, es könnte durchaus sein, daß die beiden einen Kurswechsel einleiteten, der eine habe da und da mal das und das gesagt. Und so weiter. Da machten sie aus nichts Zuckerwatte.

Gestern bei Dörfler sehr gemütlich, sehr gut gegessen, Tafelspitz mit Meerrettichsauce, hinterher Karamelpudding. Es war noch ein sehr diesseitiger Unfallchirurg eingeladen mit seiner Frau. «Die haben bestimmt noch keine Zeile von dir gelesen», sagte Hildegard.

Renate rief an, die französische Buchhandlung in Berlin hat noch nicht gezahlt, obwohl sie dort vier Wochen pro Tag bis zu zehn Stunden gewühlt hat. Opfer sogenannter Anfangsschwierigkeiten werden.

Buggert vom Hessischen Rundfunk hat geschrieben, er will das Stalingrad-Hörspiel machen. Er möchte auch den 3. Februar sehen, weil das ja der Stalingrad-Tag ist. Der gibt nun aber leider sehr wenig her. Die schlimmsten Schilderungen stammen aus der Zeit *davor*. Wenn der Vorhang fällt, ist eben Schluß der Vorstellung. Wir sehen noch den endlosen Zug der Gefangenen durch die Eiswüste. 5000 kamen zurück.

«Gibt es denn in unserem Kreis schon Aids-Kranke?»
«Ja, was denken Sie denn …?»
Da hat die Weltzeitenduhr mal wieder tick gemacht.

Der sehr leise sprechende Laugwitz und seine drei sehr lauten Jungen, heute nachmittag hier. Mitsamt der lieben Ina ein Bild für die Götter, aber eben sehr anstrengend und für mich nicht zu ertragen, da ich einerseits nichts verstand und mir andererseits die Ohren zuhalten mußte. Blinde werden freundlicher behandelt als Taube.

Gestern der Chirurg, er versteht nicht, was die 48 000 Elefanten in Afrika sollen, was die allein wegfressen! Seine Frau: Aber die sorgen dafür, daß irgendwelche Samen sich verbreiten.

Chirurg: «Trotzdem – 5000 genügen doch auch für die Touristen.»

Küßchen hier, Küßchen da.
Küßchen sind so wunderbar.
(Radio)

Nartum   So 15. Dezember 1991

Weltarmut
Überbevölkerung
Atombombenmassen
Die unabwendbare Katastrophe
Ökokatastrophen
Armutssehnsucht
Aids

Das dollste Ding ist ja Aids. Wer nur die Gründe wüßte, weshalb diese Krankheit nicht unter die Seuchenbestimmungen fällt. Wenn ich Entsprechendes äußere, also Vergleiche mit TBC oder gar Typhus ziehe, werde ich niedergeschrien.

2007: *Jeder Patient im Rotenburger Krankenhaus wird zwangsweise auf TBC geröntgt. – Aber Aids hat irgendwas mit Sozialismus zu tun, und daran darf man nicht rühren.*

Laugwitz erzählte von seinen Nachbarn: «Der Ordnung halber weise ich Sie nochmals darauf hin ...», hat der zu ihm gesagt.
Reihenhausbeobachtungen, man weiß ganz genau, was die einzelnen Leute treiben. Auf die Terrasse treten und nach rechts und links grüßen müssen.
Bauleute hätten auf den Weg eine Fuhre Sand gekippt, so daß Nachbarin nicht vor ihr Haus ... «Aber ich habe doch Fisch gekauft und möchte meinen Wagen auslüften lassen.»

Dörfler interessiert sich fast ausschließlich für Fachwerk-konstruktionen. Baut Häuser ab und wieder auf. Wie man die Balken im 18. Jahrhundert miteinander verbunden hat, das zu wissen ist seine große Leidenschaft. Das Wort «kragen» kommt öfter vor, die «Balken kragen vor» oder so.
Nartum: Wie sie das letzte große Bauernhaus abrissen, da hat meine Stimme nichts gezählt. Der Mittelpunkt des Dorfes. Und dann das Nachbarhaus neben der Schule, auch weg, die 200jährige Buche mit einem Trecker umgeschoben, nicht einmal anständig gefällt. Und das Bauernhaus – weg damit. Eine neue Sparkasse sollte da gebaut werden! Und da kam dann irgendwas dazwischen. Nun steht da gar nichts mehr. Ich habe nichts dazu gesagt.

Der fabelhafte Gerd Ruge in Moskau. In unserer Hightech-zeit passiert es, daß telefonische Verbindungen nicht zustande kommen. Ruge und Scholl-Latour, das sind die einzigen, die gut Bescheid wissen. Die lachen immer so verschmitzt, weil sie die Dummheit der Buchgelehrten, mit denen sie talken müssen, sofort mitkriegen.

Mittags sangen in sich selbst verliebte Kitschtantenkoloraturen Weihnachtslieder und drehten und wendeten sich dabei.

Nartum   Mo 16. Dezember 1991, trüb

Hildegard hat sich ein Kopftuch umgebunden und rast mit dem Staubsauger, Frau Meyer hat nämlich entbunden, und neue Hilfe ist nicht in Sicht. Dazu Simone, Melanie und die foto-kopierende Frau Lee (Hagen), Telefon – und Lieschen immer noch läufig. Also, da sage einer, hier sei nichts los.
Gestern hatte sich Schmilgun angesagt, wir baten Kleßmann dazu, der seine neue Freundin mitbrachte. Es war ein interessanter Abend, wenn auch etwas laut. Ich baute am Schluß

ziemlich ab. Schmilgun hatte CDs mitgebracht, die ich heute nachmittag hören werde, und einen Film von 1971 (?), wie mich Uwe Johnson über den «Bürgerlichen Roman» verhört. Schrecklich! Ich gab einen rechten Naivling ab. War ich ja auch. Besser naiv als Kommunist.

Nartum   Di 17. Dezember 1991

Kleßmann stimmte eine starke Rede zugunsten Telemanns an, er schimpfte auf die Bachanten, die seinen Favoriten geringachten.

Er ist in der T.-Gesellschaft, die früher Konzerte in Hamburg veranstaltet habe, die ausverkauft gewesen seien, das hätten sie nun eingestellt, weil beim letzten Konzert gerade 38 Personen gekommen seien. So ähnlich sei das mit Brahms. Schmilgun stimmte ihm zu. Ob das ein hamburgisches Problem sei, kriegte ich nicht heraus. Fühlte mich irgendwie schuldig, als ob ich dafür verantwortlich bin!

Telemann hat ja verdammt viel geschrieben. Unter anderem ein Musikwerk «Sturm und Flut bei Hamburg» oder so ähnlich. Da zittern die Cembalos ganz schön!

Ihm ist es in seiner Heimatstadt Lemgo schlecht ergangen, Kleßmann nämlich, so ähnlich wie mir in Zeven. An seinem Gymnasium sei er unbekannt, alle möglichen Professoren würden dort geehrt, in der Festschrift zum x. Gründungstag sei er nicht einmal erwähnt, ja, man habe ein Foto aus seinem Prinz-Louis-Ferdinand-Buch abgekupfert und – ohne auf sein Buch hinzuweisen – abgedruckt.

So eine Ungerechtigkeit ist in der Tat unverständlich, und ich fürchte sehr, daß es mir mit Rostock ähnlich ergehen wird, wenn ich nicht aufpasse.

Identifiziert Kleßmann sich mit Telemann?

Telemann wird selten gespielt. Vielleicht hängt das zusammen

mit der Unzahl seiner Kompositionen? Ob sich die Veranstalter vielleicht nicht entscheiden können und über dem Studium des Werkverzeichnisses einschlafen? Es heißt, Telemann
habe mehr geschrieben als Bach und Händel zusammen.
45 Opern! 23 Kantaten-Jahrgänge! 15 Messen, 46 Passionen,
1000 (eintausend!) Orchestersuiten, 12 Kantaten und unend-
lich viel Kammermusik. «Die Masse könnt ihr nur durch Masse
zwingen», dieses Goethe-Wort trifft auf T. nicht zu, er hat seine
Zuhörer oder Interessenten regelrecht eingedeckt mit seiner
Musik. Wenn ich mich jetzt für ihn interessierte – wo soll ich
bloß anfangen?

Von Rühmkorf hat Kleßmann noch erzählt, daß der in den
60ern/70ern irgendwann von bewaffnetem Aufstand gesprochen habe, die Meinhof sei dagegen gewesen.

Heute kam allerhand Weihnachtspost. Ein Herr Andersen
aus Ingolstadt schickte mir drei Kassetten «Sirius». Er ist
Schauspieler oder Sprecher und hat für ein Blindeninstitut den
ganzen «Sirius» gesprochen. Ich hörte mir heute beim Kaffee
eine Kassette an, war zuerst etwas verdutzt wegen der fremden
Stimme, dann aber doch sehr angemacht, weil meine Texte, so
fremd gesprochen, mir ganz unbekannt – neu! – vorkamen. Ich
dachte immer: Donnerwetter, das ist ja gut! Leider hinderte
mich ein leichter Kopfschmerz am Genuß, und außerdem wurde
ich von der lieben Melanie gestört, die ein Wort nicht lesen
konnte und deshalb angerannt kam.

Eine Frau Lee kopiert hier für Hagen einige Biographien. Wir
haben den Kopierer in den Archivgang gestellt, damit sie un-
gestört ... Nur, ich spiele da natürlich Klavier, und ich mache
das abends, und ich denke dann, daß sie vielleicht aufhört mit
Kopieren und zuhört mit offenem Mund. Leider tat sie das
nicht, sie schlich sich davon und setzte sich nach oben und aß
ein Butterbrot. Shame! Sie konnte es nicht ertragen. Für diese
Menschen ist «klassische Musik» ein Vorwurf. Oder einfach
Gedudel.

20 Uhr
Eben kam in der «Tagesschau» die Nachricht, daß bis Ende des Jahres die SU aufhört zu existieren. Und niemand schießt ein Feuerwerk!
Auch die Kirchenglocken werden nicht geläutet. Das würde unseren sozialistischen Pastoren nicht im Traum einfallen.
Ich möchte mir gern mal Filme mit kommunistischen Paraden ansehen, Triumphexzessen, und die tumben Visagen der westdeutschen Träumer und mir ihre verfaulten Zukunftsprophezeiungen anhören. Wie sie alles schönredeten! und wie sie uns boykottiert haben! Nicht mich allein.

«Mein Herr, was haben Sie gegen die Italiener?»
«Daß sie jährlich 200 Mio. Singvögel töten, das erbittert mich.»
«Und die Deutschen?»
«Sie schämen sich dafür.»

Ein Häuflein Demonstranten vor der chilenischen Botschaft in Moskau, einer skandiert sogar was. Da! Am Fenster! Ist dort nicht ein Schatten? Das Blitzlicht bringt es an den Tag, mit glühenden Augen und gesträubten Haaren: Das ist das letzte Bild, ein Mensch, der verbrennt, ohne Asche zu hinterlassen. Honecker.
Weltgeschichte vom Fenster aus: Hitler am 30. Januar, und in Prag haben sie die Leute hinuntergeworfen.

Meine Versuche, sozial-realistische Bilder zu kaufen, sind leider von Mißerfolgen – «gekrönt» kann man ja nicht gerade sagen. Ich hätte gern einen Fries, eine Parteiversammlung (wie das Heilige Abendmahl) oder Werktätige beim Arbeiten.

Es wird diskutiert, wann auf dem Kreml die roten Sterne gegen das Zarenkreuz ausgetauscht werden.

Die Gewerkschaften haben 9,8% mehr Lohn gefordert. Die wollen auch gern mal Achterbahn fahren.

Es wurde ein alter Film gezeigt, auf dem mehrere Maler zu sehen sind, wie sie die Leiche Stalins abzeichnen. Im Vordergrund ein Mann mit Glatze. Auch Filmaufnahmen Lenins. Die geliebten Züge Lenins: ein listiger, hinterhältiger Zwerg, der Millionen auf dem Gewissen hat. Es gibt immer noch Leute hier im Westen, die auf ihn schwören. Sie wollen ihn ausgenommen wissen aus der Riege der Mörder.

Was früher «gestern» hieß, das nennt man heute schon «Geschichte». Jeder neue Tag hat futuristische Züge. Und die Vergangenheit ist mit der Gegenwart verschmolzen.

FAZ: Petersburg sei die «nach Westen gerichtetste Stadt» der SU.

Ich hätte Lust, zu Sylvester nach Warnemünde zu fahren, in das Hochhaushotel, und dann um Mitternacht über die schwarze See gucken. Hildegard will das nicht, sie hält das für eine Macke.

Hildegard hatte heute Gäste. Sie saßen am Kamin, und sie las ihnen was vor. Ich konnte nicht herausbringen, was es war. Um Kempowski handelte es sich nicht. «Ich habe keine Ausstrahlung», meinte sie hinterher: «Mit mir ist nichts mehr los.»

Frikadellen.
Zum Kaffee Schokoladenherzchen.

Lese ein Buch über das lippische Kontingent in Napoleons Armee. Kleßmanns Entdeckung.

Mitternacht
Regen, etwas Wind. Ich liege und höre mir den Herrn Andersen an, wie er meinen «Sirius» liest. Ich rief ihn heute an, weil mir das solchen Spaß macht, und fragte ihn, ob ich ihm irgendeine Freude machen könne? – Ja, ein Bild mit Unterschrift. – Er kriegt keine Theaterengagements mehr und hält sich mit Lesen über Wasser.

Der Regen – das ist wie in einem Schiff, eine lange Reise, Lichter spiegeln sich im Wasser.

Im Archiv entdeckte ich ein Kästchen mit dem Nachlaß eines 1943 gefallenen Sanitätssoldaten, dem Sohn einer Witwe, Vater im WK I gefallen. Papiere vom Kauf eines Flügels. Ein Brief, in dem Ermahnungen stehen, wie man sich an der Front benehmen soll, am besten halte man sich an einen primitiveren Kameraden, wenn der sich hinschmeißt, dann sich auch hinschmeißen usw. Dann die Kondolenzbriefe! Leider nicht der Todesbrief. In dem Kästchen ein Sprachführer für das Nötigste, russisch–deutsch: «Sie sind umzingelt!» – «Haben Sie keine Angst, Sie werden nicht erschossen.»

Eine Frau rief an, sie hätten im Sommer eine Kempowski-Phase gehabt, sie und ihr Mann. Hätte mir Kinderbücher angeboten, worauf ich nicht geantwortet hätte. Ob ich so nett wäre, ihrem Mann ein paar Zeilen zu schreiben? Irgendwas? Zu Weihnachten?

Zu Füßen der drei Damen am flammenden Kamin unsere unersättlich fickenden Hunde. Ich machte, daß ich wegkam.

Die Nacht zeigt uns den Tag in einem schwarzen Spiegel. Wo verläuft die Symmetrieachse?

Gestern nacht – ich stand gerade im Klo und betrachtete meine Tränensäcke – fing plötzlich die Alarmsirene an zu jaulen. Ehe ich mich noch besinnen konnte, stellte Hildegard sie ab. Ich ging furchtlos hinunter und sah nach dem Rechten. Die Hunde schnarchten, also konnte wohl kein Einbrecher der Verursacher gewesen sein.
Auch Hildegard beteiligte sich an der Suche, die Sache blieb rätselhaft. Hildegard meinte, das sei die gestern nachmittag verstorbene Nachbarin gewesen.

Heute telefonierte ich mit den Alarmsystemleuten, ja ja, sie rufen zurück, was nicht geschah.

2007: *Die Nachbarin, aus dem Osten geflohen, Sohn zunächst verloren, polnisches Waisenhaus, dann wiedergefunden, hier beim Bauern gearbeitet, Haus zusammengespart. Eine nette, wunderliche Frau, die aus ihrem Garten das Äußerste herausholte.*

Nartum   Mi 18. Dezember 1991

Däubler-Gmelin hat Honecker als feige bezeichnet. Sie hält den Mann also für eine moralische Existenz.
Hildegard sagt, er wirke nicht so bösartig wie Hitler. «Ekelerregend, die Kommunisten, ein Gemisch von guter Menschlichkeit und Gaunertum. – So wie überall.» («fügte sie hinzu»). Rußland sei sowieso nur über'n Daumen zu regieren.

Grass hat mit Heym zusammen in Brüssel vom Leder gezogen. «Wir sind ein Volk» beschwöre «Ein Volk, ein Reich, ein Führer» (Heym), die Einheit sei mißglückt (Grass). Derselbe bezeichnete, wenn man der FAZ glauben darf, den CDU-Politiker Volker Rühe als Skinhead mit Scheitel und Schlips. Asylgesetze wurden mit den Nürnberger Rassegesetzen verglichen. Die Einheit mißglückt? Die ist doch noch gar nicht losgegangen. Grass muß sich doch darüber freuen, daß sie «mißglückt» ist, er war doch dagegen. Er müßte in eine Art Osterlachen ausbrechen, dann und wann. Das würde ihn gut kleiden.
«Was ist denn mit Ihnen los?»
«Ich freu' mich so, daß die Einheit mißglückt ist.»

16.10 Uhr
Ich mußte leider meinen Spaziergang vorzeitig beenden, da ich im Kopf den «Fahnenmarsch» als Ohrwurm hatte und weil ein

Bauer Gülle in das Bassin füllte, das man uns hier vor die Nase gesetzt hat.

TV: Arme Bauersfrauen in Kroatien, die «nie mehr in ihre Heimat zurückkommen».
Zwei weitere Mauerschützen stehen vor Gericht. «Gezielte Schüsse». Was soll man dazu sagen? Bin da ohne Meinung. Mir tun alle Beteiligten leid.

Grass mit Heym.
Es wurde nicht *gedacht*, es war ein Schattenboxen, sagt der Moderator.
Heym: Pommern und Schlesien werden aufgekauft von den Deutschen.
Selbstgefällig, rechthaberisch, ein schlechter Verlierer sei Grass gewesen, sagt der Moderator.

2007: *Pommern aufgekauft? Die Holländer haben schon angefangen damit. Und ehemalige Besitzer. Sollen sich doch freuen, die Polen, da kommt Geld in die Kasse. Vielleicht kaufen eines Tages Afrikaner hier brachliegende Äcker?*

22.30 Uhr
Regen. Nun werden wir bis Sylvester jeden Tag hören, daß es die SU nicht mehr gibt.

Bildertaschen eingeordnet.
«Echolot»: 12. Januar eingegeben.
$^1/_2$ Stunde spazieren, immer rundherum.

Es ist schon fast komisch, wie bedeckt sich all unsere Fortschrittler halten. Härtling, der sonst immer so gern seinen Senf dazugab, wenn etwas Fortschrittliches erörtert wurde, ist verschwunden. – Harig, der längere Zeit in unserer Nachbarschaft gewohnt hat, in Worpswede, hat nicht einmal angerufen hier. Hier anrufen und ein Schwätzchen halten, das wäre doch das

Natürlichste von der Welt gewesen. *Ich* hätte mich darüber gefreut.

«Echolot»: Melanie und Simone schrieben heute Texte ab, die sich noch angefunden haben.

O Gott, was es wohl für ein Durcheinander geben wird, in Rußland. Hohe Sowjetoffiziere wurden gefragt, was sie davon halten, daß jetzt alles auseinanderläuft. Die haben sich zum Grinsen entschlossen. Jüngere Offiziere wurden gezeigt, die jetzt in Kasernen leben müssen mit ihren Familien. Kleine Offiziersfrauen, kein warmes Wasser, auch in der Dusche nicht, und die Toiletten wollten sie nicht zeigen, so schrecklich seien die. In früheren Zeiten hatten sie Plumpsklos.

Heute kam eine Menge Post. Eine Fandame schrieb mit Rotstift, daß sie immer mal wieder ihren Kempowski liest. In der Buchhandlung werde nur mitleidig gelächelt, wenn sie nach K. fragt. Verstehe ich nicht. Vermutlich bin ich bei den Leuten out. Was die wohl für vorbildliche Ansichten über Asylanten haben. Und daß der Kommunismus zusammengebrochen ist, darüber weinen sie in der Nacht ihr Kopfkissen naß.
Leipzig schickte das Honorar für meinen Auftritt dort. Peinlich! Irgendwie werde ich das Geld wieder hinüberschaffen.

Es gab Rührei und Spinat. Gestern Frikadellen.
Salat habe soviel Nährwert wie ein feuchtes Tempotaschentuch, wird gesagt.

Hildegard war gestern bei der Teppichtante in Worpswede. Ich zitterte davor, daß sie einen gekauft hat. Hat sie nicht, aber einen ins Auge gefaßt. Sie meinte, sie hat das in drei Tagen vergessen. Ich glaube das nicht.

Während des Spazierganges taumelten Hunderte von Krähen über unsern Garten hin. Das waren Hitchcocks Vögel aus dem Jenseits.

Habe ich schon geschrieben, daß mit der Post drei alte Klischees von Rostocker Stadtansichten kamen? Außerdem eine Blechschachtel mit Keksen.

Ein Mann zur Wiedervereinigung:

> Ich habe immer Schwierigkeiten, wenn ich mit den Leuten drüber spreche. Immer gibt es Mißverständnisse.

Nartum   Do 19. Dezember 1991,
                                                                    Regen

1906: Leonid Iljitsch Breschnew geboren

Robert 68 Jahre alt.
Von Regentropfen aufgewacht, angenehm. Es schauert auf mein Mansardenfenster. Regen ist vielleicht die verrückteste Erscheinung in der Natur, Schnee die wunderbarste. Auf Regen reagieren die Menschen verrückt, mit Schirmen – dieser an sich ganz konsequenten Erfindung, bei deren Benutzung zwar der Kopf trocken bleibt, die Hosenbeine jedoch nicht – und mit Gummimänteln. Ich habe mal gelesen, daß die Steinzeitmenschen es fertigbrachten, ihre Pelze so geschickt zu nähen, daß die Nähte kein Wasser durchließen. Schnee ist hier ein Fremdling, bringt nur Verdruß, aber Regen? Eine meiner frühesten Erinnerungen: Ich spiele auf dem Teppich des kleinen Wohnzimmers, und der Regen klopft auf die zinkbeschlagenen Fensterbretter, nach und nach kommt die Familie nach Haus, die Lampe wird angeknipst.

Robert und Walter Kempowski

Am Tag der Toten fällt ein feiner Regen.
Gespenster drohen dir auf allen Wegen.
«Wo gibt es hier eine Schenke?»
fragt der Wanderer
und eilt dem fernen Licht
des Dorfs entgegen.
(Tao Te King)

Früher habe ich mich geärgert, daß es in unserem schönen neuen Haus durchregnete, ich empfand das als Blamage. Heute ist mir das egal. Ich hoffe immer, daß das große Flachdach undicht wird, so wie es mir der Nachbar, Herr Pfeifenbring, lachend prophezeit hat, dann habe ich endlich die Chance, einen Dachdecker zu bekommen. Mit Flickerei geben sich diese Leute nicht ab. Pfeifenbring meinte, der Winkel, den das Dach bilde, gebe an, wieviel Jahre ein Dach hält: also $45° = 45$ Jahre. Flachdächer bilden bekanntlich einen Winkel von $0°$. Aber unser großes Dach hält schon seit 1978!

Vielleicht hätte ich doch mehr Kontakt suchen sollen zu den Leuten von der Landsmannschaft. Die drehen jetzt drüben ganz schön auf. Ich fand das Heimatpathos störend. Jetzt werden sie drüben sagen: «Kempowski? Nee.»

«Jedwede Hilfe wird gebraucht», schreibt ein Rostocker, er meint die Stadtschule, aus der man mich damals, 1946, rausschmiß, weil ich lose Reden führte und mich weigerte, Russisch – statt Französisch – zu lernen.
«Die müssen wenigstens eine Kontonummer schreiben, sonst weiß man doch gar nicht, wohin mit der Spende!» (Hildegard). Typisch DDR, werben Spenden ein und lassen die Kontonummer fort.

Frau Kupfer, die liebe, in Uruguay, deren Mann mir eine wunderbare Biographie schickte, schrieb, daß dort ein ganzes Jahr Poststreik war und daß der jetzt zu Ende ist. Man mache sich nicht die Mühe, die Postmassen zu verteilen, die würden einfach weggeschmissen.

Wenn ich die KZ-Angaben von Danuta Czech abschreibe, denke ich immer: Hier wird dich der Judenrat eines Tages zur Verantwortung ziehen, weil du Tätowierungsnummern nicht aufgeführt hast. Es ist ja völlig sinnlos, die Tätowierungsnummern zu überliefern, außerdem liest das ja nie ein Mensch. – Eine Historikerin aus Hagen, die augenblicklich bei uns fotokopiert, meinte: Wieso? Warum nicht? – Sie wird nicht kapieren, weshalb wir sie hier nicht gebrauchen können. – Außerdem hält sie kritischen Abstand zum Klassenfeind.
Ein Kind kriegt sie, das ist zu loben.

Tippfehler in einem Beileidsschreiben: «Gottt», Gott also mit drei t. Als ob man drei Kreuze macht.

«Echolot:» Bittel schickte Kulturveranstaltungsplan von München 8./9. 1. 1943. Es ist unglaublich, was damals noch alles los war. – Kurz darauf wurden dann ja auch prompt die ganzen Schauspieler eingezogen. Sogar Gustaf Gründgens, zur Flak, glaube ich.

Ein faxloser Tag.

Es kam ein Herr Dietz vom «Kurier» und interviewte mich. Ein lieber Mensch, dessen Gesellschaft mich sehr mitnahm, da er – wie hätte er das wissen können – dieselben Fragen stellte, die ich schon zwanzigmal beantwortet habe. Ich war völlig erledigt. – Netterweise brachte er mir einen Satz Fotos von Bargfeld mit. Störend war auch, daß sich der Fotograf ins Gespräch mischte. Auch blitzte er, daß es mir jedesmal in die Augen schlug, obwohl ich ihn bat, das nicht zu tun.

Ein Fotograf aus Leipzig, der 1988 rübergekommen ist, zur Wiedervereinigung:

Ich finde es ein bißchen schade, daß die, die das angeschoben haben, wieder die Verlierer sind, die ganz Aktiven, die sich getraut haben, was zu sagen. Die andern haben doch nur in den Löchern gesessen, und als alles klar war, kamen sie dann erst raus. Und dann hat die CDU das abkassiert. Das konnte den Leuten damals ja gar nicht rechts genug sein. DSU war bei uns in der Gegend von Leipzig 90%. – Es wäre interessant gewesen, wenn das Bündnis 90 sich durchgesetzt …, die Bohley, die hatten ja eine Konföderation vor. Die wollten auch Marktwirtschaft, aber nicht in ihrer ganzen Wucht, so wie das dann ja auch prompt gekommen ist. Mehr Öko. Jetzt denkt nur jeder an sich selbst. Ich find' das nicht so schlimm, weil ich schon immer Individualist war, aber die da drüben empfinden das ganz schön schlimm. Keiner ist mehr für den andern da.

Ein Journalist:

Es gab ja keine Alternative dazu! Die Alternative wäre gewesen: weitermauscheln oder einen zweiten sozialistischen Aufguß machen. – Schade, daß die Wiedervereinigung nicht schon 1968 gekommen ist. Dann wär' das jetzt schon 20 Jahre her, und alles wär' verkittet und vernarbt. Ich kann mir nicht vorstellen, daß die Leute die alten Zustände wiederhaben möchten! In Dresden der Glanz! Rote Radfahrwege durch die ganze Stadt, kein Mensch kennt Dresden wieder, alles hell. Dieser Glanz! sagen die Dresdner, überall Straßenbeleuchtung und Straßen mit einem Geschäft neben dem andern.

Beerdigung von Frau Schmidt, der Nachbarin. Hildegard meint, den Regen habe sie nicht verdient. – Wir haben es versäumt, sie vors Mikrofon zu holen und ihr Leben erzählen zu lassen. Zu spät!

Der Journalist meinte, die Nartumer seien schlecht auf mich zu sprechen, weil ich nie zum Schützenfest gehe.

In Bullocks Vergleichsbuch gelesen, Hitler und Stalin. Sehr flüssig, ja unterhaltsam geschrieben. Zeitweilig meinte ich, daß dieser Ton bei dem Thema unzulässig sei. Das «vorletzte» Foto, er schreitet die Reihe der Hitlerjungen ab, die er soeben mit EK 2 dekoriert hat. EK 2, das ist immer wie so eine Ersatzlösung gewesen, wie ein Trostpreis: Also, das war ganz gut, was du gemacht hast, aber so ganz das Wahre war es noch nicht. Hat mich immer gewundert, ja geärgert, wenn der U-Boot-Kommandant das Ritterkreuz bekam und seine Leute nur das EK. Unanständig! Die bärtigen Männer, wenn sie mit ihrem Boot einliefen, von Angst keine Spur mehr, Helden eben. Die Kommandanten durften dann nach Berlin fahren, die hatten dann da ein paar wilde Nächte. Ein Tontechniker hat mir mal erzählt, als er gemustert wurde, habe er auf die Frage, zu welcher Waffengattung er wolle, gesagt: Zu den Kraftfahrern. – «Wohl verrückt!» habe der Offizier gesagt und ihn zu den U-Booten gesteckt.
Hitler an 14 Halbwüchsigen vorüberschreitend, den Mantelkragen hoch. Und dagegenzuhalten die Filmaufnahme vom Vorbeimarsch der Massen in Nürnberg. Das waren glücklichere Tage! Aber nicht für jeden.
Ich hätte immer gern gewußt, wie sie das mit dem «Austreten» gemacht haben, wenn sie da auf dem Märzfeld vor Hitler auf-

marschierten und stillstanden, in Reih und Glied, das muß doch Stunden gedauert haben. Und, das ging doch einfach nicht, während er da oben ins Mikrofon schrie, daß es ihm gelungen sei, das deutsche Volk zu «einen», da sich melden und sagen: «Herr Unterscharführer, ich muß mal!»?

Broder hat wieder mal zugeschlagen. Und diesmal hat er meine volle Zustimmung. Er ist schon jetzt gespannt, wer alles im Westen schuldig geworden ist: «Wir werden uns noch wundern, wie viele inoffizielle Repräsentanten die untergegangene DDR vor allem in der BRD hat.» Obwohl er es beanstandet, daß jeder Deutsche im Gespräch mit ihm darauf hinweist, wie gut er zu den Juden gewesen ist, kann er nicht darauf verzichten, jedesmal darauf hinzuweisen, daß seine Mutter, beispielsweise, im KZ gesessen hat.

2007: *Die Sache ist versickert.*

Nartum   Fr 20. Dezember 1991

Stalins drohende Gebärde, dieses letzte Aufraffen, als er starb, Hitlers Gruseltod in der Reichskatakombe, während oben die SS-Leute nach Swingplatten tanzten.
Der «Sozialismus», wie die Kommunisten ihren Todestest nannten, um später noch einmal zum Todesschlag ausholen zu können, ging zugrunde wie ein Fahrradreifen, aus dem man die Luft herausläßt. In diesem Zusammenhang Honeckers letzte Tage, dies Flügelschlagen einer am Boden liegenden Krähe, zu erwähnen, ist zuviel der Ehre. Da kommt kein letztes großes Bild auf.

Ein Film über das Abschlachten von Singvögeln in Italien. Ich hatte ihn wohlweislich abgedreht. Frau Lee jedoch erzählte uns am Abendbrottisch, daß diese Vögelchen (200 Mio. pro Jahr) in den Netzen verhungern und verdursten.

Sie fand es nicht gut, daß ich bei den Czech-Eintragungen die schwierig zu schreibenden und schwierig zu lesenden Namen der polnischen und jüdischen Auschwitz-Häftlinge im einzelnen weglasse, auch ihre Tätowierungsnummern, und mich statt dessen summarisch ausdrücke, hielt mir das vor, obwohl ich eben selbst gesagt hatte, daß mir das so antastend vorkomme. In ihrem karierten, von wissenschaftlichen Hilfsarbeiten ruinierten Gehirn ist nicht Platz für dergleichen Skrupel.

Regen.
Die Zurichtung der «Echolot»-Texte hat etwas vom Dominospiel an sich.

Schnee! Aber was für welcher, der dümmste Schnee, den man sich denken kann. Zusammengeklebte faule Placken, die nur durch die Luft wirbeln, um auf der Erde sofort auftauen zu können. – Obwohl wir bei dieser Art Wetter «viel Öl sparen», wie gesagt wird, kann ich mich nicht darüber freuen.

Hildegard hat aus Rohmilch gefertigten Käse mitgebracht, den es nur zu Weihnachten gibt. Der kommt aus Frankreich. Die Milch wurde vorher nicht erhitzt, das sei das Besondere. Nun, wir werden sehen.
Warum nicht einfach fetten Quark mit Zwiebeln und Kümmel?
Zu Mittag machte ich mir zwei Spiegeleier. Sie gerieten mir etwas zu fett, weshalb ich danach zwei Schnäpse trinken mußte.

Brief von Kirsten. Er beginnt mit: «Halb, Ihr Lieben.» – Großes Rätselraten. Nach längerem Nachdenken: «Hallo, Ihr Lieben.»
Das hätte mein Vater 123 000mal zitiert.

1943, das war die Spielscharzeit. Hermann Engel, Neuhaus, Helmers, Fredy Förster, Kollege Haack, Otto Meine, Musiklehrer Kell. Von den Lehrern nichts fürs Leben. Man hat die Stunden gähnend abgesessen. Jahre. Es war ganz folgerichtig, daß ich mich dieser Bildungsanstalt 1944 entzog. Für immer.

Die schlauen Russen wollen Mitglied der NATO werden. Genscher mit gelbem Pullover, Baker mit lichtgrüner Krawatte.

Wettertante heute: «Das Wetter sitzt heute bei uns zwischen allen Stühlen.»
Spielshows gibt es jetzt.
Der neueste Schlager:

> Du siehst so jung aus,
> obwohl du über 39 bist ...

Im TV: Ein Saaldiener nimmt den Wimpel der SU aus seiner Halterung, knüllt ihn zusammen und geht damit weg.
Ein blöder Ossi/Wessi-Film, ein Klischee nach dem andern.

Auch Bosnien/Herzegowina wollen selbständig sein. Damit wäre Kroatien gerettet. Man weiß nicht so richtig, was da unten los ist.
Die traurigen Russen wurden gezeigt, die nun in Estland als Besatzer bezeichnet werden und das Land verlassen. Sie tun mir leid, weil sie nicht weinerlich sind und das ganz tapfer tragen. Sie verstehen die Welt nicht mehr.
Nun, damals, als sie nach Estland kamen, haben sie ein bißchen zu wenig nachgedacht, sonst würden sie jetzt alles verstehen. Aber, wie gesagt, sie sind nur traurig. Man weint ihnen keine Träne nach.
Jetzt wird ein großer Völkereintopf zusammengebraut. Früher war alles säuberlich getrennt. Die Russen wollen in die NATO. Man sollte sie schleunigst aufnehmen. Und jetzt erinnere ich mich, daß ich bei einer Rundfunkbefragung 1990 laut und deutlich gesagt habe: Berlin muß Hauptstadt werden, wenn Rußland womöglich eines Tages in die EG kommt, dann liegt Berlin

goldrichtig. Der Moderator hat gedacht, ich sei plemplem. Das denkt er vielleicht heute noch, obwohl er den Anlaß vergessen hat. Es gibt Eindrücke, die hängenbleiben.

Nartum   Sa 21. Dezember 1991

1952: Erste Sendung des Deutschen Fernsehfunks

Stalins Geburtstag.

Schlief zunächst schlecht, weil der Mond in mein Zimmer schien: absoluter Vollmond.

11 Uhr
Ich schlief wieder ein und hatte unangenehme Träume. Hildegard hatte den Gästen einen winzigen Tisch hingestellt, da mußten sie sehr eng sitzen. Ich schrie herum, beschimpfte sie. («Dein Kopf ist ein ausgepustetes Ei!») Dann kamen Timmer und Anhang. Zufällig sah ich aus dem Fenster, und da hing eine Kuh an einem Draht am Balken, versuchte vergeblich, sich zu befreien, an einem Bein, wie beim Schlachter, Kopf nach unten. (Neulich hat Hildegard ein Huhn in dieser Lage im Stall befreit.)

In der Früh hörte ich einen Vortrag über Holunder, es ist unglaublich, wie wenig ich weiß. Daß der Holunder (Holder) der Busch des Todes ist, daß Leute den Hut zogen, Hut ab vorm Holunder, «Hölderlin», der kleine Holunder, also der kleine Tod usw.

Vertipper: Verhörprotzokoll (über Willi Graf).

Schmilgun sagt, daß A-cappella-Chöre auf Schallplatte oder CD unverkäuflich sind.

540

In der FAZ-Beilage Gottvater in der Sixtinischen Kapelle, in neuen Farben erstrahlend – wird aber in schwarzweiß gezeigt.

FAZ: «Sie trafen auf einen im Herz der Alternative ‹Sozialismus oder Tod› erstarrten Castro» – schreibt Leo Wieland.

Mit der Post kam Bilderangebot sozialistischer Realismus, leider ohne Preisangabe. Hier die Titel:

- Seckelmann: «Lernkollektiv» 1952
- Moczany: «Karl Marx» 1952
- Moczany: «Rede von Karl Marx vor Parteigenossen» 1953

Das «Lernkollektiv» würde mir schon gefallen. Zur ewigen Erinnerung daran, daß ich nicht in dem Scheiß-Sozialismus leben mußte. Das ist mir erspart geblieben.

Stölzl hat mir das Angebot vermittelt. Er schreibt, er hätte gern die T/W-Saga von Fechner im Historischen Museum gezeigt, über Weihnachten, aber es sei ihm nicht gelungen, «eine auf unserer Kinoausstattung spielbare Zwölfstundenfassung» zu bekommen. Er will es im Sommer noch einmal versuchen.

Schon wieder: Ab heute hat die SU aufgehört zu bestehen. Jeden Tag dankt sie ab. Schlimmer noch als die allgemeine Verrottung dieses Systems ist seine Glorifizierung nun schon seit 1917 hier im Westen. Und da soll man nicht skeptisch sein? Es gibt so viele kluge Leute, da kommt man sich vor wie ein Einfaltspinsel.
Es fehlt noch ein *Symbol* für die Abdankung, sonst ist sie für die Geschichte nicht nachvollziehbar. Vielleicht M. Gorbatschow, wie er seinen Schreibtisch leerräumt? Oder Lenin beerdigen? Eine allgemeine Bücherverbrennung ist ja leider nicht möglich. Das würde Erinnerungen an '33 wachrufen. Wohltuend wär's schon.

Petra Kelly durfte im Fernsehen zeigen, auf welchem Weg sie als Kind in die Schule gegangen ist. Sie schilderte das in bewegten Worten. Auch eine Schrebergartenanlage erwähnte sie, irgendwie hochinteressant.

Die Landkarte ändert sich.
Alma Ata heiße Vater des Apfels.
So richtig sagt uns keiner, was der Unterschied zwischen dem SU-Reich und dem Staatenbund …
Oberbefehl über Atomwaffen erhält Jelzin. Hoffentlich verwechselt er nicht mal sein Feuerzeug mit dem roten Auslöseknopf. Wenn einer schon morgens früh schto Gramm* trinkt?
Gorbatschow geht, wie er gekommen ist, das Volk hat ihn nicht gewählt, sagt eine.
Weder Trauer noch Euphorie.

Das römische Weltreich habe einfach aufgehört zu existieren (Ranke).
So geht auch die SU.
Perestroika sei ein leeres Versprechen gewesen, so leer wie die Regale jetzt (ZDF).
War Gorbatschow nicht einer der Unsern?

SU hat die ganze Welt jahrzehntelang in Furcht versetzt und Gorbatschow bleibt ein großer Mann, der letzte Präsident der SU (Ruge).
Gorbatschow wollte mit den Leuten von gestern den Staat von morgen machen (ZDF).

«Bestechende Kufenführung» (ZDF):
in der Sendung über Sport (Eiskunstlauf).

---

* «hundert Gramm» reinen Schnaps

TV: Und jedem Anfang wohnt ein Zauber inne ... könnte man den Großen zurufen, die nun, ganz kleine Leute, in der SU Verträge unterschreiben. «Fauler Zauber», möchte man sagen.

SCHLAGANFALL.

Diagnose: Rechtscerebraler Insult bei intracranieller Stenose der Arteria carotis interna rechts,
Eisenmangelanämie,
subklinischer Diabetes mellitus,
Hepathopathie unklarer Genese,
Balanintis

(aus dem ärztlichen Behandlungsbericht)

Bildnachweis

Register

Es wurden nur Personen von öffentlichem Interesse aufgenommen; Hildegard Kempowski, die beinahe auf jeder Seite genannt wird, ist nicht aufgenommen. Orte wurden nur dann erfaßt, wenn sie besucht und beschrieben wurden.